2022 年全新修訂版

字母拼讀直接教學 100 課

Siegfried Engelmann
Phyllis Haddox 著
Elaine Bruner

曾世杰 譯

本書附各課語音檔，請見第 ix 頁的說明

Teach Your Child to Read in 100 Easy Lessons

Siegfried Engelmann
Phyllis Haddox
Elaine Bruner

目次  CONTENTS

作譯者簡介

【作者簡介】

Siegfried Engelmann

1931 年出生，2019 年過世。曾任美國奧瑞崗大學教授、美國國立直接教學法研究院主任。過去五十年內，他和同事發展出知名的直接教學法教學取向，並以直接教學法的原則，發展超出一百種以上的課程，另著有眾多學術書籍及期刊論文。他和 Phyllis Haddox 及 Elaine Bruner 在 1983 年設計出本書，迄今在 Amazon 暢銷，並被讀者評價為 4.6 顆星。

Phyllis Haddox

世界知名的教學專家，能以高度的同理心及教學專業協助學生（從學前到大學）、教師、教育行政人員，以及家長。她主講的閱讀補救、閱讀理解、拼字、數學及行為管理之工作坊廣受歡迎，曾幫助過數千位教師運用直接教學的原理增進教學的成效。

Elaine Bruner

和 Siegfried Engelmann 共同發展了 DISTAR 的閱讀課程，是以直接教學法進行師資培訓的先驅，長年從事直接教學法電腦應用的相關研發工作。

【譯者簡介】

曾世杰

台灣花蓮人，國立台東大學特殊教育學系教授。多年來的研究以心理語言學、閱讀歷程、閱讀障礙及讀寫補救教學為主，夢想是找到更好的教學方法，幫助每一個老師及孩子，有成功的教與學經驗。

譯者
的話

其實，一點都不難，Just Do It!

2024 年本書再刷之前，我去臉書的「字母拼讀直接教學 100 課」社團，問大家對本教材有什麼建議，這個社團的家長和老師有四千多人。前面幾刷，家長們都要求增加說明或修改錯誤，但這一次，唯一得到的建議是來自一位家長，我和她的互動大致如下：

家長：「書最前面的說明字太多，太仔細了，我根本看不完，看完了就怕自己做不出來。」

我問：「那後來呢？」

家長：「其實只要一開始教就沒問題了。我都是看老師在 Youtube 上的示範帶，再去教小孩，其實一點都不難。」

她又加了一句：「害我把書擺了好幾個月，不敢開始。」

於是我很認真的思考她的建議，但很快我就放棄了。這本教材並不只是為了「家長在家教小孩的需求」而存在，它是一個典型的直接教學（Direct Instruction, DI）教材，也是中文世界裡第一本以 DI 教英文的教材。台灣目前已經有多篇的論文在研究它的作法及成效，有幾百位師範生靠著它磨練了自己的教學技能，並獲得他們教學生涯裡第一次的成功經驗。如果刪除前面的仔細說明（教學指引），這本書在研究及師資培育上的功能可能會因此大打折扣。

但這位家長的心得及建議實在太重要了，我決定把她的意見寫在教材的最前面，這是家長對家長的建議喔！如果前面的說明字太多，讓您看不下去，就試試這位家長的撇步——Just Do It!

其實，一點都不難喔！

曾世杰
2024 年 6 月

譯者序

證據本位的有效教學法

在這篇序裡，我將簡單介紹本書背後的「直接教學法」的理念、歷史，我個人在美國對直接教學法的觀察，及在台灣做的成效檢驗。其次，根據這幾年的經驗，我對中文版的使用者提出一些建議。最後一段，則是對許多人的感謝。

一、讓我印象改觀的教學法

1992 年，台灣教改方興未艾，教改人士把台灣的教育形容成工廠，一模一樣的製程，產出一模一樣的學生。人本主義、開放教育、森林小學的概念出現，大眾普遍質疑結構化的教育與教學。而那時，我正在美國俄亥俄唸博士，聽到指導教授對直接教學法（Direct Instruction, DI）的推崇，受到教改思潮影響的我，對它的印象當然是「死板、沒創意」。嗤之以鼻之後，沒進一步了解。

（一）文獻中成效最佳的直接教學法

2006 年，我再到美國研究，維吉尼亞大學特殊教育系系主任 Hallahan 教授給了我一個儲放中小學教科書的空間當研究室，大喜過望的我在那裡待了一年，把美國主流的閱讀教科書都摸熟了，同時也涉獵了許多教學方法成效的後設分析研究，出我意料之外的是，不管是讀寫還是數學，教學實驗中，成效最佳的，都是直接教學法（如 Hatti, 2009）。

（二）美國維吉尼亞州強生小學

在維吉尼亞時，我有機會多次進到小學，進行直接教學法課室的觀察。我最常去的是強生小學。

強生小學大概有 330 個學生，70%的孩子窮到不必繳午餐費，75%來自單親媽媽家庭，80%以上是非洲裔美國人，它曾經是維吉尼亞州學業成就最弱的學校，但在 Sayeski 校長的強力領導下，學校的讀寫課程改採直接教學法導向的 Open Court 教材，系統、結構、明示地教導精熟閱讀的各種必要技能。使用教材的前一年，全校只有 37%的學生通過維州的閱讀學力測驗，但一年之後，有 71%通過。不但如此，族裔間的差距也拉近了，非裔美人的通過率從 33%進步到 62%，白人從 67%進步到 92%。這個令人驚艷的成績，被許多美國的教育研究者視為「沒有孩子落後法案」（No Child Left Behind Act）的教學改革典範（曾世杰、陳淑麗，2014；Blaunstein & Lyon, 2006）。

　　在強生小學，我發現每一個教室的讀寫教學品質都非常好。上課時間，老師照著逐字教案（scripted lesson plan，或譯劇本式教案）演出，每個教學目標都有清清楚楚的工作分析和教學步驟。老師和學生的互動，呈現清楚的啟、應、啟、應、……過程，老師一句，學生一句，整堂課互動不止，非常緊湊。老師講的每一個字，在教師手冊裡都以紅字印刷；老師教具的使用、與學生的非語言互動，都以括弧裡的黑字說明；而學生要做的語言及非語言反應，也都寫在教案裡；教案裡已先行預防掉兒童最可能犯的錯，如果學生還是犯錯，教案裡也有糾正程序。我最印象深刻的是，不管是一般班級，還是補救教學班級，老師教學幾乎沒有空檔，學生也極少分心，下課訪問，孩子們都喜歡上課。學習成效就更不用說了，每年三到四月間，維吉尼亞州各個學校的閱讀學習標準測驗成績就公布在網上，強生小學從遙遙落後反敗為勝，變成績優學校。

（三）我家的個案

　　2006 年，我正在美國小學上學的兩個兒子，一個二年級，一個五年級，一句英語也不會，問他們學校在上什麼課，他們什麼也回答不出來。直接教學法可以幫助他們嗎？在好友 Lloyd 夫婦的建議下，我開始用本書 *Teach Your Child to Read in 100 Easy Lessons*（以下簡稱 *100 Lessons*）來教導孩子們的英語。

　　我家老大子揚，從小就有閱讀困難，對英文尤其害怕，自稱英文白痴，我還為他寫了一個個案報告（曾世杰，2006）。到美國時，我讓他重讀五年級，入學時，英文能力安置測驗只花了五分鐘，老師認定他沒有可測量的英文能力，被安置在為外國學生安排的英語班，班裡有三組，子揚被排在最弱的一組。

　　每天下午兩點半放學到家，我就開始上課，完全照 *100 Lessons* 的逐字教案教學，在這樣的教學下，子揚在很短的時間內，就發現了英文字母和字音間的規則。有趣的是，他居然把學人宿舍村裡幾個孩子們帶回來一起上課，從此，每天下午我家小客廳裡，會有三、四個台灣和大陸來的小朋友一起學習，後來點心都由各家的媽媽供應。

　　成果是，子揚在上學期開學的第三個月開始，在英語班裡從第三級被升到第二級，下學期開學的第二個月被升到第一級，英語老師 Mrs. Madigan 依學生的能力給閱讀材料，她說，她給子揚的書，已經是全班最難的了。有一天，我看到子揚在沙發椅上看一本英文小說，看得吱吱嘎嘎地笑，我就知道他已經克服難關了。我們在美國待了一年，子揚回來讀國中，高中畢業後去考多益（TOEIC）得了 915 分，免修大學的英文課。

　　我不敢說這完全是 *100 Lessons* 的功勞，但子揚認為這套教材幫他奠定了基礎，讓他不再害怕英文。他大一暑假到台東偏鄉國中當英文補救教學老師，上課用的就是這套他小時候學過的教材。

（四）在台灣的教學實驗

　　從美國回到台東大學後，我在教育學院的補救教學學程裡開設了「英語文補救教學理論與實務」的課，希望能讓師範生們學會如何進行補救教學。我的困難是，師範生不但沒有教學經驗，連英文都不夠好，怎麼去補救中小學生的英文？我腦筋動到 *100 Lessons* 上，開始翻譯 *100 Lessons*，初稿成形後，帶著大學生到部落去試教。

　　有了一點經驗後，2010 年，我在台東市的一所國中開始了正式的教學實驗。參與者為三十二名七年級上學期每班英文成績最低的學生，隨機抽出十六名，由大學生進行共十週，每週四次，每次四十分鐘的一對一晨間教學，另十六名為對照組，僅接受原來的英語課程。結果指出，十週的教學之後，實驗組學生前、後測差異由平均 41.19 字提升至 182.63 字，對照組學生前後測則無顯著差異；實驗組對目標字的認讀率達 73.9%；對照組學生平均僅42.8%；實驗組學生後測的字母拼讀能力方面顯著優於對照組，介入的效果值（effect size）達 2.09（曾世杰、陳瑋婷、陳淑麗，2013）。

　　這個研究值得注意的地方有二：第一，在教學實驗中，效果值 0.5 表示「不容忽視」，0.7 表示「效果優良」，而本研究的效果值達 2.09，成效非常驚人；第二，這個研究的教學者是無教學經驗、英語能力弱的師範生，但在系統、結構、明示的逐字教材下，國中學生和師範生都有了成功學習及教學經驗。

　　這個在國中的補救教學是「一對一」的教學，我另外一個研究生是高職的老師，他以「一對十」的師生比，再用 *100 Lessons* 對高職一年級的英語低成就學生進行補救教學，效果值為 1.32（孫翌軒，2014）。另外一個研究生是國小特教老師，她把這套教材用來指導兩位資源班的輕度障礙學生，成效驚人，英語變成這兩位學生在班上的強項科目（方姿文，2020）。而宜蘭頭城國小的曾祥榕老師更利用早自習，把自己的導師班學生教會了字母拼讀。

　　亦即，在台灣的實驗研究指出，以英文為外語、學生年紀更大的情況下，不論是一對一或一對多的教學實驗，不管是一般生、低成就或身心障礙學生，這個教材的成效都十分良好，學生的學習進展遠遠優於對照組。

（五）家長的投入

　　100 Lessons 原來是為老師們出版的，但沒有料到家長漸漸注意到這個教材，也有愈來愈多家長寫信給我。2020 年，有位家長甚至告訴我，她成立了臉書社團，和家長、老師們共享這個教材的使用過程，邀請我加入。我加入後，從家長、老師們的討論中，更知道了教學者的需求，這樣的學習也讓此書再刷時，有了很大的改善。

二、給中文版使用者的建議與說明

　　在許多的教學觀察之後，我發現中文版的使用者有幾個最常犯的教學問題，因此提出如下的建議：

1. 細讀教學指引：作者的教學指引寫得非常仔細，且非常有用。如果讀者想了解這套教材背後的原理「why」，就從第一個字讀起。但如果沒有時間，只想知道怎麼教，就從「Distar組字原理：哪來的怪字？」（第xiii頁）讀起，教學指引裡提供了許多教學該注意的事項。如果你是老師，這些提醒，不但有助於這個教材的實施，也會對其他學科的教學有所幫助。剛使用這教材時，我隔一陣子就會再讀一次教學指引，一直覺得受益良多。

2. 精熟原則：這個教材經過非常縝密的工作分析（task analysis），把所有英文的解碼原則由易而難循次漸進的排列起來，前面的任務精熟了，再往下走，才會有最好的學習效果。原書是針對美國的學前幼兒設計的，一天一課。但在中文世界裡，使用這教材的兒童通常年紀較大，老師會發現，一天上三課或五課也不是難事，前二十課尤其如此。有的老師因此養成習慣，每次都要上三到五課，結果是孩子開始落隊，跟不上了。我建議一定要精熟了之後再往下一課走。

3. 朗讀流暢性：一個保證精熟的方式，是請兒童針對故事練習朗讀流暢性，第21課以後，每一課的課文都設有 流暢性標準，強烈建議讓兒童要在秒數內正確唸完課文，才能進行下一課。但第54課以後，課文太長，年紀小的孩子容易失去耐心，我因此又加註了 長文，可視情況分成2或3段完成 的說明。以第98課為例，它的流暢性標準長達170秒，若分3次分別完成，每一天的目標就可降至約56～57秒。請一定不要把學習時光，變成血淚時光哦！

4. 教學節奏：教學指引裡沒有講到教學節奏的問題，所以華語世界使用者最常犯的毛病就是一個拖字：節奏太慢，在某些地方停留太久，這會使學生失去耐性，降低學習的興趣。第50課以後的課文內容變多，但老師要盡量在三十分鐘內上完課，不得已時也不要超過三十五分鐘，寧可一課分兩次上，也不要拖太久，讓學生失去興趣。為什麼拖？最常見的原因是老師習慣做太多解釋、補充說明或觀念延伸。記住，這個教材最重要的目標是看字讀音自動化，第三人稱單數動詞要加s，動詞的種種變化等，要另找時間教導，不必在這裡講。另外，如果發現自己講話的時間超過十秒鐘，大概就已經違反這本教材的基本原則了。我看過最棒的直接教學老師，教學節奏明快，神采飛揚，學生全神貫注，這才是教學典範。

5. 網路資源：(1)發音示範：從2022年的第五刷起，每一課的標題旁都有一個QR Code，掃瞄後就可聽到該課的目標語音及課文朗讀之發音；(2)YouTube影片：請在YouTube以「字母拼讀直接教學100課」搜尋，我上傳了台灣人比較困難的幾個英語語音之說

YouTube影片　　Facebook社團

明與示範、每一課課文的發音示範，及第1至55課的示範教學；(3)Facebook 社團：請在FB以「字母拼讀直接教學100課」搜尋，版主是Han-yi Lin，是一個非常溫暖親切的交流平台。

6. 理解與翻譯：從第13課起，每一課的課文都搭配圖片，並且有一個「圖片理解」的任務。這在中文版造成兩個問題：(1)原書是為五歲以下以英語為母語的幼兒設計的，但譯者預期中文版的對象年紀會大許多，原書圖片理解的提問就太過簡單，實驗時，許多大孩子臉上明擺著不耐煩。(2)只要唸出正確的語音，美國幼兒立刻可透過語音觸及已經具備的母語詞彙，但使用中文的兒童，即使正確唸出語音，仍然不知道這語音代表的意義，

他們的學習還要多一道手續——把英語語音譯成中文詞義。為了解決這兩個問題，我取得第一原作者的同意，把大部分課次的「第二次朗讀」及「圖片理解」改為翻譯的形式。希望能讓年紀較大、說中文的孩子和原書設定的讀者有更具意義的學習目標。

三、致謝

我從 2007 年開始著手翻譯此書，但當時沒有出版的打算，只是用來作為教學補充材料及小型的教學實驗。但在多次的試教及實驗之後，我確信本書在稍加修正後，可以適用於台灣學英語的兒童。2011 年 6 月承好友 John Lloyd 教授的介紹，我和本書第一作者 Engelmann 教授聯絡上，他是位嚴謹又嚴格的老人家，感謝他同意由我來譯這本書。譯書過程中，我得到幾位大學生、研究生及助理的協助，她們是許嘉肯、紀懿倫、溫曼婷、李瑋婷和林姮君。但最要感謝的是心理出版社的林敬堯總編和李晶編輯，這本書的體例及字體都是中文出版社不熟悉的，更何況還要紅黑套色。心理出版社提供了極為專業的排版、編輯和校對服務。也特別感謝台東鹿野國小黃子庭小朋友，她同意我把以此書教學的過程錄下來，放在 YouTube 上與大家分享。

翻譯這本書其實不該花這麼長的時間，但過程中，我的家庭遭遇重大磨難。內子簡淑真教授在 2011 年底被診斷出胃癌，歷經手術及化療的折磨一整年，仍然於 2012 年年底辭世。那時子揚正要大學學測，子安才國中二年級。2013 年 8 月又被借調到國家教育研究院。這些重大的異動，讓我突然有太多事情要顧，譯書的工作整整停了一年八個月。淑真和我在台東達魯馬克部落用此書教原住民的孩子英文，她看到孩子喜歡，看到孩子進步，因此一直鼓勵我把它譯出來，可惜她沒有看到這本書中文版的問世。淑真過世前兩個星期，Engelmann 教授來信質疑我為何拖延出版，我告知淑真病況，他除了安慰我，還建議我把這本書的中文版獻給淑真，我對他的體貼衷心感謝。

謹以此書獻給愛孩子、愛台東、愛家人、愛耶穌的簡淑真教授。

曾世杰

原稿 2015 年 1 月 12 日於國家教育研究院
2022 年 4 月 14 日修正於國立台東大學

參考文獻

方姿文（2020）。**以字母拼讀直接教學提升三年級智障與聽障學童之字母拼讀能力：個案研究**（未出版之碩士論文）。國立台東大學，台東縣。

曾世杰（2006）。**聲韻覺識、唸名速度與中文閱讀障礙**。台北市：心理。

曾世杰、陳瑋婷、陳淑麗（2013）。大學生以瞬識字及字母拼讀直接教學法對國中英語低成就學生的補救教學成效研究。**課程與教學季刊，16**（1），1-34。（TSSCI）

曾世杰、陳淑麗（2014）。找方法，不找藉口的反敗為勝學校。載於陳淑麗、宣崇慧（主編），**帶好每一個學生：有效的補救教學**（頁 168-224）。台北市：心理。

孫翌軒（2014）。**字母拼讀法對高職英語低成就學生之補救教學成效研究**（未出版之碩士論文）。國立台東大學，台東縣。

Blaunstein, P., & Lyon, R. (2006). *Why kids can't read: Challenging the status quo in education.* Boston, MA: Rowan & Littlefield.

Hattie, J. (2009). *Visible learning: A synthesis of over 800 meta-analyses relating to achievement.* London, UK: Routledge.

附錄 1：一對多的教學資源

　　教學者在進行一對一的教學時，只要手持本書、按照課程進行即可，而在進行一對多的教學時，若您需要相關的檔案，請填寫以下資料後，Email 到 jay.tzeng@gmail.com：(1) 適用對象（年級或年齡）；(2)每次上課人數；(3)是否希望持續收到相關的資料；(4)您的 Email。

附錄 2：各課語音檔使用方式

　　讀者可掃描各課標題旁的 QR Code 聆聽語音；或是直接下載全部的語音檔（需解壓縮），網址為：https://reurl.cc/x9ObV4。

教學指引

閱讀：一種複雜的技能

成人所能展現的精緻閱讀能力就像是在鋼琴上彈協奏曲。閱讀教學的終極目的是要讓兒童彈一曲閱讀的協奏曲——能夠以合理的速度默讀複雜的材料，而且能理解作者想要傳遞的訊息細節。

要教導兒童閱讀的課程必須小心設計，就好像好的鋼琴教學，必須從簡單的小技巧開始，在不斷修正和擴充之後，創出各種複雜的技巧。如果一開始就要求天真的兒童彈協奏曲，那肯定是一個爛課程，學生不但學不會，還會覺得很挫折。一個較合理的設計，會把一首協奏曲分成許多小小的段落，一次只學一小段，學生每次只需要掌握一小段，整合起來後，他就能彈較難的樂段。

閱讀教學也一樣。一套合理的閱讀課程當從最基本的技巧開始。這些基本的技巧是後來複雜任務的基石，應該最先被教導。只要兒童掌握了這些技巧，課程就可以開始教較複雜的變化。

教導閱讀時，怎樣的順序才是最有效的呢？底下是四個重點：

1. 初始的練習要簡單，而且要和後面的練習有所不同（就像初階鋼琴課和進階課程看來很不樣）。
2. 即使是最簡單的閱讀課程，其中包含的每一個別的閱讀技巧，都要好好地教。
3. 不同難度的練習之間，進展要慢，每次只有一小步的改變，所有的練習對兒童來說，都相當簡單。
4. 在每一個步驟，課程和兒童之間的溝通都是清清楚楚、毫不含糊的。

DISTAR® 閱讀課程

兒童在學習時發生的特定、細節的問題，就是 Distar 課程設計的最主要考量。課程發展時，作者群認為，如果學生在本課程的作業發生任何困難，那一定是課程設計的錯，而不是學生的錯。一旦出錯，再來就要改寫課程、找新的學生試教、再改寫，一直到教學執行順手為止。這樣下來，最後版本的課程，應該有潛力讓所有的兒童達成學習目標。請注意，這裡的用字是有潛力，要具備這樣的潛力，「教學者」必須依照課程明列的方式教學，也必須確定兒童能完成每一課的每一個任務。

和 Distar 有關的研究

已經有十幾個關於 Distar 成效的研究出現，結果相當一致。接受 Distar 教學的兒童表現顯著優於接受其他課程的兒童；這樣的優勢在接受一年教學之後如此，兩年後如此，三年後如此，四年後還是如此。其中一個最大的研究比較美國教育追蹤辦公室（U.S. Office of Education Follow Through）各個據點的資料，各據點各自選擇了他們可取得的特定教育課程，而且每個據點從幼稚園到小學三年級都對貧窮兒童執行該課程。其中奧瑞崗大學採用了 Distar 課程，兒童從幼稚園到小三的閱讀、語言與數學都用這套教材。結果這群孩子在閱讀、算術、語言表現和自尊方面顯著優於接受其他課程的兒童。奧瑞崗大學負責的孩子超過一萬人，來自全美不同的城市和學區——有些來自印第安保留區，有些來自紐約和華府的貧窮社區，有些來自田納西或南卡羅萊納的鄉間。但不管來自城市鄉村、不管膚色是白是黑或是棕，不管兒童家境的貧富，只要用了 Distar 教材，兒童表現就比對照組優秀。

Distar 比其他的課程有效，是因為它掌握了許多成功教學的細節。有些啟蒙閱讀課程控制了呈現給兒童閱讀詞彙的難度，但 Distar 的考慮絕不僅如此。Distar 控制了詞彙、課間習作的任務、例子的類型、例子出現的次數，甚至老師教學時的用詞——包括學生出錯時，老師如何糾正各種不同錯誤的指導語，這些鉅細靡遺的細節成功地改善兒童接收訊息的方式。有些 **Distar** 控制的項目清楚明白，即使沒有教育背景的人也能懂（例如，控制了老師糾正錯誤的方式）。但一般學校裡用的基礎讀本教材，並沒有提供老師這類的訊息。我們分析了四種最被廣為使用的四到六年級基礎讀本教材，結果發現，四種教材都沒有提到如何更正學生錯誤的程序。這些教材的教學指引只是提供一般性的建議給老師，說要多花一點時間指導學習緩慢的學生。

教學溝通：說清楚講明白

　　傳統的閱讀教材沒能夠幫助老師教導所有的兒童，因為這些教材的教學指引，並無法讓老師知道要怎樣做，才能展現明白清楚的溝通。為了要體會教學中易犯的錯誤，我們必須把自己假想成正在學習閱讀的兒童。這個孩子可能不懂閱讀是怎麼回事，也不明白別人到底是怎麼讀的。大人可能知道自己想教兒童什麼，但兒童的觀點可能完全不同。例如，假定我們正在教小孩看幾個單字的第一個字母，並認出這些字來（這是爛教材常有的活動）。我們可能先會展示幾個單字，它們的第一個字母是很容易區辨的，像是：

he　go　fat　run　with

雖然兒童可能很快地就能靠每個單字的第一個字母就讀出這些字來，但接著他們可能遭遇一個嚴重的困難。只要我們教的新字有前述單字的第一個字母，兒童可能就會把新字唸成之前學過的字。例如，現在要學的新字是 **him**，兒童可能唸出 **he** 來，因為這兩個字都是 **h** 起頭的。

　　這個例子指出了一個教學程序中不良溝通的重要特質——這類教學溝通產生的問題，並不會在教學當時出現。兒童在讀上述的字列時，是不會有困難的。但當新的單字需要更難的區辨能力時，困難就出現了。

　　細究早期教學裡的教學溝通，我們可以找到

這類的混淆，也可以預測兒童可能因此遭遇的困難。有一種相當流行（但效能不高）的啟蒙閱讀教法叫做語言經驗法（language experience method），這種方法先和兒童做一些活動，然後老師引發兒童討論這些活動的經驗，再來把討論的主要句子寫在黑板上，再逐一指著黑板上的字，告訴兒童這些字怎麼讀。這種教法最明顯的問題在於，兒童要記住這些句子非常容易，但要區辨出個別的單字相當困難。要記得，這些孩子還不知道閱讀是怎麼一回事。老師起身，在黑板上製造了一些彎彎曲曲的線條，指著這些線條，慢慢地講話。當指著另一些線條時，老師會要求兒童重複她說的話。雖然的確有可能有些兒童能從這樣的溝通中抽取老師想要傳達的意思，但這樣的教學溝通實在非常弱。有些兒童會以為所謂的閱讀，就是指著這些彎彎曲曲的線條，慢慢地說話，背出一句剛剛聽到的、比較熟悉的句子。如果在沒有任何提示的情況下，在黑板上掛以前兒童學過的掛圖，有些兒童會依序指著句子裡的單字，有模有樣地唸出**另一張掛圖**的句子。

　　另一個教學溝通的困難是因為我們總是想在初階閱讀教材裡教太多東西，這正是大多數學校選用教材的通病。這些教材最弱之處，在於一直講不清楚解碼和理解之間的差異。解碼是在句子裡認出單字來的簡單動作，解碼和理解是兩回事，是可以分開的。你看到像 **Ruf unter glop splee** 的假句子，你唸出來就是了，根本不涉及理解。這個例子告訴我們，你可以在不涉及理解的狀況下成功解碼，讀出一個句子來。傳統的閱讀教材經常把小朋友搞矇了，因為小朋友不知道老師是在教解碼還是在教理解。這些課程通常從討論一張掛圖開始，如果圖裡的主角是個叫 Jan 的女孩，老師就開始談論她：她穿什麼，她頭髮的顏色……諸如此類的話題。討論完了，老師指著圖下的字。那個字，當然，就是 **Jan**。

　　看起來這樣的教學溝通還算有效，因為它相當有趣，孩子開始有動機來閱讀和了解書寫文字的訊息。但是，這樣的溝通可能導致兒童對如何閱讀形成一個嚴重的錯誤觀念。如果老師在教導讀單字之前，總是先討論掛圖，而只要訴諸於掛

圖，這些單字完全是可以預期的，則兒童可能會合理地推論：

- 你要藉著圖畫來讀出單字。
- 在你讀出單字之前，你必須先知道它的意思。

不幸的是，大多數在學校裡閱讀發生困難的兒童，要不具備了以上兩種錯誤觀念之一，要不兩者兼具。高年級的典型弱讀兒童，閱讀單字時所犯的錯誤經常是基於相似的語義而不是相似的語音。例如，他們會把 fine 讀成 good。這樣的錯誤到底是怎麼發生的？讀者的心理歷程到底是怎麼回事呢？他一定認為，在讀出一個字之前，你必須了解這個字的字義。他先看著這個字，嗯，看來我認得，我知道這個字的意思，當他在腦中搜尋這個字義時，同義字蹦出來了。

一個不夠用心的教學溝通會讓兒童在學習的當下得到成功的感覺，卻會在學習的後段吃到苦頭。為了避免這些易犯的錯誤，我們使用的教材必須有仔細的設計，踮著腳尖繞過那些會讓我們付出高額代價的捷徑。教學溝通要清楚明白地讓兒童知道，何時在教解碼，何時在教理解。我們的教材先讓兒童學習解碼，再讓兒童發現字詞句子的意義。再來我們會教兒童一套清楚的解碼程序，好讓兒童學會怎麼唸出單字來。起初，這個程序是老師主導的，一次一個步驟。當兒童已經精熟如何把這些步驟連接起來，老師主導性逐漸降低，兒童的學習責任則漸漸增加。

解碼是啟蒙閱讀最重要的技能，其他的技能大多是語言技能。當一個句子被成功解碼之後，它就像一個可以慢慢口說的句子。如果兒童具備的語言技能已夠理解該口說的句子，則該句子解碼後，兒童的理解就不會有困難。所以，重點不是要教孩子如何理解，而是教孩子如何解碼那個我們想理解的句子。（我們不該要求兒童去讀超越他理解程度的句子，就好像我們不該要求一個不會西班牙文的人讀一篇西班牙文的文章一樣。但如果我們符合了這個語言的要求，則啟蒙閱讀的中心任務，當然就是解碼了。）

簡化教學

前面提到，有些 Distar 教材控制的因素合理而易懂，但有些因素則看起來很不自然，甚至違反一般人的直覺。例如，Distar 教材把老師上課要講的話都寫成逐字教案，對這種作法，我們遇到的典型反應是「幹嘛要把老師講的逐字寫出來？」有些老師上課時並沒有詳細教案可循，如果你觀察過這樣的老師上課，尤其是上需要精心設計的課（例如教天真浪漫的五歲小朋友閱讀），也許對這個問題就有了答案。我們對這些教學困擾很清楚，因為在設計 Distar 之前，我們在伊利諾大學有一個專家教師的訓練計畫，我們把非常仔細的教案給試教老師，告訴他們怎麼呈現教學材料——上課的節奏和速度、強調不同單字的程序、增強程度和更正錯誤的程序。除非你是位經過千錘百鍊的老師，否則要對八個五歲大的小朋友執行有效的教學，你在現場需要注意的訊息量會把你壓垮。如果再進一步要求老師在教每一個例子時，還要提供教學的指導語，這是不可能的任務。老師們通常只能顧到自己的教材，或顧到兒童的情況，而無法兼顧。當在注意兒童的行為時，老師們經常變得喋喋不休、重複自己講過的話、結結巴巴。話一多（非常常見），就失去教學的節奏，兒童搞不懂了，也失去興趣，整個教學就泡湯了。我們的藥方是降低老師的教學負荷——把老師上課要講的話事先寫好。老師還是有許多事要做，因為教材的呈現仍然要有效能，也要有互動性。但現在老師可以專注在教學的內容上，不必當場動腦筋變出什麼花樣來。畢竟，坐在一組兒童面前，每個小朋友各有各的樣，隨時可能出狀況，這可真不是一個創作流暢教學的好時機。

有效的教學溝通，是許多細節的總和。除非所有這些細節都得到控制，要不然兒童只能從老師那裡得到不良的教學溝通，而老師也只從兒童處得到很少的學習訊息。除非所有的細節都得到仔細的控制，天真的兒童恐怕就無法有好的表現。老師觀察孩子的學習，得到的印象是孩子學不會、學得慢，他一定有什麼視知覺的困難或情緒的困難。這樣的訊息完全是搞錯了。本書的每一個作者都見過上千個小朋友，從資優生到嚴重智能障礙生，只要智商高於 70，我們從來沒有見過一個四歲或四歲以上的孩子是教不會閱讀的。我們見過幾百個在學校裡沒有學會閱讀的學生，從幼稚園到大專程度都有，他們不能讀，他們的父母可能已經相信學校給孩子們的各種標籤：讀寫障礙、知覺障礙、學習障礙等，這都是無稽之談。幾乎沒有例外，這些「障礙生」都有兩個明顯的困難。第一，以前的老師沒有教好；從錯誤分析來看，問題出在老師的教學技巧，而不是孩子的心智問題。第二，學生自己似乎也相信了這些標籤，他們痛恨閱讀。但是，怎樣治好這個問題呢？沒有神經外科手術或仙丹妙藥可以幫忙，唯一的辦法是從頭教、仔細教。孩子們很快就會發現，其實他們學得會，他們的進步讓老師們印象深刻，而且閱讀（或學習）其實沒那麼討厭。當孩子們得到強烈的證據，指出他們有成功的學習，兒童的自我形象會因此得到顯著的提升。

Distar 組字原理：哪來的怪字？

組字原理是個學術用詞，指的是組成字詞的字母，或字詞是如何拼寫的。我們日常生活中所見的書寫文字有個大問題——它們的拼寫有時候是沒有道理的。照英文的拼讀原理，**said** 應該唸作長音，但不是，它唸作"sed"。許許多多英文字中最常見的字，其發音都不規則，例如：**the**、**off**、**of**、**what**、**to**、**do**、**where**、**who**……教啟蒙閱讀的老師有個好玩的挑戰，就是要找些最簡單的字，把它們組成一個完全符合拼讀規則的短句。想要完全符合拼讀規則，各個字母就必須每次出現時，都要發音完全相同。**Pam had ham** 就是一個完全規律的句子。字母 **m** 出現兩次，兩次發音完全相同。字母 **a** 出現三次，每次出現，都唸作短母音的 **a**。當然，我們可以努力創造一些句子，讓它們完全符合拼讀規則，但是這個任務會非常困難。假定我們想表達的句意是一個女孩和一個男孩去湖邊，想要讓這樣的句子中的每個

字母都有唯一的發音，各個字母每次出現發音都相同，那就難了。**He and she go to the lake**，在這個句子裡，**e** 在 **he** 和 **she** 裡的發音是一致的，但在 **lake** 和 **the** 裡，**e** 有了不同功能，在 **the** 裡，它唸作"uh"；在 **lake** 裡，它不發音。**o** 在 **go** 和 **to** 裡的發音也不同。而 **h** 就更古怪了，它在 **he** 裡有最常用的發音"h"，和 s 結合時，它唸作"sh"（如 **she**），和 **t** 結合時，它唸作"th"（如 **the**）。

很明顯地，英文絕對不是一個規律的拼音文字，它是拉丁語、希臘語和法語的混合物，我們應該想辦法讓初習閱讀的兒童可以有簡化的材料。

Distar 解決了這個困難，我們創造了新的字母，這些字母有兩個功能：首先，某些具有多重發音的字母可以被清楚地區分出來，這樣我們就能創造出許許多多拼讀完全規律的單字（每個符號只有一種發音）。同時，這套字母讓我們仍然能夠在字面上看到傳統的字母拼讀法。底下是我們創造的 **Distar**：

$$a\ \bar{a}\ b\ c\ ch\ d\ e\ \bar{e}\ f\ g\ h\ i\ \bar{\text{I}}\ j\ k\ l\ m\ n$$
$$o\ \breve{o}\ oo\ p\ q\ u\ r\ s\ sh\ \bar{t}\ th\ u\ \bar{u}\ v\ wh\ x\ y\ \bar{y}\ z$$

你也許注意到字母 **a** 和 **e** 各有兩種樣貌，藉著這樣的設計，我們可以讓 he 和 went 完全規律化，我們把 he 改成 **hē**，把 went 改成 **went**。現在這兩個字已經等於其個別字母發音的總和。換句話，你只要說出每個字母的發音，你就成功地唸出這個字來了。

這套字母也提供了一些「連結字母串」，例如 she，就可以寫成 **shē**，對初習閱讀的兒童來說，這樣連結非常重要，因為 s 和 h 在一起，事實上只發一個音，而不是兩個。

Distar 也用了小號字母來維持原來英文拼音系統的拼音法，規則很簡單，讀者只要看到小號字母，那些字母就不發音。有了小號字母，我們把 lake 改寫成 **lāke**。現在新的寫法已經完全符合字母拼讀原則了。讀者不必讀出最後一個 **e**，但他知道拼字時，要拼成 **l-a-k-e**。

現在整個句子用 **Distar** 字母表示變成：

hē and shē went to the lāke.

現在一切都規律化了，一字母一音，而且只有一音。只有兩個例外，**the** 和 **to**。你就有點衝動，想說「這實在太丟臉了」，於是開始想法子要讓這兩個字完全規律。但是，剛開始時，我們用了一套完全規律的字母系統，但是我們發現等到兒童學會，我們想要幫助兒童從 **Distar** 字母回到英文字母的轉銜階段時，有些兒童發生了嚴重的困難，困難的起因是教學溝通不良。我們把文字符碼完全規律化之後，意味著閱讀不過是唸出每一個字母所代表的語音，然後把語音加總。我們沒有提醒兒童，有些單字不太一樣，需要用不同的策略去讀。後來，我們發現如果可以在課程的早期就介紹一些拼音不規則的單字，從 **Distar** 字母回到英文字母的轉銜過程會更順利，因為我們早已提供一些練習的機會，教導學生用什麼策略來讀出像 **to**、**was** 和 **said** 這樣的不規則字。

但 **Distar** 字母讓我們可以做許多很棒的事，有些本來很難的單字如 **where** 和 **were**，就可以寫成：

(wherₑ 和 werₑ)

你可以看到 **were** 用了連結字串 **er**，發音是 "ur"，小號字母 **e** 不發音，如果你能唸出 **w** 和 **er** 的語音，你就唸得出 **were** 來。**where** 現在也變得規律了，它有短母音 **e**，只要唸出 **wh**、**e** 和 **r** 的語音，你就唸得出 **where** 來。

Distar 字母並不能表徵所有可能的語音，使用這套系統的目的，並不在取代傳統的組字原則，而在於提供一個能裨益於早期閱讀教學的途徑。一旦兒童學會以這套字母系統來閱讀，我們就開始把能力轉銜過渡到傳統的字母拼讀。**Dister** 不需要包山包海地去表徵每一個可能的語音，因為在啟蒙閱讀的教學中，我們並不教所有的單字和所有可能的語音結合。在成功地把閱讀能力從 **Distar** 過渡到傳統英文字母之後，我們還可以有機會教許多其他的技巧。在那個時候，兒童已經學會許多閱讀技能，教學溝通就不必像在啟蒙閱讀那樣小心翼翼了。因此，本課程最仔細小心的部分，就是第一部分。因為它要負責發展出最基本的技巧，這些技巧到後來會益形擴展、精進。如果第一部分的教學溝通就很弱，後面的學習就不能成功地建築在先前教過的技能上。這些部分最後可能只得重教一遍。

先後有序的教學

一套好的閱讀課程應該儘快讓兒童接觸真正的閱讀。但在兒童能展現字詞解碼（例如，唸出 **mat** 和 **if**）之前，兒童一定已經具備了一些重要的前閱讀（prereading）技能。只要看看兒童如何唸出一個簡單、規律的單字，我們就可以推測得出，到底這些前閱讀技能是什麼。

兒童最需要的技能就是每個字母表徵什麼語音。這個事實建議語音區辨應該先教。**Distar** 並不先教字母名稱，因為字母名稱在閱讀單字時並不扮演什麼角色。要證明這點，你不妨快快唸一下 m、a 和 t 的字母名稱，即 "em"、"ay"、"tee"，看看是不是能唸出 **mat** 的字音。當然不會。它們只會唸成像 "emmaytee" 的怪音。

語音在閱讀歷程中是有功能的。因此我們先教語音，再教單字裡的語音。在認讀 **mat** 字之前，兒童將先學會 **m** 唸作 "mmm"，這裡的 m 連續寫了三次，並不是要你再三地唸這個語音，而是表示唸這個音時，要持續一兩秒鐘。

但不是所有的語音發音時都可以持續幾秒鐘，可以拉長發音的叫做連續語音，**f**、**s**、**n**、**l**、**z**、**w** 和所有的母音都是連續語音。非連續語音的例子則有 **b**、**d**、**ch**、**g**、**h**、**p**、**j** 和 **t**。這樣的音，在唸的時候要非常快，也不能在字尾加 "uh" 音。**mat** 的最末語音是無聲的，唸的時候你的聲帶是沒有振動的，絕對不能唸成 "tuh"，而只能發出很小聲 "t" 音。這就是 **mat** 裡 **t** 的發音，也是課程裡要先教小朋友的。當兒童掌握了能夠組成各種單字的多種語音，他就已經掌握了閱讀需要的先備能力。

但還有其他重要的技能。混合成音（blending）就是一種口語的技巧，兒童要是不知道如何做混合成音，就不知道怎樣把一個單字的所有語音串連起來。為了教導混合成音，我們先丟開書寫的單字，如 **mat**，直接讓孩子經由口頭的練習學會混合成音。首先，兒童要以很慢很慢的方式唸目標單字，每個音都要拉長一兩秒，而且音與音之間沒有停頓："mmmaaat"，慢慢唸結束後，再請兒童快快唸"mat"。

我們教學的步驟如下：

「說 **mmmaaat**。」（兒童說：）「mmm-aaat。」

「快快唸。」（兒童說：）「mat。」

進行混合成音練習時，老師不能在語音間停頓。（這個練習有時對小朋友來說有點困難，但是，一般來說，對老師更困難。）為什麼語音和語音之間不能停頓呢？因為這種表達方式傳遞的訊息比"mmm─aaa─t"這種中間停頓的方式更為清楚。當兒童以中間不停頓的方式唸出這三個語音時，事實上，他就是在慢慢唸 **mat** 這個單字了。若想要用正常的速率唸這個字，兒童只要加速即可。兒童不必先把每個語音放在一起，再去快快唸。

口語練習沒問題了，就把混合成音的任務加上書寫文字。我們設計了初階單字閱讀的練習。

當兒童說"mmmaaat"時，你指著 **mat**，並依序指著 **m**、**a**、**t** 字母底下的黑點。

你說：「快快唸。」（兒童說：）「mat。」

我們已經講了兩種重要的技巧，兒童要先具備這些技巧，才能進行簡單的單字閱讀。當然還有其他的技巧，最重要的一項是拼尾音（rhyming）。拼尾音的活動可以讓兒童發現某一單字與另一群單字的相似之處。假定我們要在尾音 **op** 前面加一些首音，我們就可以創造出一群相關的單字。如果兒童已經具備基礎的拼尾音技巧，這些單字之間的關係對他來說就會很清楚──它們是押韻的。對此組字原理理解可以提升兒童對字族（word families）的概念（字族裡的字都具有相同的韻尾）。從此，兒童就不會把像 **hop** 這樣的字看成無親無故的孤獨字，它和 **top**、**pop** 和 **drop** 共享同一個韻尾。

總之，你將要教導你的孩子各種不同字母所代表的語音，你不會一次就把所有的字母教完，請一次教一個，兒童會有充分的練習以掌握每一個新的字母。你在教字母的時候，也同時在教混合成音的技巧，兒童先練習慢慢唸、再快快唸出一群簡單的單字。你也教導兒童拼尾音和其他的技巧，在最前面幾課，兒童要先練習這些技巧，而不是先讀單字。等到兒童學會某些字母代表的語音，及必要的技巧，你要開始介紹單字閱讀的最簡單形式。這時兒童要練習所有與解碼相關的口語成分，他必須唸出單字的尾韻而且能混合成音，現在只要把單字的各部分語音湊在一起，加上書寫形式的單字，轉眼間，孩子能閱讀了。

整個教學順序的設計讓兒童學了前面的步驟，才能夠一步一步地往下學。每一個課間練習所需要的技能，都先教過，換句話說，在教比較複雜的任務時，你應該能夠指出前面所教過的特定技巧，以糾正兒童的錯誤。

例外字和理解

初階的解碼當然不是閱讀教學的終點；但若學不好，它會是一個主要的絆腳石。在你帶著孩子學過初階解碼之後，你一定還得多費心複習。你必須介紹好幾組拼字不規則的單字（像內含 **ar** 的字組 **part**、**smart**、**bark** 等）。你必須把重點從閱讀孤立的單字轉換成句子閱讀及句子理解。為了讓兒童知道閱讀即獲取意義之鑰，你要先指導兒童讀一個句子，然後回答與該句相關的問題。如果兒童剛剛讀的是 **We went home**，你應該要問：「我們做了什麼事？……誰回家了？」這種理解的問題很簡單，只是字面的理解，但就像初階解碼，這就是我們能提供的最簡單、最基本的形式。除了與句子字面理解相關的問題，你也會帶入理解活動，讓兒童發現，句子講的是圖片裡的內容，圖片裡畫的，就是句子裡講的。如果句子是 **It is on**，你告訴兒童：「你等一下會看見一張圖，你知道你會在圖裡看到什麼嗎？」（兒童回答：「It is on.」）然後你出示一張圖，圖上有個小孩剛開了燈。你現在要問一個問題，把文字和圖片關聯起來：「什麼是亮著的？」你也會問一些可以當作獎勵的問題。

當兒童漸能掌握理解活動的簡單版後，更需要費心推敲的活動隨之而來。老師開始問兒童預測的問題，教材裡有許多句子說明有誰要去做、試著去做或開始做某些事，兒童讀了句子之後，老師就問：「你猜再來會怎樣？」課文裡的下一個句子就回答了老師的提問。預測性的問題幫助兒童發展出期待接下來會發生什麼的技巧。這些問題也幫助讀者在「聽故事技巧」和更主動的「讀故事技巧」之間形成連結。

在課程開始時，兒童幾乎什麼都不會，但在一百天的教學之後，兒童就能閱讀了，雖然可能還不能像大人讀的那麼好。但經過了這一百課，兒童已經學會默讀——也因此閱讀速度會比剛開始的幾課快得多。兒童已經能夠閱讀以傳統英文字形印刷、超過 250 字的文章（**Distar** 字母和英文字母的轉銜從 74 課開始）。兒童也已經學會基礎的句子理解技巧（字面理解與預測）。

這套課程也是專門為你設計的。當你讀到剛才講的各種理解技巧的細節時，你也許會問：「我怎麼知道該在何時，以什麼方式提問呢？」容易得很，你在教學時所有的教材和提問，都已經寫在課程裡了。事實上，所有提問的正確反應也都寫出來了。如果你第一次使用本教材，希望你能完全依照課程的規定執行，其結果是可以保證的。你的小朋友會讀，而你也成為有效能的閱讀教師。當你第二次或第三次教，你已經知道課程中的每一種練習該怎麼跑，你也許就可以自由一點，東加一點、西改一點也無妨。但若第一次你就太時髦，自創新招，也許教到後來，你會發現其實是不必那麼做的。我們在這裡只討論一般性的原則，但你只要繼續教下去，課程中會不斷出現各種教學的小技巧。除非你知道這些小技巧之間的關聯性，請不要改變課程中原先設定的練習，否則你可能無法順利把閱讀的技巧教好。

教學準備

在教學之前，你應該先做四件事：

● 學習本課程要教的每一個語音，特別是前十個。

● 規畫課表。

● 練習幾次「更正錯誤」的程序。

● 試教前兩課。

語音。下表依在本課程中的出現順序呈現出所有的英文語音。每個語音後面，都有簡短的說明——它們究竟是連續或非連續語音、是有聲還是無聲。

在你開始教學之前，請先確定你可以正確地發出每一個語音。先確定是否能在孤立（脫離單字）的狀況下，不被扭曲地發出個別的語音。如果在該語音的後頭添加一些古怪的語音，那你就扭曲了該語音。

最簡單的程序，就是試著唸一個單字的尾音，你要唸得又慢又大聲，好像要唸給重聽者聽那樣。例如，如果你想在孤立的狀況下，唸出 **nnn** 來，你可以試著用很慢的方式唸 **fan**，每個音都至少持續一秒。在這種情況下你唸的 **nnn**，就是本課程所謂在孤立狀況下個別語音的唸法。要注意，可別在語音後頭加料，例如，把 **fan** 唸成"fffaaannn*uh*"或"fffaaannn*ih*"。你要練習的是說出乾淨的 **nnn**，不可在後頭加上母音。

至於語音 **t**，你可以試著以很慢、很大聲的方式唸出 **fat** 來。你馬上會發現，不管你多努力把 **fff** 和 **aaa** 的語音拉長，**t** 這個語音是無法拉長持續的。如果你覺得 **t** 的語音是可以拉長的，那一定就是唸錯了——你在 **t** 後面自行加了尾音，如"fffaaat*uh*"或"fffaaat*ih*"。

要記得，想知道怎樣唸出某個孤立的語音，最簡單的程序就是試著唸一個尾音為該語音的單字，要唸得又慢又大聲，而且不要扭曲了該語音。這種發音方式唸出來的最後一個語音，就是孤立狀況下的語音。

所謂無聲的（whispered）語音，指的是你在唸這個音時，你的聲帶是沒有振動的。試著用手指輕觸你的喉頭，用悄悄話的方式唸 **fuss**，你應該感覺不到喉頭的振動，因為這整個字都是無聲的。

再來請你以非常慢的速度唸 **fuss**，這次不要用悄悄話，而是以正常說話的方式。你應該會發現唸 **fff** 和 **sss** 時，喉頭仍然沒有振動。因此，這

發音說明

符號	發音	示例	有聲或無聲	出現課次	符號	發音	示例	有聲或無聲	出現課次
m	mmm	ram	有聲	1	ar	ŏřrr	car	有聲	49
s	sss	bus	無聲	1	ch	ch	touch	無聲	50
a	ăăă	and	有聲	3	e	ĕĕĕ	end(ed)	有聲	52
ē	ēēē	eat	有聲	5	b	b	grab	有聲	54
t	t	cat	無聲	7	ing	iiing	sing	有聲	56
r	rrr	bar	有聲	9	Ī	ĪĪĪ	ice	有聲	58
d	d	mad	有聲	12	y	yyyē	yard	有聲	60
i	iii	if	有聲	14	er	urrr	brother	有聲	62
th	ththth	this and bathe（不是 thing）	有聲	16	oo	oooooo	moon（不是 look）	有聲	65
c	c	tack	無聲	19	J	j	judge	有聲	67
o	ŏŏŏ	ox	有聲	21	wh	www	why	無聲	69
n	nnn	pan	有聲	23	ȳ	ĪĪĪ	my	有聲	71
f	fff	stuff	無聲	25	ū	ūūū	use	有聲	74
u	uuu	under	有聲	27	qu	kwww（或 koo）	quick	有聲	74
l	lll	pal	有聲	29	x	ksss	ox	無聲	75
w	www	wow	有聲	31	z	zzz	buzz	有聲	75
g	g	tag	有聲	33	ea	ēēē	leave	有聲	79
I	（原字母名稱）	I	有聲	34	ai	āāā	rain	有聲	88
sh	shshsh	wish	無聲	35	ou	owww	loud	有聲	89
ā	āāā	ate	有聲	37					
h	h	hat	無聲	39					
k	k	tack	無聲	41					
ō	ōōō	over	有聲	43					
v	vvv	love	有聲	45					
p	p	sap	無聲	48					

兩個語音都是無聲子音。

再試著摸著喉嚨慢慢唸出 **fun**，這次你會發現唸 **fff** 時喉頭不動，但在唸 **uuu** 和 **nnn** 時，喉頭是振動的。所以，**nnn** 是有聲子音。

再以同樣的方式唸 **run**。你是不是發現唸 **rrr**、**uuu**、**nnn** 三個音時，喉頭都會振動。因此，**rrr** 是一個有聲語音。

你要先能正確且穩定地發出一個新的語音之後，你才能開始教。（如果教錯了，學生在後來課程中若再遇到這個語音，就會發生困難。）

有幾個發音特別需要注意：

- **r**。不要把這個符號唸成"**urrr**"，否則兒童在唸像 **run** 這樣的字時會發生困難，他們會試著唸出"**urun**"來，**bar** 的末尾語音就是這個符號的正確發音，它是一個獨立的單音。

- **th**。這是個有聲語音。另外有一個 **th** 是無聲語音，如 **math** 和 **thing**。但本課程裡教的這個 **th** 是有聲的，如 **them**、**then**、**that** 和 **those**。

- **h**。這個語音有點怪，在唸的時候，只能送出一點氣，但是，它是無聲的。

- **y**。本課程中，這個符號只出現在單字的前端（**yēard**）。它和 **ēēē**（如 **eat**）很像，但唸起來要有一點點的阻力（譯註：像中文的「耶」）。如果你不知道怎麼唸，就唸成 **ēēē** 也行。

- **oo**。這個符號指的是 **boo**、**moon** 和 **toot** 的語音，而不是 **look**、**soot** 和 **book** 的語音。

- **wh**。在美國各地，這個語音唸起來稍有差異。在美東，這是無聲子音，在中西部和西部，它是有聲子音。兩種唸法都可接受。

除了指出語音有聲或無聲，發音指南的第二縱欄告訴讀者，在唸出該語音時，發音是否能延長，或只能快速唸過。如果發音能延長，則該欄出現連續三個符號（如 **mmm** 或 **sss**），這表示你在唸這個語音時，至少可以維持這個發音兩秒鐘。請注意，這樣呈現並不是要你把同一個語音重複唸三次（"**m—m—m**"），而是要你吸一口氣，持續唸出同一個語音，維持兩秒。

有些以單一字母呈現的語音，如 **d**、**c**、**t**，其發音是無法延長的，必須非常快速地把它們唸出來。請試著用很慢的速度大聲唸出 **mad** 來，這個字的最後一個語音，就是 **d** 的正確發音。它是有聲子音，你摸著喉頭就可以感覺到振動。請不要在字尾加上"**uh**"的語音（不要唸成"**mmmaaad-uh**"），而且它只能快快唸。

這個語音表的最右欄呈現了每一個語音出現的課次。第 1 課出現的是語音 **m** 和 **s**，在上課之前，要先練習說這兩個語音。這兩個語音一個是有聲，一個無聲。如果你真的不知道某一字母所代表的語音怎麼唸，尤其是母音，請看語音表第三欄的例子。符號 **a** 是在第 3 課出現的，在傳統的組字原則中，這個符號有許多不同的發音，但在本教材的最前面幾課，符號 **a** 只表示一個語音，即 **and** 的第一個語音。請注意，你千萬別對孩子說「**and** 裡的 **aaa**」，示例上這樣寫，只是要提醒教學者這樣唸 **a** 的。

慢慢唸單字

要請你練習，在唸出單字時，各組成語音之間不要停頓。前面說過，如果兒童學著在唸出語音時，各語音間沒有停頓，他們在區辨這個單字時會容易許多。

從第 1 課開始，你就要慢慢唸出單字，語音之間不要停頓。第 1 課裡的單字有 **am**、**me**、**in** 和 **she**。

請練習依如下的方式慢慢唸出這些單字。請用手摸在你的喉部，深呼吸，說"**aaammm**"，每個語音都要拉長兩秒鐘，語音間不得停頓。如果停頓，你會發現喉部的振動停止了。在唸"**aaammm**"時，你喉部的振動，從起頭到末了都應該是持續的，不該中斷。記住，兩個音的發音時間要差不多一樣長，不要 **a** 很短，**m** 很長。每個音都要唸兩秒。

現在練習其他單字——**me**、**in** 和 **she**。當你在唸 **she** 時，一直唸到 **ēēē** 時喉部才會開始振動，但你還是要把 **shshsh** 維持兩秒鐘，而且 **shshsh** 和 **ēēē** 之間是沒有停頓的。**shshsh** 一結束 **ēēē** 立刻開始，兩個語音間，連最輕的停頓（靜音）也不能有。

第 1 課開始，兒童就要跟著你慢慢唸單字，要確定兒童在語音間沒有停頓，如果犯錯，要立即糾正。如果你的示範正確，兒童在這個任務上應該不會有嚴重的問題。

唸出孤立語音的原則，一樣適用於慢慢唸單字。有些語音是無法拉長發音的。在慢慢唸 **mat** 的時候，前兩個語音可以各唸兩秒鐘，最後的 **t** 則只能快唸如"mmmaaat"。（**t** 是無聲子音。）（請注意，**c**、**t** 和 **p** 這三個語音若置於字尾，它們的前方會有一個極小的停頓，這個停頓是可以接受的，因為我們以正常速度說出單字時，就會發生這樣的停頓。）

唸出單字的語音

從第 9 課開始，你要開始指導兒童朗讀出書寫的單字，然後進行快快唸。單字的呈現如下例：

教每一個單字時，你要先指著單字下箭頭最左端的起始黑點。你要求兒童「唸出語音」，然後手指移到單字下的黑點，每一黑點停留至少一秒鐘。

底下的圖示說明你該怎麼做。

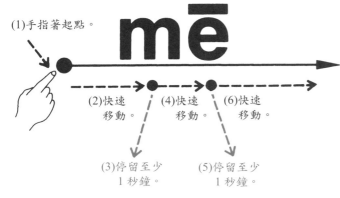

你要練習怎麼讓指頭快速從箭頭右滑，並且每個黑點都至少停留一秒鐘。在最右的黑點停一秒鐘後，指頭快速移動到箭頭的末端。

當你手指移動到代表每個語音的黑點之際，兒童理應唸出該語音，而且維持該語音，直到你的手指又移到下個語音，這時兒童不能停頓，要直接唸出該語音來。（例如，兒童該說"mmmēēē"，而不是"mmm"－停頓－"ēēē"。）如果你記得快速地指過一個又一個的語音，兒童的任務就容易多了。（注意，如果你移動得太快，兒童會不知道要唸的下一個語音是哪一個，即使你指到下一個黑點，兒童仍然唸不出來。但如果你的手指移動得太慢，兒童在說出某個單字的最後一個音之前，可能就沒氣而必須呼吸了。）

有些單字的結尾語音是無法延長發音的，你指到這個字尾音時，只要停一下下就好，就不必停一秒鐘。

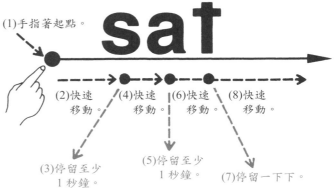

每一個任務的逐字教案均指出兒童該有的反應，就上例而言，兒童該有的反應是"sssaaat"，而且前兩個語音要延長一秒，字尾語音只要短暫停留。你手指移動的方式應該和兒童該有的反應一致。在 **t** 下只停一下下。

第 21 課開始，出現一種新的單字類型，這類單字的起頭音是無法延長的，對兒童來說，它是最難唸的一種類型。下圖顯示你在呈現這類單字時該有的行為。

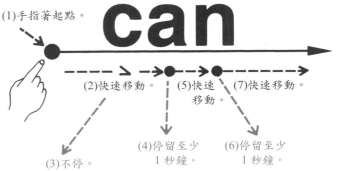

隨著你指頭的移動，兒童會唸出"caaannn"來。請注意 can 中的 c 底下它不再是一個黑點，而是一個像箭頭的符號。在 c 底下是不必停留的，這個箭頭符號告訴你，雖然這裡不停，但還是要發音。當指頭停在下一個黑點時，就要併同下個黑點的音一起唸出來，如"caaa"。

記住，當字母下出現的是箭頭時，別停，連暫停都不要。兒童要把這個語音和下一個語音合併說出。

如果某些單字的字母串裡沒有「消音字母」，其實是發音規則字。像 meat、sail、came 和 boat 等字都是。這些字在 Distar 字型裡如此呈現：

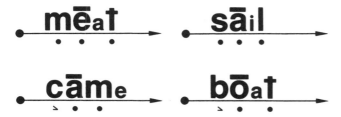

請注意，這些消音字母底下既無黑點，也無箭頭。你手指不必停留一秒鐘，連暫停都不必。兒童只要依序唸出底下有黑點或箭頭的語音，他就唸出整個單字來了。從第 74 課開始，消音字母就從小號字型轉換成正常大小，一般來說，兒童讀轉換後的單字時，不會發生困難，因為第 74 課前，他們已經重複唸這些字非常多次了。

不要跳課

這個觀念極為重要，我們已經強調過好幾次了。請依課程設計，一課一課教下去，不要跳課，也不要引入新的程序。跳課，當然有可能讓兒童的進展比課程預定的進度快，但在這成為事實之前，你必須先了解閱讀技能的本質。一般人把解碼教學的目標定位在「會不會？」但解碼教學還必須使解碼完全自動化——解碼必須不假思索，不費吹灰之力。因此，課程進行的速度，應該要比一般人預想的還要慢一點。換句話說，如果兒童的進度在第 30 課，但你直接跳到第 50 課，這時兒童也許仍能讀出一些、甚至大多數的單字，但「能夠解碼」不該是終極目標，僅能讀

出單字是不夠的，你必須確定兒童有足夠的練習，以達相當的流暢程度。如果你能讓兒童停在他能掌握的難度內夠久，流暢性及輕鬆解碼的目標才可能達成。在第 50 課之前把 was 或 ram 多讀個十五次，不會讓兒童受到任何傷害，額外的練習，只會讓第 50 課更容易一點，而且讓孩子得到更多的增強。所以，別跳課。

此外，不要在課程進度之前，跳過「唸出單字語音」（sounding out words），而提前教導「快快唸」（reading the fast way）的技巧。兒童當然也可以提早學會這些技巧，但除非兒童唸出語音（sounding out）的能力已經穩固，當兒童開始「猜字」時，你可能沒有良方糾正他的錯誤。但如果兒童唸出語音的能力已經非常穩固，他在快唸單字時發生錯誤，你就可以要求唸出語音，以更正錯誤。如果兒童僅僅學會唸單字，而不會唸出語音，在課程的早期也許不會有什麼問題，但在後期，許多看來非常相像的單字開始出現時，兒童就會發生嚴重的困擾。（課程一開始，兒童只憑 th 的視覺印象，就唸出 that 來，因為那時只教了 that 這個字。但課程在出現 that、this、those、them、then 和 than 之後，兒童就無法再用這個策略了。）

增強與錯誤糾正

為了要有效地教學，你必須清楚傳送兒童需要的訊息。兒童努力了，你也必須有所回應。在回應兒童的各樣努力時，你應該要增強適當的行為並且糾正其所犯錯誤。

雖然課程設計本身已經非常有增強的效果，但別誤以為「給增強」就是「當濫好人」。如果你忽視兒童的錯誤，或亂做一通就算通過，這就是當濫好人。這樣做，不但不是增強，還非常不切實際。本課程中，前面教的技能，後面一定會用到，每一個都會用到。如果在前面課程中，兒童對最簡單的技能都表現不好，他們對後面課程中的複雜任務，一定也會學得糟。如果複雜任務的每項子成分沒有學好（如果教學者放水的話），兒童只好等著失敗。唯一的治療是，把兒童帶回課程的起點，重頭來過。這次，必須對兒

童施以嚴格的通過標準。

本書教案已經寫出每天課程中用到的一些增強的話語，但這些話語並不足以告訴你，所有值得稱讚的好表現，你該如何給予增強。底下是一些給予兒童增強的規則：

1. 如果兒童夠努力，就稱讚他：「你真的好用功（努力）啊。」（只要努力，就可以給予這類的稱讚，即使其表現不完美也可以，我們稱讚的是兒童的努力。）

2. 如果兒童表現得很好，稱讚他：「真不簡單，你好厲害。」

3. 如果在某一任務，兒童克服初始的錯誤，終於做對了，要表現驚訝的樣子：「你這次做對了，我還以為你還要很久才能學會呢。真是了不起。」

4. 給兒童機會展現他已經學會的技巧。「等一下秀給你爸爸（○老師）看看，他一定不相信你有這麼厲害」。

以上四個稱讚方式裡，有三個都是表示驚奇的。你所能提供最有效果的增強，都和驚奇有關，因為驚奇表示，兒童不只是做到你的期待，他做得更多更好。表現得比你期待的更好，對兒童來說乃是最具增強效果的經驗。因此，哪一種方式最有效，能讓兒童得以發現學習閱讀可得到很強的激勵？答案就是持續不斷地挑戰兒童。如果你認為兒童應該有某程度的能耐，就該給他挑戰，如果兒童辦到了，你就要表現出很驚訝的樣子。你可以試著從給一個挑戰開始，理想上，這個挑戰應該包含一群任務，而不是單一的任務。「我們今天來試著快快唸，但今天這課裡的這幾個單字都很難，我敢說你至少會錯兩個」。

再來是呈現刺激讓兒童唸，如果兒童犯錯的次數少於兩個（那是很可能發生的），你可以這麼說：「你一個都沒唸錯吔，我看你是運氣好吧，快快唸可以唸這麼好真是不可能啊。」

即使兒童犯錯超過兩個，因為你已經先預告過了，所以兒童還可以保留顏面，不至於有被打敗的感覺。「這些單字可真難，是嗎？我們再練一次，再唸好一點。我敢說明天這些單字一定還會再出現」。

要讓挑戰生效，你要選一組你十分確定兒童辦得到的任務。假設兒童對某群語音很熟了，你可以說：「我想你大概不可能一個都不錯的唸對這裡所有的語音吧。」

記住，挑戰的目的不在於調侃兒童或取笑其失敗，挑戰乃設計來讓兒童有機會表現他做的會超乎你的期待。如果你說「如果今天你錯了兩三個，我也不意外」，這樣說，是預計兒童應該一個錯都不會犯（或只犯一個錯），也是設計來讓你說：「哇，你成功了。我真不敢相信，這些單字好難哪。」記住，如果結束時你不能說「哇，你成功了」，這表示你的挑戰完全失敗或不夠成功，那句「哇，你成功了」才是給兒童挑戰的目的。

還有兩個關於增強的技術事項：

1. 如果每一任務之後都給增強，你不但沒有幫兒童完成該課的學習，反而會讓他分心。因為兒童將學到每一任務之後都會有「增強假期」。

2. 如果你常用太繁複的增強，也會發生同樣的狀況。

不要每單一任務完成後就給增強，要給兒童挑戰，一定要以「一組任務」為單位，當呈現該組任務中的個別任務時，只可以講非常簡短的話，如「對了」或「很好」。這樣的話語，每次不要超過一秒或兩秒鐘。從一個任務到下一個任務的教學節奏要快，每當兒童成功地完成一個任務，儘量在干擾最小的情況下快速呈現下一個任務。這個程序不只在「管理」上重要，從「溝通」的角度來說，也是重要的。如果例子一個緊接另一個地呈現，兒童會比較容易發現這些例子的相同或相異之處。如果例子之間的停頓太久，兒童反而不容易接收到那麼清楚的訊息。

如果課堂中兒童打斷你的上課，可別增強這樣的行為。如果你傾聽兒童講話，或允許他的行為插入，你就是在增強「打斷上課」的行為，它的發生頻率就只會愈來愈高。這時只要簡單地說：「現在不行，等下再說。」繼續把任務完成，等到一組的任務全部走完（例如某課的整組快快唸任務），稱讚兒童（如果兒童表現不

錯）。然後才問：「好了，剛才你想說什麼？」

兒童有干擾行為時，除了不能給增強，也要反過來稱讚兒童沒有干擾的行為，不過別做得太過頭了。但如果兒童本來就很容易干擾上課，這次他居然能好好地完成一組任務，就說：「你真了不起，我們唸了這麼多，你一次都沒有吵鬧（或講話），真棒，我本來不知道你這麼能控制自己呢。」

最後一個增強的建議：有時兒童會很挫折，覺得諸事不順，還掉了幾滴眼淚。你可以這麼說：「告訴你哦，我知道你今天碰到的事到明天就都變好了。你在哭，表示你很在意，那是好事，因為，如果你在意，你就會繼續努力，最後就會成功。你知道為什麼嗎？因為你很聰明啊。」

錯誤糾正

如果兒童犯了錯誤，要立刻糾正。如果某個單字的第二個字母兒童唸錯了，不要等到兒童唸完那個單字，要立刻給予糾正。最常見的錯誤，其糾正方式都寫在教材裡，這些糾正方式都符合底下三種糾正錯誤的原則：

1. 提醒兒童發生錯誤了，錯在哪裡。
2. 教導能讓兒童克服該錯誤的技巧，提供練習的機會。
3. 在出錯的情境下，再測試兒童。

如果在一個語音練習的活動裡，兒童區辨第三個語音時出錯了：

1. 發出錯誤訊號：「停。」
2. 教導能讓兒童克服該錯誤的技巧：「這個語音是 aaa，這是什麼語音？」
3. 在出錯的情境下，再測試兒童。「記住這個語音，讓我們從頭再唸一次」。依原來順序重複語音練習，要從第一個語音開始練起，如果兒童可以正確唸出第三個語音，錯誤即已得到更正。（這並不表示兒童從此不會在同一個符號犯錯；它只是表示兒童能夠在先前出錯的情境下掌握該活動。）

以上三步驟都很重要，如果你只是給兒童「答案」，而沒有測試，你就無從得知你的糾正是否已經生效。

糾正的步驟 2 並不一定是「告知答案」。一個符號該如何發音？通常兒童唯一的獲知管道就是聽你怎麼唸；但是，有些錯誤是不一樣的，如果兒童運用某個特別的技巧，他將能自行推敲出答案來。例如，如果兒童可以唸出 ram 的每個語音，但最後卻無法唸出該單字來，此時你不必直接告訴他怎麼唸，你只要把快快唸單字的程序安排得更容易一點就可以了。

你可以這麼糾正：

1. 幾秒鐘內兒童唸不出來，就該快點說「停！」別讓兒童耗在那兒，愈陷愈深。
2. 「注意聽：rrraaammm，換你唸。」（兒童跟唸：）「rrraaammm。」
　「快快唸。」（兒童唸：）「ram。」
　「對了。」
3. 指著課本上的 ram，「現在指著這裡唸，唸出語音來。」
　（兒童唸：）「rrraaammm。」
　「快快唸。」（兒童唸：）「ram。」
　「你唸對了！」

請熟練這個糾正的程序。它可能會在許多場合派上用場。注意，它其實和語音區辨的糾正程序一樣，都是相同的三個步驟。你要先告知兒童他出錯了，錯在哪裡；再來要提供特定技能的練習機會，以克服該錯誤；最後，在犯錯的情境，再度測試兒童。

額外的活動

本課程每一課都有語音書寫的教學。課程裡並未臚列其他可以增強閱讀技能的活動。請注意，語音書寫的目的並不在於教導書寫或書法藝術，語音書寫的設計是有道理的：如果兒童抄寫各個語音，他就必須注意各個語音的字形細節。如果兒童能注意這些細節，並且把這些字形和語音的唸法連結起來，兒童將能把語音學得更快、更好。換句話說，因為語音書寫的練習有其閱讀相關的價值，所以本課程將之納入。

注意：並不需要刻意地讓 sh、th、wh、

ch、**er** 和 **qu** 的兩個字母相連，能辨識出每一個雙連組合所代表的語音，才是重點。

為了讓兒童較容易看見字形複雜的字母是怎麼寫的（**a**、**w**、**t**、**h** 和其他筆劃數超過兩劃的字母），用兩種不同色的粉筆（或鉛筆）來寫，字母的第一部分永遠要用某一顏色，字母的第二部分，永遠要用另一顏色。（例如，第一部分永遠用黃色，第二部分永遠用白色。）

你也可能會教書寫和拼字。事實上，本課程為兩種額外的活動安排了學習階段。底下是一個可能的教學大綱。

抄寫單字。從第 30 課開始，你可以開始介紹單字抄寫。你可採用各課次中曾經呈現過的單字。在黑板或白紙上寫三或四個單字（用 **Distar** 字母寫），每個字下都留一個空行，畫上一條線，好讓兒童可以看著目標字，把字抄寫下來。要指導兒童唸出你剛寫的單字，唸完了，就進行抄寫。

聽寫單字。從第 35 課開始，你可以呈現一種更精緻的書寫活動（是一種抄寫活動之外的活動，而不是抄寫活動的替代活動），以下是它的程序：

「你現在要寫下我唸的單字。」

「注意聽：**mat**。我來慢慢唸：**mmmaaat**，換你唸。」

「寫下 *mat* 的第一個語音。」

「再注意聽：**mmmaaat**。寫下 *mat* 的第二個語音。」

「再注意聽：**mmmaaat**。寫下 *mat* 的第三個語音。」

如果兒童難以把語音從單字裡孤立出來，先唸單字，再告訴兒童第一個語音為何。再唸一次單字，然後再說第二個語音。在以同樣方式呈現第三個語音之後，呈現上述的練習，可以採用任何課次中已經呈現過的單字。

看圖寫故事。從第 50 課開始，呈現課文後附圖片給兒童時，說：「給這張圖寫個故事吧。」如果兒童試著要從單字的語音去拼字，給他增強。不必期待兒童可以把單字拼得中規中矩（尤其是發音例外字）。兒童通常會很放得開，勇於表現他的創意，根據他已經學會的語音，擠出一些單字來，這結果看起來會是很可怕的誤拼，但卻是對我們唸單字的方式留下了聰明的紀錄。

時程安排

通常每一課都不會超過十五分鐘，事實上，大部分課次都可以在十二分鐘內教完。但是，如果每課都可以用上二十分鐘，會是個不錯的安排。如果你提早完成，可以下課，也可以讓兒童選擇一項好玩的活動，例如讓兒童當老師，由他來呈現教學材料等。

每天都要規畫一個特定的時間來教學，晚餐前是個不錯的時段。因為每一課都不會花太久，也許一個禮拜可以來個七天（不只是週一到週五）。每天都上課，好處是讓閱讀成為一個沒得商量的日常活動，當兒童知道這是每天必定有的課程，他們對閱讀的接受度會遠高過三天打魚兩天晒網或可以討價還價的活動。時程安排好了，就無可商量，不准討價還價。如果時間不方便了，就換時段，但絕對不要屈服於撒嬌耍賴，兒童若說「我今天好累」或「一定要上課嗎」的話，你只要微笑著說：「好了，這只花幾分鐘而已，而且你那麼聰明，一點不費力就可以讀完。」或「這樣我們就努力一點，看多快可以把課上完。」完全不必和兒童爭論。

有些父母用的是 **Distar Fast Cycle** 教材，他們發現一天可以上兩課。早上一課，晚上再來一課。這些父母發現最前面的課程可以教得很快，一天兩課根本不成問題。他們通常是對的。但是，即使是最前面的幾課，有時候這樣的安排仍然讓兒童資訊負荷過重，如果你覺得所教的兒童一天兩課沒有問題，就試試看。但你要有極度的敏感度，新的語音和技巧在課程中可能進展得非常快速，兒童會沒有時間消化，因此無法達成流暢的目標。如果你注意到兒童對早些課次的材料記得不夠熟，就請放棄一天兩課的規畫。一個好的修正方式是，早晨上完整的一課，晚上再複習該課的第一部分。這部分包括語音介紹和混合成

語音書寫圖示

m	從垂直線開始：↓	加兩個駝峰：m
s	從上到下：S	
a	先寫一個鏡映的 s：?	再加一個球：a
e	先寫一條橫線：→	再寫個 c 把橫線包圍：e
t	從垂直線開始：↓	在頂端附近加十字：t
r	從垂直線開始：↓	加曲線：r
d	從 c 開始：C	加一垂直線：d
i	從垂直線開始：↓	加點：i
c	C	
o	開始時像 c：C	最後把它關起來：○
n	如 m 的第一部分：n	
f	寫一個手杖線：∫	加橫線：f
u	寫一個手杖線：u	加垂直線：u
l	寫一豎：↓	
g	從 c 開始：C	再加豎鈎：g
h	從垂直線開始：↓	加一個駝峰：h

k	從垂直線開始：↓	加一個 v 字形：k
v	寫個 v：∨	
w	先寫 v：∨	再加個 v：∨
th	寫一個手杖線：	加直線： 加駝峰後再加十字：th
sh	先寫 s：S	加 h：sh
p	從垂直線開始：↓	用一個鏡映 c 結束：p
ch	從 c 開始：C	加 h：ch
b	從垂直線開始：↓	用一個鏡映 c 結束：b
y	從一斜劃開始：↘	加另一斜劃：y
er	先寫 e：e	再加 r：er
j	從垂直線開始：↓	加一道曲線：j
wh	先寫 w：W	再加 h：wh
x	從一斜劃開始：↘	再加另一斜劃：X
z	先寫一水平線：→	加 v 線：Z
qu	先寫一個 c：C	加垂直線：q　加 u：qu

音（較後的課程變為單字閱讀）。該課的寫字和理解活動就不必重複。如果兒童在複習時表現良好（應該不超過十分鐘），就開始下一課。二十分鐘一到，就停止。下一次上課，就以上次結束時作為起點。

把課程進度貼出來是個好點子，這樣你可以把課程的進度當成兒童的成功指標，你可以做一個像日曆的進度表，每上一課就寫上該課的課次，如果兒童精熟了，就在那課次的數字旁貼一顆星或一個笑臉。你偶爾就可以請兒童算一算他到底「征服」了幾課。「哇，你看看，你已經有二十顆星了」這招會讓你的進度表變成超強的增強物。

把最前面幾課練熟。每一課的每一個活動都有逐字教案，很仔細地告訴你該說些什麼，也會指出兒童該怎麼做，當你呈現教材時，兒童要產出正確的反應，該怎麼說。在開始上課之前，要確保自己上課時不會因為要思索講什麼，或確認兒童做得是否正確，而東摸西摸、停頓。讓自己講得順暢別無良方，就是要多加練習。要大聲朗讀教案，練習教案中要老師做的事，例如，語音練習時，指著箭頭左邊的第一個黑點，然後沿著箭頭移動。在你呈現指導語要求兒童反應之後，要對自己說一次那個反應。

逐字教案的體例如下：

● 紅字是你**說**的指導語。

● 括弧裡的是你和兒童該表現的行為。

● 引號裡的是兒童說的反應。

底下是第 1 課的一些例子：

5. 這次換你唸，我來指。（指著第一個黑點。）準備囉。（快速地移到第二個黑點，停。）"sssss"。

你先說：「這次換你唸，我來指。」然後以食指指最左方的黑點，然後說：「準備囉。」快速把指頭移到第二個黑點，停。當你這麼做時，兒童說：「sssss。」在這個任務裡，兒童產出的反應是「sss」，但在其他的任務裡，你將示範或表現正確的反應。但要記得，當兒童應該要說話時，你不能說話，也不能動嘴唇作態要教該語音，或給暗示。你只要手指頭在黑點間移動，停，就可以了。兒童自會產出該反應。

試教第 1 課及第 2 課

假定兒童就坐在你身邊。

大聲呈現課程中的每一個任務。記住，當教案指出兒童要做反應，你就不必和兒童一起反應，或領著他做。

從頭到尾練習一兩次，一直到你可以不必一直盯著書本就可以呈現課程的內容為止。記住，你必須觀察兒童而且對兒童所說提出反應。任務到任務的轉換，節奏要快，但不要急促。以口語化的方式呈現任務，不要出現誇張做作的樣子。

對快速反應練習快速稱讚，然後要練習糾正程序。

當你練習這些步驟之後，你就算準備好了。要準備後面的課程，應該只要在上課前很快跑過一遍就可以了。

LESSON

1-100 介紹課程

對兒童說

我現在要開始教你怎樣讀英文，以後的每一天要用大概十五分鐘，學英文可不容易，但我想你一定沒問題。你會學到讀英文時會用到的各種語音，你也會學到一些有趣的單字遊戲。今天我們就從第一課開始吧！

LESSON **1**

任務1 語音介紹

1. （指著 **m**。）我要指著這個語音，唸出這個語音來。（手指著箭頭的起點，快速地移到第二個黑點，停兩秒。）**mmmmmm**。（手指離開黑點。）

2. 這次換你唸，我來指。（指著第一個黑點。）準備囉。（快速地移到第二個黑點，停。）"mmmmmm"。

（**糾正**：如果學生說錯，或沒有反應，必須糾正：）這個語音是 **mmmmmm**。（重複步驟2。）

3. （指著起點。）再來一次，準備囉。（快速地移到第二個黑點，停。）"mmmmmm"。（重複三次以上。）

4. （指著**s**。）我要指著這個語音，唸出這個語音來。（手指著箭頭的起點，快速地移到第二個黑點，停。）**ssssss**。（手指離開黑點。）

5. 這次換你唸，我來指。（指著第一個黑點。）準備囉。（快速地移到第二個黑點，停。）"ssssss"。

（**糾正**：如果學生說錯，或沒有反應，必須糾正：）這個語音是**ssssss**。（重複步驟5。）

6. （指著起點。）再來一次，準備囉。（快速地移到第二個黑點，停。）"ssssss"。（重複三次以上。）

任務2 快快唸（學生無紙本資料。）

1. 我們現在要來練習「快快唸」的唸法，我先用國語來舉例：摩（暫停）托（暫停）車（暫停），快快唸，**摩托車**。

2. 換你來試試，要等到我說「快快唸」的時候，你才可以說。摩（暫停）托（暫停）車（暫停），快快唸。"摩托車"。

3. 現在用英文來試試看。注意聽：**ice**（暫停）**cream**（暫停），快快唸。"icecream"。對了，**icecream** 就是「冰淇淋」的意思。

4. 再來試一個新字。注意聽：**sis**（暫停）**ter**（暫停），快快唸。"sister"。對了，**sister** 就是「姊妹」的意思。

5. 再來一個新字。注意聽：**ham**（暫停）**bur-ger**（暫停），快快唸。"hamburger"。對了，**hamburger** 就是「漢堡」的意思。

6. 再來一個新字。注意聽：**mmmēēē**（暫停），快快唸。"me"。對了，**me** 就是「我」的意思。

7. 再來一個新字。注意聽：**iiifff**（暫停），快快唸。"if"。對了，**if** 就是「如果」的意思。

8. （如果學生在任何一個字有困難，就再練習幾次。）

任務 3　唸出語音

1. 我們現在要來練習「慢慢唸」的唸法。
2. 我用慢慢唸的方式來唸 **am**，注意聽：**aaammm**。我用慢慢唸的方式來唸 **me**，注意聽：**mmmēēē**。我用慢慢唸的方式來唸 **she**，注意聽：**shshshēēē**。
3. 現在換你跟著我一起慢慢唸，第一個字是 **aaammm**，準備囉，"**aaammm**"。

> 〔糾正：如果學生在語音之間有停頓，必須糾正，例如："aaa（暫停）mmm"。〕當你唸 **am** 的時候，不要在 **a** 和 **m** 中間停頓。我們吸一口氣再唸一遍 **aaammm**，準備囉，"**aaammm**"。（重複練習直到穩固。）

4. 現在我們一起來唸 **iiinnn**，準備囉，"**iiinnn**"。現在我們一起來唸 **ooonnn**，準備囉，"**ooonnn**"。
5. 現在換你自己慢慢唸，說 **aaammm**。"**aaammm**"。說 **iiifff**。"**iiifff**"。說 **mmmēēē**。"**mmmēēē**"。很棒，你「慢慢唸」唸得很好。

任務 4　語音複習

1. 我們再唸唸看，看你還記不記得剛剛教的語音。（指著 **m** 的起點。）準備囉。（快速地移到第二個黑點，停。）"**mmmmmm**"。

2. （指著 **s** 的起點。）準備囉。（快速地移到第二個黑點，停。）"**ssssss**"。

任務 5　快快唸

1. 我們再來試「快快唸」，注意聽：**motor**（暫停）**cycle**（暫停），快快唸。"**motorcycle**"。
2. **mmmēēē**（暫停），快快唸。"**me**"。
iiifff（暫停），快快唸。"**if**"。
shshshēēē（暫停），快快唸。"**she**"。

任務 6　語音書寫

（注意：要以「語音」來稱呼每一個符號，而不是以字母名稱來稱呼。在白紙或黑板上畫兩條相距約兩吋的橫線，字和字間大約隔一吋。你也可以在兩條橫線中間再加一條虛線，作為分隔線：̲̲̲̲̲̲ ，但這並不強制。）

1. （照 xxiv 頁的步驟，寫 **m** 和 **s**。）我們要來寫語音，這是你要寫的第一個語音。一條線寫一個音，我會示範給你看，然後你照著做。這是你要寫的第一個語音。
2. 這是 **mmm** 的寫法，注意看囉。（在第一條線的開頭寫個 **m**，第一筆是一條垂直線：↓

然後跳兩下：⇃⤵⤵

（指著 **m**。）這是什麼語音？"**mmm**"。你先照著我寫的 **mmm** 描一次，然後在線上多寫幾次。
3. （協助學生寫出兩到三個 **m**。學生在第一條線上仿寫三到五次。盡可能協助學生。若學生寫對了就說：）你的 **mmm** 寫得真好！
4. 這是 **sss** 的寫法，注意看囉。（在第二條線的開頭寫個 **s**，然後指著 **s**。）這是什麼語音？"**sss**"。
5. 首先，照著我這樣寫的 **sss** 描一次，然後在線上多寫幾次。（協助學生寫出兩到三個 **s**。學生在第二條線上仿寫三到五次。盡可能協助學生。若學生寫對了就說：）你的 **sss** 寫得真好！

LESSON **2**

任務1　語音複習

1. （指著 **m**。）我要指著這個語音，唸出這個語音來。（手指著箭頭的起點，快速地移到第二個黑點，停兩秒。）**mmmmmm**。（手指離開黑點。）

2. 這次換你唸，我來指。（指著第一個黑點。）準備囉。（快速地移到第二個黑點，停。）"mmmmmm"。

> （糾正：如果學生說錯，或沒有反應，必須糾正：）這個語音是 **mmmmmm**。（重複步驟2。）

3. （指著起點。）再來一次，準備囉。（快速地移到第二個黑點，停。）"mmmmmm"。（重複三次以上。）

4. （指著 **s**。）我要指著這個語音，唸出這個語音來。（手指著箭頭的起點，快速地移到第二個黑點，停。）**ssssss**。（手指離開黑點。）

5. 這次換你唸，我來指。（指著第一個黑點。）準備囉。（快速地移到第二個黑點，停。）"ssssss"。

> （糾正：如果學生說錯，或沒有反應，必須糾正：）這個語音是 **ssssss**。（重複步驟5。）

6. （指著起點。）再來一次，準備囉。（快速地移到第二個黑點，停。）"ssssss"。（重複三次以上。）

任務2　快快唸（學生無紙本資料。）

1. 我們現在要來練習「快快唸」的唸法，我先用國語來舉例：長（暫停）頸（暫停）鹿（暫停），快快唸，**長頸鹿**。

2. 換你來試試，要等到我說「快快唸」時，你才可以說。長（暫停）頸（暫停）鹿（暫停），快快唸。"長頸鹿"。

3. 現在用英文來試試看。注意聽：**side**（暫停）**walk**（暫停），快快唸。"sidewalk"。

4. 注意聽：**iiifff**（暫停），快快唸。"if"。

5. 再來一個新字。注意聽：**mmmēēē**（暫停），快快唸。"me"。

6. 再來一個新字。注意聽：**aaammm**（暫停），快快唸。"am"。

7. 再來一個新字。注意聽：**iiinnn**（暫停），快快唸。"in"。

8. 再來一個新字。注意聽：**shshshēēē**（暫停），快快唸。"she"。

9. （如果學生在任何一個字有困難，就再練習幾次。）

任務3　唸出語音（學生無紙本資料。）

1. 我們現在要來練習「慢慢唸」的唸法，我先用 **I** 來舉例，**I**，就是「我」的意思，原來唸作 **I**，慢慢唸時唸作：**aaaēēē**。

2. 我用慢慢唸的方式來唸 **she**，注意聽：**shshshēēē**。
   我用慢慢唸的方式來唸 **me**，注意聽：**mmmēēē**。
   我用慢慢唸的方式來唸 **ship**，注意聽：**shshshiiip**。

3. 現在換你跟著我一起慢慢唸，深呼吸，然後一起說 **shshshēēē**，準備囉，"shshshēēē"。

〔糾正：如果學生在語音之間有停頓，必須糾正，例如："shshsh（暫停）ēēē"。〕當你唸 **she** 的時候，不要在 **sh** 和 **ē** 中間停頓。我們吸一口氣再唸一遍 **shshshēēē**，準備囉，"shshshēēē"。（重複練習直到穩固。）

4. 現在我們一起來唸 **mmmēēē**，準備囉，"mmmēēē"。下一個字是 **shshshiiip**，準備囉，"shshshiiip"。下一個字是 **aaammm**，準備囉，"aaammm"。再試一個字 **iiinnn**，準備囉，"iiinnn"。再來試一個新字 **iiifff**，準備囉，"iiifff"。

5. 現在換你自己慢慢唸，說 **shshshēēē**。"shshshēēē"。

說 **mmmēēē**。mmmēēē"。

說 **shshshiiip**。"shshshiiip"。

說 **aaammm**。"aaammm"。

說 **iiinnn**。"iiinnn"。

說 **iiifff**。"iiifff"。

很棒，你「慢慢唸」唸得很好。

任務 4　語音複習

1. 我們再唸唸看，看你還記不記得剛剛教的語音。（指著 **m** 的起點。）準備囉。（快速地移到第二個黑點，停。）"mmmmmm"。

2. （指著 **s** 的起點。）準備囉。（快速地移到第二個黑點，停。）"ssssss"。

任務 5　快快唸

1. 我們再來試「快快唸」，注意聽：**sis**（暫停）**ter**（暫停），快快唸。"sister"。

2. **mis**（暫停）**ter**（暫停），快快唸。"mister"。

mo（暫停）**ther**（暫停），快快唸。"mother"。

iiifff（暫停），快快唸。"if"。

sssēēē（暫停），快快唸。"see"。

nnnōōō（暫停），快快唸。"no"。

aaammm（暫停），快快唸。"am"。

任務 6　唸出語音

換你慢慢唸，唸 **mmmaaannn**，慢慢唸。"mmmaaannn"。

現在唸 **wwwiiilll**，慢慢唸。"wwwiiilll"。

現在唸 **shshshēēē**，慢慢唸。"shshshēēē"。

現在唸 **sssiiit**，慢慢唸。"sssiiit"。

（糾正：如果學生說錯，或沒有反應，必須糾正：）當你唸 **sssiiit** 的時候，不要在語音 **s**、**i** 和 **t** 中間停頓。我們吸一口氣再唸一遍 **sssiiit**，準備囉，"sssiiit"。（重複練習直到穩固。）

任務 7　語音書寫

1. （照 xxiv 頁的步驟，寫 **s** 和 **m**。）

2. 你要跟著我寫語音，這是你要寫的第一個語音。

3. （在第一條線的開頭寫個 **s**，然後指著 **s**。）這是什麼語音？"sss"。

4. 首先，照著我這樣寫 **sss**，然後在線上多寫幾次。（多次仿寫 **s** 後，學生能寫出三到五個 **s**。盡可能協助學生。若學生寫對了就說：）你的 **sss** 寫得真好！

5. 這是下一個你要練習寫的語音。（在第二條線的開頭寫個 **m**，然後指著 **m**。）這是什麼語音？"mmm"。

6. 先照著我寫的 **mmm** 描一次，然後在線上多寫幾次。（多次仿寫後，學生能寫出三到五個 **m**。盡可能協助學生。若學生寫對了就說：）你的 **mmm** 寫得真好！

LESSON 3

任務1　語音介紹

1. （指著 **a**。）這是一個新的語音，我要指著這個語音，唸出這個語音來。（指著第一個黑點，快速地移到第二個黑點，停。）ăăăăăă。

2. 這次換你唸，我來指。（指著起點。）準備囉。（快速地移到第二個黑點，停。）"ăăăăăă"。

> （糾正：如果學生唸錯，或沒有反應，必須糾正：）這個語音是 ăăăăăă。（重複步驟2。）

3. （指著起點。）再來一次，準備囉。（快速地移到第二個黑點，停。）"ăăăăăă"。

任務2　語音複習

1. 你現在要唸出所有的語音。（指著 **m** 的起點。）準備囉。（快速地移到第二個黑點，停。）"mmmmmm"。

2. （指著 **a** 的起點。）準備囉。（快速地移到第二個黑點，停。）"aaaaaa"。

3. （指著 **s** 的起點。）準備囉。（快速地移到第二個黑點，停。）"ssssss"。

任務3　唸出語音（學生無紙本資料。）

　　現在換你用「慢慢唸」來唸這些語音。

說 **rrruuunnn**。"rrruuunnn"。
說 **mmmaaannn**。"mmmaaannn"。
說 **thththiiisss**。"thththiiisss"。
說 **wwwēēē**。"wwwēēē"。
說 **shshshēēē**。"shshshēēē"。

> （糾正：如果學生說錯，或沒有反應，必須糾正：）當你唸 **shshshēēē** 的時候，不要在語音 **sh** 和 **ē** 中間停頓。我們吸一口氣再唸一遍 **shshshēēē**，準備囉，"shshshēēē"。（重複練習直到穩固。）

任務 4　語音（學生無紙本資料。）

1. 我們現在要用「快快唸」來練習幾個語音。我先來。（指著 **m** 的起點，快速地移到第二個黑點，停。）**mmmmmm**。（指著起點。）快快唸。（手指快速地移動到箭頭的末端。）**m**。

2. 換你，你先要「慢慢唸」，然後再「快快唸」。（手指著 **m** 的起點。）慢慢唸。（手指快速地移到第二個黑點，停。）"mmmmmm"。（指著起點。）快快唸。（手指快速地移動到箭頭的末端。）"m"。

3. （手指著 **a** 的起點。）慢慢唸。（手指快速地移到第二個黑點，停。）"aaaaaa"。（手指著 **a** 的起點。）快快唸。（手指快速地移動到箭頭的末端。）"a"。

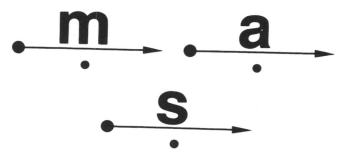

4. （手指著 **m** 的起點。）慢慢唸。（手指快速地移到第二個黑點，停。）"mmmmmm"。（手指著 **m** 的起點。）快快唸。（手指快速地移動到箭頭的末端。）"m"。

5. （手指著 **s** 的起點。）慢慢唸。（手指快速地移到第二個黑點，停。）"ssssss"。（手指著 **s** 的起點。）快快唸。（手指快速地移動到箭頭的末端。）"s"。

6. （手指著 **a** 的起點。）慢慢唸。（手指快速地移到第二個黑點，停。）"aaaaaa"。（手指著 **a** 的起點。）快快唸。（手指快速地移動到箭頭的末端。）"a"。

任務 5　唸出語音（學生無紙本資料。）

1. 我們現在要來練習一個新的「快快唸」遊戲，首先你要重複我「慢慢唸」的字，然後你再用「快快唸」來唸。說（暫停）**mmmēēē**。"mmmēēē"。快快唸。"me"。

2. 說（暫停）**mmmaaannn**。"mmmaaannn"。快快唸。"man"。說（暫停）**iiifff**。"iiifff"。快快唸。"if"。說 **wwwēēē**。"wwwēēē"。快快唸。"we"。

3. 我們再唸一次這些字。（重複步驟 2 直到穩固。）

任務 6　唸出語音

1. 我現在要唸箭頭上的語音。（指著起點，快速移到第二個黑點，暫停三秒，再快速移動到第三個點，停住三秒。唸 **aaammm** 的時候，手指在每一個語音下方滑過，不要停頓。）

2. 這次換成我來唸出這個語音，你來指著這個語音，像我剛才一樣。用你的手指著起點，準備囉。**aaammm**。（每個語音暫停三秒，且語音之間不要停頓。只要你開始唸，學生就要指著相對應的語音。）

3. 再一次，手指著起點，準備囉。**aaammm**。（重複直到穩固。）

（糾正：當你唸 **aaammm** 的時候，可以輔助學生如何在箭頭上的黑點移動，然後再重複練習。）

個 **m**。盡可能協助學生。若學生寫對了就說：）你的 **mmm** 寫得真好！

任務 7　唸出語音

1. 我現在要唸箭頭上的語音。（指著起點，快速移到第二個黑點，暫停三秒，再快速移動到第三個點，停住三秒。唸 **sssaaa** 的時候，手指在每一個語音下方滑過，不要停頓。）

2. 這次換成我來唸出這個語音，你來指著這個語音，像我剛才一樣。用你的手指著起點，準備囉。**sssaaa**。（每個語音暫停三秒，且語音之間不要停頓。只要你開始唸，學生就要指著相對應的語音。）

3. 再一次，手指著起點，準備囉。**sssaaa**。（重複直到穩固。）

（糾正：當你唸 **sssaaa** 的時候，可以輔助學生如何在箭頭上的黑點移動，然後重複練習。）

任務 8　語音書寫

1. （照 xxiv 頁的步驟，寫 **a** 和 **m**。）
2. 你要跟著我寫語音，這是你要寫的第一個語音。
3. （在第一條線的開頭寫個 **a**，然後指著 **a**。）這是什麼語音？"**aaa**"。
4. 照著我寫的 **aaa** 描一次，然後在線上多寫幾次。（多次仿寫 **a** 後，學生能寫出三到五個 **a**。盡可能協助學生。若學生寫對了就說：）你的 **aaa** 寫得真好！
5. 這是下一個你要練習寫的語音。（在第二條線的開頭寫個 **m**，然後指著 **m**。）這是什麼語音？"**mmm**"。
6. 照著我寫的 **mmm** 描一次，然後在線上多寫幾次。（多次仿寫 **m** 後，學生能寫出三到五

LESSON 4

任務 1　語音複習

1. 現在來唸這些語音。（指著 **m** 的起點。）準備囉。（快速地移到第二個黑點，停。）"**mmmmmm**"。

2. （指著 **a** 的起點。）準備囉。（快速地移到第二個黑點，停。）"**aaaaaa**"。

3. （指著 **s** 的起點。）準備囉。（快速地移到第二個黑點，停。）"**ssssss**"。

任務 2　唸出語音（學生無紙本資料。）

現在換你用「慢慢唸」來唸這些單字。

說 **aaat**。"**aaat**"。

說 **ēēēt**。"**ēēēt**"。

說 **mmmaaat**。"**mmmaaat**"。

說 **thththiiisss**。"**thththiiisss**"。

說 **rrruuunnn**。"**rrruuunnn**"。

說 **nnnooot**。"**nnnooot**"。

說 **thththaaat**。"**thththaaat**"。

說 **wwwēēē**。"**wwwēēē**"。

任務3　語音

1. 你現在要慢慢唸，然後你再快快唸。（手指著 **s** 的起點。）慢慢唸。（手指快速地移到第二個黑點，停。）"sssss"。（指頭回到起點。）快快唸。（手指快速地移動到箭頭的末端。）"s"。

2. （手指著 **m** 的起點。）慢慢唸。（手指快速地移到第二個黑點，停。）"mmmmmm"。（指頭回到 **m** 的起點。）快快唸。（手指快速地移動到箭頭的末端。）"m"。

3. （手指著 **a** 的起點。）慢慢唸。（手指快速地移到第二個黑點，停。）"aaaaaa"。（指頭回到 **a** 的起點。）快快唸。（手指快速地移動到箭頭的末端。）"a"。

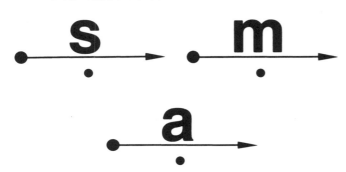

任務4　唸出語音（學生無紙本資料。）

1. 說 rrruuunnn。"rrruuunnn"。快快唸。"run"。說 aaat。"aaat"。快快唸。"at"。說 nnnŏŏŏt "nnnŏŏŏt"。快快唸。"not"。說 thththiiisss "thththiiisss"。快快唸。"this"。說 mmmaaat。"mmmaaat"。快快唸。"mat"。

2. 我們再唸一次這些字。（重複步驟 1 直到穩固。）

任務5　唸出語音

1. 我現在要唸箭頭上的語音。（指著起點，快速移到第二個黑點，暫停三秒，再快速移動到第三個點，停住三秒。唸 **mmmaaa** 的時候，手指在每一個語音下方滑過，不要停頓。）

2. 這次換成我來唸，你來指這個語音，像我剛才一樣。用你的手指著起點，準備囉。**mmmaaa**。（每個語音暫停三秒，且語音之間不要停頓。只要你開始唸，學生就要指著相對應的語音。）

3. 再一次，手指著起點，準備囉。**mmmaaa**。（重複直到穩固。）

（糾正：當你唸 **mmmaaa** 的時候，可以輔助學生如何在箭頭上的黑點移動，然後再重複練習。）

任務6　唸出語音

1. 我現在要唸箭頭上的語音。（指著起點，快速移到第二個黑點，暫停三秒，再快速移動到第三個點，停住三秒。唸 **sssaaa** 的時候，手指在每一個語音下方滑過，不要停頓。）

2. 這次換我來唸，你來指這個語音，像我剛才一樣。用你的手指著起點，準備囉。**sssaaa**。（每個語音暫停三秒，且語音之間不要停頓。只要你開始唸，學生就要指著相對應的語音。）

3. 再一次，手指著起點，準備囉。**sssaaa**。（重複直到穩固。）

（糾正：當你唸 **sssaaa** 的時候，可以輔助學生如何在箭頭上的黑點移動，然後再重複練習。）

任務 7 語音書寫

1. （照 xxiv 頁的步驟，寫 **s** 和 **a**。）
2. 你要跟著我寫語音，這是你要寫的第一個語音。
3. （在第一條線的開頭寫個 **s**，然後指著 **s**。）這是什麼語音？ "sss"。
4. 照著我寫的 sss 描一次，然後在線上寫幾次。（多次仿寫 **s** 後，學生能寫出三到五個 **s**。盡可能協助學生。若學生寫對了就說：）你的 sss 寫得真好！
5. 這是下一個你要練習寫的語音。（在第二條線的開頭寫個 **a**，然後指著 **a**。）這是什麼語音？ "aaa"。
6. 照著我寫的 **a** 描一次，然後在線上多寫幾次。（多次仿寫 **a** 後，學生能寫出三到五個 **a**。盡可能協助學生。若學生寫對了就說：）你的 **aaa** 寫得真好！

LESSON 5

任務 1 語音介紹

1. （指著 **ē**。）這是一個新的語音，我要指著這個語音，唸出這個語音來。（手指著箭頭的起點，快速地移到第二個黑點，停。） ēēēēēē。
2. 這次換你唸，我來指。（指著起點。）準備囉。（快速地移到第二個黑點，停。） "ēēēēēē"。

（糾正：如果學生唸錯，或沒有反應，必須糾正：）這個語音是 ēēēēēē（重複步驟 2。）

3. （指著起點。）再來一次，準備囉。（快速地移到第二個黑點，停。） "ēēēēēē"。

任務 2 語音複習

1. 接下來你要唸底下這些語音。（指著 **a** 的起點。）準備囉。（快速地移到第二個黑點，停。） "aaaaaa"。

2. （指著 **s** 的起點。）準備囉。（快速地移到第二個黑點，停。） "ssssss"。

3. （指著 **m** 的起點。）準備囉。（快速地移到第二個黑點，停。） "mmmmmm"。

4. （指著 **ē** 的起點。）準備囉。（快速地移到第二個黑點，停。） "ēēēēēē"。

任務3 唸出語音（學生無紙本資料。）

　　換你用「慢慢唸」來唸這些語音。

說 **mmmēēē**。"mmmēēē"。

說 **sssēēē**。"sssēēē"。

說 **thththaaat**。"thththaaat"。

說 **wwwēēē**。"wwwēēē"。

說 **aaannnd**。"aaannnd"。

說 **aaammm**。"aaammm"。

說 **ēēēt**。"ēēēt"。

說 **iiifff**。"iiifff"。

任務4 唸出語音（學生無紙本資料。）

1. 說 **sssēēē**。"sssēēē"。快快唸。"see"。對了，說 **thththaaat**。"thththaaat"。快快唸。"that"。說 **iiifff**。"iiifff"。快快唸。"if"。說 **aaat**。"aaat"。快快唸。"at"。說 **aaammm**。"aaammm"。快快唸。"am"。

2. 我們再唸一次這些字。（重複步驟 1 直到穩固。）

任務5 語音

1. 現在你先用「慢慢唸」，再用「快快唸」來唸這些語音。（手指著 **ē** 的起點。）慢慢唸這個語音。（快速移到第二個黑點，停。）"ēēēēēē"。（回到 **ē** 的起點。）快快唸。（快速移到箭頭末端。）"ē"。

2. （指著 **s** 的起點。）慢慢唸。（快速移到第二個黑點，停。）"ssssss"。（回到 **s** 的起點。）快快唸。（快速移到箭頭末端。）"s"。

3. （指著 **m** 的起點。）慢慢唸。（快速移到第二個黑點，停。）"mmmmmm"。（回到 **m** 的起點。）快快唸。（快速移到箭頭末端。）"m"。

4. （指著 **a** 的起點。）慢慢唸。（快速移到第二個黑點，停。）"aaaaaa"。（回到 **a** 的起點。）快快唸。（快速移到箭頭末端。）"a"。

任務6 學生指讀語音

1. （指著 **ē**。）這次換你來指，並唸出這些語音來。先慢慢唸，再快快唸。先指著箭頭的起點，再往下一個點移動，然後停下來。停下來時，才開始慢慢唸出語音。好，開始。"ēēēēēē"。快快唸。（學生手指快速移動。）"ē"。

（糾正：當你唸語音的時候，可以輔助學生如何在箭頭上的黑點作適當的移動。）跟著我一起慢慢唸，"ēēē"，快快唸，"ē"。（重複直到學生正確回應，然後重複步驟 1。）

2. 指著下一個語音的起點，往下一個點移動時，慢慢唸。"sssssss"。快快唸。"s"。

3. 指著下一個語音的起點，往下一個點移動時，慢慢唸。"mmmmmm"。快快唸。"m"。

4. 指著下一個語音的起點，往下一個點移動時，慢慢唸。"aaaaaa"。快快唸。"a"。

任務7　拼尾音

1. 我現在要來拼尾音。（手指著 **m** 的起點。）這是我要用的起頭音，準備來唸這個語音。（手指快速移動到第二個黑點，停。）"mmm"。

2. （手指回到起點。）我現在要拼（暫停）**eat** 的尾音。我現在要拼什麼尾音？"eat"。（唸的時候，手指快速滑到 **m** 的第二個黑點，暫停三秒，再快速滑到箭頭的末端。）**mmmeat**。（手指回到起點。）快快唸。（老師在唸時，手指滑到箭頭末端。）**meat**，我拼的尾音是（暫停）**eat**。

3. （指著起點。）現在要拼（暫停）**at** 的尾音。我現在要拼什麼尾音？"at"。（唸的時候，手指快速滑到 **m** 的第二個黑點，暫停三秒，再快速滑到箭頭的末端。）**mmmat**。（手指回到起點。）快快唸。（快速滑到箭頭的末端。）**mat**，我拼的尾音是（暫停）**at**。

4. （指著起點。）我現在要拼（暫停）**ē** 的尾音。我現在要拼什麼尾音？"ē"。（唸的時候，手指快速滑到 **m** 下面的第二個黑點，暫停三秒，再快速滑到箭頭的末端。）**mmmē**。（手指回到起點。）快快唸。（快速滑到箭頭的末端。）**mē**，我拼的尾音是（暫停）**ē**。

5. （指著起點。）現在換你來拼尾音（暫停）**ē**。你現在要拼什麼尾音？"ē"。拼尾音（暫停）**ē**。（手指快速滑到第二個黑點，暫停三秒，再快速滑到箭頭的末端。）"mmmē"。

> （糾正：當學生沒有回應或是只有唸"mmm"時，必須糾正：）跟著我做。（指著起點。）拼尾音（暫停）**ē**。（你在唸 **mmmē** 的時候，手指快速滑到第二個黑點，暫停三秒，語音間隔沒有停下來，再快速滑到箭頭的末端。重複修正，直到學生正確回應，然後重複步驟5。）

（回到起點。）快快唸。（手指滑到箭頭的末端。）"mē"。很好，你拼的尾音是（暫停）**ē**。

6. （指著起點。）現在換你來拼尾音（暫停）**at**。你現在要拼什麼尾音？"at"。拼尾音（暫停）**at**。（手指快速滑到第二個黑點，暫停三秒，再快速滑到箭頭的末端。）"mmmat"。（手指回到起點。）快快唸。（手指滑到箭頭的末端。）"mat"。很好，你拼的尾音是（暫停）**at**。

7. （指著起點。）現在你要拼（暫停）**eat**的尾音。你現在要拼什麼尾音？"eat"。你要拼的尾音是（暫停）**eat**。（手指快速滑到第二個黑點。暫停三秒，再快速滑到箭頭的末端。）"mmmeat"。（手指回到起點。）快快唸。（手指滑到箭頭末端。）"meat"。你拼的尾音是（暫停）**eat**。

任務8 唸出語音

1. （指著 **ēm**。）再來你要指著底下這些語音並唸出來。這是你要唸的音。（暫停）**ēēēmmm**。請唸。"**ēēēmmm**"。再唸一次。"**ēēēmmm**"。

2. 指著箭頭的第一個黑點。準備好指著底下的語音並且唸出來。（學生指著底下的 **ē** 和 **m**，且在語音間沒有停頓，唸出"**ēēēmmm**"。）唸得很好！

（糾正：如果學生在語音間停頓，或是沒有在同時間指著唸，必須糾正：）我們一起來唸這些語音。（當你沒有在語音間停頓時，唸出 **ēēēmmm**，輔助學生的手指適當地移動。重複直到學生正確回應，然後重複步驟 2。）

3. （手指著 **ēs**。）你要指著底下這些語音並且唸出來。這是你要唸的音。（暫停）**ēēēsss**。請唸。"**ēēēsss**"。再一次。"**ēēēsss**"。

4. 指著箭頭起點，準備好指著底下的語音並唸出來。開始。（學生指著底下的 **ē** 和 **s** 並且在語音間沒有停頓，唸出"**ēēēsss**"。）唸得很好！

任務9 語音書寫

1. （照 **xxiv** 頁的步驟，寫 **e** 和 **a**。）

2. 你要跟著我寫語音，這是你要寫的第一個語音。

3. （指著 **e**。）這是什麼語音？"**ēēē**"。對了，現在我們要寫 **ēēē**，但不用把上面那條線寫出來。

4. 照著我寫的 **ēēē** 描一次，然後在線上多寫幾次。（多次仿寫 **e** 後，學生能寫出三到五個 **e**。盡可能協助學生。若學生寫對了就說：）你的 **ēēē** 寫得真好！

5. 這是下一個你要練習寫的語音。（在第二條線的開頭寫個 **a**，然後指著 **a**。）這是什麼語音？"**aaa**"。

6. 照著我寫的 **aaa** 描一次，然後在線上多寫幾次。（多次仿寫後，學生能寫出三到五個 **a**。盡可能協助學生。若學生寫對了就說：）你的 **aaa** 寫得真好！

LESSON 6

任務 1 語音

1. 你現在要「慢慢唸」，然後再「快快唸」。
（手指著 **ē** 的起點。）慢慢唸。（手指快速地移到第二個黑點，停。）"ēēē"。
（手指回到起點。）快快唸。（手指快速地移到箭頭的末端。）"ē"。

2. （手指著 **s** 的起點。）慢慢唸。（手指快速地移到第二個黑點，停。）"sss"。
（指頭回到 **s** 的起點。）快快唸。（手指快速地移到箭頭的末端。）"s"。

3. （手指著 **a** 的起點。）慢慢唸。（手指快速地移到第二個黑點，停。）"aaa"。
（指頭回到 **a** 的起點。）快快唸。（手指快速地移到箭頭的末端。）"a"。

4. （手指著 **m** 的起點。）慢慢唸。（手指快速地移到第二個黑點，停。）"mmm"。
（指頭回到 **m** 的起點。）快快唸。（手指快速地移動到箭頭的末端。）"m"。

任務 2 唸出語音（學生無紙本資料。）

現在換你用「慢慢唸」來唸這些語音。

說 **wwwēēē**。"wwwēēē"。

說 **iiinnn**。"iiinnn"。

說 **rrruuunnn**。"rrruuunnn"。

說 **nnnooot**。"nnnooot"。

說 **fffiiinnn**。"fffiiinnn"。

說 **ēēēt**。"ēēēt"。

說 **thththaaat**。"thththaaat"。

說 **fffēēēt**。"fffēēēt"。

說 **sssēēē**。"sssēēē"。

說 **sssaaat**。"sssaaat"。

說 **sssēēēnnn**。"sssēēēnnn"。

說 **sssiiinnn**。"sssiiinnn"。

任務3 拼尾音

1. 我現在要來拼尾音。（手指著 **m** 的起點。）這是我要用的起頭音，準備來唸這個語音。（手指快速滑到第二個黑點，停。）"mmm"。

2. （手指回到起點。）我現在要拼（暫停）ē 的尾音。我現在要拼什麼尾音？"ē"。（唸的時候，手指快速移到 **m** 下面的第二個黑點，暫停三秒，再快速滑到箭頭的末端。）**mmme**。（手指回到起點。）快快唸。（老師在唸時，手指滑到箭頭末端。）**me**，我拼的尾音是（暫停）ē。

3. （指著起點。）現在要拼（暫停）**eat** 的尾音。我現在要拼什麼尾音？"eat"。（唸的時候，手指快速滑到 **m** 下面的第二個黑點，暫停三秒，再快速滑到箭頭的末端。）**mmmeat**。（手指回到起點。）快快唸。（快速滑到箭頭的末端。）**meat**，我拼的尾音是（暫停）**eat**。

4. （指著起點。）我現在要拼（暫停）ēn 的尾音。我現在要拼什麼尾音？"ēn"。（唸的時候，指頭快速滑到 **m** 下面的第二個黑點，暫停三秒，再快速滑到箭頭的末端。）**mmmean**。（手指回到起點。）快快唸。（快速滑到箭頭的末端。）**mean**，我拼的尾音是（暫停）ēn。

5. （指著起點。）我現在要拼（暫停）**at** 的尾音。我現在要拼什麼尾音？"at"。（唸的時候，手指快速滑到 **m** 下面的第二個黑點，暫停三秒，再快速滑到箭頭的末端。）**mmmat**。（手指回到起點。）快快唸。（快速滑到箭頭的末端。）**mat**，我拼的尾音是（暫停）**at**。

6. （指著起點。）現在換你來拼尾音（暫停）**at**。（手指快速滑到第二個黑點，暫停三秒，再快速滑到箭頭的末端。）"mmmat"。

（糾正：當學生沒有回應或是只有唸"mmm"時，必須糾正：）跟著我做。（指著起點。）拼尾音（暫停）**at**。（你在唸 **mmmat** 的時候，指頭快速滑到第二個黑點，暫停三秒，語音間沒有停下來，再快速滑到箭頭的末端。重複修正，直到學生正確回應，然後重複步驟 6。）

（手指回到起點。）快快唸。（手指滑到箭頭的末端。）"mat"。很好，你拼的尾音是（暫停）**at**。

7. （指著起點。）現在換你來拼尾音（暫停）ēn。你現在要拼什麼尾音？"ēn"。拼尾音（暫停）ēn。（手指快速滑到第二個黑點，暫停三秒，再快速滑到箭頭的末端。）"mmmean"。（手指回到起點。）快快唸。（手指滑到箭頭的末端。）"mean"，你拼的尾音是（暫停）ēn。

8. （指著起點。）現在你要拼尾音（暫停）**eat**。你現在要拼什麼尾音？"eat"。你要拼的尾音是（暫停）**eat**。（手指快速滑到第二個黑點。暫停三秒，再快速滑到箭頭的末端。）"mmmeat"。（手指回到起點。）快快唸。（手指滑到箭頭末端。）"meat"，你拼的尾音是（暫停）**eat**。

9. （指著起點。）現在你要拼（暫停）ē 的尾音。你現在要拼什麼尾音？"ē"。你要拼的尾音是（暫停）ē。（手指快速滑到第二個黑點。暫停三秒，再快速滑到箭頭的末端。）"mmme"。（手指回到起點。）快快唸。（手指滑到箭頭末端。）"me"，你拼的尾音是（暫停）ē。

任務**4** 學生指讀語音

1. 這次換你來指，並唸出這些語音。先慢慢唸，再快快唸。指著第一個語音的起點，往下一個點移動時，慢慢唸。"ēēē"。好，快快唸。"ē"。

2. 指著下一個語音的起點，往下一個點移動時，慢慢唸。"aaa"。快快唸。"a"。

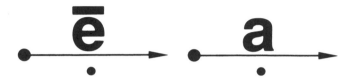

3. 指著下一個語音的起點，往下一個點移動時，慢慢唸。"mmm"。快快唸。"m"。

4. 指著下一個語音的起點，往下一個點移動時，慢慢唸。"sss"。快快唸。"s"。

任務**5** 唸出語音

1. 說 **aaat**。"aaat"。快快唸。"at"。說 **sssaaat**。"sssaaat"。快快唸。"sat"。說 **fffēēēt**。"fffēēēt"。快快唸。"feet"。說 **sssiiinnn**。"sssiiinnn"。快快唸。"sin"。說 **sssēēē**。"sssēēē"。快快唸。"see"。說 **sssēēēnnn**。"sssēēēnnn"。快快唸。"seen"。說 **wwwēēē**。"wwwēēē"。快快唸。"we"。

2. 我們再唸一次這些字。（重複步驟 1 直到穩固。）

任務**6** 拼尾音

1. 我現在要來拼尾音。（手指著 **s** 的起點。）這是我要用的起頭音，準備來唸這個語音。（手指快速移動到第二個黑點，停。）"sss"。

2. （手指回到起點。）我現在要拼（暫停）**at** 的尾音。我現在要拼什麼尾音？"at"。（唸的時候，手指要快速滑到 **s** 下面的第二個黑點，暫停三秒，再快速滑到箭頭的末端。）sssat。（手指回到起點。）快快唸。（老師在唸時，手指滑到箭頭末端。）sat，我拼的尾音是（暫停）at。

3. （指著起點。）我現在要拼（暫停）**eat** 的尾音。我現在要拼什麼尾音？"eat"。（唸的時候，手指快速滑到 **s** 下面的第二個黑點，暫停三秒，再快速滑到箭頭的末端。）ssseat。（手指回到起點。）快快唸。（快速滑到箭頭的末端。）seat，我拼的尾音是（暫停）eat。

4. （指著起點。）我現在要拼（暫停）**ē** 的尾音。我現在要拼什麼尾音？"ē"。（唸的時候，手指快速滑到 **s** 下面的第二個黑點，暫停三秒，再快速滑到箭頭的末端。）sssee。（手指回到起點。）快快唸。（快速滑到箭頭的末端。）see，我拼的尾音是（暫停）ē。

5. （指著起點。）現在換你來拼尾音（暫停）**ē**。（手指快速滑到第二個黑點，暫停三秒，再快速滑到箭頭的末端。）"sssee"。（手指回到起點。）快快唸。（手指滑到箭頭的末端。）"see"。很好，你拼的尾音是（暫停）ē。

6. （指著起點。）現在換你來拼尾音（暫停）**eat**。你現在要拼什麼尾音？"eat"。拼尾音（暫停）**eat**。（手指快速滑到第二個黑點，暫停三秒，再快速滑到箭頭的末端。）"ssseat"。（手指回到起點。）快快唸。（手指滑到箭頭的末端。）"seat"。很好，你拼的尾音是（暫停）eat。

7. （指著起點。）現在換你來拼尾音（暫停）**at**。你現在要拼什麼尾音？"at"。拼尾音（暫停）**at**。（手指快速滑到第二個黑點，暫停三秒，再快速滑到箭頭的末端。）"sssat"。（手指回到起點。）快快唸。（手指滑到箭頭末端。）"sat"。你拼的尾音是（暫停）at。

任務7 唸出語音

1. （指著 **mē**。）再來你要指著底下這些語音並唸出來。這是你要唸的語音。（暫停）**mmmēēē**。請唸。"mmmēēē"。再唸一次。"mmmēēē"。

2. 指著箭頭的第一個黑點。準備好指著底下的語音並且唸出來。（學生指著底下的 **m** 和 **ē**，且在語音間沒有停頓，唸出"mmmēēē"。）唸得很好！

> （糾正：如果學生在語音間停頓，或是沒有在同時間指著唸，必須糾正：）我們一起來唸這些語音。（當你沒有在語音間停頓時，唸出 **mmmēēē**，輔助學生的手指適當地移動。重複直到學生正確回應。然後重複步驟 2。）

3. （指著 **sē**。）你要指著底下這些語音並且唸出來。這是你要唸的語音。（暫停）**sssēēē**，請唸。"sssēēē"。再一次。"sssēēē"。

4. 指著箭頭的第一個黑點。準備好指著底下的語音並且唸出來。（學生指著底下的 **s** 和 **ē** 並且在語音間沒有停頓，唸出"sssēēē"。）唸得很好！

任務8 語音書寫

1. （照 xxiv 頁的步驟，寫 **ē** 和 **s**。）

2. 你要跟著我寫語音，這是你要寫的第一個語音。

3. （在第一條線的開頭寫個 **ē**，然後指著 **ē**。）這是什麼語音？"ēēē"。

4. 照著我寫的 **ēēē** 描一次，然後在線上多寫幾次。（多次仿寫 **ē** 後，學生能寫出三到五個 **ē**。盡可能協助學生。若學生寫對了就說：）你的 **ēēē** 寫得真好！

5. 這是下一個你要練習寫的語音。（在第二條線的開頭寫個 **s**，然後指著 **s**。）這是什麼語音？"sss"。

6. 照著我寫的 **sss** 描一次，然後在線上多寫幾次。（多次仿寫後，學生能寫出三到五個 **s**。盡可能協助學生。若學生寫對了就說：）你的 **sss** 寫得真好！

LESSON **7**

任務1 語音介紹

1. （指著**t**的起點。）這個語音必須快快唸。我先快快唸，注意聽。（快快唸的時候，手指快速滑到箭頭的末端。）**t**。

2. 我再唸一次，注意聽。（指著**t**的起點。）快快唸。（手指快速滑到箭頭的末端。）**t**。

3. （指著**t**的起點。）換你唸唸看。（暫停）快快唸。（手指快速滑到箭頭的末端。）"t"。

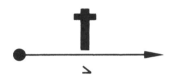

（糾正：如果學生念成"tuh"、"tah"或"tih"時，必須糾正：）注意聽：**t**，快快唸。（重複步驟1-3。）

任務2 語音

1. 你要先「慢慢唸」，然後再「快快唸」。
（指著 **ē** 的起點。）慢慢唸。（快速移到第二個黑點，停。）"ēēē"。
（回到起點。）快快唸。（手指快速滑到箭頭的末端。）"ē"。

2. （指著 **s** 的起點。）慢慢唸。（快速移到第二個黑點，停。）"sss"。
（回到起點。）快快唸。（手指快速滑到箭頭的末端。）"s"。

3. （指著 **m** 的起點。）慢慢唸。（快速移到第二個黑點，停。）"mmm"。
（回到起點。）快快唸。（手指快速滑到箭頭的末端。）"m"。

4. （指著 **a** 的起點。）慢慢唸。（快速移到第二個黑點，停。）"aaa"。
（回到起點。）快快唸。（手指快速滑到箭頭的末端。）"a"。

任務 3　拼尾音

1. 我們現在來練習拼尾音。（手指著 **s** 的起點。）這是我要用的起頭音，準備唸這個語音。（手指快速移動到第二個黑點，暫停。）"sss"。

2. （指著起點。）我現在要拼（暫停）ē 的尾音。我現在要拼什麼尾音？"ē"。（唸的時候，手指快速滑到 **s** 下面的第二個黑點，暫停三秒，再快速滑到箭頭的末端。）sssee。（手指回到起點。）快快唸。（快速滑到箭頭的末端。）see，我拼的尾音是（暫停）ē。

3. （指著起點。）我現在要拼（暫停）at 的尾音。我現在要拼什麼尾音？"at"。（唸的時候，手指快速滑到 **s** 下面的第二個黑點，暫停三秒，再快速滑到箭頭的末端。）sssat。（手指回到起點。）快快唸。（快速滑到箭頭的末端。）sat，我拼的尾音是（暫停）at。

4. （指著起點。）我現在要拼（暫停）eat的尾音。我現在要拼什麼尾音？"eat"。（唸的時候，手指快速滑到 **s** 下面的第二個黑點，暫停三秒，再快速滑到箭頭的末端。）ssseat。（手指回到起點。）快快唸。（快速滑到箭頭的末端。）seat，我拼的尾音是（暫停）eat。

5. （指著起點。）我現在要拼（暫停）ēn 的尾音。我現在要拼什麼尾音？"ēn"。（唸的時候，手指快速滑到 **s** 下面的第二個黑點，暫停三秒，再快速滑到箭頭的末端。）sssēēn。

   （手指回到起點。）快快唸。（快速滑到箭頭的末端。）seen，我拼的尾音是（暫停）ēn。

6. （指著起點。）現在換你來拼尾音（暫停）ēn。你現在要拼什麼尾音？"ēn"。拼尾音（暫停）ēn。（手指快速滑到第二個黑點，暫停三秒，再快速滑到箭頭的末端。）"ssseen"。

糾正：當學生沒有回應或是只有唸"sss"時，必須糾正：）跟著我做。（指著起點。）拼尾音（暫停）ēn（你在唸"sssēēn"的時候，指頭快速滑到第二個黑點，暫停三秒，語音間隔不停，再快速滑到箭頭的末端。重複修正，直到學生正確回應，然後重複步驟 6。）

（回到起點。）快快唸。（滑到箭頭的末端。）"seen"。很好，你拼的尾音是（暫停）ēn。

7. （指著起點。）現在換成拼尾音（暫停）eat。你現在要拼什麼尾音？"eat"。拼尾音（暫停）eat。（手指快速滑到第二個黑點，暫停三秒，再快速滑到箭頭的末端。）"ssseat"。

   （回到起點。）快快唸。（滑到箭頭的末端。）"seat"。很好，你拼的尾音是（暫停）eat。

8. （指著起點。）現在換拼尾音（暫停）at。你現在要拼什麼尾音？"at"。拼尾音（暫停）at。（手指快速滑到第二個黑點，暫停三秒，再快速滑到箭頭的末端。）"sssat"。

   （回到起點。）快快唸。（滑到箭頭的末端。）"sat"。很好，你拼的尾音是（暫停）at。

9. （指著起點。）現在換成拼尾音（暫停）ē。你現在要拼什麼尾音？"ē"。拼尾音（暫停）ē。（手指快速滑到第二個黑點，暫停三秒，再快速滑到箭頭的末端。）"sssee"。

   （回到起點。）快快唸。（滑到箭頭的末端。）"see"。很好，你拼的尾音是（暫停）ē。

任務4 唸出語音

　　請你用「慢慢唸」來唸下面的音。

說 sssēēē。"sssēēē"。

說 fffēēēt。"fffēēēt"。

說 sssēēēt。"sssēēēt"。

說 mmmēēēt。"mmmēēēt"。

說 sssaaat。"sssaaat"。

說 aaat。"aaat"。

說 sssēēēnnn。"sssēēēnnn"。

任務5 語音複習

1. 我們再唸一次，看你還記不記得剛剛教的語音。
   （指著 m 的起點。）準備囉。（快速移到第二個黑點，停。）"mmm"。

2. （指著 a 的起點。）準備囉。（快速移到第二個黑點，停。）"aaa"。

3. （指著 t 的起點。）注意看並準備。（暫停）快快唸。（手指快速滑到箭頭的末端。）"t"。（重複直到穩固。）

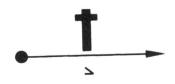

4. （指著 s 的起點。）準備囉。（快速移到第二個黑點，停。）"sss"。

5. （指著 ē 的起點。）準備囉。（快速移到第二個黑點，停。）"ēēē"。

任務6 唸出語音

1. 先「慢慢唸」再「快快唸」。
   說 aaammm。"aaammm"。
   快快唸。"am"。
   說 rrruuunnn。"rrruuunnn"。
   快快唸。"run"。
   說 nnnooot。"nnnooot"。
   快快唸。"not"。
   說 ēēēt。"ēēēt"。
   快快唸。"eat"。
   說 sssēēē。"sssēēē"。
   快快唸。"see"。
   說 sssēēēnnn。"sssēēēnnn"。
   快快唸。"seen"。
   說 sssēēēt。"sssēēēt"。
   快快唸。"seat"。

2. 我們再來練習發音。（重複步驟 1 直到穩固。）

任務7 拼尾音

1. 我現在要來拼尾音。（手指著 **m** 的起點。）這是我要用的起頭音，準備來唸這個語音。（手指快速移動到第二個黑點，暫停。）"mmm"。

2. （指著起點。）我現在要拼（暫停）ē 的尾音。我現在要拼什麼尾音？"ē"。（唸的時候，手指快速滑到 **m** 下面的第二個黑點，暫停三秒，再快速滑到箭頭的末端。）mmme。（手指回到起點。）快快唸。（快速滑到箭頭的末端。）me，我拼的尾音是（暫停）ē。

3. （指著起點。）我現在要拼（暫停）at 的尾音。我現在要拼什麼尾音？"at"。（唸的時候，手指快速滑到 **m** 下面的第二個黑點，暫停三秒，再快速滑到箭頭的末端。）mmmat。（手指回到起點。）快快唸。（快速滑到箭頭的末端。）mat，我拼的尾音是（暫停）at。

4. （指著起點。）我現在要拼（暫停）ēn 的尾音。我現在要拼什麼尾音？"ēn"。（唸的時候，手指快速滑到 **m** 下面的第二個黑點，暫停三秒，再快速滑到箭頭的末端。）mmmean。

   （手指回到起點。）快快唸。（快速滑到箭頭的末端。）mean，我拼的尾音是（暫停）ēn。

5. （指著起點。）現在換你來拼尾音（暫停）ēn。你現在要拼什麼尾音？"ēn"。拼尾音（暫停）ēn。（手指快速滑到第二個黑點，暫停三秒，再快速滑到箭頭的末端。）"mmmean"。

（糾正：當學生沒有回應或是只有唸"mmm"時，必須糾正：）跟著我做。（指著起點。）拼尾音（暫停）ēn（你在唸 mmmean 的時候，指頭快速滑到第二個黑點，暫停三秒，語音間隔不停，再快速滑到箭頭的末端。重複修正，直到學生正確回應，然後重複步驟 5。）

（回到起點。）快快唸。（滑到箭頭的末端。）"mean"。很好，你拼的尾音是（暫停）ēn。

6. （指著起點。）現在換你來拼尾音（暫停）at。你現在要拼什麼尾音？"at"。拼尾音（暫停）at。（手指快速滑到第二個黑點，暫停三秒，再快速滑到箭頭的末端。）"mmmat"。（手指回到起點。）快快唸。（手指滑到箭頭的末端。）"mat"。很好，你拼的尾音是（暫停）at。

7. （指著起點。）現在換你來拼尾音（暫停）ē。你現在要拼什麼尾音？"ē"。拼尾音（暫停）ē。（手指快速滑到第二個黑點，暫停三秒，再快速滑到箭頭的末端。）"mmme"。（手指回到起點。）快快唸。（手指滑到箭頭的末端。）"me"。很好，你拼的尾音是（暫停）ē。

任務8 唸出語音

1. （指著 **at**。）再來你要指著底下這些語音並唸出來。這是你要唸的語音。（暫停）aaat。請唸。"aaat"。再唸一次。"aaat"。

2. 指著箭頭的第一個黑點。準備好指著底下的語音並且唸出來。開始。（當學生唸"aaat"時，手指著 **a** 和 **t** 的下方滑過，不要停頓。）"aaat"。唸得很好！

3. （指著 **ēt**。）你要指著底下這些語音並唸出來。這是你要唸的語音。（暫停）ēēēt。請唸。"ēēēt"。再唸一次。"ēēēt"。

4. 指著箭頭的第一個黑點。準備好指著底下的語音並且唸出來。開始。（當學生唸"ēēēt"時，手指著 ē 和 t 的下方滑過，不要停頓。）"ēēēt"。唸得很好！

5. （指著 mēt。）你要指著底下這些語音並唸出來。這是你要唸的語音。（暫停）mmmēēēt。請唸。"mmmēēēt"。再唸一次。"mmmēēēt"。

6. 指著箭頭的第一個黑點。準備好指著底下的語音並且唸出來。開始。（當學生唸"mmmēēēt"時，手指從 m、ē 和 t 的下方滑過，不要停頓。）"mmmēēēt"。唸得很好！

任務9　語音書寫

1. （照 xxiv 頁的步驟，寫 t 和 m。）
2. 請跟著我寫語音，這是你要寫的第一個語音。
3. （在第一條線的開頭寫個 t，然後指著 t。）這是什麼語音？"t"。
4. 照我這樣寫 t，然後在線上多寫幾次。（多次仿寫 t 後，學生能寫出三到五個 t。盡可能協助學生。若學生寫對了就說：）你的 t 寫得真好！
5. 這是你要練習的下一個語音。（在第二條線的開頭寫個 m，然後指著 m。）這是什麼語音？"mmm"。
6. 照著我這樣寫 mmm，然後在線上多寫幾次。（多次仿寫 m 後，學生能寫出三到五個 m。盡可能協助學生。若學生寫對了就說：）你的 mmm 寫得真好！

LESSON 8

任務1　語音複習

1. 現在來唸這些語音。（指著 m 的起點。）準備囉。（快速地移到第二個黑點，停。）"mmm"。

2. （指著 ē 的起點。）準備囉。（快速地移到第二個黑點，停。）"ēēē"。

3. （指著 t 的起點。）仔細看，準備囉。（暫停）快快唸。（手指滑到箭頭的末端。）"t"。（重複直到穩固。）

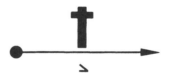

4. （指著 s 的起點。）準備囉。（快速地移到第二個黑點，停。）"sss"。

5. （指著 a 的起點。）準備囉。（快速地移到第二個黑點，停。）"aaa"。

任務 2　拼尾音

1. 你現在要來拼尾音。（手指著 **s** 的起點。）這是你要用的起頭音，準備來唸這個語音。（手指快速移動到第二個黑點，停。）"sss"。

2. （手指回到起點。）你現在要拼（暫停）**ēn** 的尾音。你現在要拼什麼尾音？"ēn"。

3. 拼（暫停）**ēn** 的尾音。（快速滑到第二個黑點，暫停三秒，再快速滑到箭頭的末端。）"ssseen"。

4. （手指回到起點。）快快唸。（快速滑到箭頭的末端。）"seen"。你拼的尾音是（暫停）**ēn**。

5. （指著起點。）現在要拼（暫停）**eat** 的尾音。你現在要拼什麼尾音？"eat"。拼（暫停）**eat** 的尾音。（快速滑到第二個黑點，暫停三秒，再快速滑到箭頭的末端。）"ssseat"。（手指回到起點。）快快唸。（快速滑到箭頭的末端。）"seat"。你拼的尾音是（暫停）**eat**。

任務 3　拼尾音

1. 你現在要再拼一次尾音。（手指著 **m** 的起點。）這是你要用的起頭音，準備來唸這個語音。（手指快速移動到第二個黑點，停。）"mmm"。

2. （手指回到起點。）對！你要用起頭音 **mmm**，接著你現在要拼（暫停）**ē** 的尾音。你現在要拼什麼尾音？"ē"。

3. 拼（暫停）**ē** 的尾音。（快速滑到第二個黑點，暫停三秒，再快速滑到箭頭的末端。）"mmme"。

4. （手指回到起點。）快快唸。（手指滑到箭頭末端。）"me"。你拼的尾音是（暫停）**ē**。

5. （指著起點。）現在你要拼（暫停）**at** 的尾音。你現在要拼什麼尾音？"at"。拼（暫停）**at** 的尾音。（快速滑到第二個黑點，暫停三秒，再快速滑到箭頭的末端。）"mmmat"。（手指回到起點。）快快唸。（手指滑到箭頭末端。）"mat"。你拼的尾音是（暫停）**at**。

6. （指著起點。）現在你要拼（暫停）**ēn** 的尾音。你現在要拼什麼尾音？"ēn"。拼（暫停）**ēn** 的尾音。（快速滑到第二個黑點，暫停三秒，再快速滑到箭頭的末端。）"mmmean"。（指頭回到起點。）快快唸。（手指滑到箭頭末端。）"mean"。你拼的尾音是（暫停）**ēn**。

任務 4　唸出語音

現在換你用「慢慢唸」來唸這些語音。

說 **sssaaammm**。"sssaaammm"。
說 **iiifff**。"iiifff"。
說 **iiinnn**。"iiinnn"。
說 **sssuuunnn**。"sssuuunnn"。
說 **rrruuunnn**。"rrruuunnn"。
說 **rrrōōōd**。"rrrōōōd"。
說 **mmmēēēt**。"mmmēēēt"。
說 **sssiiit**。"sssiiit"。
說 **sssaaat**。"sssaaat"。
說 **rrraaat**。"rrraaat"。
說 **aaammm**。"aaammm"。
說 **rrraaammm**。"rrraaammm"。

任務 5　學生指讀語音

1. 這次換你，指著第一個語音箭頭的起點。你要快快唸這個語音，快快唸。"t"。

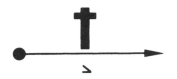

2. 指著下一個語音的起點，往下一個點移動時，慢慢唸。"ēēē"。快快唸。"ē"。

3. 指著下一個語音的起點，往下一個點移動時，慢慢唸。"mmm"。快快唸。"m"。

4. 指著下一個語音的起點，往下一個點移動時，慢慢唸。"sss"。快快唸。"s"。

5. 指著下一個語音的起點，往下一個點移動時，慢慢唸。"aaa"。快快唸。"a"。

任務6 唸出語音

1. 說 rrruuunnn。"rrruuunnn"。快快唸。"run"。對了，說 rrraaat。"rrraaat"。快快唸。"rat"。說 rrrōōōd。"rrrōōōd"。快快唸。"road"。說 thththaaat。"thththaaat"。快快唸。"that"。說 sssiiit。"sssiiit"。快快唸。"sit"。說 sssaaat。"sssaaat"。快快唸。"sat"。說 mmmaaat。"mmmaaat"。快快唸。"mat"。

2. 我們再唸一次這些字。（重複步驟 1 直到穩固。）

任務7 唸出語音

1. （指著 mat。）再來你要指著底下這些語音並唸出來。這是你要唸的音。（暫停）mmmaaat。請唸。"mmmaaat"。再唸一次。"mmmaaat"。

2. 指著箭頭的第一個黑點。準備好指著底下的語音並且唸出來。（學生指著底下的 m、a 和 t，且在語音間沒有停頓，唸出"mmmaaat"。）唸得很好！

3. （指著 sēt。）再來你要指著底下這些語音並唸出來。這是你要唸的音。（暫停）sssēēēt。請唸。"sssēēēt"。再唸一次。"sssēēēt"。

4. 指著箭頭的第一個黑點。準備好指著底下的語音並且唸出來。（學生指著底下的 s、ē 和 t，且在語音間沒有停頓，唸出"sssēēēt"。）唸得很好！

5. （指著 am。）再來你要指著底下這些語音並唸出來。這是你要唸的音。（暫停）aaammm。請唸。"aaammm"。再唸一次。"aaammm"。

6. 指著箭頭的第一個黑點。準備好指著底下的語音並且唸出來。（學生指著底下的 a 和 m，且在語音間沒有停頓，唸出"aaammm"。）唸得很好！

任務8 語音書寫

1. （照 **xxiv** 頁的步驟，寫 **s** 和 **t**。）

2. 你要跟著我寫語音，這是你要寫的第一個語音。

3. （在第一條線的開頭寫個 **s**，然後指著 **s**。）這是什麼語音？"sss"。

4. 首先，照著我這樣寫 **sss**，然後在線上多寫幾次。（多次仿寫 **s** 後，學生能寫出三到五個 **s**。盡可能協助學生。若學生寫對了就說：）你的 **sss** 寫得真好！

5. 這是下一個你要練習寫的語音。（在第二條線的開頭寫個 **t**，然後指著 **t**。）這是什麼語音？"t"。

6. 首先，照著我這樣寫 **t**，然後在線上多寫幾次。（多次仿寫後，學生能寫出三到五個 **t**。盡可能協助學生。若學生寫對了就說：）你的 **t** 寫得真好！

LESSON 9

任務1 語音介紹

1. （指著 **r**。）這是一個新的語音，我要指著這個語音，唸出這個語音來。（指著第一個黑點，快速地移到第二個黑點，停。）rrr。

2. 這次換你唸，我來指。（手指著箭頭的起點。）準備囉。（手指著箭頭起點，快速移到第二個黑點，停。）"rrr"。

（糾正：如果學生唸錯，或沒有反應，必須糾正：）這個語音是 **rrr**。（重複步驟2。）

3. （指著起點。）再來一次，準備囉。（手指著箭頭的起點，快速地移到第二個黑點，停。）"rrr"。

任務2 語音複習

1. 你來唸以下這些語音。（指著 **m**。）你來唸這個語音。準備囉。（手指著箭頭的起點，快速移到第二個黑點，停。）"mmm"。

2. （指著 **a**。）你來唸這個語音。準備囉。（手指著箭頭的起點，快速移到第二個黑點，停。）"aaa"。

3. （指著 **s**。）你來唸這個語音。準備囉。（手指著箭頭的起點，快速移到第二個黑點，停。）"sss"。

4. （指著 **ē**。）你來唸這個語音。準備囉。（手指著箭頭的起點，快速移到第二個黑點，停。）"ēēē"。

5. （指著 **t**。）你來唸這個語音。（手指著箭頭的起點。）注意看並準備囉。（暫停）快快唸。（手指快速滑到箭頭末端。）"t"。（重複直到穩固。）

6. （指著 **r**。）你來唸這個語音。準備囉。（手指著箭頭的起點，快速移到第二個黑點，停。）"rrr"。

任務 3　唸出語音

1. 先「慢慢唸」再「快快唸」。
   說 **rrraaat**。"rrraaat"。
   快快唸。"rat"。
   說 **rrrōōōd**。"rrrōōōd"。
   快快唸。"road"。
   說 **rrruuunnn**。"rrruuunnn"。
   快快唸。"run"。
   說 **rrraaammm**。"rrraaammm"。
   快快唸。"ram"。
   說 **aaammm**。"aaammm"。
   快快唸。"am"。
   說 **mmmēēēnnn**。"mmmēēēnnn"。
   快快唸。"mean"。
   說 **ēēēt**。"ēēēt"。
   快快唸。"eat"。
   說 **sssēēēt**。"sssēēēt"。
   快快唸。"seat"。
2. 我們再來唸一次。（重複步驟 1 直到穩固。）

任務 4　唸單字

1. （指著 **mat** 的起點。）我現在要唸出這個單字，然後你要快快唸。（指著 **m** 下面的黑點。）
2. 第一個語音怎麼唸？（指兩秒鐘。）"mmm"。
   （指著 **a** 下面的黑點。）下一個語音怎麼唸？"aaa"。
   （指著 **t** 下面的黑點。）再下一個呢？"t"。很好。
   （回到起點，重複直到穩固。）

3. （回到起點。）現在換我唸一遍。（唸的時候，指著 **m**、**a**、**t**。）mmmaaat。（回到起點。）快快唸。（快速滑到箭頭末端。）"mat"。
4. （指著起點。）好，現在換你唸這個單字，先慢慢唸再快快唸。準備囉。（當學生唸"mmmaaat"時語氣不要停頓，並且指著 **m**、**a**、**t**。重複練習直到穩固。）（回到起點。）快快唸。（指頭滑到箭頭末端。）"mat"。對了，這是什麼字？"mat"。你唸得很好！

任務 5　唸單字

1. （指著 **sat** 的起點。）我現在要唸出這個單字，然後你要快快唸。（指著 **s** 下面的黑點。）
2. 第一個語音怎麼唸？（指兩秒鐘。）"sss"。
   （指著 **a** 下面的黑點。）下一個語音怎麼唸？"aaa"。
   （指著 **t** 下面的黑點。）再下一個呢？"t"。很好。
   （回到起點，重複直到穩固。）
3. （回到起點。）現在換我唸一遍。（唸的時候，指著 **s**、**a**、**t**。）sssaaat（回到起點。）快快唸。（快速滑到箭頭末端。）"sat"。
4. （指著起點。）好，現在換你唸這個單字，先慢慢唸再快快唸。準備囉。（當學生唸"sssaaat"時語氣不要停頓，並且指著 **s**、**a**、**t**。重複練習直到穩固。）（回到起點。）快快唸。（指頭滑到箭頭末端。）"sat"。對了，這是什麼字？"sat"。你唸得很好！

任務 6 唸單字

1. （指著 **am** 的起點。）我現在要唸出這個單字，然後你要快快唸。（指著 **a** 下面的黑點。）

2. 第一個音怎麼唸？（指兩秒鐘。）"aaa"。
   （指著 **m** 下面的黑點。）下一個音怎麼唸？"mmm"。
   （回到起點，重複直到穩固。）

3. （指頭回到起點。）現在換我唸一遍。（唸的時候，手指著 **a** 和 **m**。）aaammm。（回到起點。）快快唸。（快速滑到箭頭末端。）"am"。

4. （指著起點。）好，現在換你唸這個單字，先慢慢唸再快快唸。準備囉。（當學生唸"aaammm"時，語氣不要停頓，並且指著 **a** 和 **m**。重複練習直到穩固。）
   （回到起點。）快快唸。
   （指頭滑到箭頭末端。）"am"。
   對了，這是什麼字？"am"。你唸得很好！

任務 7 語音

1. （指著 **ē** 的起點。）你要先「慢慢唸」，然後再「快快唸」。（快速移到第二個黑點，停。）"ēēē"。
   （回到起點。）快快唸。（手指快速滑到箭頭的末端。）"ē"。

2. （指著 **a** 的起點。）慢慢唸。（快速移到第二個黑點，停。）"aaa"。
   （回到起點。）快快唸。（手指快速滑到箭頭的末端。）"a"。

3. （指著 **s** 的起點。）慢慢唸。（快速移到第二個黑點，停。）"sss"。
   （回到起點。）快快唸。（手指快速滑到箭頭的末端。）"s"。

4. （指著 **m** 的起點。）慢慢唸。（快速移到第二個黑點，停。）"mmm"。
   （回到起點。）快快唸。（手指快速滑到箭頭的末端。）"m"。

5. （指著 **r** 的起點。）慢慢唸。（快速移到第二個黑點，停。）"rrr"。
   （回到起點。）快快唸。（手指快速滑到箭頭的末端。）"r"。

任務 8　唸單字

1. （指著 **am**。）當你快快唸這個單字的時候，你要指著這些語音。

   （指著 **a**。）第一個音怎麼唸？"aaa"。

   （指著 **m**。）下一個音怎麼唸？"mmm"。

2. 指著起點，深呼吸，指的時候把語音唸出來。準備囉。（當學生唸"aaammm"時，手指著 **a** 和 **m** 的下方滑過，不要停頓。）指著起點，再唸一遍。"aaammm"。（重複練習直到穩固。）

3. 快快唸這個單字。"am"。

   對了，再唸一次。"am"。你唸得很好！

任務 9　唸單字

1. （指著 **sat**。）當你快快唸這個單字的時候，你要指著這些語音。

   （指著 **s**。）第一個音怎麼唸？"sss"。

   （指著 **a**。）下一個音怎麼唸？"aaa"。

   （指著 **t**。）再下一個呢？"t"。

2. 指著起點，深呼吸，指的時候把語音唸出來。準備囉。（當學生唸"sssaaat"時，手指著 **s**、**a** 和 **t** 的下方滑過，不要停頓。）

   指著起點，再唸一遍。"sssaaat"。（重複練習直到穩固。）

3. 快快唸這個單字。"sat"。

   對了，再唸一次。"sat"。你唸得真好！

任務 10　拼尾音

1. 現在要練習拼尾音，這是你要用的起頭音 **sss**。（手指著 **s** 的起點。）準備來唸這個語音。（手指快速移動到第二個黑點，暫停。）"sss"。

2. （回到起點。）現在要用 **sss** 當作起頭音，拼尾音（暫停）**at**，你現在要拼什麼尾音？"at"。

3. 拼尾音（暫停）**at**，來。（手指快速滑到第二個黑點，暫停三秒，再快速滑到箭頭的末端。）"sssat"。

4. （回到起點。）快快唸。（滑到箭頭的末端。）"sat"。

   很好，你拼的尾音是（暫停）**at**。

5. （指著起點。）現在拼尾音（暫停）**un**，你現在要拼什麼尾音？"un"。

   拼尾音（暫停）**un**，來。（手指快速滑到第二個黑點，暫停三秒，再快速滑到箭頭的末端。）"sssun"。

   （回到起點。）快快唸。（滑到箭頭的末端。）"sun"。

   很好，你拼的尾音是（暫停）**un**。

6. （指著起點。）現在拼尾音（暫停）**am**，你現在要拼什麼尾音？"am"。

   拼尾音（暫停）**am**，來。（手指快速滑到第二個黑點，暫停三秒，再快速滑到箭頭的末端。）"sssam"。

   （回到起點。）快快唸。（滑到箭頭的末端。）"sam"。

   很好，你拼的尾音是（暫停）**am**。

任務 11 拼尾音

1. 我們繼續練習拼尾音。（指著 r 的起點。）現在換一個起頭音 rrr，準備來唸這個語音。（手指快速移動到第二個黑點，暫停。）"rrr"。

2. （指著起點。）你現在要用 r 當作起頭音，拼尾音（暫停）at。你現在要拼什麼尾音？"at"。

3. 拼尾音（暫停）at，來。（手指快速滑到第二個黑點，暫停三秒，再快速滑到箭頭的末端。）"rrrat"。

4. （回到起點。）快快唸。（滑到箭頭的末端。）"rat"。
   很好，你拼的尾音是（暫停）at。

5. （指著起點。）現在拼尾音（暫停）un，你現在要拼什麼尾音？"un"。
   拼尾音（暫停）un，來。（手指快速滑到第二個黑點，暫停三秒，再快速滑到箭頭的末端。）"rrrun"。
   （回到起點。）快快唸。（滑到箭頭的末端。）"run"。
   很好，你拼的尾音是（暫停）un。

6. （指著起點。）現在拼尾音（暫停）am，你現在要拼什麼尾音？"am"。
   拼尾音（暫停）am，來。（手指快速滑到第二個黑點，暫停三秒，再快速滑到箭頭的末端。）"rrram"。
   （回到起點。）快快唸。（滑到箭頭的末端。）"ram"。
   很好，你拼的尾音是（暫停）am。

任務 12 拼尾音

1. 我們繼續練習拼尾音。（指著 m 的起點。）現在換一個起頭音 mmm，準備來唸這個語音。（手指快速移動到第二個黑點，暫停。）"mmm"。

2. （指著起點。）你現在要用 mmm 當作起頭音，拼尾音（暫停）ē，你現在要拼什麼尾音？"ē"。

3. 拼尾音（暫停）ē。（手指快速滑到第二個黑點，暫停三秒，再快速滑到箭頭的末端。）"mmmē"。

4. （手指回到起點。）快快唸。（手指滑到箭頭的末端。）"me"。
   很好，你拼的尾音是（暫停）ē。

5. （指著起點。）現在拼尾音（暫停）at，你現在要拼什麼尾音？"at"。
   拼尾音（暫停）at，來。（手指快速滑到第二個黑點，暫停三秒，再快速滑到箭頭的末端。）"mmmat"。
   （手指回到起點。）快快唸。（手指滑到箭頭的末端。）"mat"。
   很好，你拼的尾音是（暫停）at。

任務 13 語音書寫

1. （照 xxiv 頁的步驟，寫 r 和 a。）

2. 你要跟著我寫語音，這是你要寫的第一個語音。

3. （在第一條線的開頭寫個 r，然後指著 r。）這是什麼語音？"rrr"。

4. 首先，照著我這樣寫 rrr，然後在線上多練習幾次。（多次仿寫 r 後，學生能寫出三到五個 r。盡可能協助學生。若學生寫對了就說：）你的 rrr 寫得真好！

5. 這是下一個你要練習寫的語音。（在第二條線的開頭寫個 a，然後指著 a。）這是什麼音？"aaa"。

6. 首先，照著我這樣寫 aaa，然後在線上多寫幾次。（多次仿寫後，學生能寫出三到五個 a。

盡可能協助學生。若學生寫對了就說：）你的 **aaa** 寫得真好！

任務 14　唸出語音

請你慢慢唸這些單字。

說 **thththiiisss**。 "thththiiisss"。
說 **fffēēēt**。 "fffēēēt"。
說 **wwwēēē**。 "wwwēēē"。
說 **mmmēēēt**。 "mmmēēēt"。
說 **sssēēē**。 "sssēēē"。
說 **sssuuummm**。 "sssuuummm"。
說 **rrraaat**。 "rrraaat"。
說 **rrrōōōd**。 "rrrōōōd"。
說 **rrruuunnn**。 "rrruuunnn"。
說 **iiifff**。 "iiifff"。
說 **mmmēēēnnn**。 "mmmēēēnnn"。

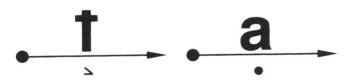

LESSON 10

任務 1　語音複習

1. 現在來唸這些語音。（指著 **r** 的起點。）準備囉。（快速移到第二個黑點，停。）"rrr"。
2. （指著 **m** 的起點。）準備囉。（快速移到第二個黑點，停。）"mmm"。

3. （指著 **t** 的起點。）仔細看，準備囉。（暫停）快快唸。（手指滑到箭頭的末端。）"t"。（重複直到穩固。）
4. （指著 **a** 的起點。）準備囉。（快速移到第二個黑點，停。）"aaa"。

5. （指著 **s** 的起點。）準備囉。（快速移到第二個黑點，停。）"sss"。
6. （指著 **ē** 的起點。）準備囉。（快速移到第二個黑點，停。）"ēēē"。

任務 2　唸出語音

1. 說 **rrruuunnn**。 "rrruuunnn"。快快唸。 "run"。說 **iiifff**。 "iiifff"。快快唸。 "if"。說 **rrrēēēd** "rrrēēēd"。快快唸。 "read"。說 **rrrōōōp**。 "rrrōōōp"。快快唸。 "rope"。說 **sssōōōp** "sssōōōp"。快快唸。 "soap"。說 **sssēēē** "sssēēē"。快快唸。 "see"。說 **mmmaaat** "mmmaaat"。快快唸。 "mat"。說 **mmmēēē**。 "mmmēēē"。快快唸。 "me"。說 **aaammm**。 "aaammm"。快快唸。 "am"。
2. 我們再唸一次這些字。（重複步驟 1 直到穩固。）

任務 3　語音

1. 你要用新的唸法唸這些語音。我們要快快唸這些語音。
2. （指著 **m** 的起點。）快快唸。（手指快速滑到箭頭末端。）"m"。
3. （指著 **a** 的起點。）快快唸。（手指快速滑到箭頭末端。）"a"。

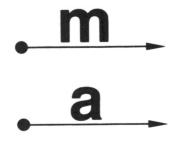

4. （指著 **t** 的起點。）快快唸。（手指快速滑到箭頭末端。）"t"。

5. （指著 **s** 的起點。）快快唸。（手指快速滑到箭頭末端。）"s"。

6. （指著 **ē** 的起點。）快快唸。（手指快速滑到箭頭末端。）"ē"。

7. （指著 **r** 的起點。）快快唸。（手指快速滑到箭頭末端。）"r"。

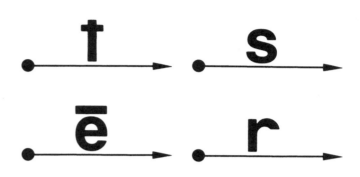

任務 4　唸單字

1. （指著 **am** 的起點。）我現在要唸出這個單字，然後你要快快唸。（指著 **a** 下面的黑點。）

2. 第一個語音怎麼唸？（指兩秒鐘。）"aaa"。（指著 **m** 下面的黑點。）下一個語音怎麼唸？（指兩秒鐘。）"mmm"。（回到起點，重複直到穩固。）

3. （指頭回到起點。）現在換我唸一遍。（唸的時候，手指著 **a** 和 **m**。）aaammm。（回到起點。）快快唸。（快速滑到箭頭末端。）"am"。

4. （指著起點。）好，現在換你唸這個單字，先慢慢唸再快快唸。準備囉。（當學生唸 "aaammm" 時，語氣不要停頓，並且指著 **a** 和 **m**。重複練習直到穩固。）（回到起點。）快快唸。（手指滑到箭頭末端。）"am"。對了，這是什麼字？"am"。你唸得很好！

任務 5　唸單字

1. （指著 **mē** 的起點。）我現在要唸出這個單字，然後你要快快唸。（指著 **m** 下面的黑點。）

2. 第一個語音怎麼唸？（指兩秒鐘。）"mmm"。（指著 **ē** 下面的黑點。）下一個語音怎麼唸？（指兩秒鐘。）"ēēē"。（回到起點，重複直到穩固。）

3. （手指回到起點。）現在換我唸一遍。（唸的時候，手指著 **m** 和 **ē**。）mmmēēē。（回到起點。）快快唸。（快速滑到箭頭末端。）"mē"。

4. （指著起點。）好，現在換你唸這個單字，先慢慢唸再快快唸。準備囉。（當學生唸 "mmmēēē" 時，語氣不要停頓，並且指著 **m** 和 **ē**。重複練習直到穩固。）（回到起點。）快快唸。（手指滑到箭頭末端。）"mē"。對了，這是什麼字？"me"。你唸得很好！

任務 6 唸單字

1. （指著 **sēē** 的起點。）我現在要唸出這個單字，然後你要快快唸。（指著 **s** 下面的黑點。）

2. 第一個語音怎麼唸？（指兩秒鐘。）"sss"。（指著 **ē** 下面的黑點。）下一個語音怎麼唸？（指兩秒鐘。）"ēēē"。（回到起點，重複直到穩固。）

3. （指頭回到起點。）現在換我唸一遍。（唸的時候，手指著 **s** 和 **ē**。）sssēēē。（回到起點。）快快唸。（快速滑到箭頭末端。）"sēē"。

4. （指著起點。）好，現在換你唸這個單字，先慢慢唸再快快唸。準備囉。（當學生唸"sssēēē"時，語氣不要停頓，並且指著 **s** 和 **ē**。重複練習直到穩固。）（回到起點。）快快唸。（手指滑到箭頭末端。）"sēē"。對了，這是什麼字？"see"。你唸得很好！

任務 7 拼尾音

1. 我們現在來練習拼尾音。（手指著 **r**、**m** 和 **s** 的起點。）這些是我要用的起頭音。（手指著 **r** 的起點。）唸這個語音。（手指快速移動到第二個黑點，暫停。）"rrr"。（手指著 **m** 的起點。）唸這個語音。（手指快速移動到第二個黑點，暫停。）"mmm"。（手指著 **s** 的起點。）唸這個語音。（手指快速移動到第二個黑點，暫停。）"sss"。

2. （手指著 **r** 的起點。）我現在要拼（暫停）**at** 的尾音。我現在要拼什麼尾音？"at"。（唸的時候，手指快速滑到 **r** 下面的第二個黑點，暫停三秒，再快速滑到箭頭的末端。）**rrrat**。

（手指著 **m** 的起點，快速滑到 **m** 下面的第二個黑點，暫停三秒，再快速滑到箭頭的末端。）**mmmat**。（手指著 **s** 的起點，快速滑到 **s** 下面的第二個黑點，暫停三秒，再快速滑到箭頭的末端。）**sssat**。

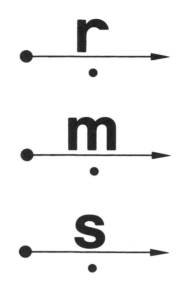

3. （手指著 **r** 的起點。）換你了！現在拼（暫停）**at** 的尾音。（當學生唸時，指頭快速滑到第二個黑點，暫停三秒，再快速滑到箭頭的末端。）"rrrat"。（回到起點。）快快唸。（滑到箭頭的末端。）"rat"。

4. （手指著 **m** 的起點。）現在拼（暫停）**at** 的尾音。（當學生唸時，手指快速滑到第二個黑點，暫停三秒，再快速滑到箭頭的末端。）"mmmat"。（回到起點。）快快唸。（滑到箭頭的末端。）"mat"。

5. （手指著 **s** 的起點。）現在拼（暫停）**at** 的尾音。（當學生唸時，手指快速滑到第二個黑點，暫停三秒，再快速滑到箭頭的末端。）"sssat"。（回到起點。）快快唸。（滑到箭頭的末端。）"sat"。

6. （重複步驟 3-5 直到穩固。）**at** 這個尾音你拼得很好！

任務 8　拼尾音

1. 你現在要來拼尾音。（手指著 r 的起點。）這是你要用的起頭音，準備來唸這個語音。（手指快速移動到第二個黑點，停。）"rrr"。

2. （手指回到起點。）你現在要拼（暫停）un 的尾音。你現在要拼什麼尾音？"un"。

3. 拼（暫停）un 的尾音。（快速滑到第二個黑點，暫停三秒，再快速滑到箭頭的末端。）"rrrun"。

4. （手指回到起點。）快快唸。（快速滑到箭頭的末端。）"run"。你拼的尾音是（暫停）un。

5. （指著起點。）現在要拼（暫停）ōd 的尾音。你現在要拼什麼尾音？"ōd"。拼（暫停）ōd 的尾音。（快速滑到第二個黑點，暫停三秒，再快速滑到箭頭的末端。）"rrrōd"。（手指回到起點。）快快唸。（快速滑到箭頭的末端。）"rode"。你拼的尾音是（暫停）ōd。

6. （指著起點。）現在要拼（暫停）at 的尾音。你現在要拼什麼尾音？"at"。拼（暫停）at 的尾音。（快速滑到第二個黑點，暫停三秒，再快速滑到箭頭的末端。）"rrrat"。（手指回到起點。）快快唸。（快速滑到箭頭的末端。）"rat"。你拼的尾音是（暫停）at。

任務 9　唸單字

1. （指著 sēē。）當你快快唸這個單字的時候，你要指著這些語音。
（指著 s。）第一個語音怎麼唸？"sss"。
（指著 ē。）下一個語音怎麼唸？"ēēē"。
（指著 ē。）再下一個呢？"ēēē"。

2. 指著起點，深呼吸，指的時候把語音唸出來。準備囉。（當學生唸"sssēēē"時，手指著 s 和 ēē 的下方滑過，不要停頓。）指著起點，再唸一遍。"sssēēē"。（重複練習直到穩固。）

3. 快快唸這個單字。"see"。
對了，再唸一次。"see"。你唸得真好！

任務 10　唸單字

1. （指著 mē。）當你快快唸這個單字的時候，你要指著這些語音。
（指著 m。）第一個語音怎麼唸？"mmm"。
（指著 ē。）下一個語音怎麼唸？"ēēē"。

2. 指著起點，深呼吸，指的時候把語音唸出來。準備囉。（當學生唸"mmmēēē"時，手指著 m 和 ē 的下方滑過，不要停頓。）指著起點，再唸一遍。"mmmēēē"。（重複練習直到穩固。）

3. 快快唸這個單字。"me"。對了，這是什麼字？"me"。你唸得真好！

任務 11　唸單字

1. （指著 sat。）當你快快唸這個單字的時候，你要指著這些語音。
（指著 s。）第一個語音怎麼唸？"sss"。
（指著 a。）下一個語音怎麼唸？"aaa"。
（指著 t。）再下一個呢？"t"。

2. 指著起點，深呼吸，指的時候把語音唸出來。準備囉。（當學生唸"sssaaat"時，手指著 **s**、**a** 和 **t** 的下方滑過，不要停頓。）指著起點，再唸一遍。"sssaaat"。（重複練習直到穩固。）

3. 快快唸這個單字。"sat"。對了，這是什麼字？"sat"。你唸得真好！

💬 **任務 12** 語音書寫

1. （照 **xxiv** 頁的步驟，寫 **r** 和 **a**。）
2. 你要跟著我寫語音，這是你要寫的第一個語音。
3. （在第一條線的開頭寫個 **r**，然後指著 **r**。）這是什麼語音？"rrr"。
4. 首先，照著我這樣寫 **rrr**，然後在線上多寫幾次。（多次仿寫 **r** 後，學生能寫出三到五個 **r**。盡可能協助學生。若學生寫對了就說：）你的 **rrr** 寫得真好！
5. 這是下一個你要練習寫的語音。（在第二條線的開頭寫個 **a**，然後指著 **a**。）這是什麼語音？"aaa"。
6. 首先，照著我這樣寫 **a**，然後在線上多寫幾次。（多次仿寫後，學生能寫出三到五個 **a**。盡可能協助學生。若學生寫對了就說：）你的 **aaa** 寫得真好！

LESSON **11**

💬 **任務 1** 語音複習

1. 現在請你唸底下這些語音。
   （指著 **r**。）準備囉。（手指著箭頭的起點，

快速移到第二個黑點，停。）"rrr"。

2. （指著 **a**。）準備囉。（手指著箭頭的起點，快速移到第二個黑點，停。）"aaa"。

3. （指著 **ē**。）準備囉。（手指著箭頭的起點，快速移到第二個黑點，停。）"ēēē"。

4. （指著 **s**。）準備囉。（手指著箭頭的起點，快速移到第二個黑點，停。）"sss"。

5. （指著 **t**。）仔細看，準備囉。（暫停）快快唸。（手指快速移到箭頭末端。）"t"。（重複練習直到穩固。）

6. （指著 **m**。）準備囉。（手指著箭頭的起點，快速移到第二個黑點，停。）"mmm"。

任務2 拼尾音

1. 我現在要來拼尾音。（指著 **r** 和 **s**。）這些是我要用的起頭音。（指著 **r** 的起點。）唸出語音。（手指快速移動到第二個黑點，停。）"rrr"。

   （指著 **s** 的起點。）唸出語音。（手指快速移動到第二個黑點，停。）"sss"。

2. （指著 **r** 的起點。）我現在要拼（暫停）am 的尾音。我現在要拼什麼尾音？"am"。（唸的時候，手指快速滑到第二個黑點，暫停三秒，再快速滑到箭頭的末端。）rrram。

   （指著 **s** 的起點。）（唸的時候，手指快速滑到第二個黑點，暫停三秒，再快速滑到箭頭的末端。）sssam。

3. （指著 **r** 的起點。）換你來拼尾音（暫停）am。（當學生唸的時候，手指要快速滑到第二個黑點，暫停三秒，再快速滑到箭頭的末端。）"rrram"。

   （回到起點。）快快唸。（滑到箭頭的末端。）"ram"。

4. （指著 **s** 的起點。）你來拼尾音（暫停）am。（當學生唸的時候，手指要快速滑到第二個黑點，暫停三秒，再快速滑到箭頭的末端。）"sssam"。

   （回到起點。）快快唸。（滑到箭頭的末端。）"sam"。

5. （重複練習步驟 3 和 4 直到穩固。）你拼尾音（暫停）am 拼得很好！

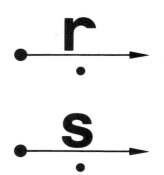

任務3 拼尾音

1. 我再來拼一次尾音。（指著 **s** 和 **m**。）這兩個是我要用的起頭音。（指著 **s** 的起點。）唸出語音。（手指快速移動到第二個黑點，停。）"sss"。

   （指著 **m** 的起點。）唸出語音。（手指快速移動到第二個黑點，停。）"mmm"。

2. （指著 **s** 的起點。）我現在要拼（暫停）ēn 的尾音。我現在要拼什麼尾音？"ēn"。（唸的時候，手指要快速滑到第二個黑點，暫停三秒，再快速滑到箭頭的末端。）ssseen。

   （指著 **m** 的起點。）（唸的時候，手指要快速滑到第二個黑點，暫停三秒，再快速滑到箭頭的末端。）mmmean。

3. （指著 **s** 的起點。）換你來拼尾音（暫停）ēn。（當學生唸的時候，手指要快速滑到第二個黑點，暫停三秒，再快速滑到箭頭的末端。）"ssseen"。

   （回到起點。）快快唸。（滑到箭頭的末端。）"seen"。

4. （指著 **m** 的起點。）你來拼尾音（暫停）ēn。（當學生唸的時候，手指要快速滑到第二個黑點，暫停三秒，再快速滑到箭頭的末端。）"mmmean"。

   （回到起點。）快快唸。（滑到箭頭的末端。）"mean"。

5. （重複練習步驟 3 和 4 直到穩固。）你拼尾音（暫停）ēn 拼得很好！

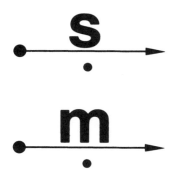

任務**4** 唸出語音

1. 先「慢慢唸」再「快快唸」。
   說 rrrēēēd。"rrrēēēd"。快快唸！"read"。
   說 sssēēēd。"sssēēēd"。快快唸！"seed"。
   說 iiifff。"iiifff"。快快唸！"if"。
   說 iiit。"iiit"。快快唸！"it"。
   說 rrrōōōp。"rrrōōōp"。快快唸！"rope"。
   說 sssōōōp。"sssōōōp"。快快唸！"soap"。
   說 mmmēēēnnn。"mmmēēēnnn"。快快唸！
   "mean"。
2. 讓我們再唸一次這些字。（重複步驟 1 直到
   穩固。）

任務**5** 唸單字

1. （指著 **am** 的起點。）現在唸出這個單字，
   你要先唸出它的語音，然後你要快快唸。
2. 唸 出 語 音！"aaammm"。（當 學 生 唸
   "aaammm"時，老師手指著 **a** 和 **m** 的下方滑
   過，不要停頓。）
   （回到起點。）快快唸！（手指快速滑到箭
   頭的末端。）"am"。這單字怎麼唸？"am"。

（糾正：如果學生念成"ēēē"而非"aaa"時，
必須糾正：）注意聽：aaa，（指著語音）這
個語音唸成 aaa，這是什麼語音？（指著 **a**）
"aaa"。對了，這是 **aaa**，讓我們再來一次。
（重複步驟 2。）

3. （指著 **ēat** 裡的 **a**。）現在來看一個新單字。
   這個單字裡有個小小的字母，這個小字母是
   不發音的，只要唸出大字母的語音就好。
   （回到起點。）唸出語音！"ēēēt"。（當學
   生唸"ēēēt"時，老師手指著 **ē** 和 **t** 的下方滑
   過，不要停頓。）
   （回到起點。）快快唸！（手指快速滑到箭
   頭的末端。）"eat"。這單字怎麼唸？"eat"。

4. （指著 **ram** 的起點。）現在要唸這個單字，
   你要先唸出它的語音，然後你要快快唸。
   唸 出 語 音！"rrraaammm"。（當 學 生 唸
   "rrraaammm"時，老師手指著 **r**、**a** 和 **m** 的
   下方滑過，不要停頓。）
   （回到起點。）快快唸！（手指快速滑到箭頭
   的末端。）"ram"。這單字怎麼唸？"ram"。

5. （指著 **sēē** 的起點。）現在要唸這個單字，
   你要先唸出它的語音，然後你要快快唸。
   唸出語音！"sssēēē"。（當學生唸"sssēēē"
   時，老師手指著 **s**、**ē** 和 **ē** 的下方滑過，不要
   停頓。）
   （回到起點。）快快唸！（手指快速滑到箭頭
   的末端。）"see"。這單字怎麼唸？"see"。

6. （指著 **rat** 的起點。）現在要唸這個單字，你要先唸出它的語音，然後你要快快唸。

   唸出語音！"rrraaat"。（當學生唸"rrraaat"時，老師手指著 **r**、**a** 和 **t** 的下方滑過，不要停頓。）

   （回到起點。）快快唸！（手指快速滑到箭頭的末端。）"rat"。這單字怎麼唸？"rat"。

任務 6　拼尾音

1. （指著 **m** 和 **r**。）我們來練習拼尾音，這些是你要用的起頭音。（指著 **m** 的起點。）準備來唸出語音。（手指快速移動到第二個黑點，停。）"mmm"。（指著 **r** 的起點。）唸出語音。（手指快速移動到第二個黑點，停。）"rrr"。

2. （指著 **m** 的起點。）現在拼尾音（暫停）**at**，你現在要拼什麼尾音？"at"。

   拼尾音（暫停）**at**。（當學生唸時，手指快速滑到第二個黑點，暫停三秒，再快速滑到箭頭的末端。）"mmmat"。

   （回到起點。）快快唸！（手指快速滑到箭頭的末端。）"mat"。

3. （指著 **r** 的起點。）現在拼尾音（暫停）**at**，你現在要拼什麼尾音？"at"。

   拼尾音（暫停）**at**。（當學生唸時，手指快速滑到第二個黑點，暫停三秒，再快速滑到箭頭的末端。）"rrrat"。

   （回到起點。）快快唸！（手指快速滑到箭頭的末端。）"rat"。

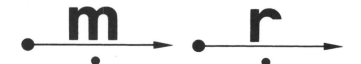

任務 7　語音

1. 請你把下面的語音全部用「快快唸」唸出來。

2. （指著 **s** 的起點。）快快唸。（手指快速滑到箭頭的末端。）"s"。

3. （重複步驟 2 練習每個語音。）

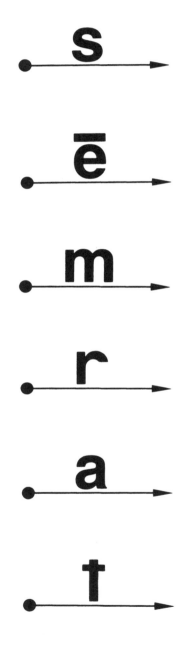

任務 8　唸單字

1. （指著 **at** 和 **sat**。）你現在要自己來唸這些單字。

2. （指著 **at**。）手指著箭頭的起點從下方滑過，並唸出語音來。"aaat"。（當學生唸"aaat"時，手指從下方不停留地滑過。）再一次，手指著箭頭的起點從下方滑過並唸出語音來。"aaat"。快快唸！"at"。這單字怎麼唸？"at"。對了，這是 **at**。

> （糾正：如果學生唸成"ēēē"而非"aaa"時，必須糾正：）注意聽：aaa，（指著語音）這個語音唸成 aaa，這是什麼語音？（指著 **a**）"aaa"。對了，這是 aaa，讓我們再來一次。（重複步驟 2。）

3. （指著 **sat**。）手指著箭頭的起點從下方滑過並唸出語音來。"sssaaat"。（當學生唸"sssaaat"時，手指從下方滑過，不要停頓。）再一次，手指著箭頭的起點從下方滑過並唸出來。"sssaaat"。快快唸！"sat"。這單字怎麼唸？"sat"。對了，這是 **sat**。

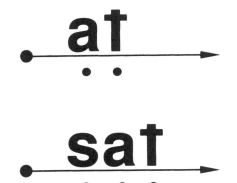

任務 9　語音書寫

1. 這是你要寫的第一個語音。
   （在第一條線的開頭寫個 **t**，然後指著 **t**。）這是什麼語音？"t"。

2. 首先，照著我這樣寫 **t**，然後在線上多寫幾次。（多次仿寫 **t** 後，學生能寫出三到五個 **t**。學生若有需要，給予協助。若學生寫對了就說：）你的 **t** 寫得真好！

3. 這是你要寫的下一個語音。
   （在第二條線的開頭寫個 **ē**，然後指著 **ē**。）這是什麼語音？"ēēē"。

4. 首先，照著我這樣寫 **ēēē**，然後在線上多寫幾次。（多次仿寫 **ē** 後，學生能寫出三到五個 **ē**。學生若有需要，給予協助。若學生寫對了就說：）你的 **ēēē** 寫得真好！

LESSON 12

任務 1　語音介紹

1. （指著 **d** 的起點。）這個語音一定要快快唸。我先快快唸給你聽。（快快唸的時候，手指快速滑到箭頭的末端。）**d**。

2. 我再唸一次給你聽。（指著 **d** 的起點。）快快唸。（手指快速滑到箭頭的末端。）**d**。

3. （指著 **d** 的起點。）換你，（暫停）快快唸。（手指快速滑到箭頭的末端。）"d"。

> （糾正：如果學生念成"duh"、"dah"或"dih"時，必須糾正：）注意聽：d，快快唸。（重複步驟 1-3。）

任務2 語音複習

1. 你來唸以下這些語音。
   （指著 **a**。）準備囉。（手指著箭頭的起點，快速移到第二個黑點，停。）"aaa"。

2. （指著 **ē**。）準備囉。（手指著箭頭的起點，快速移到第二個黑點，停。）"ēēē"。

3. （指著 **t**。）仔細看，準備囉。（暫停）快快唸！（手指快速移到箭頭末端。）"t"。（重複練習直至穩固。）

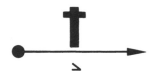

4. （指著 **r**。）準備囉。（手指著箭頭的起點，快速移到第二個黑點，停。）"rrr"。

5. （指著 **d**。）仔細看，準備囉。（暫停）快快唸！（手指快速移到箭頭末端。）"d"。（重複練習直至穩固。）

任務3 拼尾音

1. （指著 r 和 s。）現在來練習拼尾音，這些是你要用的起頭音。（指著 r 的起點。）準備囉。（手指快速移動到第二個黑點，停。）"rrr"。

   （指著 s 的起點。）準備囉。（手指快速移動到第二個黑點，停。）"sss"。

2. （指著 r 的起點。）現在拼尾音（暫停）**ēēd**，你現在要拼什麼尾音？"ēēd"。
   拼尾音（暫停）**ēēd**。（當學生唸時，手指快速滑到第二個黑點，暫停三秒，再快速滑到箭頭的末端。）"rrēēd"。
   （回到起點。）快快唸！（手指快速滑到箭頭的末端。）"reed"。

3. （指著 s 的起點。）現在拼尾音（暫停）**ēēd**，你現在要拼什麼尾音？"ēēd"。
   拼尾音（暫停）**ēēd**。（當學生唸時，手指快速滑到第二個黑點，暫停三秒，再快速滑到箭頭的末端。）"sssēēd"。
   （回到起點。）快快唸！（手指快速滑到箭頭的末端。）"seed"。

任務 4　唸出語音

1. 說 rrrēēēd。"rrrēēēd"。快快唸！"read"。
   說 sssēēēd。"sssēēēd"。快快唸！"seed"。
   說 sssaaad。"sssaaad"。快快唸！"sad"。
   說 sssēēēt。"sssēēēt"。快快唸！"seat"。
   說 mmmaaad。"mmmaaad"。快 快 唸！
   "mad"。

2. 我們再從頭練習一次。（重複步驟 1 直到穩固。）

任務 5　唸單字

1. （指著 sēēd 的起點。）來唸這個單字，你先要唸出它的語音，然後你要快快唸。
   唸出語音！"sssēēēd"。（學生唸"sssēēēd"時，老師手指著 s、ē、ē 和 d 的下方滑過，不要停頓。）
   （回到起點。）快快唸！（手指快速滑到箭頭的末端。）"sēēd"。這單字怎麼唸？"sēēd"。

2. （指著 sam 的起點。）來唸這個單字，你先要唸出它的語音，然後你要快快唸。
   唸出語音！"sssaaammm"。（當 學 生 唸 "sssaaammm"時，老師手指著 s、a 和 m 的下方滑過，不要停頓。）
   （回到起點。）快快唸！（手指快速滑到箭頭的末端。）"sam"。這單字怎麼唸？"sam"。

3. （指著 rat 的起點。）來唸這個單字，你先要唸出它的語音，然後你要快快唸。
   唸出語音！"rrraaat"。（當學生唸"rrraaat"時，老師手指著 r、a 和 t 的下方滑過，不要停頓。）
   （回到起點。）快快唸！（手指快速滑到箭頭的末端。）"rat"。這單字怎麼唸？"rat"。

4. （指著 mē 的起點。）來唸這個單字，你先要唸出它的語音，然後你要快快唸。
   唸 出 語 音！"mmmēēē"。（當 學 生 唸 "mmmēēē"時，老師手指著 m 和 ē 的下方滑過，不要停頓。）
   （回到起點。）快快唸！（手指快速滑到箭頭的末端。）"me"。這單字怎麼唸？"me"。

任務 6　拼尾音

1. （指著 **m**、**r** 和 **s**。）你現在來練習拼尾音，這些是你要用的起頭音。（指著 **m** 的起點。）準備來唸出語音。（手指快速移動到第二個黑點，停。）"mmm"。

　（指著 **r** 的起點。）準備來唸出語音。（手指快速移動到第二個黑點，停。）"rrr"。

　（指著 **s** 的起點。）準備來唸出語音。（手指快速移動到第二個黑點，停。）"sss"。

2. （指著 **m** 的起點。）現在拼尾音（暫停）**at**。你現在要拼什麼尾音？"at"。

　拼尾音（暫停）**at**。（當學生唸時，手指快速滑到第二個黑點，暫停三秒，再快速滑到箭頭的末端。）"mmmat"。

　（回到起點。）快快唸！（手指快速滑到箭頭的末端。）"mat"。

3. （指著 **r** 的起點。）現在拼尾音（暫停）**at**。你現在要拼什麼尾音？"at"。

　拼尾音（暫停）**at**。（當學生唸時，手指快速滑到第二個黑點，暫停三秒，再快速滑到箭頭的末端。）"rrrat"。

　（回到起點。）快快唸！（手指快速滑到箭頭的末端。）"rat"。

4. （指著 **s** 的起點。）現在拼尾音（暫停）**at**。你現在要拼什麼尾音？"at"。

　拼尾音（暫停）**at**。（當學生唸時，手指快速滑到第二個黑點，暫停三秒，再快速滑到箭頭的末端。）"sssat"。

　（回到起點。）快快唸！（手指快速滑到箭頭的末端。）"sat"。

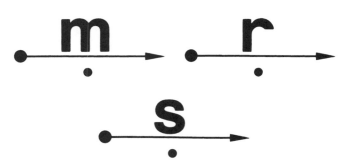

任務 7　語音複習

1. 讓我們再唸唸看，看你還記不記得剛剛教的語音。

　（指著 **d**。）仔細看，準備囉。（暫停）快快唸！（手指快速移到箭頭末端。）"d"。（重複練習直到穩固。）

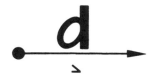

2. （指著 **ē**。）準備囉。（手指著箭頭的起點，快速移到第二個黑點，停。）"ēēē"。

3. （指著 **t**。）仔細看，準備囉。（暫停）快快唸！（手指快速移到箭頭末端。）"t"。（重複練習直到穩固。）

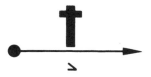

4. （指著 **s**。）準備囉。（手指著箭頭的起點，快速移到第二個黑點，停。）"sss"。

5. （指著 **r**。）準備囉。（手指著箭頭的起點，快速移到第二個黑點，停。）"rrr"。

任務8　唸單字

1. （指著 **ēat** 和 **sēat**。）現在要唸這兩個單字。

2. （指著 **ēat**。）指著箭頭的起點，記住，這個單字裡有個小小的字母，這個小字母是不發音的，只要唸出大字母的語音就好。來，唸出語音！"ēēēt"。（學生手指著 **ē** 和 **t** 的下方滑過，不停頓，唸出"ēēēt"。）
很好，指著起點，再唸一次。"ēēēt"。快快唸！"eat"。這單字怎麼唸？"eat"。對了，這是 **eat**。

> （糾正：如果學生唸成"d"而非"t"時，必須糾正：）注意聽：**t**，（指著語音）這個語音唸成 **t**，這是什麼語音？（指著 **t**）"t"。對了，這是 **t**，讓我們再來一次。（重複步驟2。）

3. （指著 **sēat**。）指著箭頭的起點，記住，這個單字裡有個小小的字母，這個小字母是不發音的，只要唸出大字母的語音就好。來，唸出語音！"sssēēēt"。（學生手指著 **s**、**ē** 和 **t** 的下方滑過，不停頓，唸出"sssēēēt"。）
很好，指著起點，再唸一次。"sssēēēt"。快快唸！"seat"。這單字怎麼唸？"seat"。對了，**seat**。

任務9　語音書寫

1. （在第一條線的開頭寫個 **d**，然後指著 **d**。）這是什麼語音？"d"。

2. 首先，照著我這樣寫 **d**，然後在線上多寫幾次。（多次仿寫 **d** 後，學生能寫出三到五個 **d**。學生若有需要，給予協助。若學生寫對了就說：）你的 **d** 寫得真好！

3. 這是下一個你要練習寫的語音。（在第二條線的開頭寫個 **a**，然後指著 **a**。）這是什麼語音？"aaa"。

4. 首先，照著我這樣寫 **aaa**，然後在線上多寫幾次。（多次仿寫 **a** 後，學生能寫出三到五個 **a**。學生若有需要，給予協助。若學生寫對了就說：）你的 **aaa** 寫得真好！

（重要提醒：在呈現本課前，先練習 xxii 頁的唸單字發生錯誤時的糾正程序。）

LESSON 13

任務1　語音複習

1. （指著 **s**。）你來唸出語音。準備囉。（手指著箭頭的起點，快速移到第二個黑點，停。）"sss"。

2. （指著 **a**。）準備囉。（手指著箭頭的起點，快速移到第二個黑點，停。）"aaa"。

3. （指著 **t**。）仔細看，準備囉。（暫停）快快唸。（手指快速移到箭頭末端。）"t"。（重複練習直到穩固。）

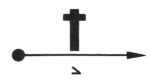

4. （指著 **d**。）仔細看，準備囉。（暫停）快快唸。（手指快速移到箭頭末端。）"d"。（重複練習直到穩固。）

5. （指著 **ē**。）準備囉。（手指著箭頭的起點，快速移到第二個黑點，停。）"ēēē"。

6. （指著 **r**。）準備囉。（手指著箭頭的起點，快速移到第二個黑點，停。）"rrr"。

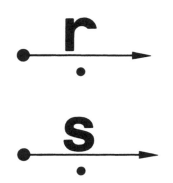

2. （指著 **r** 的起點。）現在拼尾音（暫停）ōp，你現在要拼什麼尾音？"ōp"。

拼尾音（暫停）ōp。（當學生唸時，手指快速滑到第二個黑點，暫停三秒，再快速滑到箭頭的末端。）"rrrōp"。

（回到起點。）快快唸！（手指快速滑到箭頭的末端。）"rōp"。

3. （指著 **s** 的起點。）現在拼尾音（暫停）ōp，你現在要拼什麼尾音？"ōp"。

拼尾音（暫停）ōp。（當學生唸時，手指快速滑到第二個黑點，暫停三秒，再快速滑到箭頭的末端。）"sssōp"。

（回到起點。）快快唸！（手指快速滑到箭頭的末端。）"sōp"。

任務 3　唸出語音

1. 說 sssaaad。"sssaaad"。快快唸！"sad"。
說 mmmaaad。"mmmaaad"。快快唸！"mad"。
說 ēēērrr。"ēēērrr"。快快唸！"ear"。

2. 讓我們再練習一遍。（重複步驟 1 直到穩固。）

任務 2　拼尾音

1. （指著 **r** 和 **s**。）現在來練習拼尾音，這些是你要用的起頭音。（指著 **r** 的起點。）唸出語音。（手指快速移動到第二個黑點，停。）"rrr"。（指著 **s** 的起點。）唸出語音。（手指快速移動到第二個黑點，停。）"sss"。

任務 4　唸單字

1. （指著 **sad** 的起點。）現在來唸單字，你要先唸出它的語音，然後要快快唸。唸出語音！"sssaaad"。（當學生唸"sssaaad"時，老師手指著 **s**、**a** 和 **d** 的下方滑過，不要停頓。）

（回到起點。）快快唸！（手指快速滑到箭頭的末端。）"sad"。這單字怎麼唸？"sad"。

（糾正：如果學生發音斷斷續續、無法串連，或只唸出"ad"，必須糾正：）停！注意聽，跟我唸一遍，sssaaad。"sssaaad"。快快唸！"sad"。對了，就是這樣！（指著 sad 的起點。）再來一次，唸出語音。"sssaaad"。快快唸！"sad"。很好，你做到了！

2. （指著 mad 的起點。）現在來唸這個單字，你要先唸出它的語音，然後你要快快唸。唸出語音！"mmmaaad"。（當學生唸"mmmaaad"時，老師手指著 m、a 和 d 的下方滑過，不要停頓。）

（回到起點。）快快唸！（手指快速滑到箭頭的末端。）"mad"。這單字怎麼唸？"mad"。

3. （指著 ēat 裡的 a。）這個單字裡有個小字母，記住，這個小字母是不發音的，只要唸出大字母的語音就好。（回到起點。）唸出語音！"ēēēt"。（學生唸"ēēēt"時，老師手指著 ē 和 t 的下方滑過，不要停頓。）

（回到起點。）快快唸！（手指快速滑到箭頭的末端。）"eat"。這單字怎麼唸？"eat"。

4. （指著 mēat 裡的 a。）這個單字裡有個小字母，記住，這個小字母是不發音的，只要唸出大字母的語音就好。（回到起點。）唸出語音！"mmmēēēt"。（學生唸"mmmēēēt"時，老師手指著 m、ē 和 t 的下方滑過，不要停頓。）

（回到起點。）快快唸！（手指快速滑到箭頭的末端。）"meat"。這單字怎麼唸？"meat"。

5. （指著 rēad 裡的 a。）這個單字裡有個小字母，記住，這個小字母是不發音的，只要唸出大字母的語音就好。（回到起點。）唸出語音！"rrrēēēd"。（當學生唸"rrrēēēd"時，老師手指著 r、ē 和 d 的下方滑過，不要停頓。）

（回到起點。）快快唸！（手指快速滑到箭頭的末端。）"read"。這單字怎麼唸？"read"。

6. （指著 am 的起點。）現在來唸這個單字，你要先唸出它的語音，然後你要快快唸。唸出語音！"aaammm"。（當學生唸"aaammm"時，老師手指著 a 和 m 的下方滑過，不要停頓。）

（回到起點）快快唸！（手指快速滑到箭頭的末端。）"am"。這單字怎麼唸？"am"。

7. （指著 **ram** 的起點。）現在來唸這個單字，你要先唸出它的語音，然後你要快快唸。唸出語音！"rrraaammm"。（當學生唸"rrraaammm"時，老師手指著 **r**、**a** 和 **m** 的下方滑過，不要停頓。）

（回到起點。）快快唸！（手指快速滑到箭頭的末端。）"ram"。這單字怎麼唸？"ram"。

8. （指著 **mē** 的起點。）現在來唸這個單字，你要先唸出它的語音，然後你要快快唸。唸出語音！"mmmēēē"。（當學生唸"mmmēēē"時，老師手指著 **m** 和 **ē** 的下方滑過，不要停頓。）

（回到起點。）快快唸！（手指快速滑到箭頭的末端。）"me"。這單字怎麼唸？"me"。

任務 5　學生指讀語音

1. 這次換你，指著第一個語音的起點。這個字一定要快快唸。你要一邊指一邊快快唸。快快唸！"d"。

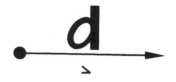

2. 指著下一個語音的起點，往下一個點移動時，慢慢唸出語音。"rrr"。快快唸。"r"。

3. 指著下一個語音的起點。這個字一定要快快唸。你要一邊指一邊快快唸。快快唸！"t"。

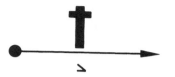

4. 指著下一個語音的起點，往下一個點移動時，慢慢唸出語音。慢慢唸。"ēēē"。現在，快快唸。"ē"。

5. 指著下一個語音的起點，往下一個點移動時，慢慢唸出語音。慢慢唸。"mmm"。快快唸。"m"。

任務 6　拼尾音

1. （指著 **s**、**r** 和 **m**）現在來練習拼尾音，這些是你要用的起頭音。（指著 **s** 的起點。）唸出語音！（手指快速移動到第二個黑點，停。）"sss"。（指著 **r** 的起點。）唸出語音！（手指快速移動到第二個黑點，停。）"rrr"。（指著 **m** 的起點。）唸出語音！（手指快速移動到第二個黑點，停。）"mmm"。

2. （指著 **s** 的起點。）現在拼尾音（暫停）**at**。你現在要拼什麼尾音？"at"。

拼尾音（暫停）**at**。（當學生唸時，手指快速滑到第二個黑點，暫停三秒，再快速滑到箭頭的末端。）"sssat"。

（回到起點。）快快唸！（手指快速滑到箭頭的末端。）"sat"。

3. （指著 **r** 的起點。）現在拼尾音（暫停）**at**。
   你現在要拼什麼尾音？ "at"。
   拼尾音（暫停）**at**。（當學生唸時，手指快速
   滑到第二個黑點，暫停三秒，再快速滑到箭
   頭的末端。） "rrrat"。
   （回到起點。）快快唸！（手指快速滑到箭
   頭的末端。） "rat"。

4. （指著 **m** 的起點。）現在拼尾音（暫停）
   at。你現在要拼什麼尾音？ "at"。
   拼尾音（暫停）**at**。（當學生唸時，手指快速
   滑到第二個黑點，暫停三秒，再快速滑到箭
   頭的末端。） "mmmat"。
   （回到起點。）快快唸！（手指快速滑到箭
   頭的末端。） "mat"。

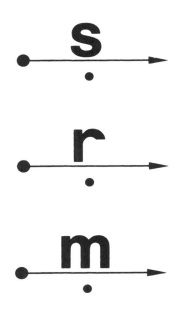

任務 7 第一次朗讀

1. （指著句子中的字。）這是一個很短的故
   事。我會指著故事中的單字。
   （指著 **sēē** 的起點。）這是第一個字。
   （指著 **mē** 的起點。）這是第二個字。
   （指著 **ēat** 的起點。）這是第三個字。

2. 換你來指這些單字。請你指第一個單字的起
   點。（學生指著 **sēē** 的起點。）指第二個字
   的起點。（學生指著 **mē** 的起點。）指第三
   個單字的起點。（學生指著 **ēat** 的起點。）

3. 現在請你指著第一個單字的起點，唸出這個
   字的語音，來。（學生指著 **s**、**ē**、**ē** 語音，
   依序唸出語音。） "sssēēē"。（重複至學生
   穩固。）快快唸。 "see"。這單字怎麼唸？
   "see"。你剛剛唸了第一個字 **see**，**see** 就是
   「看」的意思。

4. 現在看第二個字，請你指著第二個單字的起
   點，唸出這個字的語音。（學生指著 **m**、**ē** 語
   音，依序唸出語音。） "mmmēēē"。（重複

至穩固。）快快唸。 "me"。這單字怎麼唸？
"me"。**me** 就是「我」的意思。

5. 現在看第三個字，請你指著第三個單字的起
   點，唸出這個字的語音。（學生指著 **ē**、**t** 語
   音，依序唸出語音。） "ēēēt"。（重複至穩
   固。）快快唸。 "eat"。這單字怎麼唸？
   "eat"。**eat** 就是「吃」的意思。

任務 8 第二次朗讀

1. 我們再把這個故事唸一遍。請你指著第一個
   字，唸出語音！ "sssēēē"。（重複至穩
   固。）快快唸！ "see"。對了，**see** 是什麼意
   思？ "see 是「看」的意思"。

2. 請你指著第二個字，唸出語音！ "mmmēēē"。
   （重複至穩固。）快快唸！ "me"。對了，**me**
   是什麼意思？ "me 是「我」的意思"。

3. 請你指著第三個字，唸出語音！ "ēēēt"。
   （重複至穩固。）快快唸！ "eat"。對了，**eat**
   是什麼意思？ "eat 是「吃」的意思"。

任務 **9** 老師快快唸

1. 老師現在要很快地唸故事中的這三個字。我來示範給你看。

2. （指著 **sēē** 的起點，從 **sēē** 的下面快速滑過。）sēē。（暫停）
   （指著 **mē** 的起點，從 **mē** 的下面快速滑過。）mē。（暫停）
   （指著 **ēat** 的起點，從 **ēat** 的下面快速滑過。）ēat。（暫停）

3. 我再重複一次。（重複步驟 2。）

任務 **10** 圖片理解

1. 你剛剛唸完了（暫停）see me eat。（指著下面這張圖。）這個圖說的，就是你剛剛讀的故事（暫停）see me eat。就是「看我吃」的意思。所以你覺得圖片中的男孩正在說什麼呢？"see me eat"。對了，翻譯成國語怎麼講？「看我吃」。

2. 這個男孩在做什麼呢？

3. 你覺得他很愛吃嗎？

4. 你從哪裡知道他很愛吃呢？

把圖遮起來，直到要教圖片理解時，才讓兒童看圖片，所有課次皆如此辦理。

5. 他在吃什麼？

6. 你喜歡吃什麼？

任務 **11** 語音書寫

1. 這是你要寫的第一個語音。
   （在第一條線的開頭寫個 **s**，指著 s。）這是什麼語音？"sss"。

2. 先照著我這樣寫 sss，然後在這條線上多寫幾次。（多次仿寫 **s** 後，學生要能寫出三到五個 **s**。學生若有需要，給予協助。若學生寫對了就說：）你的 sss 寫得真好！

3. 這是你要寫的下一個語音。
   （在第二條線的開頭寫個 **d**，指著 **d**。）這是什麼語音？"d"。

4. 先照著我這樣寫 **d**，然後在線上多寫幾次。（多次仿寫 **d** 後，學生要能寫出三到五個 **d**。學生若有需要，給予協助。若學生寫對了就說：）你的 d 寫得真好！

LESSON 14

任務 **1** 語音介紹

1. （指著 **i**。）這是一個新的語音，我要指著這個語音，唸出這個語音來。（指著第一個黑點，快速地移到第二個黑點，停。）iii。

2. 這次換你唸，我來指。（手指著箭頭的起點。）準備囉。
   （手指快速移到第二個黑點，停。）"iii"。

（**糾正**：如果學生唸錯，或沒有反應，必須糾正：）這個語音是 iii。（重複步驟 2。）

3. （指著起點。）再來一次，準備囉。（手指快速地移到第二個黑點，停。）"iii"。

任務 2 語音

1. 下面這些語音，有的可以慢慢唸出語音，有的必須快快唸。仔細看，別弄錯囉！

2. （指著 r。）準備囉。（手指著箭頭的起點，快速移到第二個黑點，停。）"rrr"。

（糾正：如果學生是用「快快唸」來唸 r，必須糾正：）這個音應該唸出語音！仔細聽：rrr。（重複步驟 2。）

3. （指著 d。）準備囉。（手指著箭頭的起點，快速移到箭頭的末端。）"d"。

（糾正：如果學生是用「慢慢唸」來唸 d，必須糾正：）這個音一定要快快唸！仔細聽：d。（重複步驟 3。）

4. （指著 t。）準備囉。（手指著箭頭的起點，快速移到箭頭的末端。）"t"。

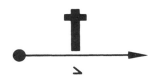

（糾正：如果學生是用「慢慢唸」來唸 t，必須糾正：）這個語音一定要快快唸！仔細聽：t。（重複步驟 4。）

5. （指著 ē。）準備囉。（手指著箭頭的起點，快速移到第二個黑點。）"ēēē"。

（糾正：如果學生是用「快快唸」來唸 ē，必須糾正：）這個音應該唸出語音！仔細聽：ēēē。（重複步驟 5。）

6. （指著 i。）準備囉。（手指著箭頭的起點，快速移到第二個黑點。）"iii"。

（糾正：如果學生是用「快快唸」來唸 i，必須糾正：）這個音應該唸出語音！仔細聽：iii。（重複步驟 6。）

任務3　拼尾音

1. （指著 **s** 和 **r**。）現在來練習拼尾音，這些是你要用的起頭音。（指著 **s** 的起點。）準備來唸出語音。（手指快速移動到第二個黑點，停。）"sss"。（指著 **r** 的起點。）準備來唸出語音。（手指快速移動到第二個黑點，停。）"rrr"。

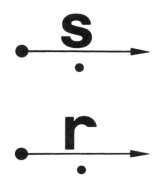

2. （指著 **s** 的起點。）現在拼尾音（暫停）**ēēd**，你現在要拼什麼尾音？"ēēd"。
拼尾音（暫停）**ēēd**。（當學生唸時，手指快速滑到第二個黑點，暫停三秒，再快速滑到箭頭的末端。）"sssēēd"。
（回到起點。）快快唸！（手指快速滑到箭頭的末端。）"seed"。

3. （指著 **r** 的起點。）現在拼尾音（暫停）**ēēd**，你現在要拼什麼尾音？"ēēd"。
拼尾音（暫停）**ēēd**。（當學生唸時，手指快速滑到第二個黑點，暫停三秒，再快速滑到箭頭的末端。）"rrrēēd"。
（回到起點。）快快唸！（手指快速滑到箭頭的末端。）"reed"。

任務4　唸出語音

1. 說 **sssēēēd**。"sssēēēd"。快快唸！"seed"。
說 **rrrēēēd**。"rrrēēēd"。快快唸！"read"。
說 **sssaaad**。"sssaaad"。快快唸！"sad"。
說 **ēēērrr**。"ēēērrr"。快快唸！"ear"。

2. 讓我們再練習一遍。（重複步驟 1 直至穩固。）

任務5　唸單字

1. （指著下面的單字。）現在來唸這些單字。（指著 **sēē** 的起點。）唸出語音！"sssēēē"。（學生唸"sssēēē"時，老師手指著 **s** 和 **ē** 的下方滑過，不要停頓。重複練習直到穩固。）
（回到起點。）快快唸！（手指快速滑到箭頭的末端。）"see"。這單字怎麼唸？"see"。

2. （指著 **sēēd** 的起點。）唸出語音！"sssēēēd"。（當學生唸"sssēēēd"時，老師手指著 **s**、**ē** 和 **d** 的下方滑過，不要停頓。重複練習直到穩固。）
（回到起點。）快快唸！（手指快速滑到箭頭的末端。）"seed"。這單字怎麼唸？"seed"。

3. （指著 **rat** 的起點。）唸出語音！"rrraaat"。（當學生唸"rrraaat"時，老師手指著 **r**、**a** 和 **t** 的下方滑過，不要停頓。重複練習直到穩固。）
（回到起點。）快快唸！（手指快速滑到箭頭的末端。）"rat"。這單字怎麼唸？"rat"。

（糾正：如果學生發音斷斷續續、無法串連，或只唸出"at"，必須糾正：）停！仔細聽，跟著我唸出語音 **rrraaat**。"rrraaat"。快快唸！"rat"。對了，就是這樣！（指著 **rat** 的起點。）再來一次，唸出語音！"rrraaat"。快快唸！"rat"。很好，你唸得很好！

4. （指著 **rēad** 的起點。）唸出語音！"rrrēēēd"。（當學生唸"rrrēēēd"時，老師手指著 **r**、**ē** 和 **d** 的下方滑過，不要停頓。重複練習直到穩固。）
（回到起點。）快快唸！（手指快速滑到箭頭的末端。）"read"。這單字怎麼唸？"read"。

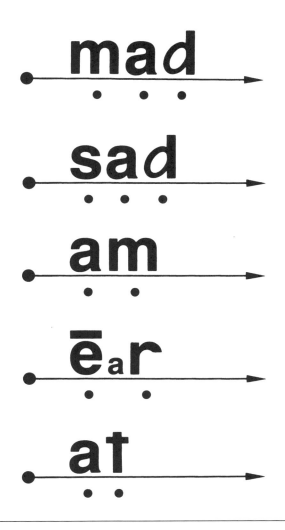

5. （依照前面步驟重複練習 **mad**、**sad**、**am**、**ēar** 和 **at**。）

任務6 語音

1. 底下有些語音可以慢慢唸，但有的語音一定要快快唸。
2. 仔細看每一個語音，別弄錯囉。
3. （指著 **i**。）準備囉。（手指著箭頭的起點，快速移到第二個黑點。）"iii"。

（糾正：如果學生是用「快快唸」來唸 **i**，必須糾正：）這個音應該用「慢慢唸」來唸，仔細聽：iii。（重複步驟 3。）

4. （指著 **t**。）準備囉。（手指著箭頭的起點，快速移到箭頭的末端。）"t"。

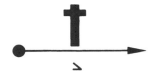

（糾正：如果學生是用「慢慢唸」來唸 **t**，必須糾正：）這個音應該用「快快唸」來唸，仔細聽：t。（重複步驟 4。）

5. （指著 **a**。）準備囉。（手指著箭頭的起點，快速移到第二個黑點。）"aaa"。

6. （指著 r。）準備囉。（手指著箭頭的起點，快速移到第二個黑點。）"rrr"。

7. （指著 d。）準備囉。（手指著箭頭的起點，快速移到箭頭的末端。）"d"。

任務7　第一次朗讀

1. （指著句子中的單字。）這是一個很短的故事。我會指著故事中的生字。
   （指著 **sēē** 的起點。）這是第一個字。
   （指著 **mē** 的起點。）這是第二個字。
   （指著 **rēad** 的起點。）這是第三個字。

2. 換你來指指看這些生字。
   請你指第一個字的起點。（學生指著 **sēē** 的起點。）
   請你指下一個字的起點。（學生指著 **mē** 的起點。）
   請你指下下一個字的起點。（學生指著 **rēad** 的起點。）

3. 現在指第一個字，唸出它的語音。（學生指著 **s**、**ē**、**ē** 語音，依序唸出語音。）"sssēēē"。（重複直到穩固。）快快唸！"see"。這單字怎麼唸？"see"。很好，你剛剛唸了第一個字 **see**，**see** 就是「看」的意思。

4. 現在指第二個字，唸出它的語音。（學生指著 **m**、**ē** 語音，依序唸出語音。）"mmmēēē"。（重複直到穩固。）快快唸！"me"。這單字怎麼唸？"me"。很好，你剛剛唸了第二個字 **me**，**me** 就是「我」的意思。

5. 現在指第三個字，唸出它的語音。（學生指著 **r**、**ē**、**d** 語音，依序唸出語音。）"rrrēēēd"。（重複直到穩固。）快快唸！"read"。這單字怎麼唸？"read"。很好，你剛剛唸了第三個字 **read**，**read** 就是「閱讀」的意思。

任務8　第二次朗讀

1. 我們再來練習唸這個故事。請你用手指第一個單字，唸出它的語音來。"sssēēē"。（重複直到穩固。）快快唸！"see"。這單字怎麼唸？"see"。**see** 就是「看」的意思，**see** 是什麼意思？"see 是「看」的意思"。

2. 指著第二個單字。（學生指著 **mē** 的起點。）唸出它的語音來。"mmmēēē"。（重複直到穩固。）快快唸！"me"。這單字怎麼唸？"me"。**me** 就是「我」的意思，**me** 是什麼意思？"me 是「我」的意思"。

3. 指著第三個單字。（學生指著 **rēad** 的起點。）唸出它的語音來。"rrrēēēd"。（重複直到穩固。）快快唸！"read"。**read** 就是「閱讀」的意思，**read** 是什麼意思？"read 是「閱讀」的意思"。

任務9　老師快快唸

1. 老師現在要用快快唸的方式來唸故事中的這三個字。注意看。

2. （指著 **sēē** 的起點，從 **sēē** 的下面快速滑過。）**see**。（暫停）
   （指著 **mē** 的起點，從 **mē** 的下面快速滑過。）**me**。（暫停）
   （指著 **rēad** 的起點，從 **rēad** 的下面快速滑過。）**read**。（暫停）

3. 我再重複一次。（重複步驟 2。）

sēē mē rēₐd.

任務 10　圖片理解

1. 你剛剛唸了（暫停）**see me read**，就是「看我閱讀」的意思。現在來看下面這張圖，有人在圖裡正在說（暫停）**see me read**。他到底在做什麼呢？

2. 你看這張圖。

3. 根據這張圖，誰在說 **see me read** 這句話呢？

4. 他在讀什麼？

5. 狗真的會讀書嗎？當然不會，但是你可以讀。

6. 你認為這隻狗為什麼戴著眼鏡？

任務 11　語音書寫

1. （在第一條線的開頭寫個 **i**，然後指著 **i**。）這是什麼語音？"iii"。

2. 首先，照著我這樣寫 **iii**，然後在線上多寫幾次。（多次仿寫 **i** 後，學生要能寫出三到五個 **i**。學生若有需要，給予協助。若學生寫對了就說：）你的 **iii** 寫得真好！

3. 這是下一個你要練習寫的語音。（在第二條線的開頭寫個 **e**，然後指著 **e**。）這是什麼語音？"ēēē"。

4. 首先，照著我這樣寫 **ēēē**，然後在線上多寫幾次。（多次仿寫 **e** 後，學生要能寫出三到五個 **e**。學生若有需要，給予協助。若學生寫對了就說：）你的 **ēēē** 寫得真好！

LESSON 15

任務1 語音

1. 下面這些語音，有的可以慢慢唸出語音，有的必須快快唸。

2. 仔細看每一個語音，如果可以，就慢慢唸，別弄錯囉。

3. （指著 **r**。）準備囉。（手指著箭頭的起點，快速移到第二個黑點，停。）"rrr"。

（糾正：如果學生是用「快快唸」來唸 **r**，必須糾正：）這個音應該用「慢慢唸」來唸，仔細聽：**rrr**。（重複步驟 3。）

4. （指著 **t**。）準備囉。（手指著箭頭的起點，快速移到箭頭的末端。）"t"。

（糾正：如果學生是用「慢慢唸」來唸 **t**，必須糾正：）這個音應該用「快快唸」來唸，仔細聽：**t**。（重複步驟 4。）

5. （指著 **ē**。）準備囉。（手指著箭頭的起點，快速移到第二個黑點。）"ēēē"。

6. （指著 **a**。）準備囉。（手指著箭頭的起點，快速移到第二個黑點。）"aaa"。

7. （指著 **i**。）準備囉。（手指著箭頭的起點，快速移到第二個黑點。）"iii"。

8. （指著 **d**。）準備囉。（手指著箭頭的起點，快速移到箭頭的末端。）"d"。

任務2 拼尾音

1. （指著 **m** 和 **s**。）現在來練習拼尾音，這兩個是你要用的起頭音。（指著 **m** 的起點。）唸出這個語音！（手指快速移動到第二個黑點，停。）"mmm"。（指著 **s** 的起點。）準備來唸出語音。（手指快速移動到第二個黑點，停。）"sss"。

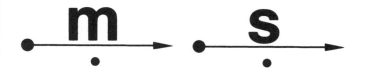

2. （指著 **m** 的起點。）現在拼尾音（暫停）**eat**，你現在要拼什麼尾音？"eat"。
拼尾音（暫停）**eat**。（學生唸時，手指快速滑到第二個黑點，暫停三秒，再快速滑到箭頭的末端。）"mmmeat"。
（回到起點。）快快唸！（手指快速滑到箭頭的末端。）"meat"。

3. （指著 **s** 的起點。）現在拼尾音（暫停）
eat，你現在要拼什麼尾音？"eat"。

拼尾音（暫停）**eat**。（學生唸時，手指快速
滑到第二個黑點，暫停三秒，再快速滑到箭
頭的末端。）"ssseat"。

（回到起點。）快快唸！（手指快速滑到箭
頭的末端。）"seat"。

任務3　唸出語音

1. 說 **sssēēēd**。"sssēēēd"。快快唸。"seed"。

說 **rrrēēēd**。"rrrēēēd"。快快唸。"read"。

說 **ēēērrr**。"ēēērrr"。快快唸。"ear"。

說　**mmmēēēt**。"mmmēēēt"。快　快　唸。
"meet"。

2. 我們再練習一遍。（重複步驟1直到穩固。）

任務4　唸單字

1. 你現在要慢慢唸出這個單字，然後你要快快
唸。

（指著 **it** 的起點。）唸出語音！"iiit"。（當
學生唸"iiit"時，老師手指著 **i** 和 **t** 的下方滑
過，不要停頓。重複練習直到穩固。）

（回到起點。）快快唸！（手指快速滑到箭
頭的末端。）"it"。這字怎麼唸？"it"。

2. （指著 **sit** 的起點。）唸出語音！"sssiiit"。
（當學生唸"sssiiit"時，老師手指著 **s**、**i** 和 **t**

的下方滑過，不要停頓。重複練習直到穩
固。）

（回到起點。）快快唸！（手指快速滑到箭
頭的末端。）"sit"。這單字怎麼唸？"sit"。

3. （指著 **ēar** 的起點。）唸出語音！"ēēērrr"。
（當學生唸"ēēērrr"時，老師手指著 **ē** 和 **r** 的
下方滑過，不要停頓。重複練習直到穩固。）

（回到起點。）快快唸！（手指快速滑到箭
頭的末端。）"ear"。這單字怎麼唸？"ear"。

4. （指著 **sēēd** 的起點。）唸出語音！
"sssēēēd"。（當學生唸"sssēēēd"時，老師
手指著 **s**、**ē** 和 **d** 的下方滑過，不要停頓。重
複練習直到穩固。）

（回到起點。）快快唸！（手指快速滑到箭頭
的末端。）"seed"。這單字怎麼唸？"seed"。

5. （指著 **rat** 的起點。）唸出語音！"rrraaat"。
（當學生唸"rrraaat"時，老師手指著 **r**、**a** 和
t 的下方滑過，不要停頓。重複練習直到穩
固。）

（回到起點。）快快唸！（手指快速滑到箭
頭的末端。）"rat"。這單字怎麼唸？"rat"。

6. （指著 **mēēt** 的起點。）唸出語音！
"mmmēēēt"。（當學生唸"mmmēēēt"時，
老師手指著 **m**、**ē** 和 **t** 的下方滑過，不要停
頓。重複練習直到穩固。）

（回到起點。）快快唸！（手指快速滑到箭
頭的末端。）"meet"。這單字怎麼唸？
"meet"。

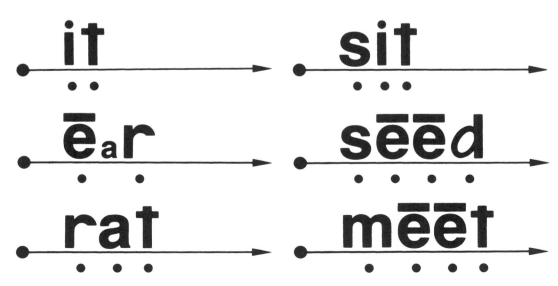

（糾正：如果學生發音斷斷續續、無法串連，或只唸出"**ēt**"，必須糾正：）停！仔細聽：**mmmēēēt**，跟我唸一次！"**mmmēēēt**"。快快唸！"**meet**"。對，就是這樣！（指著 **mēēt** 的起點。）再來一次，唸出語音！"**mmmēēēt**"。快快唸！"**meet**"。很好，你做到了！

7. （指著 **mad** 的起點。）唸出語音！"**mmmaaad**"。（當學生唸"**mmmaaad**"時，老師手指著 **m**、**a** 和 **d** 的下方滑過，不要停頓。重複練習直到穩固。）

（回到起點。）快快唸！（手指快速滑到箭頭的末端。）"**mad**"。這單字怎麼唸？"**mad**"。

任務 **5** 語音

1. 來用「快快唸」的方式唸底下這些語音。
2. （指著 **d**。）快快唸！（手指快速滑到箭頭的末端。）"**d**"。
3. （依照步驟 2 重複練習每個語音。）

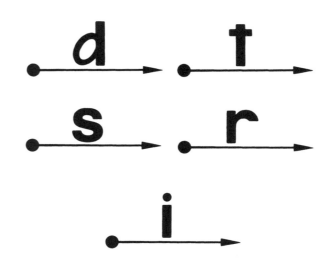

任務 **6** 第一次朗讀

1. （指著故事。）現在要來唸這個故事。手指著第一個字的起點。（學生指著 **mad** 的起點。）唸出語音！（學生指著 **m**、**a**、**d** 語音，依序唸出語音。）"**mmmaaad**"。（重複直到穩固。）快快唸！"**mad**"。這單字怎麼唸？"**mad**"。很好，**mad** 就是「生氣」的意思。

2. 現在用手指著第二個字的起點。（學生指著 **at** 的起點。）唸出語音！（學生指著 **a**、**t** 語音，依序唸出語音。）"**aaat**"。（重複直到穩固。）快快唸！"**at**"。這單字怎麼唸？"**at**"。

3. 現在用手指著第三個字的起點。（學生指著 **mē** 的起點。）唸出語音！（學生指著 **m**、**ē** 語音，依序唸出語音。）"**mmmēēē**"。（重複直到穩固。）快快唸！"**me**"。很好，**me** 就是「我」的意思。

任務 **7** 第二次朗讀

1. 我們再把這個故事唸一次。手指著第一個字的起點，唸出語音。"**mmmaaad**"。（重複練習直到穩固。）快快唸！"**mad**"。對了，這個單字怎麼唸？"**mad**"。很好，**mad** 就是「生氣」的意思。

2. 手指著第二個字的起點，唸出語音！"**aaat**"。（重複練習直到穩固。）快快唸！"**at**"。對了，這個單字怎麼唸？"**at**"。

3. 手指著第三個字的起點，慢慢唸出來。"**mmmēēē**"。（重複練習直到穩固。）好，快快唸！"**me**"。對了，這個單字怎麼唸？"**me**"。

mad at mē.

任務8 老師快快唸

1. 老師現在要用快快唸的方式來唸故事中的這三個字。注意看。
2. （指著 **mad** 的起點，從 **mad** 的下面快速滑過。）**mad**。（暫停）

（指著 **at** 的起點，從 **at** 的下面快速滑過。）**at**。（暫停）

（指著 **mē** 的起點，從 **mē** 的下面快速滑過。）**me**。（暫停）

3. **mad** 是生氣的意思，**me** 是我的意思，**mad at me** 就是對我生氣的意思。
4. 我再重複一次。（重複步驟 2、3。）

任務9 圖片理解

1. 你剛剛唸了（暫停）**mad at me**。在右邊這張圖裡，一個女孩正在問另外一個女孩：「你為什麼（暫停）**mad at me**？」「你為什麼（暫停）要對我生氣？」
2. 看看這張圖片。
3. 哪一個女孩在生氣？
4. 為什麼她要對另一個女孩生氣？
5. 你曾經因為有人擋在電視前面而生氣嗎？

任務10 語音書寫

1. 這是你要寫的第一個語音。

（在第一條線的開頭寫個 **r**，指著 **r**。）這是什麼語音？"rrr"。

2. 先照著我這樣寫 **rrr**，然後在這條線上多寫幾次。（多次仿寫 **r** 後，學生要能寫出三到五個 **r**。學生若有需要，給予協助。若學生寫對了就說：）你的 **rrr** 寫得真好！

3. 這是你要寫的下一個語音。

（在第二條線的開頭寫個 **t**，指著 **t**。）這是什麼語音？"t"。

4. 先照著我這樣寫 **t**，然後在線上多寫幾次。（多次仿寫 **t** 後，學生要能寫出三到五個 **t**。學生若有需要，給予協助。若學生寫對了就說：）你的 **t** 寫得真好！

字母拼讀直接教學 100 課

LESSON 16

任務1 語音介紹

1. （指著 **th**。）這是一個新的語音，我要指著這個語音，唸出這個語音來。（指著第一個黑點，快速地移到第二個黑點，停。）**thththth**。

2. 這次換你唸，我來指。（手指著箭頭的起點。）準備囉。（手指著箭頭起點，快速移到第二個黑點，停。）"thththth"。

（糾正：如果學生唸錯，或沒有反應，必須糾正：）這個語音是 **thththth**。（重複步驟2。）

3. （指著起點。）再來一次，準備囉。（手指著箭頭的起點，快速地移到第二個黑點，停。）"thththth"。

任務2 語音

1. 仔細看每一個語音，有的語音可以慢慢唸出，有的語音一定要快快唸。別弄錯囉！

2. （指著 **d**。）準備囉。（手指著箭頭的起點，快速移到箭頭的末端。）"d"。

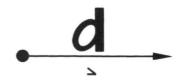

3. （指著 **ē**。）準備囉。（手指著箭頭的起點，快速移到第二個黑點。）"ēēē"。

4. （指著 **i**。）準備囉。（手指著箭頭的起點，快速移到第二個黑點。）"iii"。

5. （指著 **th**。）準備囉。（手指著箭頭的起點，快速移到第二個黑點。）"thththth"。

6. （指著 **r**。）準備囉。（手指著箭頭的起點，快速移到第二個黑點。）"rrr"。

7. （指著 **t**。）準備囉。（手指著箭頭的起點，快速移到箭頭的末端。）"t"。

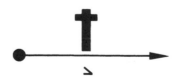

任務**3** 唸單字

1. 現在來唸這個單字，（指著 **is** 的起點。）唸出語音！"iiisss"。（學生唸"iiisss"時，老師手指著 **i** 和 **s** 的下方滑過，不要停頓。）

（糾正：如果學生指著 **s**，唸出"iiizzz"，必須糾正：）這個語音唸作 **sss**，請你再唸一次我手指著的音。（指著 **is**。）"iiisss"。（重複練習。）

2. 剛才你唸出了這個單字的語音，但這個單字是個很奇怪的怪字，唸作（暫停）**iz**。這個怪字怎麼唸？"iz"。

3. （回到起點。）再來練習一次。唸出語音！來。"iiisss"。這個怪字怎麼唸？"iz"。

任務**4** 唸單字

1. （指著 **it** 的起點。）唸出語音！"iiit"。（當學生唸"iiit"時，老師手指著 **i** 和 **t** 的下方滑過。重複練習直到穩固。）
　（回到起點。）快快唸！（手指快速滑到箭頭的末端。）"it"。這單字怎麼唸？"it"。

2. （指著 **sat** 的起點。）唸出語音！"sssaaat"。（當學生唸"sssaaat"時，老師手指著 **s**、**a** 和 **t** 的下方滑過。重複練習直到穩固。）
　（回到起點。）快快唸！（手指快速滑到箭頭的末端。）"sat"。這單字怎麼唸？"sat"。

3. （指著 **ēar** 的起點。）唸出語音！"ēēēr"。（當學生唸"ēēēr"時，老師手指著 **ē** 和 **r** 的下方滑過。重複練習直到穩固。）
　（回到起點。）快快唸！（手指快速滑到箭頭的末端。）"ear"。這單字怎麼唸？"ear"。

4. （指著 **mēēt** 的起點。）唸出語音！"mmmēēēt"。（當學生唸"mmmēēēt"時，老師手指著 **m**、**ē** 和 **t** 的下方滑過。重複練習直到穩固。）
　（回到起點。）快快唸！（手指快速滑到箭頭的末端。）"meet"。這單字怎麼唸？"meet"。

5. （指著 **sēēm** 的起點。）唸出語音！"sssēēēmmm"。（當學生唸"sssēēēmmm"時，老師手指著 **s**、**ē** 和 **m** 的下方滑過。重複練習直到穩固。）
　（回到起點。）快快唸！（手指快速滑到箭頭的末端。）"seem"。這單字怎麼唸？"seem"。

6. （指著 **rēad** 的起點。）唸出語音！"rrrēēēd"。
（當學生唸"rrrēēēd"時，老師手指著 **r**、**ē** 和 **d** 的下方滑過。重複練習直到穩固。）
（回到起點。）快快唸！（手指快速滑到箭頭的末端。）"read"。這單字怎麼唸？"read"。

任務 5　拼尾音

1. （指著 **r**、**s** 和 **m**。）現在來拼尾音，這些是你要用的起頭音。（指著 **r** 的起點。）準備來唸出語音。（手指快速移動到第二個黑點，停。）"rrr"。（指著 **s** 的起點。）準備來唸出語音。（手指快速移動到第二個黑點，停。）"sss"。（指著 **m** 的起點。）準備來唸出語音。（手指快速移動到第二個黑點，停。）"mmm"。

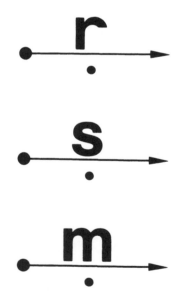

2. （指著 **r** 的起點。）現在拼尾音（暫停）**am**，你現在要拼什麼尾音？"am"。
拼尾音（暫停）**am**。（當學生唸時，手指快速滑到第二個黑點，暫停三秒，再快速滑到箭頭的末端。）"rrram"。

（回到起點。）快快唸！（手指快速滑到箭頭的末端。）"ram"。

3. （指著 **s** 的起點。）現在拼尾音（暫停）**am**，你現在要拼什麼尾音？"am"。
拼尾音（暫停）**am**。（當學生唸時，手指快速滑到第二個黑點，暫停三秒，再快速滑到箭頭的末端。）"sssam"。
（回到起點。）快快唸！（手指快速滑到箭頭的末端。）"sam"。

4. （指著 **m** 的起點。）現在拼尾音（暫停）**am**，你現在要拼什麼尾音？"am"。
拼尾音（暫停）**am**。（當學生唸時，手指快速滑到第二個黑點，暫停三秒，再快速滑到箭頭的末端。）"mmmam"。
（回到起點。）快快唸！（手指快速滑到箭頭的末端。）"mam"。

任務 6　學生指讀語音

1. 這次換你，指著第一個語音箭頭的起點。往下一個點移動時，慢慢唸。"ththth"。快快唸。"th"。

2. 指著下一個語音的起點。你要快快唸出語音，快快唸。"d"。

3. 指著下一個語音的起點，往下一個點移動時，慢慢唸。"mmm"。快快唸。"m"。

4. 指著下一個語音的起點，往下一個點移動時，慢慢唸。"rrr"。快快唸。"r"。

5. 指著下一個語音的起點，往下一個點移動時，慢慢唸。"iii"。快快唸。"i"。

6. 指著下一個語音的起點，你要快快唸出語音，快快唸。"t"。

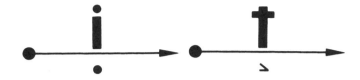

1. （指著故事。）現在來唸這個故事。手指著第一個字的起點。（學生指著 **rēad** 的起點。）唸出語音！（學生指著 **r**、**ē**、**d** 語音，依序唸出語音。）"rrrēēēd"。（重複直到穩固。）快快唸！"read"。這單字怎麼唸？"read"。很好，你剛剛唸了第一個字 **read**，**read** 就是「閱讀」的意思。

2. 現在手指著第二個字的起點。（學生指著 **it** 的起點。）唸出語音！（學生指著 **i**、**t** 語音，依序唸出語音。）"iiit"。快快唸！"it"。這單字怎麼唸？"it"。很好，你剛剛唸了第二個字 **it**，**it** 就是「它」的意思。

1. 我們再來練習唸這兩個生字。請你用手指著每個字唸出來。
   第一個字 **rēad**。（學生指著 **rēad** 的起點。）先唸出語音！"rrrēēēd"。很好，再來快快唸！"read"。

2. 第二個字 **it**。（學生指著 **it** 的起點。）先唸出語音！"iiit"。很好，再來快快唸！"it"。

1. 老師現在要快快唸故事中的這兩個字。注意看。

2. （指著 **rēad** 的起點，從 **rēad** 的下面快速滑過。）read。（暫停）
   （指著 **it** 的起點，從 **it** 的下面快速滑過。）it。（暫停）

3. 我再重複一次。（重複步驟 2。）

4. **read it** 國語就是「讀它」的意思。

1. 現在請你學我剛剛的唸法，唸唸看這個很短的故事。用手指著生字的起點。

2. （學生指著 **rēad** 的起點，從 **rēad** 的下面快速滑過。）"read"。（暫停）
   （學生指著 **it** 的起點，從 **it** 的下面快速滑過。）"it"。（暫停）

3. 唸得很好，這個故事就是 **read it**，國語就是「讀它」的意思。這個故事在說什麼？"read it"。對了，你看這個女孩在讀它（老師手指圖畫中的書本）。

4. 你看看這張圖，有人送給這個女孩一樣東西。這樣東西是什麼？

5. 你覺得這個女孩有辦法讀那麼大本的書嗎？

任務11　語音書寫

1. 這是你要寫的第一個語音。
   （在第一條線的開頭寫個 **d**，指著 **d**。）這是什麼語音？"d"。

2. 先照著我這樣寫 **d**，然後在這條線上多寫幾次。（多次仿寫 **d** 後，學生要能寫出三到五個 **d**。學生若有需要，給予協助。若學生寫對了就說：）你的 **d** 寫得真好！

3. 這是你要寫的下一個語音。
   （在第二條線的開頭寫個 **i**，指著 **i**。）這是什麼語音？"iii"。

4. 先照著我這樣寫 **iii**，然後在線上多寫幾次。（多次仿寫 **i** 後，學生要能寫出三到五個 **i**。學生若有需要，給予協助。若學生寫對了就說：）你的 **iii** 寫得真好！

LESSON 17

任務1　語音

1. 仔細看每一個語音，有的語音可以慢慢唸出，有的語音一定要快快唸。別弄錯囉！

2. （指著 **th**。）準備囉。（手指著箭頭的起點，快速移到第二個黑點，停。）"ththth"。

3. （指著 **s**。）準備囉。（手指著箭頭的起點，快速移到第二個黑點，停。）"sss"。

4. （指著 **r**。）準備囉。（手指著箭頭的起點，快速移到第二個黑點，停。）"rrr"。

5. （指著 **m**。）準備囉。（手指著箭頭的起點，快速移到第二個黑點，停。）"mmm"。

6. （指著 **t**。）準備囉。（手指著箭頭的起點，快速移到箭頭的末端。）"t"。

7. （指著 **i**。）準備囉。（手指著箭頭的起點，快速移到第二個黑點，停。）"iii"。

8. （指著 **d**。）準備囉。（手指著箭頭的起點，快速移到箭頭的末端。）"d"。

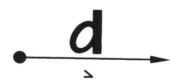

任務2　唸單字

1. 現在來唸這個單字。（指著 **is** 的起點。）唸出語音！"iiisss"。（學生唸"iiisss"時，老師手指著 **i** 和 **s** 的下方滑過，不要停頓。）

（糾正：如果學生指著 s，唸出"iiizzz"，必須糾正：）這個語音唸作 sss，請你再唸一次我手指著的音。（指著 is。）"iiisss"。（重複練習。）

2. 唸得很好。但這個單字是個很奇怪的怪字，唸作（暫停）iz。這個怪字怎麼唸？"iz"。

3. （回到起點。）再來練習一次唸出語音！來。"iiisss"。這個怪字怎麼唸？"iz"。（反覆練習直到穩固。）

任務3 唸單字

1. （指著 this 的起點。）唸出語音！（學生唸時，老師手指著 th、i 和 s 的下方滑過。）"thththiiisss"。（重複練習直到穩固。）（回到起點。）快快唸！（手指快速滑到箭頭的末端。）"this"。這單字怎麼唸？"this"。

2. （指著 that 的起點。）唸出語音！（學生唸時，老師手指著 th、a 和 t 的下方滑過，不要停頓。）"thththaaat"。（回到起點。）快快唸！（手指快速滑到箭頭的末端。）"that"。這單字怎麼唸？"that"。

3. （指著 ram 的起點。）唸出語音！（當學生唸時，老師手指著 r、a 和 m 的下方滑過。）"rrraaammm"。（回到起點。）快快唸！（手指快速滑到箭頭的末端。）"ram"。這單字怎麼唸？"ram"。

ram

4. （指著 ēar 的起點。）唸出語音！（當學生唸時，老師手指著 ē 和 r 的下方滑過。）"ēēērrr"。（回到起點。）快快唸！（手指快速滑到箭頭的末端。）"ear"。這單字怎麼唸？"ear"。

ēₐr

5. （指著 sēēm 的起點。）唸出語音！（學生唸時，老師手指著 s、ē 和 m 的下方滑過。）"sssēēēmmm"。（回到起點。）快快唸！（手指快速滑到箭頭的末端。）"seem"。這單字怎麼唸？"seem"。

sēēm

6. （指著 sit 的起點。）唸出語音！（學生唸時，老師手指著 s、i 和 t 的下方滑過，不要停頓。）"sssiit"。（回到起點。）快快唸！（手指快速滑到箭頭的末端。）"sit"。這單字怎麼唸？"sit"。

任務4 拼尾音

1. （指著 m、s 和 th。）現在來拼尾音，這些是你要用的起頭音。（指著 m 的起點。）準備來唸出語音。（手指快速移動到第二個黑點，停。）"mmm"。（指著 s 的起點。）準備來唸出語音。（手指快速移動到第二個黑點，停。）"sss"。（指著 th 的起點。）準備來唸出語音。（手指快速移動到第二個黑點，停。）"ththth"。

2. （指著 m 的起點。）現在拼尾音（暫停）at。你現在要拼什麼尾音？"at"。拼尾音（暫停）at。（當學生唸時，手指快速滑到第二個黑點，暫停三秒，再快速滑到箭頭的末端。）"mmmat"。

   （回到起點。）快快唸！（手指快速滑到箭頭的末端。）"mat"。

3. （指著 s 的起點。）現在拼尾音（暫停）at。你現在要拼什麼尾音？"at"。拼尾音（暫停）at。（當學生唸時，手指快速滑到第二個黑點，暫停三秒，再快速滑到箭頭的末端。）"sssat"。

4. （指著 th 的起點。）現在拼尾音（暫停）at。你現在要拼什麼尾音？"at"。拼尾音（暫停）at。（當學生唸時，手指快速滑到第二個黑點，暫停三秒，再快速滑到箭頭的末端。）"thththat"。

   （回到起點。）快快唸！（手指快速滑到箭頭的末端。）"that"。

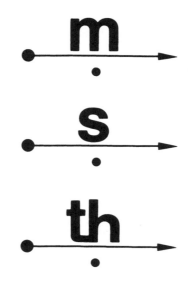

任務5 語音

1. 現在把右邊的語音用「快快唸」唸過一遍。
2. （指著 s 的起點。）快快唸！（手指快速滑到箭頭的末端。）"s"。
3. （依照步驟2重複練習每個語音。）

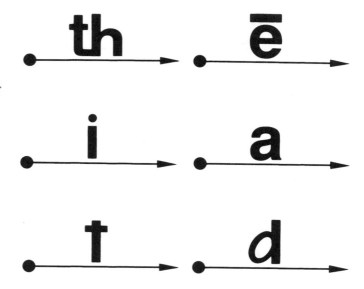

任務6 第一次朗讀

1. 現在來讀下面這個故事，這個故事會比之前讀過的故事難一點。故事裡的單字在這兩條線上，有箭頭和虛線把所有的單字串在一起。上面還有幾個方塊，方塊是用來分隔單字用的，所以你可以看出來這裡有四個單字。

2. 我現在把單字指出來，請你看我怎麼指。
（手指著第一條線的起點。）
（指著 **that**。）這是第一個字。
（指著 **rat**。）這是第二個字。
（手指順著虛線箭頭，從第一條線指到第二條線。）現在我的手指順著虛線指到第二條線的起點。
（指著 **is**。）這是第三個字。
（指著 **sad**。）這是第四個字。

3. 換你來指指看，手指著第一條線的起點，然後順著箭頭指出每個單字。你指得很好！現在你已經知道怎麼指了，我們再來試試唸出每個單字，請你一邊指一邊唸。

4. 請你指出第一個字，唸出這個字的語音。"thththaaat"。（學生指著 **th**、**a**、**t** 語音，依序唸出語音。）這單字怎麼唸？"that"。很好，你唸的第一個單字是 **that**，**that** 就是「那個」的意思。

5. 請你指出第二個字，唸出這個字的語音。"rrraaat"。（學生指著 **r**、**a**、**t** 語音，依序唸出語音。）這單字怎麼唸？"rat"。很好，你唸的第二個單字是 **rat**，**rat** 就是「老鼠」的意思。

6. 請你指出第三個字，唸出這個字的語音。"iiisss"。（學生指著 **i**、**s** 語音，依序唸出語音。）很好，這單字怎麼唸？"is"。很好，你唸的第三個單字是 **is**，**is** 就是「是」的意思。

7. 請你指出第四個字，唸出這個字的語音。"sssaaad"。（學生指著 **s**、**a**、**d** 語音，依序唸出語音。）很好，這單字怎麼唸？"sad"。很好，你唸的第四個單字是 **sad**，**sad** 就是「難過」或「傷心」的意思。

任務7 第二次朗讀

1. 我們再朗讀這個故事一次，接著就要來圖片理解囉。指著第一條線的黑點準備來唸這些單字。唸出第一個字的語音！"thththaaat"。這單字怎麼唸？"that"。很好，**that** 就是「那個」的意思。跟我說一次。"that 就是「那個」的意思"。

2. 唸出第二個字的語音！"rrraaat"。快快唸！"rat"。這單字怎麼唸？"rat"。**rat** 就是「老鼠」的意思。跟我說一次。"rat就是「老鼠」的意思"。

3. 跟著箭頭沿著虛線滑到下一行。

4. 唸出第三個字的語音！"iiisss"。快快唸！"is"。**is** 是什麼意思？"is 就是「是」的意思"。

5. 唸出第四個字的語音！"sssaaad"。快快唸！"sad"。這單字怎麼唸？"sad"。**sad** 就是「難過」或「傷心」的意思。跟我說一次。"sad 就是「難過」或「傷心」的意思"。

that ▪ rat
is ▪ sad.

（提示：青蛙 **frog**。）

5. 當你全身濕答答的時候，你會想當老鼠還是青蛙？

任務 8　老師快快唸

1. 老師現在要很快地唸故事中的這四個字。注意看。

2. （指著 **that** 的起點，從 **that** 的下面快速滑過。）that。（暫停）

　（指著 **rat** 的起點，從 **rat** 的下面快速滑過。）rat。（暫停）

　（指著 **is** 的起點，從 **is** 的下面快速滑過。）is。（暫停）

　（指著 **sad** 的起點，從 **sad** 的下面快速滑過。）sad。（暫停）

　That rat is sad. 國語的意思是，那隻、老鼠、是、傷心的。也就是說，那隻老鼠很傷心或很難過。

3. 現在請你學我，快快唸過這個故事。

　（學生指著 **that** 的起點，從 **that** 的下面快速滑過。）"that"。（暫停）

　（學生指著 **rat** 的起點，從 **rat** 的下面快速滑過。）"rat"。（暫停）

　（學生指著 **is** 的起點，從 **is** 的下面快速滑過。）"is"。（暫停）

　（學生指著 **sad** 的起點，從 **sad** 的下面快速滑過。）"sad"。（暫停）

　（重複練習直到穩固。）**That rat is sad.** 國語的意思是什麼？"那隻老鼠很傷心或很難過"。對了，那隻老鼠很傷心或很難過。反過來，那隻老鼠很傷心或很難過，英文怎麼說？"that rat is sad"。

任務 9　圖片理解

1. 你唸得很好，這個故事就是 **that rat is sad**，那隻老鼠很傷心或很難過。那隻老鼠很傷心或很難過，英文怎麼說？"that rat is sad"。

2. 看著圖片，告訴我為什麼老鼠會傷心？（提示：又濕又冷。）

3. 你覺得這隻老鼠會想要什麼？

4. 除了老鼠以外，這張圖裡還有什麼動物？

任務 10　語音書寫

1. 這是你要寫的第一個語音。
　（在第一條線的開頭寫個 **s**，指著 **s**。）這是什麼語音？"sss"。

2. 先照著我這樣寫 **sss**，然後在這條線上多寫幾次。（多次仿寫 **s** 後，學生要能寫出三到五個 **s**。學生若有需要，給予協助。若學生寫對了就說：）你的 **sss** 寫得真好！

3. 這是你要寫的下一個語音。（在第二條線的開頭寫個 **e**，指著 **e**。）這是什麼語音？"ēēē"。

4. 先照著我這樣寫 **ēēē**，然後在線上多寫幾次。（多次仿寫 **e** 後，學生要能寫出三到五個 **e**。學生若有需要，給予協助。若學生寫對了就說：）你的 **ēēē** 寫得真好！

LESSON 18

任務 1　語音

1. 仔細看每一個語音，如果可以，就慢慢唸，別弄錯囉。

2. （指著 **a**。）準備囉。（快速移到第二個黑點，停。）"aaa"。

3. （指著 **th**。）準備囉。（快速移到第二個黑點，停。）"thththth"。

4. （指著 **r**。）準備囉。（快速移到第二個黑點，停。）"rrr"。

5. （指著 **i**。）準備囉。（快速移到第二個黑點，停。）"iii"。

6. （指著 **t**。）準備囉。（快速移到箭頭的末端。）"t"。

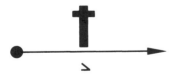

任務2 唸單字

1. （指右列的單字。）我們來唸這裡的單字。（指著 **mē** 的起點。）唸出語音！（老師手指著 **m** 和 **ē** 的下方滑過。）"mmmēēē"。（重複直到穩固。）這單字怎麼唸？（手指從起點快速滑到箭頭的末端。）"me"。對了，**me** 就是「我」的意思。

2. （指著 **thē** 的起點。）唸出語音！（老師手指著 **th** 和 **ē** 的下方滑過。）"thththēēē"。（重複直到穩固。）這單字怎麼唸？（手指快速從起點滑到箭頭的末端。）"thē"。對了，但這個單字也可以唸作 **thŭ**，跟我唸一次。"thŭ"。

3. （指著 **this** 的起點。）唸出語音！（老師手指著 **th**、**i** 和 **s** 的下方滑過。）"thththiiisss"。（重複直到穩固。）這單字怎麼唸？（手指從起點快速滑到箭頭的末端。）"this"。對了，**this** 就是「這個」的意思。**this** 是什麼意思？"「這個」的意思"。

4. （指著 **that** 的起點。）唸出語音！（老師手指著 **th**、**a** 和 **t** 的下方滑過。）"thththaaat"。（重複直到穩固。）這單字怎麼唸？（手指從起點快速滑到箭頭的末端。）"that"。對了，**that** 就是「那個」的意思。**that** 是什麼意思？"「那個」的意思"。

5. （指著**rat**的起點。）唸出語音！（老師手指著 **r**、**a** 和 **t** 的下方滑過。）"rrraaat"。（重複直到穩固。）這單字怎麼唸？（手指從起點快速滑到箭頭的末端。）"rat"。對了，**rat** 就是「老鼠」的意思？**rat** 是什麼意思？"「老鼠」的意思"。

6. （指著**sam**的起點。）唸出語音！（老師手指著 **s**、**a** 和 **m** 的下方滑過。）"sssaaammm"。（重複直到穩固。）這單字怎麼唸？（手指從起點快速滑到箭頭的末端。）"sam"。對了，**sam** 是一個常見的英文名字，就像我們的「小明」一樣。

任務 3　拼尾音

1. （指著 **m** 和 **th**。）現在來拼尾音，這些是你要用的起頭音。（指著 **m** 的起點。）準備來唸出語音。（手指快速移動到第二個黑點，停。）"mmm"。（指著 **th** 的起點。）準備來唸出語音。（手指快速移動到第二個黑點，停。）"ththth"。

2. （指著 **m** 的起點。）現在拼尾音（暫停）**iss**，你現在要拼什麼尾音？"iss"。拼尾音（暫停）**iss**。（當學生唸時，手指快速滑到第二個黑點，暫停三秒，再快速滑到箭頭的末端。）"mmmiss"。

　　（回到起點。）快快唸！（手指快速滑到箭頭的末端。）"miss"。

3. （指著 **th** 的起點。）現在拼尾音（暫停）**iss**，你現在要拼什麼尾音？"iss"。拼尾音（暫停）**iss**。（當學生唸時，手指快速滑到第二個黑點，暫停三秒，再快速滑到箭頭的

末端。）"thththiss"。

　　（回到起點。）快快唸！（手指快速滑到箭頭的末端。）"this"。

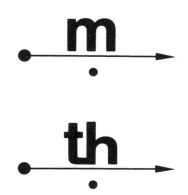

任務 4　語音

1. 仔細看每一個語音，如果可以，就慢慢唸，別弄錯囉。

2. （指著 **i**。）準備囉。（手指快速移到第二個黑點，停。）"iii"。

3. （指著 **th**。）準備囉。（手指快速移到第二個黑點，停。）"ththth"。

4. （指著 **d**。）準備囉。（手指快速移到箭頭的末端。）"d"。

5. （指著 **s**。）準備囉。（手指快速移到第二個黑點，停。）"sss"。

6. （指著 **r**。）準備囉。（手指快速移到第二個黑點，停。）"rrr"。

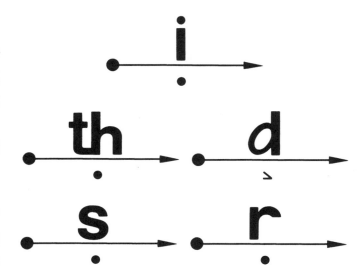

任務**5** 第一次朗讀

1. 現在來讀下面這個故事，這個故事會比前面的故事難一點。故事裡的單字在這兩條線上，有箭頭和虛線把所有的單字串在一起。上面還有幾個方塊，方塊是用來分隔單字用的，所以你可以看出來這裡有五個單字。我現在把單字指出來，請你看我怎麼指。

   （手指著第一條線的起點。）

   （指著 **sam**。）這是第一個字。

   （指著 **is**。）這是第二個字。

   （指著 **mad**。）這是第三個字。

   （手指順著虛線箭頭，從第一條線指到第二條線。）現在我的手指順著虛線指到第二條線的起點。

   （指著 **at**。）這是第四個字。

   （指著 **me**。）這是第五個字。

2. 換你來指指看，手指著第一條線的起點，然後順著箭頭指出每個單字。你指得很好！現在你已經知道怎麼指了，我們再來試試唸出每個單字，請你一邊指一邊唸。

3. 請指著第一個單字，唸出語音！"sssaaammm"。（學生指著 s、a、m 唸出語音。）這單字怎麼唸？"sam"。很好，你剛剛唸了第一個單字 **sam**，**sam** 是一個英文名字。

4. 請指著第二個單字，唸出語音！"iiisss"。（學生指著 i、s 唸出語音。）很好。但這個單字是個例外字，唸作（暫停）**iz**。這個單字怎麼唸？"iz"。很好，你剛剛唸了第二個單字 **is**，**is** 是「是」的意思。

5. 請指出第三個單字，唸出語音！"mmmaaad"。（學生指著 m、a、d 唸出語音。）這單字怎麼唸？"mad"。很好，你剛剛唸了第三個字 **mad**，**mad** 就是「生氣」的意思。

6. 請指著第四個字，唸出語音！"aaat"。（學生指著 **a**、**t** 唸出語音。）這單字怎麼唸？"at"。

7. 請指著第五個字，唸出語音！"mmmēēē"。（學生指著 m、ē 唸出語音。）這單字怎麼唸？"me"。很好，你剛剛唸了第五個字 **me**，**me** 就是「我」的意思。

任務**6** 第二次朗讀

1. 我們再唸一次這些單字，接著就要來圖片理解囉。指著第一條線的黑點準備唸這些單字。

2. 第一個字 sam。（學生指著 **sam** 的起點。）唸出語音！"sssaaammm"。很好，**sam** 是一個英文名字。**sam** 是什麼意思？"是一個英文名字"。

3. 第二個字 is。（學生指著 **is** 的起點。）唸出語音！"iiisss"。很好。但這個單字是個例外字，唸作（暫停）**iz**。這個單字怎麼唸？"iz"。**is** 就是「是」的意思。**is** 是什麼意思？"is 是「是」的意思"。

4. 第三個字 mad。（學生指著 **mad** 的起點。）唸出語音！"mmmaaad"。很好，這單字怎麼唸？"mad"。對了，**mad** 是「生氣」的意思。**mad** 是什麼意思？"mad 是「生氣」的意思"。

5. 第四個字 at。（學生指著 **at** 的起點。）唸出語音！"aaat"。這單字怎麼唸？"at"。

6. 第五個字 me。（學生指著 **mē** 的起點。）唸出語音！"mmmēēē"。很好，這單字怎麼唸？"me"。**me** 是什麼意思？"me 是「我」的意思"。

sam ▪ is ▪ mad
at ▪ mē.

任務7 圖片理解

1. 你唸得很好，這個故事就是 **Sam is mad at me.** 國語的意思是「Sam 在對我生氣」。這個故事國語怎麼說？"Sam 在對我生氣"。英文怎麼說？"Sam is mad at me"。

2. 看看下面這張圖，為什麼故事要說 Sam is mad at me？

3. 為什麼那隻貓會這麼生氣？

4. 你覺得那隻貓叫什麼名字？

5. 你覺得那個盤子裡裝的是什麼？我覺得是牛奶吧。

6. 如果你是 Sam，而且有人搶走你的牛奶，你會怎麼辦？

任務8 快快唸

1. 我們要快快唸這個故事裡的單字。（指著 **sam is mad at**。）我先來唸前面幾個單字。（指著 **mē**。）當我指到這個單字時，就輪到你快快唸出來。這個單字是（暫停）me。這個單字怎麼唸？"me"。要記得這個字，當我們唸到這裡時，就就快快地讀出（暫停）me 來。

2. （指著 **sam**，暫停兩秒。）**sam**。（指著 **is**，暫停兩秒。）**is**。（指著 **mad**，暫停兩秒。）**mad**。（指著 **at**，暫停兩秒。）**at**。（指著 **mē**。）換你，快快唸。"me"。

3. （重複步驟 2 直到穩固。）

任務9 找單字

1. 我現在要看你是不是可以在故事裡找到正確的單字。請找出 **aaat**（暫停），指出 **at**。（學生指出 **at**。）很好，答對了！

> （糾正：如果學生指出錯誤的單字時，必須糾正：）唸出你指的單字……這單字怎麼唸？……但我剛剛要你指的是 **at**（或 **me**）。（若指錯字，即重複步驟。）

2. 再來請找出 **mmmēēē**（暫停），指出 **me**。（學生指出 **me**。）很好，答對了！

3. （重複步驟 1 和 2 直到穩固。）

任務10 語音書寫

1. 這是你要寫的第一個語音。（在第一條線的開頭寫個 **m**，指著 **m**。）這是什麼語音？"mmm"。

2. 先照著我這樣寫 **mmm**，然後在這條線上多寫幾次。（多次仿寫 **m** 後，學生要能寫出三到五個 **m**。學生若有需要，給予協助。若學生寫對了就說：）你的 **mmm** 寫得真好！

3. 這是你要寫的下一個語音。（在第二條線的開頭寫個 **a**，指著 **a**。）這是什麼語音？"aaa"。

4. 先照著我這樣寫 **aaa**，然後在線上多寫幾次。（多次仿寫 **a** 後，學生要能寫出三到五個 **a**。學生若有需要，給予協助。若學生寫對了就說：）你的 **aaa** 寫得真好！

LESSON 19

任務1 語音介紹

1. （指著 c。）這個語音一定要快快唸。我先來快快唸。（手指快速滑到箭頭的末端。）c。

2. 我再快快唸一次。（指著 c 的起點。）快快唸。（手指快速滑到箭頭的末端。）c。

3. （指著 c 的起點。）換你（暫停），快快唸。（手指快速滑到箭頭的末端。）"c"。

（糾正：如果學生唸成 "cuh"、"cah"或"cih" 時，必須糾正：）注意聽：c，要快快唸。（重複步驟 1-3。）

任務2 語音

1. 現在仔細看每一個語音，如果可以，就慢慢唸，別弄錯囉。

2. （指著 r。）準備囉。（手指著箭頭的起點，快速移到第二個黑點。）"rrr"。

3. （指著 th。）準備囉。（手指著箭頭的起點，快速移到第二個黑點。）"ththth"。

4. （指著 t。）準備囉。（手指著箭頭的起點，快速移到箭頭的末端。）"t"。

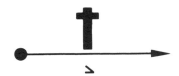

5. （指著 m。）準備囉。（手指著箭頭的起點，快速移到第二個黑點。）"mmm"。

6. （指著 d。）準備囉。（手指著箭頭的起點，快速移到箭頭的末端。）"d"。

7. （指著 c。）準備囉。（手指著箭頭的起點，快速移到箭頭的末端。）"c"。

任務3 唸單字

1. 現在來唸這個單字。（指著 is 的起點。）唸出語音！（學生唸"iiisss"時，老師手指著 i 和 s 的下方滑過。）"iiisss"。再一次。（回到起點。）唸出語音！（學生唸時，老師手指著 i 和 s 的下方滑過。）"iiisss"。

2. 唸得很好。但這個怪字怎麼唸？"iz"。（反覆練習直到穩固。）對了，iz。

3. 再來一次。（回到起點。）唸出語音！"iiisss"。這個怪字怎麼唸？"iz"。（反覆練習直到穩固。）對了，iz。

任務 **4** 唸單字

1. （指著 **at** 的起點。）唸出語音！（學生唸時，老師手指著 **a** 和 **t** 的下方滑過。）"aaat"。（重複練習直到穩固。）
（回到起點，手指快速滑到箭頭末端。）這單字怎麼唸？"at"。

2. （指著 **that** 的起點。）唸出語音！（學生唸時，老師手指著 **th**、**a** 和 **t** 的下方滑過。）"thththaaat"。（重複練習直到穩固。）
（回到起點，手指快速滑到箭頭末端。）這單字怎麼唸？"that"。

3. （指著 **ēar** 的起點。）唸出語音！（學生唸時，老師手指著 **ē** 和 **r** 的下方滑過。）"ēēērrr"。（重複練習直到穩固。）
（回到起點，手指快速滑到箭頭末端。）這單字怎麼唸？"ear"。

4. （指著 **thē** 的起點。）唸出語音！（學生唸時，老師手指著 **th** 和 **ē** 的下方滑過。）"thththēēē"。（重複練習直到穩固。）
（回到起點，手指快速滑到箭頭末端。）這單字怎麼唸？"the"。對了，這個單字也可以唸作 **thǔ**，跟我唸一次。"thǔ"。

5. （指著 **mitt** 的起點。）唸出語音！（學生唸時，老師手指著 **m**、**i** 和 **tt** 的下方滑過。）"mmmiiit"。（重複練習直到穩固。）
（回到起點，手指快速滑到箭頭的末端。）這單字怎麼唸？"mitt"。

6. （指著 **rid** 的起點。）唸出語音！（學生唸時，老師手指著 **r**、**i** 和 **d** 的下方滑過。）"rrriiid"。（重複練習直到穩固。）
（回到起點，手指快速滑到箭頭的末端。）這單字怎麼唸？"rid"。

任務 **5** 拼尾音

1. （指著 **th**、**m** 和 **s**。）現在來練習拼尾音，這些是你要用的起頭音。（指著 **th** 的起點。）準備來唸出語音。（手指快速移動到第二個黑點，停。）"thththth"。（指著 **m** 的起點。）準備來唸出語音。（手指快速移動到第二個黑點，停。）"mmm"。（指著 **s** 的起點。）準備來唸出語音。（手指快速移動到第二個黑點，停。）"sss"。

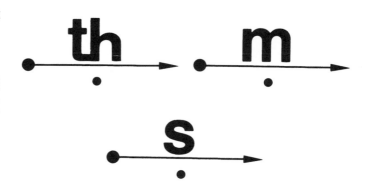

2. （指著 **th** 的起點。）現在拼尾音（暫停）
at，你現在要拼什麼尾音？"at"。拼尾音（暫停）**at**。（當學生唸時，手指快速滑到第二個黑點，暫停三秒，再快速滑到箭頭的末端。）"thththat"。

（回到起點。）快快唸！（手指快速滑到箭頭的末端。）"that"。

3. （指著 **m** 的起點。）現在拼尾音（暫停）
at，你現在要拼什麼尾音？"at"。拼尾音（暫停）**at**。（當學生唸時，手指快速滑到第二個黑點，暫停三秒，再快速滑到箭頭的末

端。）"mmmat"。

（回到起點。）快快唸！（手指快速滑到箭頭的末端。）"mat"。

4. （指著**s**的起點。）現在拼尾音（暫停）**at**，你現在要拼什麼尾音？"at"。拼尾音（暫停）**at**。（當學生唸時，手指快速滑到第二個黑點，暫停三秒，再快速滑到箭頭的末端。）"sssat"。

（回到起點。）快快唸！（手指快速滑到箭頭的末端。）"sat"。

任務6 **語音**

1. 現在仔細看每一個語音，如果可以，就慢慢唸，別弄錯囉。

2. （指著 **i**。）準備囉。（快速移到第二個黑點。）"iii"。

3. （指著 **c**。）準備囉。（快速移到箭頭的末端。）"c"。

4. （指著 **s**。）準備囉。（快速移到第二個黑點。）"sss"。

5. （指著 **t**。）準備囉。（快速移到箭頭的末端。）"t"。

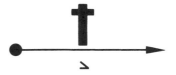

6. （指著 **a**。）準備囉。（快速移到第二個黑點。）"aaa"。

7. （指著 **th**。）準備囉。（快速移到第二個黑點。）"thththth"。

任務 7　第一次朗讀

1. 現在我們要唸這個故事，指出第一個黑點，唸出第一個字的語音。（學生一邊指一邊唸出語音：）"sssēēē"。這個單字怎麼唸？"see"。很好，你剛剛唸了第一個字 see，see 就是「看見」的意思。

2. 唸出第二個字的語音。（學生一邊指一邊唸出語音：）"thththēēē"。很好，再一次，來。"thththēēē"。這個單字怎麼唸？"the"。

3. 唸出第三個字的語音。（學生一邊指一邊唸出語音：）"rrraaammm"。這個單字怎麼唸？"ram"。很好，你剛剛唸了第三個字 ram，ram 就是「公山羊」的意思。

4. 唸出第四個字的語音。（學生一邊指一邊唸出語音：）"sssiiit"。這個單字怎麼唸？"sit"。很好，你剛剛唸了第四個字 sit，sit 就是「坐著」的意思。

任務 8　第二次朗讀

1. 我們再唸一次故事裡的單字，接著就要來圖片理解囉。指著第一條線的黑點準備唸這些字。唸出第一個字的語音。"sssēēē"。這個字怎麼唸？"see"。see 就是「看見」的意思。see 是什麼意思？"see 就是「看見」的意思"。

2. 唸出第二個字的語音。"thththēēē"。這個字怎麼唸？"the"。對了，the 是一個定冠詞，我們以後再說什麼是定冠詞。但在本課，the 有「這個」的意思。

3. 手指跟著箭頭走到下一行。

4. 唸出第三個字的語音。"rrraaammm"。這個字怎麼唸？"ram"。ram 就是「公山羊」的意思。ram 是什麼意思？"ram 就是「公山羊」的意思"。

5. 唸出第四個字的語音。"sssiiit"。這個字怎麼唸？"sit"。sit 就是「坐著」的意思。sit 是什麼意思？"sit 就是「坐著」的意思"。

sēē ▪ thē

ram ▪ sit

任務**9** 圖片理解

1. 你唸得很好，這個故事就是 **see the ram sit**，跟我說一次。"see the ram sit"。國語的意思是「看這隻公山羊坐著」，國語的意思是什麼？"看這隻公山羊坐著"。

2. 你看看右邊這張圖，這隻動物就是 **ram**，公山羊。

3. 這隻 **ram** 在做什麼？沒錯，他坐著。

4. 為什麼 **ram** 不坐在太陽下呢？

5. 從這張圖看來，天氣怎麼樣？為什麼你知道天氣很熱？是的，因為上面畫了太陽，看起來會很熱。

任務**10** 快快唸

1. 我們現在要快快唸故事裡的單字。（指著 **sēē thē ram**。）我先來唸前面幾個單字。（指著 **sit**。）當我指到這個單字時，就輪到你快快唸出來，這個字是（暫停）**sit**。這單字怎麼唸？"sit"。要記得這個字。當我們唸到這裡時，就要快快地讀出（暫停）**sit** 來。

2. （指著 **sēē**，停兩秒。）**see**。（指著 **thē**，停兩秒。）**the**。（指著 **ram**，停兩秒。）**ram**。（指著 **sit**。）換你，快快唸！"sit"。

3. （重複步驟 2 直到穩固。）

任務**11** 找單字

1. 我現在要看你是不是可以在故事裡找到正確的單字。請找出（暫停）**sit**。注意聽：**sssiiit**。指出 **sit**。（學生指出 **sit**。）很好，答對了！

2. 現在請找出（暫停）**the**。注意聽：**thththēēē**。指出 **the**。（學生指出 **the**。）很好，答對了！

3. （重複步驟 1 和 2 直到穩固。）

（糾正：如果學生指出錯誤的單字時，必須糾正：）唸出你指的單字……這單字怎麼唸？……但我剛剛要你指的是 **sit**（或 **thē**）。（若指錯字，即重複步驟。）

任務**12** 語音書寫

1. 這是你要寫的第一個語音。
   （在第一條線的開頭寫個 **d**，指著 **d**。）這是什麼語音？"d"。

2. 先照著我這樣寫 **d**，然後在這條線上多寫幾次。（多次仿寫 **d** 後，學生要能寫出三到五

個 **d**。學生若有需要，給予協助。若學生寫對了就說：）你的 **d** 寫得真好！

3. 這是你要寫的下一個語音。（在第二條線的開頭寫個 **r**，指著 **r**。）這是什麼語音？"rrr"。

4. 先照著我這樣寫 **rrr**，然後在線上多寫幾次。（多次仿寫 **r** 後，學生要能寫出三到五個 **r**。學生若有需要，給予協助。若學生寫對了就說：）你的 **rrr** 寫得真好！

LESSON 20

任務1 語音

1. 仔細看每一個語音，如果可以，就慢慢唸，別弄錯囉。

2. （指著 ē 的起點。）準備囉。（快速移到第二個黑點。）"ēēē"。

3. （指著 c 的起點。）準備囉。（快速移到箭頭的末端。）"c"。

4. （指著 a 的起點。）準備囉。（快速移到第二個黑點。）"aaa"。

5. （指著 r 的起點。）準備囉。（快速移到第二個黑點。）"rrr"。

6. （指著 i 的起點。）準備囉。（快速移到第二個黑點。）"iii"。

7. （指著 d 的起點。）準備囉。（快速移到箭頭的末端。）"d"。

任務2 唸單字

1. 你現在要唸出這些單字。
   （指著 at 的起點。）唸出語音！（學生唸時，老師手指著 a 和 t 的下方滑過。）"aaat"。（重複直到穩固。）（回到起點。）快快唸！（手指快速滑到箭頭的末端。）"at"。這單字怎麼唸？"at"。

2. （指著 mad 的起點。）唸出語音！（學生唸時，老師手指著 m、a 和 d 的下方滑過。）"mmmaaad"。（重複直到穩固。）（回到起點。）快快唸！（手指快速滑到箭頭的末端。）"mad"。這單字怎麼唸？"mad"。

3. （指著 **sat** 的起點。）唸出語音！（學生唸時，老師手指著 **s**、**a** 和 **t** 的下方滑過。）"sssaaat"。（重複直到穩固。）（回到起點。）快快唸！（手指快速滑到箭頭的末端。）"sat"。這單字怎麼唸？"sat"。

4. （指著**sack**的起點。）要記住小字母不發音喔。唸出語音！（學生唸時，老師手指著**s**、**a** 和 **c** 的下方滑過。）"sssaaak"。（重複直到穩固。）（回到起點。）快快唸！（手指快速滑到箭頭的末端。）"sack"。這單字怎麼唸？"sack"。

5. （指著 **rat** 的起點。）唸出語音！（學生唸時，老師手指著 **r**、**a** 和 **t** 的下方滑過。）"rrraaat"。（重複直到穩固。）（回到起點。）快快唸！（手指快速滑到箭頭的末端。）"rat"。這單字怎麼唸？"rat"。

6. （指著 **this** 的起點。）唸出語音！（學生唸時，老師手指著 **th**、**i** 和 **s** 的下方滑過。）"thththiiisss"。（重複直到穩固。）（回到起點。）快快唸！（手指快速滑到箭頭的末端。）"this"。這單字怎麼唸？"this"。

任務3　唸單字

1. （指著**a**和**t**的黑點。）你要先唸這裡的音。（指著**a**的黑點。）唸出語音！"aaat"。（學生唸時，老師手指著 **a** 和 **t** 的下方滑過。）（回到 **a** 的黑點。）很好，快快唸。（手指快速滑到箭頭的末端。）"at"。

2. （指著 **cat** 的起點。）這個單字拼的尾音是（暫停）**at**，這個單字拼什麼尾音？"at"。現在拼尾音（暫停）**at**。（手指快速滑到箭頭的末端。）"cat"。這單字怎麼唸？"cat"。

（糾正：）換我。（指著第一個黑點。）這個單字拼的尾音是（暫停）**at**。（手指快速滑到箭頭的末端。）cat。換你。（指著第一個黑點。）這個單字拼的尾音是（暫停）**at**。（手指快速滑到箭頭的末端。）"cat"。（重複步驟1 和 2 直到穩固。）

3. 現在我要唸出語音（暫停）**cat**，（指著 **c** 下面的箭頭。）這個箭頭告訴我們，**c** 要快快唸出來，而且不能停。（指著 **cat** 的起點。）

4. 換我唸出語音（暫停）**cat**。（手指滑過 **c**，在 **a**、**t** 上停頓。）caaat。

5. （回到起點。）換你慢慢唸（暫停）**cat**，準備囉。（手指彈跳過 **c**，在 **a**、**t** 上停頓。唸出：）"caaat"。（學生不能在 **c** 和 **aaa** 之間停頓，重複步驟 4 和 5 直到穩固。）這單字怎麼唸？"cat"。你唸得很好。

任務 4 拼尾音

1. （指著 **m**、**th** 和 **c**。）現在來練習拼尾音，這些是你要用的起頭音。

   （指著 **m** 的起點。）唸出語音！（手指快速移動到第二個黑點。）"mmm"。

   （指著 **th** 的起點。）唸出語音！（手指快速移動到第二個黑點。）"ththth"。

   （指著 **c** 的起點。）唸出語音！（手指快速移動到箭頭的末端。）"c"。

2. （指著 **m** 的起點。）現在拼尾音（暫停）**at**，你現在要拼什麼尾音？"at"。拼尾音（暫停）**at**。（手指快速滑到第二個黑點，暫停，再快速滑到箭頭的末端。）"mmmat"。

   （回到起點。）快快唸！（手指快速滑到箭頭的末端。）"mat"。

3. （指著 **th** 的起點。）現在拼尾音（暫停）**at**，你現在要拼什麼尾音？"at"。拼尾音（暫停）**at**。（手指快速滑到第二個黑點，暫停，再快速滑到箭頭的末端。）"ththat"。

   （回到起點。）快快唸！（手指快速滑到箭頭的末端。）"that"。

4. （指著 **m** 的起點。）換我來拼尾音（暫停）**at**，接著快快唸。（手指快速滑到箭頭的末端。）**mat**。

   （指著 **th** 的起點，唸的時候手指快速滑到箭頭的末端。）**that**。

   （指著 **c** 的起點，唸的時候手指快速滑到箭頭的末端。）**cat**。

5. （指著 **m** 的起點。）換你來拼尾音（暫停）**at**，接著快快唸！（手指快速滑到箭頭的末端。）"mat"。

6. （指著 **th** 的起點。）快快唸！（手指快速滑到箭頭的末端。）"that"。

7. （指著 **c** 的起點。）快快唸！（手指快速滑到箭頭的末端。）"cat"。

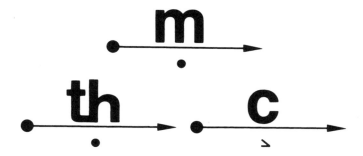

任務 5 語音

1. 現在請你把右邊的語音快快唸過一遍。
2. （指著 **c**。）快快唸！（手指快速滑到箭頭的末端。）"c"。
3. （依照步驟 2 重複練習每一個語音。）

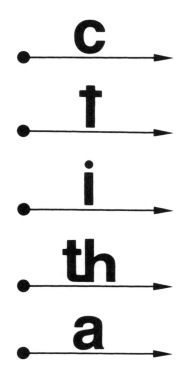

任務6 第一次朗讀

1. 現在我們要唸這個故事，手指指在上面這條線的第一個黑點上，唸出第一個單字的語音。（學生指著單字並唸出：）"ththth͞e͞e"。這單字怎麼唸？"the"。

2. 慢慢唸下一個單字，來。（學生指著單字並唸出：）"rrraaammm"。這單字怎麼唸？"ram"。

3. （依照步驟 2 重複練習故事中的每一個單字。）

任務7 第二次朗讀

1. 我們再練習唸一次這些字，接著就要來圖片理解囉。指著第一條線的黑點準備唸這些字。

2. 第一個字 the。（學生指著 th͞e 的起點。）唸出語音！"ththth͞e͞e"。快快唸！"the"。the 是一個定冠詞，我們以後再說什麼是定冠詞。但在本課，the 有「這個」的意思。

3. 第二個字 ram。（學生指著 ram 的起點。）唸出語音！"rrraaammm"。快快唸！"ram"。ram 是什麼意思？"ram 是「公山羊」的意思"。

4. 第三個字 is。（學生指著 is 的起點。）先唸出語音！"iiisss"。很好。但這個單字是個例外字，唸作"iz"。iz 是什麼意思？"iz 是「是」的意思"。

5. 第四個字 sad。（學生指著 sad 的起點。）先唸出語音！"sssaaad"。很好，再來快快唸！"sad"。sad 是什麼意思？"sad 是「難過或傷心」的意思"。

任務8 圖片理解

1. 你唸得很好，這個故事就是 the ram is sad。國語的意思就是「這隻公羊很傷心（或很難過）」。用國語說說看這個故事在說什麼？"這隻公羊很傷心（或很難過）"。

2. ram 是什麼？

3. 在下面這張圖片裡，你看到公山羊寶寶的表情是 sad 嗎？

4. 為什麼你覺得公山羊寶寶看起來很難過？對了，我覺得公山羊寶寶走失了，現在正在尋找其他的 ram。

5. 你覺得其他 ram 要怎麼找到這隻公山羊寶寶？對了，他們可能會聽到公山羊寶寶的鈴鐺聲。

the ∙ ram

is ∙ sad.

任務 9　快快唸

1. 我們現在要快快唸故事裡的這四個單字。
（指著 **thē ram is**。）我要先唸這幾個字。
（指著 **sad**。）當我指到這個字，要換你快
快唸這個字，這個字是（暫停）**sad**。這單字
怎麼唸？"**sad**"。很好，記住這個字。

2. （指著 **thē**，停兩秒。）**the**。
（指著 **ram**，停兩秒。）**ram**。
（指著 **is**，停兩秒。）**is**。
（指著 **sad**。）換你，快快唸！"**sad**"。

3. （重複步驟 2 直到穩固。）

任務 10　找單字

1. 我現在看你是不是可以在故事裡找到正確的
單字。

2. 第一個字，**rrraaammm**（暫停），**ram**。

（學生指出 **ram**。）很好，答對了！
第二個字，**iiisss**（暫停），**is**。（學生指出
is。）很好，答對了！

3. （重複步驟 2 直到穩固。）

任務 11　語音書寫

1. （在第一條線的開頭寫個 **c**，指著 **c**。）這是
什麼語音？"**c**"。

2. 先照著我這樣寫 **c**，然後在這條線上多寫幾
次。（多次仿寫 **c** 後，學生要能寫出三到五
個 **c**。學生若有需要，給予協助。若學生寫對
了就說：）你的 **c** 寫得真好！

3. 這是你要寫的下一個語音。（在第二條線的開
頭寫個 **d**，指著 **d**。）這是什麼語音？"**d**"。

4. 先照著我這樣寫 **d**，然後在線上多寫幾次。
（多次仿寫 **d** 後，學生要能寫出三到五個 **d**。
學生若有需要，給予協助。若學生寫對了就
說：）你的 **d** 寫得真好！

LESSON 21

任務 1　語音介紹

1. （指著 **o**。）這是一個新的語音，我要指著這
個語音，唸出這個語音來。（指著第一個黑
點，快速地移到第二個黑點，停。）**ŏŏŏ**。

2. 這次換你唸，我來指。（手指著箭頭的起
點。）準備囉！（手指著箭頭起點，快速移
到第二個黑點，停。）"**ŏŏŏ**"。

（糾正：如果學生唸錯了，或沒有反應，必須
糾正：）這個語音是 **ŏŏŏ**。（重複步驟 2。）

3. （指著起點。）再一次，準備囉。（手指著
箭頭起點，快速地移到第二個黑點，
停。）"**ŏŏŏ**"。

任務 2　語音

1. 下面這些語音，有的可以慢慢唸出語音，有
的必須快快唸。仔細看，別弄錯囉！

2. （指著 **ē**。）準備囉！（手指著箭頭的起點，
快速移到第二個黑點。）"**ēēē**"。

3. （依照步驟 2 練習語音 **d**、**i**、**th** 和 **c**。箭頭
下沒有黑點時，記住手指要快速滑到箭頭末
端。）

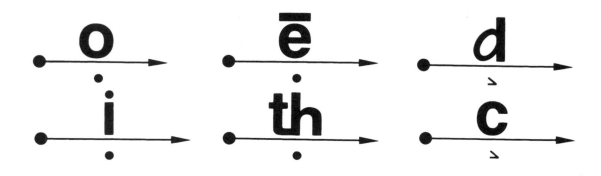

任務 3　唸單字

1. 現在要唸這裡的單字。（指著 **sick** 的起點。）唸出語音！（老師手指著單字下的黑點滑過。）"sssiiik"。（重複直到穩固。）這單字怎麼唸？"sick"。很好，**sick** 就是「生病」的意思。

2. （指著 **rack** 的起點。）唸出語音！（老師手指著單字下的黑點滑過。）"rrraaak"。（重複直到穩固。）這單字怎麼唸？"rack"。很好，**rack** 就是「架子」的意思。

3. （指著 **this** 的起點。）唸出語音！（老師手指著單字下的黑點滑過。）"thththiiisss"。（重複直到穩固。）這單字怎麼唸？"this"。很好，**this** 就是「這個」的意思。

4. （指著 **am** 的起點。）唸出語音！（老師手指著單字下的黑點滑過。）"aaammm"。（重複直到穩固。）這單字怎麼唸？"am"。很好，**am** 就是「是」的意思。

5. （指著 **mad** 的起點。）唸出語音！（老師手指著單字下的黑點滑過。）"mmmaaad"。（重複直到穩固。）這單字怎麼唸？"mad"。很好，**mad** 就是「生氣」的意思。

6. （指著 **mēēt** 的起點。）唸出語音！（老師手指著單字下的黑點滑過。）"mmmēēēt"。（重複直到穩固。）這單字怎麼唸？"meet"。很好，**meet** 就是「見面或開會」的意思。

7. （指著 **c** 下面的箭頭。）這個箭頭告訴我們，**c** 這單字怎麼唸？不可以停頓在這裡，要和我停下來的語音一起唸。（指著 **cat** 的起點。）唸出語音，準備囉！（老師手指從 **c** 滑過，在 **a** 停兩秒，通過 **t** 滑到箭頭末端。）"caaat"。（重複直到穩固。）這單字怎麼唸？"cat"。很好，**cat** 就是「貓」的意思。

8. （指著 **that** 的起點。）唸出語音！（老師手指著單字下的黑點滑過。）"thththaaat"。（重複直到穩固。）這單字怎麼唸？"that"。很好，**that** 就是「那個」的意思。

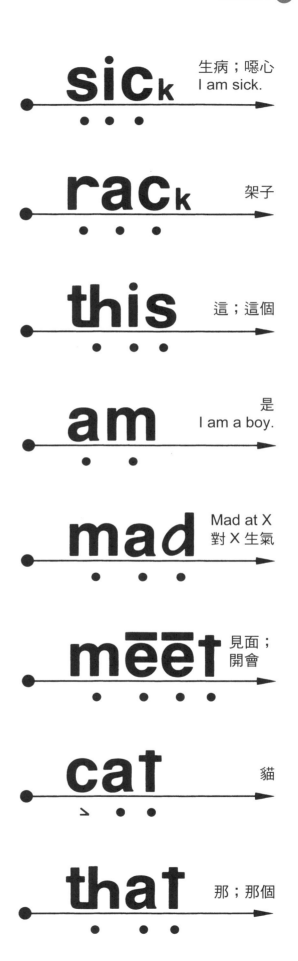

sicₖ 生病；噁心　I am sick.

racₖ 架子

this 這；這個

am 是　I am a boy.

mad Mad at X　對 X 生氣

mēēt 見面；開會

cat 貓

that 那；那個

任務 4　拼尾音

1. （指著 **r**、**s** 和 **d**。）現在來拼尾音，這些是你要用的起頭音。（指著**r**的起點。）唸出語音！（手指快速移動到第二個黑點。）"rrr"。（指著 **s** 的起點。）唸出語音！（手指快速移動到第二個黑點。）"sss"。（指著 **d** 的起點。）唸出語音！（手指快速移動到箭頭末端。）"d"。

2. （指著**r**的起點。）現在拼尾音（暫停）**un**。你現在要拼什麼尾音？"un"。拼尾音（暫停）**un**。（學生唸時，手指快速滑到第二個黑點，暫停三秒，再快速滑到箭頭的末端。）"rrrun"。

   （回到起點。）快快唸。（手指快速滑到箭頭的末端）"run"。

3. （指著 **s** 的起點。）現在拼尾音（暫停）**un**。你現在要拼什麼尾音？"un"。拼尾音（暫停）**un**。（學生唸時，手指快速滑到第二個黑點，暫停三秒，再快速滑到箭頭的末端。）"sssun"。

   （回到起點。）快快唸。（手指快速滑到箭頭的末端。）"sun"。

4. （指著**r**的起點。）換我拼尾音（暫停）**un**，並快快唸。（老師唸時手指快速滑到箭頭的末端。）**run**。

   （指著 **s** 的起點，老師唸時手指快速滑到箭頭的末端。）**sun**。

   （指著 **d** 的起點，老師唸時手指快速滑到箭頭的末端。）**dun**。

5. （指著**r**的起點。）換你拼尾音（暫停）**un**，並快快唸。（學生唸時手指快速滑到箭頭的末端。）"run"。

   （指著 **s** 的起點，學生唸時手指快速滑到箭頭的末端。）"sun"。

   （指著 **d** 的起點，學生唸時手指快速滑到箭頭的末端。）"dun"。

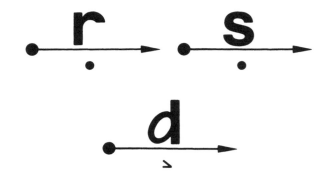

任務 5　語音

1. 右邊這些語音，有的可以慢慢唸出語音，有的必須快快唸。仔細看，別弄錯囉！

2. （指著 **c**。）你來唸這個語音。準備囉！（手指著箭頭的起點，快速移到箭頭的末端。）"c"。

3. （依照步驟 2 重複練習語音 **o**、**th**、**r**、**t** 和 **i**。箭頭下沒有黑點時，記住手指要快速滑到箭頭末端。）

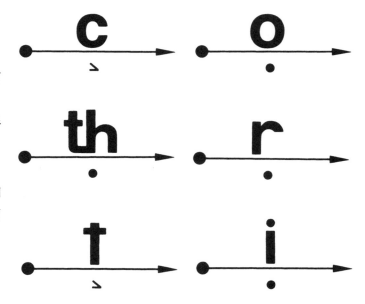

任務6 朗讀

1. 現在來讀這個故事，手指放在最上一行的起點，唸出第一個單字的語音。（學生指著 **this** 的黑點唸：）"thththiiisss"。這個字怎麼唸？"this"。

2. 唸出下一個字的語音。（學生指著 **cat** 的黑點唸：）"caaat"。這個字怎麼唸？"cat"。

3. （重複步驟2唸出這個故事其餘的字。**注意：本教材的"is"，一律唸成北美英文"iz"。**）

任務7 翻譯

1. 現在你來唸英文，我來翻譯成國語。（學生手指第一個單字開始唸。）

學生唸	老師翻譯（可加國語逐字說明）
"This cat is sick."	這隻貓生病了。
"This cat is sad."	這隻貓（心情）難過。

2. 現在換我來唸英文，你來翻譯成國語。

老師唸	學生翻譯
This cat is sick.	"這隻貓生病了。"
This cat is sad.	"這隻貓（心情）難過。"

3. 現在換我來唸國語，你來翻譯成英文。（學生手指第一個單字開始唸。）

老師唸	學生翻譯
這隻貓生病了。	"This cat is sick."
這隻貓（心情）難過。	"This cat is sad.."

this ▪ cat ▪ is

sic_k. ▪ this

cat ▪ is ▪ sad.

流暢性目標：7 秒

任務 **8** 圖片理解

1. 現在請你再唸一次這篇故事。"this cat is sick. this cat is sad." 你唸得很好。

2. 圖中的這隻 cat 看起來在做什麼？

3. cat 吃得太多、太撐了，然後他覺得很不舒服，生病了，所以 **this cat is sick.**

4. 因為生病、不舒服，這隻 cat 心情怎麼樣？所以 **this cat is sad.**

5. 你是否曾經吃太多而感到不舒服？

任務 **9** 快快唸

1. 老師現在要快快唸這幾個字。我來示範給你看。

   （指著 **is**。）這個單字是（暫停）is。

   （指著 **sad**。）這個單字是（暫停）sad。

2. （指著 **is**。）我指著這個單字時，你要怎麼唸？"is"。

   （指著 **sad**。）我指著這個單字時，你要怎麼唸？"sad"。（重複直到穩固。）

3. 換我。（指著 **this**，暫停兩秒。）this。（指著 **cat**，暫停兩秒。）cat。

4. 換你。（學生唸時，指著單字下的黑點：）"is ... sad"。

5. （重複練習直到穩固。）

任務 **10** 找單字

1. 我現在要看你是不是可以在故事裡找到正確的單字。請你仔細聽我唸，然後指出正確的單字。我會先唸出語音！再快快唸。

2. 第一個字，sssiiik（暫停），sick。（學生指出 **sick**。）很好，答對了！

   第二個字，sssaaad（暫停），sad。（學生指出 **sad**。）很好，答對了！

3. （重複步驟 2 至學生可以正確跟上。）

任務 **11** 語音書寫

1. 這是你要寫的第一個語音。（在第一條線的開頭寫個 **i**，指著 **i**。）這是什麼語音？"iii"。

2. 先照著我這樣寫 iii，然後在線上多寫幾次。（多次仿寫 **i** 後，學生能寫出三到五個 i。學生若有需要，給予協助。若學生寫對了就說：）你的 **iii** 寫得真好！

3. 這是下一個你要練習寫的語音。（在第二條線的開頭寫個 **t**，指著 **t**。）這是什麼語音？"t"。

4. 先照著我寫的 **t** 描一次，然後在線上多寫幾次。（多次仿寫 **t** 後，學生能寫出三到五個 **t**。學生若有需要，給予協助。若學生寫對了就說：）你的 **t** 寫得真好！

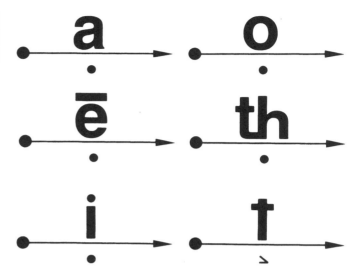

任務 1 語音

1. 右邊這些語音，有的可以慢慢唸出語音，有的必須快快唸。仔細看，別弄錯囉！

2. （指著 **a**。）你來唸這個語音。準備囉！（手指著箭頭的起點，快速移到第二個黑點，停。）"aaa"。

3. 依照步驟 2 重複練習語音 **o**、**ē**、**th**、**i** 和 **t**。箭頭下沒有黑點時，記住手指要快速滑到箭頭末端。

任務 2 唸單字

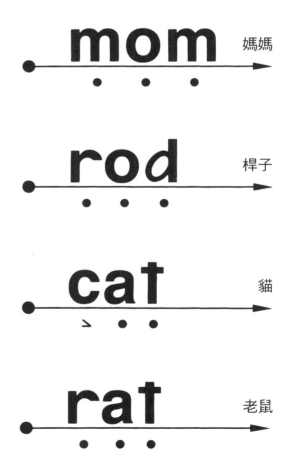

1. （指著 **mom** 的起點。）唸出語音！（老師手指著單字下的黑點滑過。）"mmmooommm"。（重複直到穩固。）這個單字怎麼唸？"mom"。對了，**mom** 就是「媽媽」的意思。

2. （指著 **rod** 的起點。）唸出語音！（老師手指著單字下的黑點滑過。）"rrroood"。（重複直到穩固。）這個單字怎麼唸？"rod"。對了，**rod** 就是「桿子」的意思。

3. （指著 **c** 下面的箭頭。）要記住，我的手指在這個語音不能停，你必須說出下一個、我停下來的語音。（指著 **cat** 的起點。）唸出語音！（老師手指 c 不停，在 a 停兩秒，滑過 t 到箭頭末端。）"caaat"（重複直到穩固。）這個單字怎麼唸？（手指快速滑到箭頭的末端。）"cat"。對了，**cat** 就是「貓」的意思。

4. （指著 **rat** 的起點。）唸出語音！（老師手指著單字下的黑點滑過。）"rrraaat"。（重複直到穩固。）這個單字怎麼唸？"rat"。對了，**rat** 就是「老鼠」的意思。

5. （指著 **sock** 的起點。）唸出語音！（老師手指著單字下的黑點滑過。）"sssooook"。（重複直到穩固。）這個單字怎麼唸？"sock"。對了，sock 就是「襪子」的意思。

6. （指著 **rock** 的起點。）唸出語音！（老師手指著單字下的黑點滑過。）"rrroook"。（重複直到穩固。）這個單字怎麼唸？"rock"。對了，rock 就是「石頭」的意思。

7. （指著 **it** 的起點。）唸出語音！"iiit"。（重複直到穩固。）這個單字怎麼唸？"it"。對了，it 就是「它」的意思。

8. （指著 **this** 的起點。）唸出語音！（老師手指著單字下的黑點滑過。）"thththiiisss"。（重複直到穩固。）這個單字怎麼唸？"this"。對了，this 就是「這個」的意思。

任務 3　拼尾音

1. （指著 **m**、**th**、**c**。）現在來拼尾音，這些是你要用的起頭音。（指著 **m** 的起點。）唸出語音！（手指快速移動到第二個黑點。）"mmm"。（指著 **th** 的起點。）唸出語音！（手指快速移動到第二個黑點。）"ththth"。（指著 **c** 的起點。）唸出語音！（手指快速滑到箭頭的末端。）"c"。

2. （指著 **m** 的起點。）我來拼尾音（暫停）an，並快快唸。（當你唸時，手指快速滑到箭頭的末端。）man。
   （指著 **th** 的起點。）我來拼尾音（暫停）an，並快快唸。（當你唸時，手指快速滑到箭頭的末端。）than。
   （指著 **c** 的起點。）我來拼尾音（暫停）an，並快快唸。（當你唸時，手指快速滑到箭頭的末端。）can。

3. （指著 **m** 的起點。）換你來拼尾音（暫停）an，並快快唸。（當學生唸時，手指快速滑到箭頭的末端。）"man"。
   （指著 **th** 的起點。）你來拼尾音（暫停）an，並快快唸。（當學生唸時，手指快速滑

到箭頭的末端。）"than"。
（指著 **c** 的起點。）你來拼尾音（暫停）an，並快快唸。（當學生唸時，手指快速滑到箭頭的末端。）"can"。

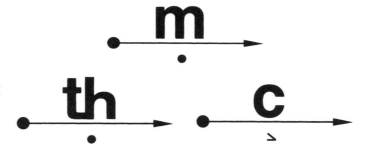

任務 4　語音

1. 現在請你把下面的語音用「快快唸」唸過一遍。

2. （指著 **th** 的起點。）快快唸。（手指快速移到箭頭的末端。）"th"。

3. （依照步驟 2 重複練習每一個語音。）

任務 5　朗讀

1. （指著最上一行的 a。）我今天要介紹一個特別的單字 a（此時唸 ǎǎǎ）。如果 a 在句子裡

th →
d →

c
ē →

o
i →

是一個獨立的單字，它會有特別的唸法，在句子裡，它唸作 **uh**。再聽一次，在句子裡，它唸作 **uh**。如果 **a** 在句子裡是一個獨立的單字，它怎麼唸？"uh"。再一次，怎麼唸？"uh"。很好，**a** 要唸 **uh**，你要記住，下面的故事它會常常出現。

2. 現在來讀這個故事。手指著第一行字的起點。（學生指著 **that** 的起點。）唸出這個字的語音。"thththaaat"。對了，這個單字怎麼唸？"that"。

3. 唸出下一個字的語音。（學生指著 **is** 的起點。）"iiisss"。對了，但這個例外字怎麼唸？"iz"。

4. 仔細看底下這個單字，我們剛剛才學過的，這個單字怎麼唸？"uh"。再一次。"uh"。

5. （依照步驟 3 唸出故事裡的每一個單字。）

任務6　翻譯

1. 仔細聽我來翻譯這個故事，我唸一句，翻譯一句。（老師手指第一個單字開始唸。）

老師唸	老師翻譯（以國語逐字說明，至明白為止）
That is a seed.	那是一顆種籽。
See a ram eat it.	看一隻公羊吃它。

2. 現在我來唸英文，你來翻譯成國語。（老師手指第一個單字開始唸。）

老師唸	學生翻譯
That is a seed.	"那是一顆種籽。"
See a ram eat it.	"看一隻公羊吃它。"

3. 現在換你來唸英文，我來翻譯成國語。（學生手指第一個單字開始唸。）

學生唸	老師翻譯
"That is a seed."	那是一顆種籽。
"See a ram eat it."	看一隻公羊吃它。

4. 現在換我來唸國語，你來翻譯成英文。（學生手指第一個單字開始唸。）

老師唸	學生翻譯
那是一顆種籽。	"That is a seed."
看一隻公羊吃它。	"See a ram eat it."

that ▪ is ▪ a

sēēd. ▪ sēē ▪ a

ram ▪ ē_at ▪ it.

流暢性目標：7 秒

任務7　圖片理解

1. 在下面這張圖片中你看到什麼動物？試試看用英文回答。（如果學生無法用英文回答，鼓勵先用中文回答。）"ram"。

2. 這隻 ram 正在做什麼？試試看用英文回答。（如果學生無法用英文回答，鼓勵先用中文回答。）"eat"。

3. 這隻 ram 正在吃什麼？試試看用英文回答。（如果學生無法用英文回答，鼓勵先用中文回答。）"seed"。

4. 你覺得 ram 喜歡吃 seed 嗎？

任務8　快快唸

1. 讓我們來快快唸。（指著 ēat。）這個單字是（暫停）eat。
   （指著 it。）這個單字是（暫停）it。

2. （指著 ēat。）我指著這個單字時，你要怎麼唸？"eat"。
   （指著 it。）我指著這個單字時，你要怎麼唸？"it"。（重複直到穩固。）

3. 換我。（指著 sēē，暫停兩秒。）see。（指著 a，暫停兩秒。）a。（指著 ram，暫停兩秒。）ram。

4. 換你。（學生唸時，指著單字下的黑點：）"eat ... it"。

5. （重複步驟 1-4 直到穩固。）

任務9　找單字

1. 我現在要看你是不是可以在故事裡找到正確的單字。
   請你仔細聽我唸，然後指出正確的單字。我會先唸出語音！再快快唸。

2. 第一個字，a（暫停），uh。（學生指出 a。）很好，答對了！
   第二個字，sssēēē（暫停），sēē。（學生指出 sēē。）很好，答對了！
   第三個字，thththaaat（暫停），that。（學生指出 that。）很好，答對了！

3. （重複步驟 2 至學生可以正確跟上。）

任務10　語音書寫

1. 這是你要寫的第一個語音。（在第一條線的開頭寫個 o，指著 o。）這是什麼語音？"ooo"。

2. 先照著我這樣寫 ooo，然後在線上多寫幾次。（多次仿寫 o 後，學生能寫出三到五個 o。學生若有需要，給予協助。若學生寫對了就說：）你的 ooo 寫得真好！

3. 這是下一個你要練習寫的語音。（在第二條線的開頭寫個 c，指著 c。）這是什麼語音？"c"。

4. 先照著我寫的 c 描一次，然後在線上多寫幾次。（多次仿寫 c 後，學生能寫出三到五個 c。學生若有需要，給予協助。若學生寫對了就說：）你的 c 寫得真好！

LESSON **23**

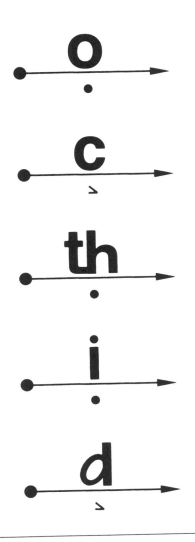

任務1 語音介紹

1. （指著 **n**。）這是一個新的語音，我要指著這個語音，唸出這個語音來。（指著第一個黑點，快速地移到第二個黑點，停。）**nnn**。

2. 這次換你唸，我來指。（手指著箭頭的起點。）準備囉！（手指著箭頭起點，快速移到第二個黑點，停。）"nnn"。

> （糾正：如果學生唸錯，或沒有反應，必須糾正：）這個語音是 **nnn**。（重複步驟 2。）

3. （指著起點。）再來一次，準備囉。（手指著箭頭的起點，快速地移到第二個黑點，停。）"nnn"。

任務2 語音

1. 下面這些語音，有的可以慢慢唸出語音，有的必須快快唸。仔細看，別弄錯囉！

2. （指著 **o**。）你來唸這個語音。準備囉！（手指著箭頭的起點，快速移到第二個黑點。）"ooo"。

3. （依照步驟 2 重複練習語音 **c**、**th**、**i** 和 **d**。箭頭下沒有黑點時，記住手指要快速滑到箭頭末端。）

任務3 唸單字

1. 你現在要慢慢唸出這些單字的語音，然後你要快快唸。

（指著 **rock** 的起點。）唸出語音！（老師手指著單字下的黑點滑過。）"rrroook"。（重複直到穩固。）這個單字怎麼唸？"rock"。對了，**rock** 就是「石頭」的意思。

石頭

2. （指著 **rod** 的起點。）唸出語音！（老師手
指著單字下的黑點滑過。）"rrroood"。（重
複直到穩固。）這個單字怎麼唸？"rod"。對
了，**rod** 就是「桿子」的意思。

rod 桿子

3. （指著 **sack** 的起點。）唸出語音！（老師手
指著單字下的黑點滑過。）"sssaaak"。（重
複直到穩固。）這個單字怎麼唸？"sack"。
對了，**sack** 就是「袋子或布袋」的意思。

sack 袋子；布袋

4. （指著 **sock** 的起點。）唸出語音！（老師手
指著單字下的黑點滑過。）"sssoook"。（重
複直到穩固。）這個單字怎麼唸？"sock"。
對了，**sock** 就是「襪子」的意思。

sock 襪子

5. （指著 **sick** 的起點。）唸出語音！（老師手
指著單字下的黑點滑過。）"sssiiik"。（重複
直到穩固。）這個單字怎麼唸？"sick"。對
了，**sick** 就是「生病」的意思。

sick 生病

6. （指著 **mēēt** 的起點。）唸出語音！（老師手
指著單字下的黑點滑過。）"mmmēēēt"。
（重複直到穩固。）這個單字怎麼唸？
"meet"。對了，**meet** 就是「見面或開會」的
意思。

meet 見面；開會

7. （指著 **c** 下面的箭頭。）要記住，我的手指
在這個語音不能停，你必須說出下一個、我
停下來的語音。（指著 **cat** 的起點。）唸出
語音！（老師手指著單字下的黑點滑過。）
"caaat"。（重複直到穩固。）這個單字怎麼
唸？"cat"。對了，**cat** 就是「貓」的意思。

cat 貓

8. （指著 **that** 的起點。）唸出語音！（老師手
指著單字下的黑點滑過。）"thththaaat"。
（重複直到穩固。）這個單字怎麼唸？
"that"。對了，**that** 就是「那個」的意思。

that 那個

任務 **4** 拼尾音

1. （指著 **m**、**t** 和 **d**。）現在來拼尾音，這些是
你要用的起頭音。（指著 **m** 的起點。）唸出
語音！（手指快速移動到第二個黑點。）
"mmm"。（指著 **t** 的起點。）唸出語音！
（手指快速移動到箭頭末端。）"t"。（指著
d 的起點。）唸出語音！（手指快速移動到箭
頭末端。）"d"。

2. （指著 **m** 的起點。）我來拼尾音（暫停）
oo，並快快唸。拼尾音。（當你唸時手指快
速移動到箭頭的末端。）**moo**。
（指著 **t** 的起點，當你唸時手指快速移動到箭
頭的末端。）**too**。

（指著 **d** 的起點，當你唸時手指快速移動到箭頭的末端。）**doo**。

3. （指著 **m** 的起點。）換你拼尾音（暫停）**oo**，並快快唸。拼尾音。（學生唸時手指快速移動到箭頭的末端。）"moo"。

（指著**t**的起點，學生唸時手指快速移動到箭頭的末端。）"too"。

（指著 **d** 的起點，學生唸時手指快速移動到箭頭的末端。）"doo"。

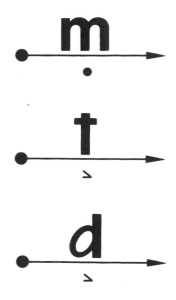

任務5 語音

1. 右邊這些語音，有的可以慢慢唸出語音，有的必須快快唸。仔細看，別弄錯囉！

2. （指著 **n**。）你來唸這個語音。準備囉！（手指著箭頭的起點，快速移到第二個黑點。）"nnn"。

3. （依照步驟 2 重複練習語音 **o**、**i**、**c**、**ē** 和 **a**。箭頭下沒有黑點時，記住手指要快速滑到箭頭末端。）

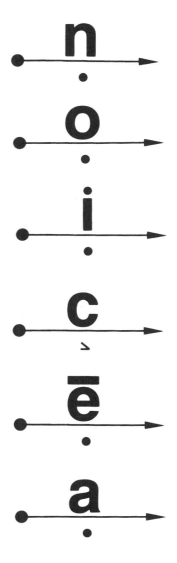

任務 6　朗讀

1. 現在你要試著唸唸看這個故事。請你用手指著第一個字的起點。（學生指著 **this** 的起點。）慢慢唸這個字的語音，來。"thththiiisss"。（學生指著 **th、i、s** 語音，慢慢依序唸出語音。）對了，這個單字怎麼唸？"this"。

2. 請你用手指著下一個字的起點。（學生指著 **is** 的起點。）慢慢唸這個字的語音，來。"iiisss"。（學生指著 **i、s** 語音，慢慢依序唸出語音。）對了，但它是個例外字，怎麼唸？"iz"。

3. 仔細看準備唸下一個單字看你是不是還記得。請你用手指著下一個字的起點。（學生指著 **a**。）唸這個字的語音，來。"uh"。你唸得真好！

4. （重複步驟 2 唸出故事裡的每個單字。）

任務 7　翻譯

1. 仔細聽我來翻譯這個故事，我唸一句，翻譯一句。（老師手指第一個單字開始唸。）

老師唸	老師翻譯（以國語逐字說明，至明白為止）
This is a rock.	這是一個石頭。
Sam is at the rock.	Sam 在石頭旁邊。

2. 現在我來唸英文，你來翻譯成國語。（老師手指第一個單字開始唸。）

老師唸	學生翻譯
This is a rock.	"這是一個石頭。"
Sam is at the rock.	"Sam 在石頭旁邊。"

3. 現在換你來唸英文，我來翻譯成國語。（學生手指第一個單字開始唸。）

學生唸	老師翻譯
"This is a rock."	這是一個石頭。
"Sam is at the rock."	Sam 在石頭旁邊。

4. 現在換我來唸國語，你來翻譯成英文。（學生手指第一個單字開始唸。）

老師唸	學生翻譯
這是一個石頭。	"This is a rock."
Sam 在石頭旁邊。	"Sam is at the rock."

this ■ is ■ a

roc_k.■ sam ■ is

at ■ thē ■ roc_k.

流暢性目標：7 秒

任務8 圖片理解

1. 在下面這張圖片中你看到什麼？試試看用英文回答。（如果學生無法用英文回答，鼓勵先用中文回答。）"rock"、"sam"。
2. **Sam** 在哪裡？對了，**Sam is at the rock**。
3. 告訴我石頭在哪裡？
4. 你覺得 **Sam** 要對那顆石頭做什麼？是的，他看起來好像要把那顆石頭推下山丘。
5. 如果你跟 **Sam** 在一起，你會做什麼？

任務9 快快唸

1. 讓我們快快唸這個故事。（指著 **the**。）這個單字是（暫停）**the**。
   （指著 **rock**。）這個單字是（暫停）**rock**。
2. （指著 **the**。）我指著這個單字時，你要怎麼唸？"the"。
   （指著 **rock**。）我指著這個單字時，你要怎麼唸？"rock"。（重複直到穩固。）
3. 換我。（指著 **sam**，暫停兩秒。）**sam**。
   （指著 **is**，暫停兩秒。）**is**。（指著 **at**，暫停兩秒。）**at**。

4. 換你。（學生唸時，指著單字下的黑點：）"the ... rock"。
5. （重複步驟 1-4 直到穩固。）

任務10 找單字

1. 我現在要看你是不是可以在故事裡找到正確的單字。
   仔細聽我唸，然後指出正確的單字。我會先唸出語音！再快快唸。
2. 第一個字，iiisss（暫停），**is**。（學生指出 **is**。）很好，答對了！
   第二個字，sssaaammm（暫停），**sam**。（學生指出 **sam**。）很好，答對了！
   第三個字，rrroook（暫停），**rock**。（學生指出 **rock**。）很好，答對了！

任務11 語音書寫

1. 這是你要寫的第一個語音。（在第一條線的開頭寫個 **r**，指著 **r**。）這是什麼語音？"rrr"。
2. 先照著我這樣寫 **rrr**，然後在線上多寫幾次。（多次仿寫 **r** 後，學生能寫出三到五個 **r**。學生若有需要，給予協助。若學生寫對了就說：）你的 **rrr** 寫得真好！
3. 這是下一個你要練習寫的語音。（在第二條線的開頭寫個 **o**，指著 **o**。）這是什麼語音？"ooo"。
4. 先照著我寫的 **ooo** 描一次，然後在線上多寫幾次。（多次仿寫 **o** 後，學生能寫出三到五個 **o**。學生若有需要，給予協助。若學生寫對了就說：）你的 **ooo** 寫得真好！

LESSON 24

任務1 語音

1. 下面這些語音，有的可以慢慢唸出語音，有的必須快快唸。仔細看，別弄錯囉！

2. （指著 **n**。）你來唸這個語音。準備囉！（手指著箭頭的起點，快速移到第二個黑點。）"nnn"。

3. （依照步驟 2 重複練習語音 **r**、**t**、**d**、**th** 和 **s**。箭頭下沒有黑點時，記住手指要快速滑到箭頭末端。）

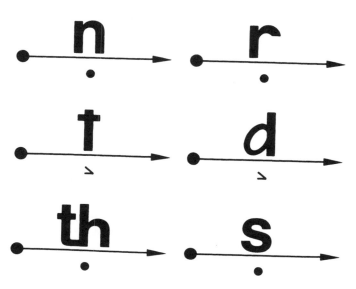

任務2 唸單字

1. 這裡是你要唸的單字。

   （指著 **on** 的起點。）唸出語音！（老師手指著單字下的黑點滑過。）"ooonnn"。
   （重複直到穩固。）這個單字怎麼唸？"on"。對了，**on** 是介系詞，有「在什麼之上」的意思。

2. （指著 **not** 的起點。）唸出語音！（老師手指著單字下的黑點滑過。）"nnnooot"。
   （重複直到穩固。）這個單字怎麼唸？"not"。對了，**not** 是表示「否定」的一個字。

3. （指著 **c** 下面的箭頭。）要記住，我的手指在這個語音不能停，你必須說出下一個、我停下來的語音。（指著 **cat** 的起點。）唸出語音！（老師手指著單字下的黑點滑過。）"caaat"。（重複直到穩固。）這個單字怎麼唸？"cat"。對了，**cat** 就是「貓」的意思。

4. （指著 **in** 的起點。）唸出語音！（老師手指著單字下的黑點滑過。）"iiinnn"。
   （重複直到穩固。）這個單字怎麼唸？"in"。對了，**in** 是介系詞，有「在（裡面）」的意思。

5. （指著 **an** 的起點。）唸出語音！（老師手指著單字下的黑點滑過。）"aaannn"。
   （重複直到穩固。）這個單字怎麼唸？"an"。對了，**an** 就是「一個」的意思。

6. （指著 **c** 下面的箭頭。）要記住，我的手指在這個語音不能停，你必須說出下一個、我停下來的語音。（指著 **can** 的起點。）唸出語音！（老師手指著單字下的黑點滑過。）"caaannn"。（重複直到穩固。）這個單字怎麼唸？"can"。對了，**can** 有「能夠」的意思。

can　能夠；可以

任務3　拼尾音

1. （指著**th**、**m**和**t**。）現在來拼尾音，這些是你要用的起頭音。（指著**th**的起點。）唸出語音！（手指快速移動到第二個黑點。）"ththth"。（指著 **m** 的起點。）唸出語音！（手指快速移動到第二個黑點。）"mmm"。（指著 **t** 的起點。）唸出語音！（手指快速移動到箭頭的末端。）"t"。

2. （指著 **th** 的起點。）我來拼尾音（暫停）**en**，並快快唸。拼尾音。（當你唸時手指快速移動到箭頭的末端。）**then**。
（指著 **m** 的起點，當你唸時手指快速移動到箭頭的末端。）**men**。

（指著**t**的起點，當你唸時手指快速移動到箭頭的末端。）**ten**。

3. （指著 **th** 的起點）換你拼尾音（暫停）**en**，並快快唸，拼尾音。（學生唸時手指快速移動到箭頭的末端。）"then"。
（指著 **m** 的起點，學生唸時手指快速移動到箭頭的末端。）"men"。
（指著 **t** 的起點，學生唸時手指快速移動到箭頭的末端。）"ten"。

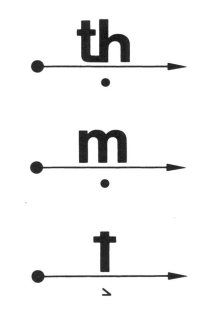

任務4　語音

1. 現在請你把右邊的語音用「快快唸」唸過一遍。

2. （指著 **n**。）快快唸。（手指快速移動到箭頭的末端。）"n"。

3. （依照步驟 2 重複練習每一個語音。）

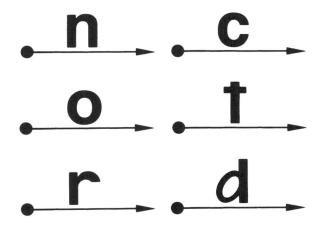

任務 5 朗讀

1. 現在我們要唸這個故事，手指指著第一行第一個黑點。（老師指著第一個 **a**。）當你在故事裡看到這個語音，它其實是一個單字。這個單字是 **uh**。這個單字怎麼唸？"uh"。

2. 唸出下個字的語音。（學生指著語音並唸出：）"rrraaat"。這個單字怎麼唸？"rat"。

3. （重複步驟 2 唸出故事中其他的字。）

任務 6 翻譯

1. 仔細聽我來翻譯這個故事，我唸一句，翻譯一句。（老師手指第一個單字開始唸。）

老師唸	老師翻譯（以國語逐字說明，至明白為止）
A rat is in a sack.	一隻老鼠在一個布袋裡。
That rat is not sad.	那隻老鼠不會難過。

2. 現在我來唸英文，你來翻譯成國語。（老師手指第一個單字開始唸。）

老師唸	學生翻譯
A rat is in a sack.	"一隻老鼠在一個布袋裡。"
That rat is not sad.	"那隻老鼠不會難過。"

3. 現在換你來唸英文，我來翻譯成國語。（學生手指第一個單字開始唸。）

學生唸	老師翻譯
"A rat is in a sack."	一隻老鼠在一個布袋裡。
"That rat is not sad."	那隻老鼠不會難過。

4. 現在我來說國語，你來翻譯成英文。（學生指著第一個單字開始唸。）

老師唸	學生翻譯
一隻老鼠在一個布袋裡。	"A rat is in a sack."
那隻老鼠不會難過。	"That rat is not sad."

任務 7 圖片理解

1. 在下面這張圖片中你看到什麼？試試看用英文回答。（如果學生無法用英文回答，鼓勵先用中文回答。）"sack"、"rat"。

2. sack 裡面有些什麼？

3. 這隻 rat 心情怎麼樣？為什麼？沒錯，他找到一個袋子及一架玩具飛機。

4. 你會怎麼玩這架玩具飛機？

任務 8 快快唸

1. 讓我們快快唸這個故事。（指著 **not**。）這個單字是（暫停）**not**。
   （指著 **sad**。）這個單字是（暫停）**sad**。

2. （指著 **not**。）我指著這個單字時，你要怎麼唸？"not"。
   （指著 **sad**。）我指著這個單字時，你要怎麼唸？"sad"。（重複直到穩固。）

3. 換我。（指著 **that**，暫停兩秒。）**that**。（指著 **rat**，暫停兩秒。）**rat**。（指著 **is**，暫停兩秒。）**is**。

4. 換你。（學生唸時，指著單字下的黑點：）"not ... sad"。

5. （重複步驟 1-4 直到穩固。）

a ▪ rat ▪ is ▪ in

a ▪ sacₖ. ▪ that ▪ rat

is ▪ not ▪ sad.

流暢性目標：9 秒

任務 9 找單字

1. 我現在要看你是不是可以在故事裡找到正確的單字。

   請你仔細聽我唸，然後指出正確的單字。我會先唸出語音，再快快唸。

2. 第一個字，**a**（暫停），**uh**。（學生指出 **a**。）很好，答對了！

   第二個字，**sssaaad**（暫停），**sad**。（學生指出 **sad**。）很好，答對了！

   第三個字，**sssaaak**（暫停），**sack**。（學生指出 **sack**。）很好，答對了！

   第四個字，**thththaaat**（暫停），**that**。（學生指出 **that**。）很好，答對了！

任務 10 語音書寫

1. 這是你要寫的第一個語音。（在第一條線的開頭寫個 **n**，指著 **n**。）這是什麼語音？"nnn"。

2. 先照著我這樣寫 **nnn**，然後在線上多寫幾次。（多次仿寫 **n** 後，學生能寫出三到五個 **n**。學生若有需要，給予協助。若學生寫對了就說：）你的 **nnn** 寫得真好！

3. 這是下一個你要練習寫的語音。（在第二條線的開頭寫個 **d**，指著 **d**。）這是什麼語音？"d"。

4. 先照著我寫的 **d** 描一次，然後在線上多寫幾次。（多次仿寫 **d** 後，學生能寫出三到五個 **d**。學生若有需要，給予協助。若學生寫對了就說：）你的 **d** 寫得真好！

LESSON 25

任務 1 語音介紹

1. （指著 **f**。）這是一個新的語音，我要指著這個語音，唸出這個語音來。（指著第一個黑點，快速地移到第二個黑點，停。）**fff**。

2. 這次換你唸，我來指。（手指著箭頭的起點。）準備囉！（手指著箭頭起點，快速移到第二個黑點，停。）"fff"。

> （糾正：如果學生唸錯，或沒有反應，必須糾正：）這個語音是 **fff**。（重複步驟 2。）

3. （指著起點。）再來一次，準備囉。（手指著箭頭的起點，快速地移到第二個黑點，停。）"fff"。

任務2　語音

1. 右邊這些語音，有的可以慢慢唸出語音，有的必須快快唸。仔細看，別弄錯囉！

2. （指著 **i**。）你來唸這個語音。準備囉！（手指著箭頭的起點，快速移到第二個黑點。）"iii"。

3. （依照步驟2重複練習語音 **r**、**o**、**n** 和 **c**。箭頭下沒有黑點時，記住手指要快速滑到箭頭末端。）

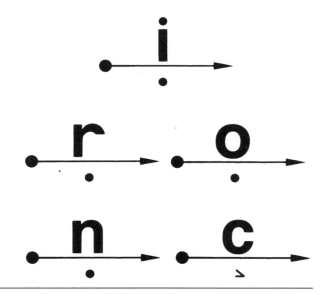

任務3　唸單字

1. 你現在要慢慢唸出這些單字的語音，然後你要快快唸。

　　（指著 **an** 的起點。）唸出語音！（手指滑過單字下黑點。）"aaannn"。（重複直到穩固。）快快唸。（手指快速滑到箭頭的末端。）"an"。這個單字怎麼唸？"an"。

一個

2. （指著 **man** 的起點。）唸出語音！（手指滑過單字下黑點。）"mmmaaannn"。（重複直到穩固。）快快唸。（手指快速滑到箭頭的末端。）"man"。這個單字怎麼唸？"man"。

男人

3. （指著 **c** 下面的箭頭。）這個箭頭告訴我們，**c** 要快快唸，但是不可以停頓在這裡。

（指著 **can** 的起點。）唸出語音！（手指滑過單字下黑點。）"caaannn"。（重複直到穩固。）快快唸。（手指快速滑到箭頭的末端。）"can"。這個單字怎麼唸？"can"。

能夠；可以

4. （指著 **on** 的起點。）唸出語音！（手指滑過單字下黑點。）"ooonnn"。（重複直到穩固。）快快唸。（手指快速滑到箭頭的末端。）"on"。這個單字怎麼唸？"on"。

在……之上（介系詞）

5. （指著 **not** 的起點。）唸出語音！（手指滑過單字下黑點。）"nnnooot"。（重複直到穩固。）快快唸。（手指快速滑到箭頭的末端。）"not"。這個單字怎麼唸？"not"。

不；否定

6. （指著 **mē** 的起點。）唸出語音！（手指滑過單字下黑點。）"mmmēēē"。（重複直到穩固。）快快唸。（手指快速滑到箭頭的末端。）"mē"。這個單字怎麼唸？"me"。

我

7. （指著 **in** 的起點。）唸出語音！（手指滑過單字下黑點。）"iiinnn"。（重複直到穩固。）快快唸。（手指快速滑到箭頭的末端。）"in"。這個單字怎麼唸？"in"。

在……內
（介系詞）

8. （指著 **sit** 的起點。）唸出語音！（手指滑過單字下黑點。）"sssiiit"。（重複直到穩固。）快快唸。（手指快速滑到箭頭的末端。）"sit"。這個單字怎麼唸？"sit"。

坐

9. （指著 **ant** 的起點。）唸出語音！（手指滑過單字下黑點。）"aaannnt"。（重複直到穩固。）快快唸。（手指快速滑到箭頭的末端。）"ant"。這個單字怎麼唸？"ant"。

螞蟻

任務4 語音

1. 現在你來唸唸下面這些語音，有的語音可以慢慢唸，有的語音必須快快唸。仔細看每一個語音，別弄錯囉！

2. （指著**f**。）你來唸這個語音。準備囉！（手指著箭頭的起點，快速移到第二個黑點。）"fff"。

3. （依照步驟 2 重複練習語音 **n**、**o**、**i**、**ē** 和 **c**。箭頭下沒有黑點時，記住手指要快速滑到箭頭末端。）

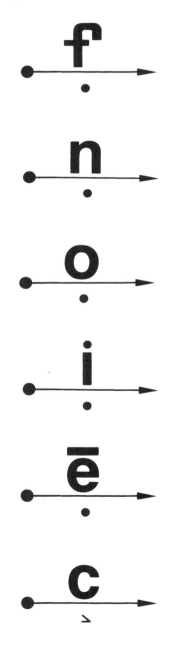

任務 5　朗讀

1. 現在你要試著唸唸看這個故事。請你用手指著第一個字的起點。（學生指著 **thē** 的起點。）慢慢唸這個字的語音。"thththēēē"。（學生指著 **th**、**ē** 語音，慢慢依序唸出語音。）這個單字怎麼唸？"the"。

2. 唸出下一個字的語音。（學生指著**sock**的起點唸出：）"sssooook"。這個單字怎麼唸？ sock 。

3. （重複步驟 2 唸出故事裡的每個單字。）

任務 6　翻譯

1. 仔細聽我來翻譯這個故事，我唸一句，翻譯一句。（老師手指第一個單字開始唸。）

老師唸	老師翻譯（以國語逐字說明，至明白為止）
The sock is near a man.	（一隻）襪子靠近一個男人。
A cat is in that sock.	一隻貓在那隻襪子裡。

2. 現在我來唸英文，你來翻譯成國語。（老師手指第一個單字開始唸。）

老師唸	學生翻譯
The sock is near a man.	"（一隻）襪子靠近一個男人。"
A cat is in that sock.	"一隻貓在那隻襪子裡。"

3. 現在換你來唸英文，我來翻譯成國語。（學生手指第一個單字開始唸。）

學生唸	老師翻譯
"The sock is near a man."	（一隻）襪子靠近一個男人。
"A cat is in that sock."	一隻貓在那隻襪子裡。

4. 現在換我來唸國語，你來翻譯成英文。（學生手指第一個單字開始唸。）

老師唸	學生翻譯
（一隻）襪子靠近一個男人。	"The sock is near a man."
一隻貓在那隻襪子裡。	"A cat is in that sock."

任務 7　圖片理解

1. 在下面這張圖片中你看到什麼？試試看用英文回答。（如果學生無法用英文回答，鼓勵先用中文回答。）"sock"、"man"、"cat"。

2. 這個男人正在看什麼？

3. 你知道這是什麼樹嗎？是的，這是聖誕樹。

4. 這隻襪子在哪裡？襪子裡有什麼？

5. 你覺得為什麼貓會在襪子裡？聖誕樹上的襪子裡面通常會放禮物。

6. 你覺得這個男人看起來高興嗎？為什麼？

7. 如果你的聖誕禮物是一隻貓，你高興嗎？

thē ▪ socₖ ▪ is ▪ nēₐr

a ▪ man. a ▪ cat ▪ is

in ▪ that ▪ socₖ.

流暢性目標：10秒

任務8 快快唸

1. 讓我們來快快唸。（指著 **that**。）這個單字是（暫停）**that**。
   （指著 **sock**。）這個單字是（暫停）**sock**。

2. （指著 **that**。）我指著這個單字時，你要怎麼唸？"that"。
   （指著 **sock**。）我指著這個單字時，你要怎麼唸？"sock"。（重複直到穩固。）

3. 換我。（指著 **a**，暫停兩秒。）**a**。（指著 **cat**，暫停兩秒。）**cat**。（指著 **is**，暫停兩秒。）**is**。（指著 **in**，暫停兩秒。）**in**。

4. 換你。（學生唸時，指著單字下的黑點：）"that...sock"。

5. （重複步驟 1-4 直到穩固。）

任務9 找單字

1. 我現在要看你是不是可以在故事裡找到正確的單字。
   請你仔細聽我唸，然後指出正確的單字。我會先唸出語音，再快快唸。

2. 第一個字，**caaat**（暫停），**cat**。（學生指出 **cat**。）很好，答對了！

第二個字，**mmmaaannn**（暫停），**man**。（學生指出 **man**。）很好，答對了！
第三個字，**sssoook**（暫停），**sock**。（學生指出 **sock**。）很好，答對了！

任務10 語音書寫

1. 這是你要寫的第一個語音。（在第一條線的開頭寫個 **n**，指著 **n**。）這是什麼語音？"nnn"。

2. 先照著我這樣寫 **nnn**，然後在線上多寫幾次。（多次仿寫 **n** 後，學生能寫出三到五個 **n**。學生若有需要，給予協助。若學生寫對了就說：）你的 **nnn** 寫得真好！

3. 這是下一個你要練習寫的語音。（在第二條線的開頭寫個 **o**，指著 **o**。）這是什麼語音？"ooo"。

4. 先照著我寫的 **ooo** 描一次，然後在線上多寫幾次。（多次仿寫 **o** 後，學生能寫出三到五個 **o**。學生若有需要，給予協助。若學生寫對了就說：）你的 **ooo** 寫得真好！

LESSON 26

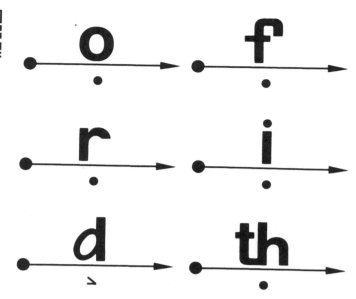

任務 1　語音

1. 右邊這些語音，有的可以慢慢唸出語音，有的必須快快唸。仔細看，別弄錯囉！

2. （指著 **o**。）你來唸這個語音。準備囉！（手指著箭頭的起點，快速移到第二個黑點。）"ooo"。

3. （依照步驟 2 重複練習語音 **f**、**r**、**i**、**d** 和 **th**。箭頭下沒有黑點時，記住手指要快速滑到箭頭末端。）

任務 2　唸單字

1. 你現在要慢慢唸出這些單字的語音，然後你要快快唸。

（指著 **fat** 的起點。）唸出語音！（手指滑過單字下黑點。）"fffaaat"。（重複直到穩固。）快快唸。（手指快速滑到箭頭的末端。）"fat"。這個單字怎麼唸？"fat"。

肥；胖

2. （指著 **fan** 的起點。）唸出語音！（手指滑過單字下黑點。）"fffaaannn"。（重複直到穩固。）快快唸。（手指快速滑到箭頭的末端。）"fan"。這個單字怎麼唸？"fan"。

扇子；粉絲

3. （指著 **fēēt** 的起點。）唸出語音！（手指滑過單字下黑點。）"fffēēēt"。（重複直到穩固。）快快唸。（手指快速滑到箭頭的末端。）"fēēt"。這個單字怎麼唸？"feet"。

腳（複數）

4. （指著 **if** 的起點。）唸出語音！（手指滑過單字下黑點。）"iiifff"。（重複直到穩固。）快快唸。（手指快速滑到箭頭的末端。）"if"。這個單字怎麼唸？"if"。

如果

5. （指著 **on** 的起點。）唸出語音！（手指滑過單字下黑點。）"ooonnn"。（重複直到穩固。）快快唸。（手指快速滑到箭頭的末端。）"on"。這個單字怎麼唸？"on"。

在……之上（介系詞）

6. （指著 **can** 的起點。）唸出語音！（手指滑過單字下黑點。）"caaannn"。（重複直到穩固。）快快唸。（手指快速滑到箭頭的末端。）"can"。這個單字怎麼唸？"can"。

can 能夠；可以

7. （指著 **and** 的起點。）唸出語音！（手指滑過單字下黑點。）"aaannnd"。（重複直到穩固。）快快唸。（手指快速滑到箭頭的末端。）"and"。這個單字怎麼唸？"and"。

and 和；與；以及

8. （指著 **not** 的起點。）唸出語音！（手指滑過單字下黑點。）"nnnooot"。（重複直到穩固。）快快唸。（手指快速滑到箭頭的末端。）"not"。這個單字怎麼唸？"not"。

not 不；否定

9. （指著 **in** 的起點。）唸出語音！（手指滑過單字下黑點。）"iiinnn"。（重複直到穩固。）快快唸。（手指快速滑到箭頭的末端。）"in"。這個單字怎麼唸？"in"。

in 在……內（介系詞）

任務 3　語音

1. 現在請你把下面的語音用「快快唸」唸過一遍。

2. （指著 **n**。）快快唸。（手指快速滑到箭頭的末端。）"n"。

3. （依照步驟 2 重複練習每一個語音。）

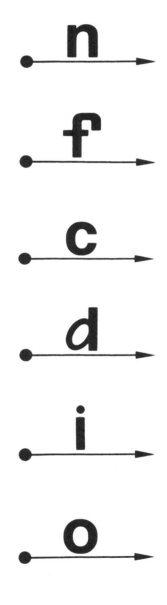

任務 4　朗讀

1. 現在你要試著唸唸看這個故事。請你用手指著第一個字的起點。（學生指著 **a**。）這個特別的字怎麼唸？"uh"。

2. 請你用手指著下一個字的起點。（學生指著 **man** 的起點。）慢慢唸這個字的語音。"mmmaaannn"。（學生指著 **m**、**a**、**n** 語音，慢慢依序唸出語音。）這個單字怎麼唸？"man"。

3. （重複步驟 2 唸出故事裡的每個單字。）

任務 5　翻譯

1. 仔細聽我來翻譯這個故事，我唸一句，翻譯一句。（老師手指第一個單字開始唸。）

老師唸	老師翻譯（以國語逐字說明，至明白為止）
A man sat on a ram.	一個男人坐（騎）在一隻公羊上。
That ram can not see.	那隻公羊不能看（看不見）。

2. 現在我來唸英文，你來翻譯成國語。（老師手指第一個單字開始唸。）

老師唸	學生翻譯
A man sat on a ram.	"一個男人坐（騎）在一隻公羊上。"
That ram can not see.	"那隻公羊不能看（看不見）。"

3. 現在換你來唸英文，我來翻譯成國語。（學生手指第一個單字開始唸。）

學生唸	老師翻譯
"A man sat on a ram."	一個男人坐（騎）在一隻公羊上。
"That ram can not see."	那隻公羊不能看（看不見）。

4. 現在換我來唸國語，你來翻譯成英文。（學生手指第一個單字開始唸。）

老師唸	學生翻譯
一個男人坐（騎）在一隻公羊上。	"A man sat on a ram."
那隻公羊不能看（看不見）。	"That ram can not see."

任務 6　圖片理解

1. 在下面這張圖片中你看到什麼？試試看用英文回答。（如果學生無法用英文回答，鼓勵先用中文回答。）"ram"、"man"。

2. 那個男人坐在哪裡？所以這個故事說 **a man sat on a ram**。

3. 那隻公羊怎麼了？所以這個故事說 **that ram can not see**。

4. 為什麼那隻公羊看不見？

5. 那個男人看得見東西嗎？

6. 他們為什麼都戴著大帽子？是的！因為正在下雨！

7. 當你外出遇到下雨時，你會穿戴什麼東西？

a ▪ man ▪ sat

on ▪ a ▪ ram.

that ▪ ram ▪ can

not ▪ sēē.

流暢性目標：10秒

任務7　快快唸

1. 讓我們來快快唸。（指著 **not**。）這個單字是（暫停）**not**。
   （指著 **sēē**。）這個單字是（暫停）**see**。
2. （指著 **not**。）我指著這個單字時，你要怎麼唸？"not"。
   （指著 **sēē**。）我指著這個單字時，你要怎麼唸？"see"。（重複直到穩固。）
3. 換我。（指著 **that**，暫停兩秒。）**that**。（指著 **ram**，暫停兩秒。）**ram**。（指著 **can**，暫停兩秒。）**can**。
   換你。（學生唸時，指著單字下的黑點：）"not ... see"。
5. （重複步驟 1-4 直到穩固。）

任務8　找單字

1. 我現在要看你是不是可以在故事裡找到正確的單字。請你仔細聽我唸，然後指出正確的單字。我會先唸出語音，再快快唸。

2. 第一個字，**rrraaammm**（暫停），**ram**。（學生指出 **ram**。）
3. （重複步驟 2 唸出 man、see、ram、see、ram、man、see、man 和 ram。）
4. 很好，你都找到了。

任務9　語音書寫

1. 這是你要寫的第一個語音。（在第一條線的開頭寫個 f，指著 f。）這是什麼語音？"fff"。
2. 先照著我這樣寫 **fff**，然後在線上多寫幾次。（多次仿寫 f 後，學生能寫出三到五個 f。學生若有需要，給予協助。若學生寫對了就說：）你的 **fff** 寫得真好！
3. 這是下一個你要練習寫的語音。（在第二條線的開頭寫個 s，指著 s。）這是什麼語音？"sss"。
4. 先照著我寫的 **sss** 描一次，然後在線上多寫幾次。（多次仿寫 **s** 後，學生能寫出三到五個s。學生若有需要，給予協助。若學生寫對了就說：）你的 **sss** 寫得真好！

LESSON 27

任務1　語音介紹

1. （指著 u。）這是一個新的語音，我要指著這個語音，唸出這個語音來。（指著第一個黑點，快速地移到第二個黑點，停。）ŭ ŭ ŭ。

2. 這次換你唸，我來指。（手指著箭頭的起點。）準備了！（快速移到第二個黑點，停。）"ŭ ŭ ŭ"。

（糾正：如果學生唸錯了，或沒有反應，必須糾正：）這個音是 ŭ ŭ ŭ。（重複步驟 2。）

3. （指著起點。）再來一次，準備囉。（手指著箭頭的起點，快速地移到第二個黑點，停。）"ŭ ŭ ŭ"。

任務2　語音

1. 現在你來唸唸下面這些語音，有的語音可以慢慢唸，有的語音必須快快唸。仔細看每一個語音，別弄錯囉！

2. （指著 f。）你來唸這個語音。準備囉！（手指著箭頭的起點，快速移到第二個黑點，停。）"fff"。

3. （依照步驟 2 重複練習語音 n、o、c 和 th。箭頭下沒有黑點時，記住手指要快速滑到箭頭末端。）

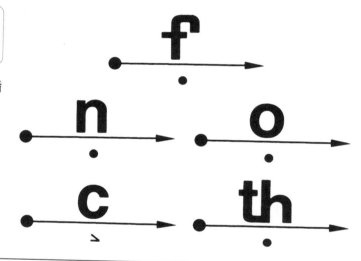

任務3　唸單字

1. 你現在要慢慢唸出這些單字的語音，然後你要快快唸。

（指著 fan 的起點。）唸出語音！（手指滑過單字下黑點。）"fffaaannn"。（重複直到穩固。）快快唸。（手指快速滑到箭頭的末端。）"fan"。這個單字怎麼唸？"fan"。

fan　扇子；粉絲

2. （指著 fin 的起點。）唸出語音！（手指滑過單字下黑點。）"fffiiinnn"。（重複直到穩固。）快快唸。（手指快速滑到箭頭的末端。）"fin"。這個單字怎麼唸？"fin"。

fin　魚鰭

3. （指著 fun 的起點。）唸出語音！（手指滑過單字下黑點。）"fffuuunnn"。（重複直到穩固。）快快唸。（手指快速滑到箭頭的末端。）"fun"。這個單字怎麼唸？"fun"。

fun　好玩的；趣味

任務 4　唸單字

1. 你現在要慢慢唸出這些單字的語音，然後你要快快唸。

   （指著 run 的起點。）唸出語音！（手指滑過單字下黑點。）"rrruuunnn"。（重複直到穩固。）快快唸。（手指快速滑到箭頭的末端。）"run"。這個單字怎麼唸？"run"。

    跑步

2. （指著 ēat 的起點。）唸出語音！（手指滑過單字下黑點。）"ēēēt"。（重複直到穩固。）快快唸。（手指快速滑到箭頭的末端。）"eat"。這個單字怎麼唸？"eat"。

    吃

3. （指著 that 的起點。）唸出語音！（手指滑過單字下黑點。）"thththaaat"。（重複直到穩固。）快快唸。（手指快速滑到箭頭的末端。）"that"。這個單字怎麼唸？"that"。

    那個

4. （指著 rod 的起點。）唸出語音！（手指滑過單字下黑點。）"rrroood"。（重複直到穩固。）快快唸。（手指快速滑到箭頭的末端。）"rod"。這個單字怎麼唸？"rod"。

    桿子

5. （指著 if 的起點。）唸出語音！（手指滑過單字下黑點。）"iiifff"。（重複直到穩固。）快快唸。（手指快速滑到箭頭的末端。）"if"。這個單字怎麼唸？"if"。

    如果

6. （指著 and 的起點。）唸出語音！（手指滑過單字下黑點。）"aaannnd"。（重複直到穩固。）快快唸。（手指快速滑到箭頭的末端。）"and"。這個單字怎麼唸？"and"。

    和；與；以及

任務 5　語音

1. 現在你來唸唸下面這些語音，有的語音可以慢慢唸，有的語音必須快快唸。仔細看每一個語音，別弄錯囉！

2. （指著 n。）你來唸這個語音。準備囉！（手指著箭頭的起點，快速移到第二個黑點。）"n"。

3. （依照步驟 2 重複練習語音 u、i、a、s 和 m。箭頭下沒有黑點時，記住手指要快速滑到箭頭末端。）

   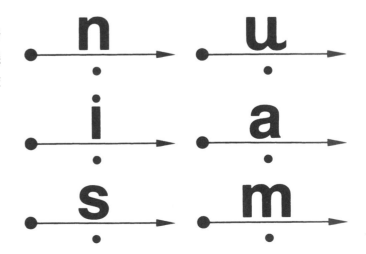

任務 6 朗讀

1. 現在我們要唸這個故事，請你一邊指一邊唸出來。

2. 指出第一個字，唸出語音！"aaannn"。（學生指著 a、n 語音，慢慢依序唸出語音。）很好，再一次，來。"aaannn"。
   （回到起點。）現在快快唸。"an"。再一次，來。"an"。很好，an 就是「一個」的意思。

3. 指出第二個字，唸出語音！"aaannnt"。（學生指著 a、n、t 語音，慢慢依序唸出語音。）很好，再一次，來。"aaannnt"。
   （回到起點。）現在快快唸。"ant"。再一次，來。"ant"。很好，ant 就是「螞蟻」的意思。

4. 指出第三個字，唸出語音！"iiisss"。（學生指著 i、s 語音，慢慢依序唸出語音。）
   （回到起點。）現在快快唸，來。"is"。

5. 指出第四個字，唸出語音！"fffaaat"。（學生指著 f、a、t 語音，慢慢依序唸出語音。）很好，再一次，來。"fffaaat"。
   （回到起點。）現在快快唸。"fat"。再一次，來。"fat"。很好，fat 就是「肥胖」的意思。

6. 指出第五個字，唸出語音！"iiit"。（學生指著 i、t 語音，慢慢依序唸出語音。）很好，再一次，來。"iiit"。
   （回到起點。）現在快快唸。"it"。再一次，來。"it"。很好，it 就是「它」的意思。

7. 指出第六個字，唸出語音！"caaannn"。（學生指著 c、a、n 語音，慢慢依序唸出語音。）很好，再一次，來。"caaannn"。
   （回到起點。）現在快快唸。"can"。再一次，來。"can"。很好，can 就是「有能力的能」的意思。

8. 指出第七個字，唸出語音！"sssiiit"。（學生指著 s、i、t 語音，慢慢依序唸出語音。）很好，再一次，來。"sssiiit"。
   （回到起點。）現在快快唸。"sit"。再一

次，來。"sit"。很好，sit 就是「坐」的意思。

9. 指出第八個字，唸出語音！"aaannnd"。（學生指著 a、n、d 語音，慢慢依序唸出語音。）很好，再一次，來。"aaannnd"。
   （回到起點。）現在快快唸。"and"。再一次，來。"and"。很好，and 就是「和」的意思。

10. 指出第九個字，唸出語音！"ēēēt"。（學生指著 ē、t 語音，慢慢依序唸出語音。）很好，再一次，來。"ēēēt"。
    （回到起點。）現在快快唸。"eat"。再一次，來。"eat"。很好，eat 就是「吃」的意思。

任務 7 翻譯

1. 仔細聽我來翻譯這個故事，我唸一句，翻譯一句。（老師手指第一個單字開始唸。）

老師唸	老師翻譯（以國語逐字說明，至明白為止）
An ant is fat.	一隻螞蟻很胖。
It can sit and eat.	它能坐能吃。

2. 現在我來唸英文，你來翻譯成國語。（老師手指第一個單字開始唸。）

老師唸	學生翻譯
An ant is fat.	"一隻螞蟻很胖。"
It can sit and eat.	"它能坐能吃。"

3. 現在換你來唸英文，我來翻譯成國語。（學生手指第一個單字開始唸。）

學生唸	老師翻譯
"An ant is fat."	一隻螞蟻很胖。
"It can sit and eat."	它能坐能吃。

4. 現在換我來唸國語，你來翻譯成英文。（學生手指第一個單字開始唸。）

老師唸	學生翻譯。
一隻螞蟻很胖。	"An ant is fat."
它能坐能吃。	"It can sit and eat."

任務 8 圖片理解

1. 在下面這張圖片中你看到什麼？試試看用英文回答。（如果學生無法用英文回答，鼓勵先用中文回答。）"ant"。
2. 你覺得這隻螞蟻長得怎麼樣？是的，它很胖。**An ant is fat.**
3. 這隻螞蟻正在做什麼？是的，它坐著、正在吃東西。**It can sit and eat.**
4. 它坐在什麼上面？
5. 它正在吃什麼？
6. 為什麼這隻螞蟻會胖呢？

任務 9 快快唸

1. 讓我們來快快唸。（指著 **and**。）這個單字是（暫停）**and**。
   （指著 **ēat**。）這個單字是（暫停）**eat**。
2. （指著 **and**。）我指著這個單字時，你要怎麼唸？"and"。（指著 **ēat**。）我指著這個單字時，你要怎麼唸？"eat"。（重複直到穩固。）
3. 換我。（指著 **it**，暫停兩秒。）**it**。（指著 **can**，暫停兩秒。）**can**。（指著 **sit**，暫停兩秒。）**sit**。
4. 換你。（學生唸時，指著單字下的黑點：）"and ... eat"。
5. （重複步驟 1-4 直到穩固。）

任務 10 找單字

1. 我現在要看你是不是可以在故事裡找到正確的單字。請你仔細聽我唸，然後指出正確的單字。我會先唸出語音！再快快唸。
2. aaannn（暫停），an。（學生指出 **an**。）
3. （重複步驟 2 唸出 fat、an、ant、an、fat、ant、fat、ant 和 an。）

an ▪ ant ▪ is
fat. it ▪ can
sit ▪ and ▪ ē_at.

流暢性目標：8 秒

任務 11 語音書寫

1. 這是你要寫的第一個語音。（在第一條線的開頭寫個 **o**，指著 **o**。）這是什麼語音？"ooo"。

2. 先照著我這樣寫 **ooo**，然後在線上多寫幾次。（多次仿寫 **o** 後，學生能寫出三到五個 **o**。學生若有需要，給予協助。若學生寫對了

就說：）你的 **ooo** 寫得真好！

3. 這是下一個你要練習寫的語音。（在第二條線的開頭寫個 **c**，指著 **c**。）這是什麼語音？"c"。

4. 先照著我寫的 **c** 描一次，然後在線上多寫幾次。（多次仿寫 **c** 後，學生能寫出三到五個 **c**。學生若有需要，給予協助。若學生寫對了就說：）你的 **c** 寫得真好！

LESSON 28

任務 1 語音

1. 下面這些語音，有的可以慢慢唸出語音，有的必須快快唸。仔細看，別弄錯囉！

2. （指著 **d**。）你來唸這個語音。準備囉！（手指著箭頭的起點，快速移到第二個黑點，停。）"d"。

3. （依照步驟 2 重複練習語音 **u**、**n**、**f**、**c** 和 **th**。箭頭下沒有黑點時，記住手指要快速滑到箭頭末端。）

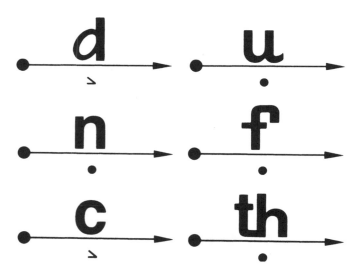

（指著 **ant** 的起點。）唸出語音！（手指滑過單字下黑點。）"aaannnt"。（重複直到穩固。）快快唸。（手指快速滑到箭頭的末端。）"ant"。這個單字怎麼唸？"ant"。

ant 螞蟻

2. （指著 **fun** 的起點。）唸出語音！（手指滑過單字下黑點。）"fffuuunnn"。（重複直到穩固。）快快唸。（手指快速滑到箭頭的末端。）"fun"。這個單字怎麼唸？"fun"。

fun 好玩的；趣味

3. （指著 **fat** 的起點。）唸出語音！（手指滑過單字下黑點。）"fffaaat"。（重複直到穩固。）快快唸。（手指快速滑到箭頭的末端。）"fat"。這個單字怎麼唸？"fat"。

fat 肥胖

任務 2 唸單字

1. 你現在要慢慢唸出這些單字的語音，然後你要快快唸。

任務 3 唸單字

1. 你現在要慢慢唸出這些單字的語音，然後你要快快唸。

（指著 **in** 的起點。）唸出語音！（手指滑過單字下黑點。）"iiinnn"。（重複直到穩固。）快快唸。（手指快速滑到箭頭的末端。）"in"。這個單字怎麼唸？"in"。

在……內
（介系詞）

2. （指著 **at** 的起點。）唸出語音！（手指滑過單字下黑點。）"aaat"。（重複直到穩固。）快快唸。（手指快速滑到箭頭的末端。）"at"。這個單字怎麼唸？"at"。

在某一地點或時間點（介系詞）

3. （指著 **on** 的起點。）唸出語音！（手指滑過單字下黑點。）"ooonnn"。（重複直到穩固。）快快唸。（手指快速滑到箭頭的末端。）"on"。這個單字怎麼唸？"on"。

在……之上
（介系詞）

4. （指著 **mud** 的起點。）唸出語音！（手指滑過單字下黑點。）"mmmuuud"。（重複直到穩固。）快快唸。（手指快速滑到箭頭的末端。）"mud"。這個單字怎麼唸？"mud"。

泥巴

5. （指著 **sun** 的起點。）唸出語音！（手指滑過單字下黑點。）"sssuuunnn"。（重複直到穩固。）快快唸。（手指快速滑到箭頭的末端。）"sun"。這個單字怎麼唸？"sun"。

太陽

6. （指著 **fit** 的起點。）唸出語音！（手指滑過單字下黑點。）"fffiiit"。（重複直到穩固。）快快唸。（手指快速滑到箭頭的末端。）"fit"。這個單字怎麼唸？"fit"。

合適；合身

7. （指著 **fēēd** 的起點。）唸出語音！（手指滑過單字下黑點。）"fffēēēd"。（重複直到穩固。）快快唸。（手指快速滑到箭頭的末端。）"feed"。這個單字怎麼唸？"feed"。

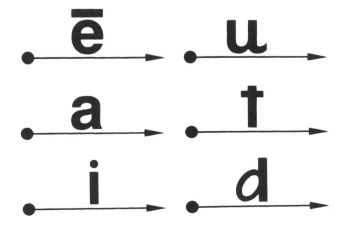

餵養

任務 4 語音

1. 現在你來唸唸下面這些語音，有的語音可以慢慢唸，有的語音必須快快唸。仔細看每一個語音，別弄錯囉！

2. （指著 **ē**。）你來唸這個語音。準備囉！（手指著箭頭的起點，快速移到第二個黑點。）"ēēē"。

3. （依照步驟 2 重複練習每一個語音。）

任務 5　朗讀

1. 現在我們要唸這個故事，請你一邊指一邊唸出來。

2. 指出第一個字，慢慢唸這個字 **a**，來。"uh"。

3. 指出下一個字，唸出語音！"sssoook"。（學生指著 **s**、**o**、**c** 語音，慢慢依序唸出語音。）很好，再一次，來。"sssoook"。
（回到起點。）現在快快唸。"sock"。再一次，來。"sock"。
很好，**sock** 就是「襪子」的意思。

4. 指出下一個字，唸出語音！"iiisss"。（學生指著 **i**、**s** 語音，慢慢依序唸出語音。）
（回到起點。）但這個例外字怎麼唸？"iz"。

5. 指出下一個字，唸出語音！"iiinnn"。（學生指著 **i**、**n** 語音，慢慢依序唸出語音。）
（回到起點。）現在快快唸，來。"in"。
很好，**in** 就是「在……內」的意思。

6. 指出下一個字，唸出語音！"thththēēē"。（學生指著 **th**、**ē** 語音，慢慢依序唸出語音。）很好，再一次，來。"thththēēē"。
（回到起點。）現在快快唸。"the"。再一次，來。"the"。

7. 指出下一個字，唸出語音！"sssuuunnn"。（學生指著 **s**、**u**、**n** 語音，慢慢依序唸出語音。）很好，再一次，來。"sssuuunnn"。
（回到起點。）現在快快唸。"sun"。再一次，來。"sun"。
很好，**sun** 就是「太陽」的意思。

8. 指出下一個字，唸出語音！"thththēēē"。（學生指著 **th**、**ē** 語音，慢慢依序唸出語音。）
（回到起點。）現在快快唸，來。"the"。

9. 指出下一個字，唸出語音！"sssoook"。（學生指著 **s**、**o**、**c** 語音，慢慢依序唸出語音。）
（回到起點。）現在快快唸，來。"sock"。

10. 指出下一個字，唸出語音！"iiisss"。（學生指著 **i**、**s** 語音，慢慢依序唸出語音。）

（回到起點。）但這個例外字怎麼唸？"iz"。

11. 指出下一個字，唸出語音！"ooonnn"。（學生指著 **o**、**n** 語音，慢慢依序唸出語音。）
（回到起點。）現在快快唸，來。"on"。
很好，**on** 就是「在……之上」的意思。

12. 指出下一個字，唸出語音！"mmmēēē"。
（學生指著 **m**、**ē** 語音，慢慢依序唸出語音。）（回到起點。）現在快快唸。"me"。
很好，**me** 就是「我」的意思。

任務 6　翻譯

1. 仔細聽我來翻譯這個故事，我唸一句，翻譯一句。（老師手指第一個單字開始唸。）

老師唸	老師翻譯（以國語逐字說明，至明白為止）
A sock is in the sun.	一隻襪子在陽光下。
The sock is on me.	那隻襪子穿在我（的腳）上。

2. 現在我來唸英文，你來翻譯成國語。（老師手指第一個單字開始唸。）

老師唸	學生翻譯
A sock is in the sun.	"一隻襪子在陽光下。"
The sock is on me.	"那隻襪子穿在我（的腳）上。"

3. 現在換你來唸英文，我來翻譯成國語。（學生手指第一個單字開始唸。）

學生唸	老師翻譯
"A sock is in the sun."	一隻襪子在陽光下。
"The sock is on me."	那隻襪子穿在我（的腳）上。

4. 現在換我來唸國語，你來翻譯成英文。（學生手指第一個單字開始唸。）

老師唸	學生翻譯
一隻襪子在陽光下。	"A sock is in the sun."
那隻襪子穿在我（的腳）上。	"The sock is on me."

圖片理解

1. 在右邊這張圖片中你看到什麼？試試看用英文回答。（如果學生無法用英文回答，鼓勵先用中文回答。）"sun"、"sock"。
2. 這隻襪子在哪裡？**A sock is in the sun. The sock is on me.**
3. 圖片裡的女人在哪裡？是的，在太陽底下。
4. 圖片裡的女人穿著什麼？"sock"。
5. 請你指出 **sock** 給我看，請你指出 **sun** 給我看。
6. 你覺得為什麼這個女人只穿著一隻襪子？

任務 8　快快唸

1. 讓我們來快快唸。（指著 **on**。）這個單字是（暫停）on。
   （指著 **mē**。）這個單字是（暫停）me。
2. （指著 **on**。）我指著這個單字時，你要怎麼唸？"on"。
   （指著 **mē**。）我指著這個單字時，你要怎麼唸？"me"。（重複直到穩固。）

3. 換我。（指著 **thē**，暫停兩秒。）the。（指著 **sock**，暫停兩秒。）sock。（指著 **is**，暫停兩秒。）is。
4. 換你。（學生唸時，指著單字下的黑點：）"on ... me"。
5. （重複步驟 1-4 直到穩固。）

a ▪ soc_k ▪ is

in ▪ thē ▪ sun.

thē ▪ soc_k ▪ is

on ▪ mē.

流暢性目標：10 秒

字母拼讀直接教學 100課

任務9 找單字

1. 我現在要看你是不是可以在故事裡找到正確的單字。

   請你仔細聽我唸,然後指出正確的單字。我會先唸出語音,再快快唸。

2. 第一個字,ooonnn(暫停),on。(學生指出 on。)很好,答對了!

   第二個字,iiinnn(暫停),iiinnn。(學生指出 in。)很好,答對了!

   第三個字,sssuuunnn(暫停),sun。(學生指出 sun。)很好,答對了!

3. (重複步驟 2 至學生可以正確跟上。)

任務10 語音書寫

1. 這是你要寫的第一個語音。(在第一條線的開頭寫個 n,指著 n。)這是什麼語音?"nnn"。

2. 先照著我這樣寫 nnn,然後在線上多寫幾次。(多次仿寫 n 後,學生能寫出三到五個 n。學生若有需要,給予協助。若學生寫對了就說:)你的 nnn 寫得真好!

3. 這是下一個你要練習寫的語音。(在第二條線的開頭寫個 ē,指著 ē。)這是什麼語音?"ēēē"。

4. 先照著我寫的 ēēē 描一次,然後在線上多寫幾次。(多次仿寫 ē 後,學生能寫出三到五個 ē。學生若有需要,給予協助。若學生寫對了就說:)你的 ēēē 寫得真好!

LESSON 29

任務1 語音介紹

1. (指著 l。)這是一個新的語音,我要指著這個語音,唸出這個語音來。(指著第一個黑點,快速地移到第二個黑點,停。)lll。

2. 這次換你唸,我來指。(手指著箭頭的起點。)準備囉!

   (手指著箭頭起點,快速移到第二個黑點,停。)"lll"。

   (糾正:如果學生唸錯,或沒有反應,必須糾正:)這個語音是 lll。(重複步驟 2。)

3. (指著起點。)再來一次,準備囉。(手指著箭頭的起點,快速地移到第二個黑點,停。)"lll"。

任務2 語音

1. 下面這些語音,有的可以慢慢唸出語音,有的必須快快唸。仔細看,別弄錯囉!

2. (指著 f。)你來唸這個語音。準備囉!(手指著箭頭的起點,快速移到第二個黑點,停。)"fff"。

3. (依照步驟 2 重複練習語音 u、n、i、o 和 c。箭頭下沒有黑點時,記住手指要快速滑到箭頭末端。)

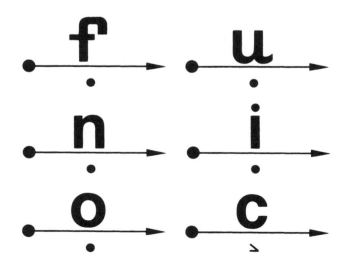

種子

任務 3　唸單字

1. 你現在要慢慢唸出這些單字的語音，然後你要快快唸。

（指著 **nut** 的起點。）唸出語音！（手指滑過單字下黑點。）"nnnuuut"。（重複直到穩固。）快快唸。（手指快速滑到箭頭的末端。）"nut"。這個單字怎麼唸？"nut"。

核果；
花生

2. （指著 **not** 的起點。）唸出語音！（手指滑過單字下黑點。）"nnnooot"。（重複直到穩固。）快快唸。（手指快速滑到箭頭的末端。）"not"。這個單字怎麼唸？"not"。

not

不；否定

3. （指著 **fēēt** 的起點。）唸出語音！（手指滑過單字下黑點。）"fffēēēt"。（重複直到穩固。）快快唸。（手指快速滑到箭頭的末端。）"feet"。這個單字怎麼唸？"feet"。

fēēt

腳
（複數）

任務 4　唸單字

1. 你現在要慢慢唸出這些單字的語音，然後你要快快唸。

（指著 **sēēd** 的起點。）唸出語音！（手指滑過單字下黑點。）"sssēēēd"。（重複直到穩固。）快快唸。（手指快速滑到箭頭的末端。）"seed"。這個單字怎麼唸？"seed"。

2. （指著 **run** 的起點。）唸出語音！（手指滑過單字下黑點。）"rrruuunnn"。（重複直到穩固。）快快唸。（手指快速滑到箭頭的末端。）"run"。這個單字怎麼唸？"run"。

跑

3. （指著 **fin** 的起點。）唸出語音！（手指滑過單字下黑點。）"fffiiinnn"。（重複直到穩固。）快快唸。（手指快速滑到箭頭的末端。）"fin"。這個單字怎麼唸？"fin"。

魚鰭

4. （指著 **sun** 的起點。）唸出語音！（手指滑過單字下黑點。）"sssuuunnn"。（重複直到穩固。）快快唸。（手指快速滑到箭頭的末端。）"sun"。這個單字怎麼唸？"sun"。

sun

太陽

5. （指著 **mud** 的起點。）唸出語音！（手指滑過單字下黑點。）"mmmuuud"。（重複直到穩固。）快快唸。（手指快速滑到箭頭的末端。）"mud"。這個單字怎麼唸？"mud"。

泥巴

6. （指著 **it** 的起點。）唸出語音！（手指滑過單字下黑點。）"iiit"。（重複直到穩固。）快快唸。（手指快速滑到箭頭的末端。）"it"。這個單字怎麼唸？"it"。

它

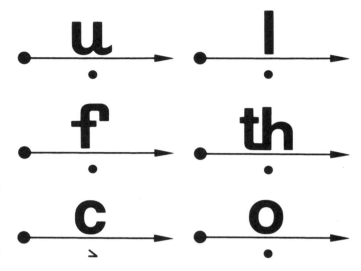

3. （依照步驟 2 重複練習語音 **l**、**f**、**th**、**c** 和 **o**。箭頭下沒有黑點時，記住手指要快速滑到箭頭末端。）

任務 5　語音

1. 現在你來唸唸右邊這些語音，有的語音可以慢慢唸，有的語音必須快快唸。仔細看每一個語音，別弄錯囉！

2. （指著 **u**。）你來唸這個語音。準備囉！（手指著箭頭的起點，快速移到第二個黑點。）"uuu"。

任務 6　朗讀

1. 現在你要試著唸唸看這個故事。手指著第一個字的起點。唸出語音！（學生指著語音唸出：）"aaannn"。這個字怎麼唸？"an"。

2. 唸出下個單字！（學生指著語音唸出：）"aaannnt"。這個字怎麼唸？"ant"。

3. （重複步驟 2 唸出故事裡其餘的單字。）

任務 7　翻譯

1. 仔細聽我來翻譯這個故事，我唸一句，翻譯一句。（老師手指第一個單字開始唸。）

老師唸	老師翻譯（以國語逐字說明，至明白為止）
An ant can eat a seed.	一隻螞蟻能吃一顆種子。
That seed is in the mud.	那顆種子在泥巴裡。

2. 現在我來唸英文，你來翻譯成國語。（老師手指第一個單字開始唸。）

老師唸	學生翻譯
An ant can eat a seed.	"一隻螞蟻能吃一顆種子。"
That seed is in the mud.	"那顆種子在泥巴裡。"

3. 現在換你來唸英文，我來翻譯成國語。（學生手指第一個單字開始唸。）

學生唸	老師翻譯
"An ant can eat a seed."	一隻螞蟻能吃一顆種子。
"That seed is in the mud."	那顆種子在泥巴裡。

4. 現在換我來唸國語，你來翻譯成英文。（學生手指第一個單字開始唸。）

老師唸	學生翻譯
一隻螞蟻能吃一顆種子。	"An ant can eat a seed."
那顆種子在泥巴裡。	"That seed is in the mud."

an · ant · can
ē_at · a · sēēd.
that · sēēd · is
in · thē · mud.

流暢性目標：11 秒

任務 8　圖片理解

1. 在下面這張圖片中你看到什麼？試試看用英文回答。（如果學生無法用英文回答，鼓勵先用中文回答。）"ant"、"seed"、"mud"。

2. 這是一隻什麼動物？"ant"。

3. 這隻螞蟻手裡拿著什麼？他在吃什麼？"seed"。

4. 這隻螞蟻坐在哪裡？"in the mud"。是的，他坐在泥土裡。

5. 這顆種子乾淨嗎？上面沾滿什麼？**That seed is in the mud.**

6. 你會吃被泥土蓋過的東西嗎？

任務 9　快快唸

1. 讓我們來快快唸。（指著 **thē**。）這個單字是（暫停）**the**。
（指著 **mud**。）這個單字是（暫停）**mud**。

2. （指著 **thē**。）我指著這個單字時，你要怎麼唸？"the"。（指著 **mud**。）我指著這個單字時，你要怎麼唸？"mud"。（重複直到穩固。）

3. 換我。（指著 **that**，暫停兩秒。）**that**。（指著 **sēēd**，暫停兩秒。）**seed**。（指著 **is**，暫停兩秒。）**is**。（指著 **in**，暫停兩秒。）**in**。

4. 換你。（學生唸時，指著單字下的黑點：）"the ... mud"。

5. （重複步驟 1-4 直到穩固。）

任務 10　找單字

1. 我現在要看你是不是可以在故事裡找到正確的單字。
請你仔細聽我唸，然後指出正確的單字。我會先唸出語音，再快快唸。

2. 第一個字，aaannn（暫停），**an**。（學生指出 **an**。）很好，答對了！
第二個字，cccaaannn（暫停），**can**。（學生指出 **can**。）很好，答對了！

第三個字，**sssēēēd**（暫停），**sēēd**。（學生指出 **sēēd**。）很好，答對了！

3. （重複步驟 2 至學生可以正確跟上。）

任務 11　語音書寫

1. 這是你要寫的第一個語音。（在第一條線的開頭寫個 **u**，指著 **u**。）這是什麼語音？"uuu"。

2. 先照著我這樣寫 **uuu**，然後在線上多寫幾次。（多次仿寫 **u** 後，學生能寫出三到五個

u。學生若有需要，給予協助。若學生寫對了就說：）你的 **uuu** 寫得真好！

3. 這是下一個你要練習寫的語音。（在第二條線的開頭寫個 **n**，指著 **n**）這是什麼語音？"nnn"。

4. 先照著我寫的 **nnn** 描一次，然後在線上多寫幾次。（多次仿寫 **n** 後，學生能寫出三到五個n。學生若有需要，給予協助。若學生寫對了就說：）你的 **nnn** 寫得真好！

LESSON 30

任務 1　語音

1. 請你唸出下面這些語音。

2. （指著 **u**。）準備囉！（手指著箭頭的起點，快速移到第二個黑點。）"uuu"。

3. （依照步驟 2 重複練習語音 **l**、**i**、**n**、**f** 和 **o**。）

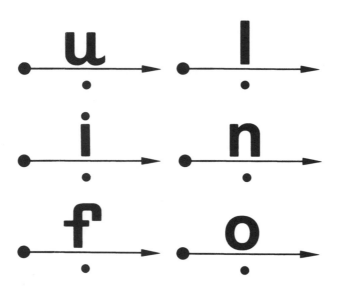

任務 2　唸單字

1. 你現在要慢慢唸出這些單字的語音，然後你要快快唸。

（指著 **and** 的起點。）唸出語音！（手指滑過單字下黑點。）"aaannnd"。（重複直到穩固。）快快唸。（手指快速滑到箭頭的末端。）"and"。這個單字怎麼唸？"and"。

2. 接下來，我們再練習一次用快快唸來唸。我會先手指三次這個單字，請你先用眼睛看，不要唸出聲音來，然後我要你開始唸時再開始快快唸。

（順著 **and** 的箭頭指三次，依序在每個音的黑點下稍作停頓。）

（回到起點。）好，換成快快唸。（移動至箭頭末端。）"and"。再一次。"and"。這個單字怎麼唸？"and"。你唸得很好。

和；與；以及

3. （指著 **sand** 的起點。）唸出語音！（手指滑過單字下黑點。）"sssaaannnd"。（重複直到穩固。）快快唸。（手指快速滑到箭頭的末端。）"sand"。這個單字怎麼唸？"sand"。

4. 接下來，我們再練習一次用快快唸來唸。我會先手指三次這個單字，請你先用眼睛看，不要唸出聲音來，然後我要你開始唸時再開始快快唸。

（順著 **sand** 的箭頭指三次，依序在每個音的黑點下稍作停頓。）

（回到起點。）好，換成快快唸。（移動至箭頭末端。）"sand"。再一次。"sand"。這個單字怎麼唸？"sand"。你唸得很好。

5. （指著 **land** 的起點。）唸出語音！（手指滑過單字下黑點。）"llllaaannnd"。（重複直到穩固。）快快唸。（手指快速滑到箭頭的末端。）"land"。這個單字怎麼唸？"land"。

6. 接下來，我們再練習一次用快快唸來唸。我會先手指三次這個單字，請你先用眼睛看，不要唸出聲音來，然後我要你開始唸時再開始快快唸。

   （順著 **land** 的箭頭指三次，依序在每個音的黑點下稍作停頓。）

   （回到起點。）好，換成快快唸。（移動至箭頭末端。）"land"。再一次。"land"。這個單字怎麼唸？"land"。你唸得很好。

任務 3　唸單字

1. 你現在要慢慢唸出這些單字的語音，然後你要快快唸。

   （指著 **little** 的起點。）唸出語音！（手指滑過單字下黑點。）"lllliiitlll"。（重複直到穩固。）快快唸。（手指快速滑到箭頭的末端。）"little"。這個單字怎麼唸？"little"。

2. （指著 **fill** 的起點。）唸出語音！（手指滑過單字下黑點。）"fffiiilll"。（重複直到穩固。）快快唸。（手指快速滑到箭頭的末端。）"fill"。這個單字怎麼唸？"fill"。

3. （指著 **lot** 的起點。）唸出語音！（手指滑過單字下黑點。）"lllooot"。（重複直到穩固。）快快唸。（手指快速滑到箭頭的末端。）"lot"。這個單字怎麼唸？"lot"。

4. （指著 **lid** 的起點。）唸出語音！（手指滑過單字下黑點。）"lllliiid"。（重複直到穩固。）快快唸。（手指快速滑到箭頭的末端。）"lid"。這個單字怎麼唸？"lid"。

5. （指著 **sick** 的起點。）唸出語音！（手指滑過單字下黑點。）"sssiiik"。（重複直到穩固。）快快唸。（手指快速滑到箭頭的末端。）"sick"。這個單字怎麼唸？"sick"。

6. （指著 **lick** 的起點）唸出語音！（手指滑過單字下的黑點。）"llliiik"。（重複直到穩固。）快快唸，（手指快速滑到箭頭的末端）"lick"。這個單字怎麼唸？"lick"。

lick 舔

任務4 語音

1. 現在你來唸唸右邊這些語音，有的語音可以慢慢唸，有的語音必須快快唸。仔細看每一個語音，別弄錯囉！

2. （指著**i**。）你來唸這個語音。準備囉！（手指著箭頭的起點，快速移到第二個黑點。）"i"。

3. （依照步驟2重複練習每一個語音。）

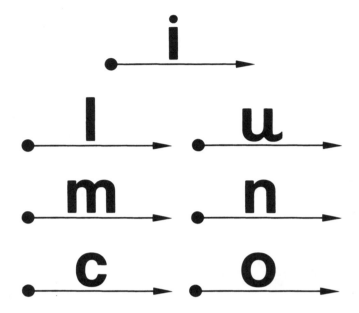

i

l   u

m   n

c   o

任務5 朗讀

1. 現在我們要唸這個故事，請你一邊指一邊唸出來。

2. 指出第一個字，唸出語音！"thththiiisss"。（學生指著 **th**、**i**、**s** 語音，慢慢依序唸出語音。）很好，再一次，來。"thththiiisss"。（回到起點。）現在快快唸。"this"。再一次，來。"this"。
   很好，**this** 就是「這」的意思。

3. （重複步驟2唸出故事裡的所有單字。）

任務6 翻譯

1. 仔細聽我來翻譯這個故事，我唸一句，翻譯一句。（老師手指第一個單字開始唸。）

老師唸	老師翻譯（以國語逐字說明，至明白為止）
This is a cat.	這是一隻貓。
The cat can run.	那隻貓能跑。
Mud is on the cat.	泥巴在貓身上。

2. 現在我來唸英文，你來翻譯成國語。（老師手指第一個單字開始唸。）

老師唸	學生翻譯
This is a cat.	"這是一隻貓。"
The cat can run.	"那隻貓能跑。"
Mud is on the cat.	"泥巴在貓身上。"

3. 現在換你來唸英文，我來翻譯成國語。（學生手指第一個單字開始唸。）

學生唸	老師翻譯
"This is a cat."	這是一隻貓。
"The cat can run."	那隻貓能跑。
"Mud is on the cat."	泥巴在貓身上。

4. 現在換我來唸國語，你來翻譯成英文。（學生手指第一個單字開始唸。）

老師唸	學生翻譯
這是一隻貓。	"This is a cat."
那隻貓能跑。	"The cat can run."
泥巴在貓身上。	"Mud is on the cat."

this · is · a · cat.

thē · cat · can

run. mud · is

on · thē · cat.

流暢性目標：10秒

任務7 圖片理解

1. 在下面這張圖片中你看到什麼？試試看用英文回答。（如果學生無法用英文回答，鼓勵先用中文回答。）"cat"、"mud"。

2. 這隻貓看起來怎麼了？沒錯，我們知道他會跑，而且我們也知道有一些泥巴在他身上。

3. 貓咪在做什麼？

4. 什麼東西黏在貓咪身上？

5. 貓咪正要去哪裡？

6. 你覺得那個人會讓貓咪進屋子嗎？

7. 如果是你是那個男人你會怎麼做？

任務8 快快唸

1. 讓我們來快快唸。（指著 **thē**。）這個單字是（暫停）**the**。
（指著 **cat**。）這個單字是（暫停）**cat**。

2. （指著 **thē**。）我指著這個單字時，你要怎麼唸？"the"。（指著 **cat**。）我指著這個單字時，你要怎麼唸？"cat"。（重複直到穩固。）

3. 換我。（指著 **mud**，暫停兩秒。）**mud**。
（指著 **is**，暫停兩秒。）**is**。（指著 **on**，暫停兩秒。）**on**。

4. 換你。（學生唸時，指著單字下的黑點：）"the … cat"。

5. （重複步驟 1-4 直到穩固。）

任務9 找單字

1. 我現在要看你是不是可以在故事裡找到正確的單字。
請你仔細聽我唸，然後指出正確的單字。我會先唸出語音！再快快唸。

2. 第一個字，**thththiiisss**（暫停），**this**。（學生指出 **this**。）很好，答對了！

3. （重複步驟 2 唸出 **the**、**this**、**the**、**run**、**this**、**the**、**run**。）

4. 你做得很好。

就說：）你的 uuu 寫得真好！

任務 10　語音書寫

1. 這是你要寫的第一個語音。（在第一條線的開頭寫個 u，指著 u。）這是什麼語音？"uuu"。

2. 先照著我這樣寫 uuu，然後在線上多寫幾次。（多次仿寫 u 後，學生能寫出三到五個 u。學生若有需要，給予協助。若學生寫對了

3. 這是下一個你要練習寫的語音。（在第二條線的開頭寫個 f，指著 f。）這是什麼語音？"fff"。

4. 先照著我寫的 fff 描一次，然後在線上多寫幾次。（多次仿寫 f 後，學生能寫出三到五個 f。學生若有需要，給予協助。若學生寫對了就說：）你的 fff 寫得真好！

LESSON 31

任務 1　語音介紹

1. （指著 w。）我現在要介紹這個新的語音，讓我來唸這個語音。（手指著箭頭起點，快速移到第二個黑點，停。）www。

2. 這次換你唸，我來指。（手指著箭頭的起點。）準備了。（手指著箭頭起點，快速移到第二個黑點，停。）"www"。

（糾正：如果學生唸錯，或沒有反應，必須糾正：）這個語音是 www。（重複步驟 2。）

3. （指著起點。）再來一次，準備了。（手指著箭頭的起點，快速地移到第二個黑點，停。）"www"。

任務 2　語音

1. 請你唸出下面這些語音。

2. （指著 l。）準備囉！（手指著箭頭的起點，快速移到第二個黑點。）"lll"。

3. （依照步驟 2 重複練習語音 n、i、m 和 f。）

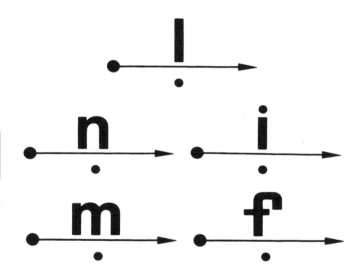

任務 3　唸單字

1. 你先慢慢唸出這些單字的語音，然後快快唸。

（指著 lock 的起點。）唸出語音！（手指滑過單字下黑點。）"llloook"。（重複直到穩

固。）快快唸。（手指快速滑到箭頭的末端。）"lock"。這個單字怎麼唸？"lock"。

2. （重複步驟 1 練習 and、sand、fun、luck、sun、little 和 lick。）

任務 **4** 快快唸單字

1. 現在你要用快快唸把所有的字唸一遍。
2. （指著 **lock** 的起點。）快快唸。（快速滑至箭頭末端。）"lock"。再一次。"lock"。
3. （指著 **and** 的起點。）快快唸。（快速滑至箭頭末端。）"and"。再一次。"and"。
4. （指著 **sand** 的起點。）快快唸。（快速滑至箭頭末端。）"sand"。再一次。"sand"。
5. （指著 **fun** 的起點。）快快唸。（快速滑至箭頭末端。）"fun"。再一次。"fun"。
6. （指著 **luck** 的起點。）快快唸。（快速滑至箭頭末端。）"luck"。再一次。"luck"。
7. （指著 **sun** 的起點。）快快唸。（快速滑至箭頭末端。）"sun"。再一次。"sun"。
8. （指著 **little** 的起點。）快快唸。（快速滑至箭頭末端。）"little"。再一次。"little"。
9. （指著 **lick** 的起點。）快快唸。（快速滑至箭頭末端。）"lick"。再一次。"lick"。
10. （重複練習，注意提醒學生小字母不發音。）

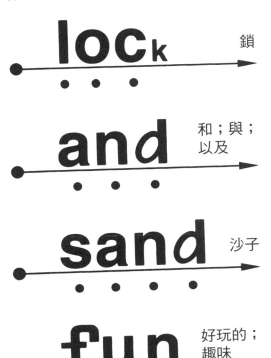

luck 運氣

sun 太陽

little 小小的

lick 舔

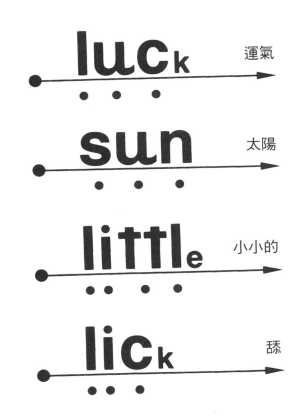

lock 鎖

and 和；與；以及

sand 沙子

fun 好玩的；趣味

任務 **5** 語音

1. 請你唸出下面這些語音。
2. （指著 **l**。）準備囉！（手指著箭頭的起點，快速移到第二個黑點，停。）"lll"。
3. （重複步驟 2 唸出 **w**、**u**、**a**、**i** 和 **ē**。）

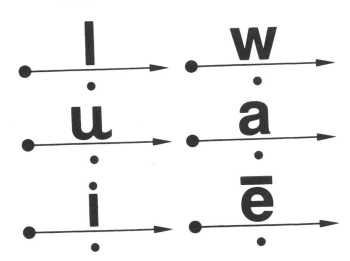

l w

u a

i ē

任務 6　找單字

1. 我們現在來看看這課的故事，這篇故事跟前面的故事不一樣。以前每個單字中間都會有方塊，現在統統都不見了。但是每個單字中間還留有空格，所以你還是可以分辨出每個單字。現在請你試試看一個一個指出所有的字。指出第一個字。

2. 指出下一個單字。

3. （重複步驟 2 指出所有的字。）

4. 你指得很好，現在不需要方塊，你也可以辨別出所有的單字。

任務 7　朗讀

1. 現在我們要唸這個故事，請你一邊指一邊唸出來。

2. 指出第一個字，這個字怎麼唸？"uh"。

3. 指出第二個字，唸出語音！"mmmaaannn"（學生指著 **m**、**a**、**n** 語音，慢慢依序唸出語音。）很好，再唸一次。"mmmaaannn"。（回到起點。）現在快快唸。"man"。再唸一次。"man"。很好，**man** 就是「男人」的意思。

4. （重複步驟 3 唸出所有單字。）

任務 8　翻譯

1. 仔細聽我來翻譯這個故事，我唸一句，翻譯一句。（老師手指第一個單字開始唸。）

老師唸	老師翻譯（以國語逐字說明，至明白為止）
A man sat in the sand.	一個男人坐在沙中。
A little ant can see the man.	一隻小螞蟻能看到那個男人。
The ant is mad.	那隻螞蟻很生氣。

2. 現在我來唸英文，你來翻譯成國語。（老師手指第一個單字開始唸。）

老師唸	學生翻譯
A man sat in the sand.	"一個男人坐在沙中。"
A little ant can see the man.	"一隻小螞蟻能看到那個男人。"
The ant is mad.	"那隻螞蟻很生氣。"

3. 現在換你來唸英文，我來翻譯成國語。（學生手指第一個單字開始唸。）

學生唸	老師翻譯
"A man sat in the sand."	一個男人坐在沙中。
"A little ant can see the man."	一隻小螞蟻能看到那個男人。
"The ant is mad."	那隻螞蟻很生氣。

4. 現在換我來唸國語，你來翻譯成英文。（學生手指第一個單字開始唸。）

老師唸	學生翻譯
一個男人坐在沙中。	"A man sat in the sand."
一隻小螞蟻能看到那個男人。	"A little ant can see the man."
那隻螞蟻很生氣。	"The ant is mad."

任務 9　圖片理解

1. 在下面這張圖片中你看到什麼？試試看用英文回答。（如果學生無法用英文回答，鼓勵先用中文回答。）"man"、"sand"、"ant"。

2. 這是一隻什麼動物？"ant"。

3. 這隻螞蟻怎麼了？"The ant is mad."

4. 這個男人在做什麼？他坐在哪裡？"A man sat in the sand."

5. 這隻螞蟻為什麼生氣？

6. 如果你是那隻螞蟻，你也會一樣生氣嗎？

a man sat in thē
sand. a littlₑ ant
can sēē thē man.
thē ant is mad.

任務 10 老師快快唸

1. 我要快快唸這個故事的第一部分，等一下會換你快快唸這一部分。
2. （指著 **a**。暫停。）**a**。
3. （重複步驟 2 唸出第一個句子的其他單字：**man**、**sat**、**in**、**the** 和 **sand**。）

任務 11 找單字

1. 我現在要看你是不是可以在故事裡找到正確的單字。
   請你仔細聽我唸，然後指出正確的單字。我會先唸出語音，再快快唸。
2. 第一個字，**sssaaat**（暫停），**sat**。（學生指出 **sat**。）很好，答對了！
3. （重複步驟 2 找出 **a**、**man**、**a**、**sat**、**man**、**sat**、**man**、**a** 和 **man**。）

任務 12 學生快快唸

1. 換你來快快唸這個故事的第一段。指著第一個單字快快唸，不要唸出語音，想好怎麼唸之後，快快唸，直接唸出來。（允許學生默唸語音。）"uh"。對了，**uh**。
2. 快快唸出第二個單字。（允許學生默唸語音。）"man"。對了，**man**。
3. （重複步驟 2 唸出 **sat**、**in**、**the** 和 **sand**。）你「快快唸」唸得很好。

（糾正：如果學生錯認了單字，必須糾正：）
唸出語音！這個單字怎麼唸？……很好，再來一次。（指著句子的第一個字。）慢慢來。這次唸唸看能不能完全正確。

任務 13　語音書寫

1. 這是你要寫的第一個語音。（在第一條線的開頭寫個 l，指著 l。）這是什麼語音？"lll"。

2. 先照著我這樣寫 lll，然後在線上多寫幾次。（多次仿寫 l 後，學生能寫出三到五個 l。學生若有需要，給予協助。若學生寫對了就說：）你的 lll 寫得真好！

3. 這是下一個你要練習寫的語音。（在第二條線的開頭寫個 m，指著 m。）這是什麼語音？"mmm"。

4. 先照著我寫的 mmm 描一次，然後在線上多寫幾次。（多次仿寫 m 後，學生能寫出三到五個 m。學生若有需要，給予協助。若學生寫對了就說：）你的 mmm 寫得真好！

LESSON 32

任務 1　語音

1. 下面這些語音，有的可以慢慢唸出語音，有的必須快快唸。仔細看，別弄錯囉！

2. （指著 o。）你來唸這個音，來。（手指著箭頭的起點，快速移到第二個黑點，停。）"ooo"。

3. （重複步驟 2 唸出 w、ē、a、i 和 u。）

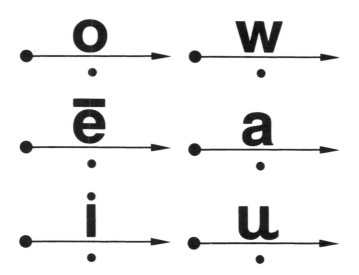

任務 2　唸單字

1. 現在你來唸唸看下面這個新的單字。

2. （指著 u、c、k。）我們先來唸唸看這幾個音，唸出語音！（依序指出 u 和 c 下的黑點。）"uuuk"。（重複練習至學生可以正確跟上。）

（回到起點。）好，快快唸。（移動至箭頭末端。）"uk"。再一次。"uk"。

3. （指著 d 下面的箭頭。）這個箭頭告訴我們，d 要快快唸，但是不可以停頓在這裡。記住，d 要唸出來，但不要停住，然後後面的音要跟著快快唸出來。

4. （指著 duck 的起點。）從頭開始，唸出語音！來。（依序指著黑點。）"duuuk"。再一次。"duuuk"。（重複練習至學生可以正確跟上。）

（回到起點。）好，換成快快唸。（移動至箭頭末端。）"duck"。再一次。"duck"。這個單字怎麼唸？"duck"。你唸得很好。（注意學生的發音不能在 d 和 u 之間停頓。）

鴨子

任務 3　唸單字

1. （指著 win 的起點。）唸出語音！來。（依序指著黑點。）"wwwiiinnn"。（重複練習至學生可以正確跟上。）

（回到起點。）快快唸！（移動至箭頭末端。）"win"。再一次。"win"。這個單字怎麼唸？"win"。

贏；勝過

2. （重複步驟 1 練習其他單字。）

will　將

luck　運氣

with　及；和

wē　我們

fill　裝填

fēēl　感覺

mud　泥巴

（任務4）唸單字

1. 現在我們要換一種方式來唸單字，剛剛唸單字的時候我們是先慢慢唸出每個語音，再用快快唸快速唸過去。現在我要請你一樣先用慢慢唸來唸，但是不能發出聲音。我會幫你慢慢指出每個語音，你在心裡用慢慢唸唸一遍。然後，我們再用快快唸，大聲唸出單字。

2. （指著 **duck** 的起點。）從頭開始，慢慢唸不能發出聲音喔，來。（依序指著黑點。）"duuuk"（無聲）。

（回到起點。）快快唸！（手指移動至箭頭末端。）"duck"。再一次。"duck"。這個單字怎麼唸？"duck"。你唸得很好。

3. （重複步驟 2 練習其他單字，注意提醒學生慢慢唸不發出聲音。）

（糾正：如果學生無法直接用快快唸唸出正確語音，可能是慢慢唸的過程中出現錯誤，必須回到將慢慢唸唸出聲音的練習。）

（指著 **duck** 的起點。）從頭開始，唸出語音！（依序指著黑點。）"duuuk"。再一次。"duuuk"。（重複練習至學生可以正確跟上。）

（回到起點。）快快唸！（手指移動至箭頭末端。）"duck"。再一次。"duck"。這個單字怎麼唸？"duck"。你唸得很好。

（任務5）語音

1. 請你唸出下面這些語音。

2. （指著 **w**。）準備囉。（手指著箭頭的起點，快速移到第二個黑點，停。）"www"。

3. （重複步驟 2 唸出 **u**、**f**、**n**、**l** 和 **th**。）

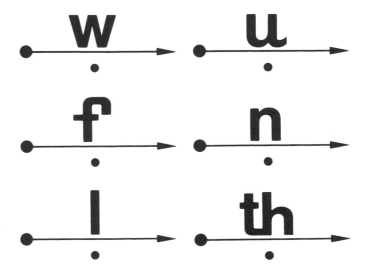

任務 6　朗讀

1. 現在我們要唸這個故事，請你一邊指一邊唸出來。指出第一個字，唸出語音！（學生指著 **th**、**i**、**s** 語音，慢慢依序唸出語音。）"thththiiisss"。這個字怎麼唸？"this"。

2. 指出下一個字，唸出語音！（學生指著 **l**、**i**、**tt**、**l** 語音，慢慢依序唸出語音。）"llliiitlll"。這個字怎麼唸？"little"。

3. （重複步驟 2 唸出故事中其餘的單字。）

任務 7　翻譯

1. 仔細聽我來翻譯這個故事，我唸一句，翻譯一句。（老師手指第一個單字開始唸。）

老師唸	老師翻譯（以國語逐字說明，至明白為止）
This little cat can run in sand.	這隻小貓能在沙子裡跑。
That little cat can sit on sand.	那隻小貓能坐在沙子上。
See the feet.	看他的腳。

2. 現在我來唸英文，你來翻譯成國語。（老師手指第一個單字開始唸。）

老師唸	學生翻譯
This little cat can run in sand.	"這隻小貓能在沙子裡跑。"
That little cat can sit on sand.	"那隻小貓能坐在沙子上。"
See the feet.	"看他的腳。"

3. 現在換你來唸英文，我來翻譯成國語。（學生手指第一個單字開始唸。）

學生唸	老師翻譯
"This little cat can run in sand."	這隻小貓能在沙子裡跑。
"That little cat can sit on sand."	那隻小貓能坐在沙子上。
"See the feet."	看他的腳。

4. 現在換我來唸國語，你來翻譯成英文。（學生手指第一個單字開始唸。）

老師唸	學生翻譯
這隻小貓能在沙子裡跑。	"This little cat can run in sand."
那隻小貓能坐在沙子上。	"That little cat can sit on sand."
看他的腳。	"See the feet."

任務 8　圖片理解

1. 請你仔細看下面這張圖片，然後回答老師的問題。

2. 在這圖片中你看到什麼動物？試試看用英文回答。（如果學生無法用英文回答，鼓勵先用中文回答。）"cat"。

3. 這隻 **cat** 正在做什麼？試試看用英文回答。（如果學生無法用英文回答，鼓勵先用中文回答。）"run"。

4. 這隻 **cat** 在什麼地方跑？試試看用英文回答。（如果學生無法用英文回答，鼓勵先用中文回答。）"sand"。

5. 你總共看到幾個腳印？

6. 小貓的腳上有什麼東西？

7. 你有過沙在你腳上的經驗嗎？

this little cat can

run in sand. that

little cat can sit

on sand. sēē thē fēēt.

流暢性目標：14秒

任務 9　快快唸

1. 我要快快唸這個故事的第一部分，等一下會換你快快唸這一部分。
2. （指著 **this**。暫停。）**this**。
3. （重複步驟 2 唸出第一個句子的其他單字：**little**、**cat**、**can**、**run**、**in** 和 **sand**。）

任務 10　找單字

1. 我現在要看你是不是可以在故事裡找到正確的單字。

   請你仔細聽我唸，然後指出正確的單字。我會先唸出語音！再快快唸。
2. 第一個字，**llliiitlll**（暫停），**little**。（學生指出 **little**。）
3. （重複步驟 2 找出 **can**、**little**、**can**、**cat**、**little**、**can** 和 **cat**。）
4. 你找單字，找得很好。

任務 11　學生快快唸

1. 換你來快快唸這個故事的第一段。指著第一

個單字快快唸，不要唸出語音，想好怎麼唸之後，快快唸，直接唸出來。"this"。
2. 快快唸出第二個單字。"little"。
3. （重複步驟 2 唸出 **cat**、**can**、**run**、**in** 和 **sand**。）
4. 你「快快唸」唸得很好。

任務 12　語音書寫

1. 這是你要寫的第一個語音。（在第一條線的開頭寫個 o，指著 o。）這是什麼語音？"ooo"。
2. 先照著我這樣寫 **ooo**，然後在線上多寫幾次。（多次仿寫 **o** 後，學生能寫出三到五個 **o**。學生若有需要，給予協助。若學生寫對了就說：）你的 **ooo** 寫得真好！
3. 這是下一個你要練習寫的語音。（在第二條線的開頭寫個 t，指著 t。）這是什麼語音？"t"。
4. 先照著我寫的 **t** 描一次，然後在線上多寫幾次。（多次仿寫 **t** 後，學生能寫出三到五個 **t**。學生若有需要，給予協助。若學生寫對了就說：）你的 **t** 寫得真好！

LESSON 33

任務 1　語音介紹

1. （指著 **g** 的起點。）這個音一定要快快唸。
   我先快快唸給你聽。（快快唸時，手指快速
   滑到箭頭的末端。）**g**。

2. 我再唸一次。（指著 **g** 的起點。）快快唸。
   （手指快速滑到箭頭的末端。）**g**。

3. （指著 **g** 的起點。）換你唸。（暫停）快快
   唸。（手指快速滑到箭頭的末端。）"**g**"。

（糾正：如果學生唸成 "guh"、"gah"或"gih"
時，必須糾正：）注意聽：**g**，快快唸。"**g**"。

任務 2　語音

1. 現在你來唸唸下面這些音，有的音可以慢慢
   唸出語音，有的音必須快快唸。仔細看每一
   個音，別弄錯囉！

2. （指著 **w**。）你來唸這個音，來。（手指著
   箭頭的起點，快速移到第二個黑點，停。）
   "**www**"。

3. （指著 **g**。）你來唸這個音，來。（手指快速
   移到箭頭的末端。）"**g**"。
   （以步驟 2 和 3 唸出"iii"、"aaa"、"ooo"、
   "**c**"。（如果語音和箭頭間沒有黑點，手指快
   速滑到箭頭的末端）

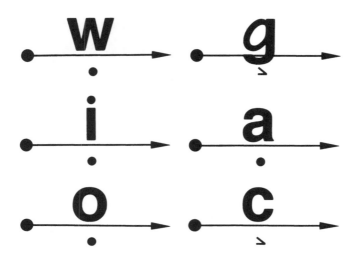

任務 3　唸單字

1. 現在你來唸唸看下面這個單字。

2. （指著 **u**、**c** 和 **k**。）我們先來唸唸看這幾個
   音，唸出語音！來。（依序指著 **u**、**c** 下的黑
   點。）"**uuuk**"。（重複練習至學生可以正確
   跟上。）
   （回到起點。）好，換成快快唸。（移動至
   箭頭末端。）"**uk**"。再一次。"**uk**"。

3. （指著 **d** 下面的箭頭。）這個箭頭告訴我們，
   d 要快快唸，不可以停頓在這裡。記住，**d** 要
   唸出來，但不要停住，然後後面的音要跟著
   快快唸出來。

4. （指著 **duck** 的起點。）從頭開始，唸出語
   音！來。（依序指著黑點。）"**duuuk**"。再
   一次。"**duuuk**"。（重複練習至學生可以正確
   跟上。）
   （回到起點。）快快唸。（移動至箭頭末
   端。）"**duck**"。再一次。"**duck**"。
   這個單字怎麼唸？"**duck**"。你唸得很好。
   （注意學生的發音不能在 **d** 和 **u** 之間停頓。）

任務4 唸單字

1. （指著 **wē** 的起點。）唸出語音！（依序指著黑點。）"wwwēēē"。（重複練習至學生可以正確跟上。）這單字怎麼唸？"we"。
2. （重複步驟 1 唸出 **win**、**cat**、**will**、**with**、**can**、**run** 和 **lick**。）

任務5 唸單字

1. 現在我們要換一種方式來唸單字，剛剛唸單字的時候我們是先慢慢唸出每個語音，再用快快唸快速唸過去。現在，我要請你先慢慢唸，但是不能發出聲音。我會幫你慢慢指出每個語音，你在心裡用慢慢唸唸一遍。然後，我們再用快快唸，大聲唸出單字。
2. （指著 **duck** 的起點。）從頭開始，慢慢唸不能發出聲音喔，來。（依序指著黑點。）"duuuk"（無聲）。
   （回到起點。）快快唸！（移動至箭頭末端。）"duck"。
   這個單字怎麼唸？"duck"。你唸得很好。
3. （重複步驟 2 練習其他單字，注意提醒學生慢慢唸不發出聲音。）

任務6 語音

1. 現在請你把下面的語音快速唸過一遍。
2. （指著 **g**。）快快唸。（手指快速移到箭頭的末端。）"g"。
3. （重複步驟 2 練習其他語音。）

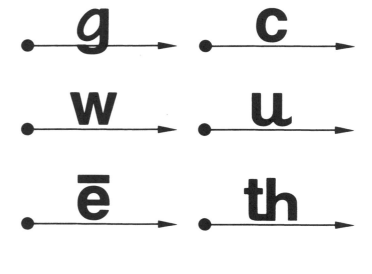

任務7 第一次朗讀

1. 現在我們要唸這個故事，請你指出第一行第一個字，唸出來。（學生指著並唸出：）"wwwēēē"。這個單字怎麼唸？"we"。

2. 唸出下個字的語音。（學生指著語音並唸出：）"sssēēē"。這個單字怎麼唸？"see"。

3. （重複步驟 2 唸出故事中其他的單字。）

任務8 翻譯

1. 仔細聽我來翻譯這個故事，我唸一句，翻譯一句。（老師手指第一個單字開始唸。）

老師唸	老師翻譯（以國語逐字說明，至明白為止）
We see a duck.	我們看到一隻鴨子。
We can sit in the sun with that duck.	我們可以和那隻鴨子一起坐在陽光裡。
It is fun in the sun.	在陽光裡很好玩。

2. 現在我來唸英文，你來翻譯成國語。（老師手指第一個單字開始唸。）

老師唸	學生翻譯
We see a duck.	"我們看到一隻鴨子。"
We can sit in the sun with that duck.	"我們可以和那隻鴨子一起坐在陽光裡。"
It is fun in the sun.	"在陽光裡很好玩。"

3. 現在換你來唸英文，我來翻譯成國語。（學生手指第一個單字開始唸。）

學生唸	老師翻譯
"We see a duck."	我們看到一隻鴨子。
"We can sit in the sun with that duck."	我們可以和那隻鴨子一起坐在陽光裡。
"It is fun in the sun."	在陽光裡很好玩。

4. 現在換我來唸國語，你來翻譯成英文。（學生手指第一個單字開始唸。）

老師唸	學生翻譯
我們看到一隻鴨子。	"We see a duck."
我們可以和那隻鴨子一起坐在陽光裡。	"We can sit in the sun with that duck."
在陽光裡很好玩。	"It is fun in the sun."

wē sēē a duck.

wē can sit in thē

sun with that duck.

it is fun in thē sun.

流暢性目標：17秒

任務 9　第二次朗讀

1. 我們再練習唸一次這些字，接著就要來圖片理解囉。指著第一條線的黑點準備唸這些字。

2. 第一個字，慢慢唸。"wwwēēē"。（如果不熟練可反覆練習。）快快唸。"we"。這個單字怎麼唸？"we"。

3. 下一個字，慢慢唸。"sssēēē"。（如果不熟練可反覆練習。）快快唸。"see"。這個單字怎麼唸？"see"。

4. 下一個字 **a**。"uh"。（如果不熟練可反覆練習。）

5. 下一個字，慢慢唸。"duuuk"。（如果不熟練可反覆練習。）快快唸。"duck"。這個單字怎麼唸？"duck"。

6. （重複前面步驟唸出所有單字。）

7. 現在再唸一次這篇故事，請你跟著我唸，**we see a duck**。"We see a duck."
請你仔細聽我的問題，試著回答我。我會先用英文問一遍，再用中文問一遍。**What do we see?** 故事裡說我們看到什麼？

8. "We see a duck." 很好，**duck** 就是「鴨子」的意思，**we see a duck**，我們看到一隻鴨子。

現在請你跟著我唸，**we can sit in the sun with that duck**，來。"We can sit in the sun with that duck"。
請你仔細聽我的問題，試著回答我。我會先用英文問一遍，再用中文問一遍。
What can we do with that duck? 我們可以跟這隻鴨子一起做什麼？
"We can sit in the sun with that duck." 很好，**sun** 就是「太陽」的意思，**we can sit in the sun with that duck**，我們可以跟鴨子一起坐在陽光裡。

9. 現在請你跟著我唸，**it is fun in the sun**，來。"It is fun in the sun."
請你仔細聽我的問題，試著回答我。我會先用英文問一遍，再用中文問一遍。
Where are we having fun? 我們可以在哪裡找到樂趣？
"It is fun in the sun." 很好，**fun** 就是「有趣、好玩」的意思，**it is fun in the sun**，所以坐在陽光裡、享受陽光是很有趣的事情。

任務 10　老師快快唸

1. 我先把這個故事的第一個句子快快唸一遍。等下換你快快唸這一段。

2. （指著 **wē**，暫停。） **we**。

3. （重複步驟 2 依序唸出第一個句子的其他單字：**see**、**a** 和 **duck**。）

任務 11　找單字

1. 我現在要看你是不是可以在故事裡找到正確的單字。

2. 第一個字（暫停） **we**。

3. （重複步驟 2 找出 **see**、**we**、**duck**、**see**、**duck** 和 **we**。）

4. 你找單字，找得很好。

任務 12　學生快快唸

1. 換你來快快唸這個故事的第一段。指著第一個單字快快唸，不要唸出語音，想好怎麼唸之後，快快唸，直接唸出來。"we"。

2. 快快唸出第二個單字。"see"。

3. （重複步驟 2 唸出 **a**、**duck**。）

4. 你「快快唸」唸得很好。

任務 13　語音書寫

1. 這是你要寫的第一個語音。（在第一條線的開頭寫個 **a**，指著 **a**。）這是什麼語音？"aaa"。

2. 先照著我這樣寫 aaa，然後在線上多寫幾次。（多次仿寫 **a** 後，學生能寫出三到五個 **a**。學生若有需要，給予協助。若學生寫對了就說：）你的 **aaa** 寫得真好！

3. 這是下一個你要練習寫的語音。（在第二條線的開頭寫個 **f**，指著 **f**。）這是什麼語音？"fff"。

4. 先照著我寫的 **fff** 描一次，然後在線上多寫幾次。（多次仿寫 **f** 後，學生能寫出三到五個 **f**。學生若有需要，給予協助。若學生寫對了就說：）你的 **fff** 寫得真好！

LESSON 34

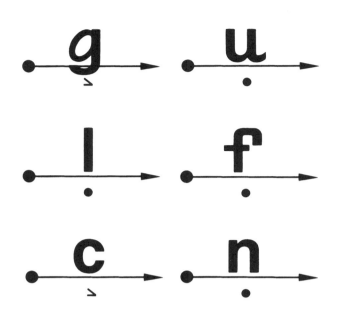

任務 1 語音

1. 右邊這些語音，有的可以慢慢唸出語音，有的必須快快唸。仔細看，別弄錯囉！

2. （指著 **g**。）你來唸這個音，來。（手指快速移到箭頭的末端。）"g"。

3. （指著 **l**。）你來唸這個音，來。（手指著箭頭的起點，快速移到第二個黑點，停。）"lll"。

4. （重複步驟讓學生唸出 **c**、**u**、**f** 和 **n**。如果語音和箭頭間沒有黑點，手指快速滑到箭頭的末端。）

任務 2 唸單字

（指著 **l**。）我來教你這個單字：l。這個單字怎麼唸？"l"。l 就是「我」的意思，你我的我。記住這個單字，等一下你會在故事裡看到這個單字。

任務 3 唸單字

1. 現在你來唸唸看下面這個單字。

2. （指著 **got**。）我們先來唸唸看這幾個音，唸出語音！來。（依序指著 **o**、**t** 下的黑點。）"ooot"。（重複練習至學生可以正確跟上。）

（回到起點。）好，換成快快唸。（移動至箭頭末端。）"ot"。再一次。"ot"。

3. （指著 **g** 下面的箭頭。）這個箭頭告訴我們，g 要快快唸，不可以停頓在這裡。記住，g 要唸出來，但不要停住，然後後面的音要跟著快快唸出來。

4. （指著 **got** 的起點。）從頭開始，唸出語音！來。（依序指著黑點。）"gooot"。再一次。"gooot"。（重複練習至學生可以正確跟上。）

（回到起點。）好，換成快快唸。（移動至箭頭末端。）"got"。再一次。"got"。

這個單字怎麼唸？"got"。你唸得很好。

（注意學生的發音不能在 **g** 和 **o** 之間停頓。）

任務 **4** 唸單字

1. （指著 **sun** 的起點。）唸出語音！來。（依序指著黑點。）"sssuuunnn"。（重複直練習至學生可以正確跟上。）

   （回到起點。）好，換成快快唸。（移動至箭頭末端。）"sun"。再一次。"sun"。

   這個單字怎麼唸？"sun"。

2. 你唸得很好，還記得怎麼拼尾音嗎？這個字 **sun** 裡面的 **un** 我們當作尾音，**sun** 的尾音是什麼？"un"。

   （指著 **sun** 的起點。）這個單字怎麼唸？"sun"。

   好，記住尾音是 **un**，我們來看下一個字。

3. （指著 **gun** 的起點。）這個字的尾音也是 **un**，這個字的尾音是什麼？"un"。

   好，慢慢唸這個字的語音，來。（依序指著黑點。）"guuunnn"。（重複練習至學生可以正確跟上。）

   （回到起點。）好，換成快快唸。（移動至箭頭末端。）"gun"。再一次。"gun"。

   這個單字怎麼唸？"gun"。

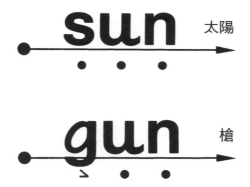

任務 **5** 唸單字

1. （指著 **win** 的起點。）唸出語音！（依序指著黑點。）"wwwiiinnn"。（重複直到穩固。）這個單字怎麼唸？"win"。

2. （重複步驟 1 唸出 **rug**、**rag**、**duck**、**luck** 和 **with**。）

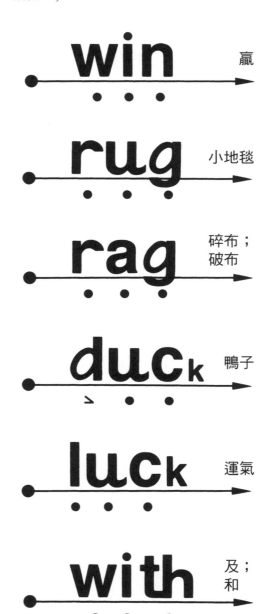

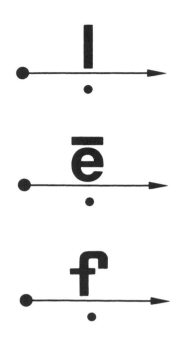

任務 6　唸單字

1. 現在我們要換方式來練習唸單字，慢慢唸時不要發出聲音，再換成用快快唸唸出聲音。我來指，你來唸。記住，指第一次是慢慢唸，指第二次是快快唸。

2. （指著 **win** 的起點。）從頭開始，慢慢唸不能發出聲音喔，來。（依序指著黑點。）"wwwiiinnn"（無聲）。
（回到起點。）好，換成快快唸。（移動至箭頭末端。）"win"。再一次。"win"。
這個單字怎麼唸？"win"。你唸得很好。

3. 現在我不提醒你，指第一次不能唸出語音！指第二次是快快唸。
（指著 **rug** 的起點。）來。（依序指著黑點。）"rrruuug"（無聲）。
（回到起點。）來。（移動至箭頭末端。）"rug"。

4. （重複步驟 2 和 3 練習其他單字，注意提醒學生慢慢唸時不發出聲音。）

任務 7　語音

1. 請你唸出下面這些語音，有的可以慢慢唸出語音，有的必須快快唸。仔細看，別弄錯囉！

2. （指著 **w**。）你唸這個音，來。（手指移到第二個黑點。）"www"。

3. （重複步驟 2 唸出 g、l、ē 和 f。）

任務 8　第一次朗讀

1. 現在我們要唸這個故事，請你指出第一個字，唸出語音！（學生指著語音並唸出：）"wwwēēē"。這個單字怎麼唸？"we"。

2. 唸下個字的語音！（學生指著語音並唸出：）"wwwiiilll"。這個單字怎麼唸？"will"。

3. （重複步驟 2 唸出故事中其他的單字。）

任務 9　翻譯

1. 仔細聽我來翻譯這個故事，我唸一句，翻譯一句。（老師手指第一個單字開始唸。）

老師唸	老師翻譯（以國語逐字說明，至明白為止）
We will run.	我們將要賽跑。
I will win.	我將要獲勝（贏）。
I am not a duck.	我不是一隻鴨子。
I am an ant.	我是一隻螞蟻。

2. 現在我來唸英文，你來翻譯成國語。（老師手指第一個單字開始唸。）

wē will run.

I will win.

I am not a duck.

I am an ant.

流暢性目標：12秒

老師唸	學生翻譯
We will run.	"我們將要賽跑。"
I will win.	"我將要獲勝（贏）。"
I am not a duck.	"我不是一隻鴨子。"
I am an ant.	"我是一隻螞蟻。"

任務 10 圖片理解

3. 現在換你來唸英文，我來翻譯成國語。（學生手指第一個單字開始唸。）

學生唸	老師翻譯
"We will run."	我們將要賽跑。
"I will win."	我將要獲勝（贏）。
"I am not a duck."	我不是一隻鴨子。
"I am an ant."	我是一隻螞蟻。

4. 現在換我來唸國語，你來翻譯成英文。（學生手指第一個單字開始唸。）

老師唸	學生翻譯
我們將要賽跑。	"We will run."
我將要獲勝（贏）。	"I will win."
我不是一隻鴨子。	"I am not a duck."
我是一隻螞蟻。	"I am an ant."

1. 在這幅圖中你看到什麼？
2. 這些螞蟻正準備做什麼？
3. 這些螞蟻準備做什麼？是的，我也覺得它們看起來正準備好要進行賽跑。
4. 你覺得哪隻螞蟻會贏？
5. 你參加過賽跑比賽嗎？

任務 **11** 第二次朗讀

1. 現在再唸一次這篇故事，請你跟著我唸，**we will run**，來，"we will run."
   請你仔細聽我的問題，試著回答我。我會先用英文問一遍，再用中文問一遍。
   What will we do? 故事裡說我們將要做什麼？
   "we will run." 很好，**will** 就是「即將、將要、快要」的意思，**we will run**，所以我們將要開始跑步了。

2. 現在請你跟著我唸，**I will win**，來。"I will win."
   請你仔細聽我的問題，試著回答我。我會先用英文問一遍，再用中文問一遍。
   Who will win? 誰將會贏？
   "I will win." 很好，**win** 就是「贏、得勝」的意思，**I will win**，是說我將會贏，我將會取得勝利。

3. 現在請你跟著我唸，**I am not a duck**，來。"I am not a duck."
   請你仔細聽我的問題，試著回答我。我會先用英文問一遍，再用中文問一遍。
   Am I a duck? 我是鴨子嗎？
   "I am not a duck." 很好，**I am not a duck**，是說我不是鴨子。

4. 現在請你跟著我唸，**I am an ant**，來。"I am an ant."
   請你仔細聽我的問題，試著回答我。我會先用英文問一遍，再用中文問一遍。
   Who am I? 我是誰？
   "I am an ant." 很好，**ant** 就是「螞蟻」的意思，**I am an ant**，是說我是一隻螞蟻。

任務 **12** 老師快快唸

1. 我先快快唸一遍這個故事第一句。等下換你快快唸這一句。

2. （指著 **wē**。）we（暫停）。

3. （重複步驟 2 依序唸出第一段的其他單字：**will** 和 **run**。）

任務 **13** 找單字

1. 我現在要看你是不是可以在故事裡找到正確的單字。

2. 第一個字（暫停）**we**。

3. （重複步驟 2 找出 **will**、**we**、**run**、**we**、**run**、**will** 和 **we**。）

4. 你找單字，找得很好。

任務 **14** 學生快快唸

1. 換你來快快唸故事的第一句。指著起點，快快唸。"we"。

2. 下一個字。"will"。

3. 下一個字。"run"。

4. 你「快快唸」唸得很好。

任務 **15** 語音書寫

1. 這是你要寫的第一個語音。（在第一條線的開頭寫個 **c**，指著 **c**。）這是什麼語音？"c"。

2. 先照著我這樣寫 **c**，然後在線上多寫幾次。（多次仿寫 **c** 後，學生能寫出三到五個 **c**。學生若有需要，給予協助。若學生寫對了就說：）你的 **c** 寫得真好！

3. 這是下一個你要練習寫的語音。（在第二條線的開頭寫個 **g**，指著 **g**。）這是什麼語音？"g"。

4. 先照著我寫的 **g** 描一次，然後在線上多寫幾次。（多次仿寫 **g** 後，學生能寫出三到五個 **g**。學生若有需要，給予協助。若學生寫對了就說：）你的 **g** 寫得真好！

LESSON 35

任務1　語音介紹

1. （指著 **sh**。）我現在要介紹這個新的語音，讓我來唸這個語音。（手指著箭頭起點，快速移到第二個黑點，停。）**shshsh**。

2. 換你唸，我來指。（手指著箭頭的起點。）準備了。（快速移到第二個黑點，停。）"shshsh"。

> （**糾正**：如果學生唸錯，或沒有反應，必須糾正：）這個語音是 **shshsh**。（重複步驟 2。）

3. （指著起點。）再來一次，準備了。（快速地移到第二個黑點，停。）"shshsh"。

任務2　語音

1. 下面這些語音，有的可以慢慢唸出語音，有的必須快快唸。仔細看，別弄錯囉！

2. （指著 **g**。）準備囉！（手指快速移到箭頭末端。）"g"。

3. （重複步驟 2 唸出 **w**、**l**、**sh**、**d** 和 **o**。）

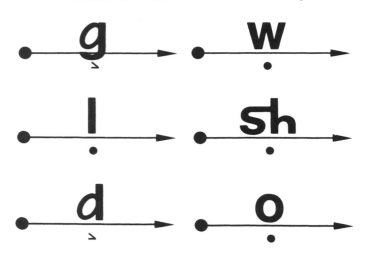

任務3　唸單字

1. （指著 **lot** 的起點。）唸出語音！（依序指著黑點。）"lllooot"。（重複練習至學生可以正確跟上。）

   （回到起點。）好，換成快快唸。（移動至箭頭末端。）"lot"。再一次。"lot"。
   這個單字怎麼唸？"lot"。

2. （重複步驟 1 唸出 **rug**、**got**、**log**、**little**、**lick**、**win**、**wē** 和 **duck**。）

多的

小地毯

有；得到

木頭；原木

小小的

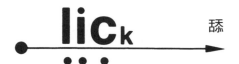

舔

 贏

 我們

 鴨子

任務 4　唸單字

　　（指著 l 的起點。）先唸這個字，l，這個單字怎麼唸？"l"。

　　很好，這個字唸 l，l 就是「我」的意思。你要記住這個單字，l 會常常在故事中出現。

任務 5　唸單字

1. 現在我們要換一種方式來唸單字，剛剛唸單字的時候我們是先慢慢唸出每個語音，再用快快唸快速唸過去。現在我要請你一樣先用慢慢唸來唸，但是不能發出聲音。我會幫你慢慢指出每個語音，你在心裡用慢慢唸唸一遍。然後，我們再用快快唸，大聲唸出單字。

2. （指著 lot 的起點。）從頭開始，慢慢唸不能發出聲音喔，來。（依序指著黑點。）"lllooot"。再一次。"lllooot"。

　　（回到起點。）好，換成快快唸，大聲唸出來。（移動至箭頭末端。）"lot"。再一次。"lot"。

3. （重複步驟 2 練習任務 3 的其餘單字，注意提醒學生慢慢唸不發出聲音。）

任務 6　語音

1. 下面這些語音，有的可以慢慢唸出語音，有的必須快快唸。仔細看，別弄錯囉！

2. （指著 sh。）你來唸這個語音，來。（手指著箭頭的起點，快速移到第二個黑點，停。）"shshsh"。

3. （重複步驟 2 唸出"g"、"th"、"l"、"w"和"u"，箭頭下沒有黑點時，記住手指要快速滑到箭頭末端。）

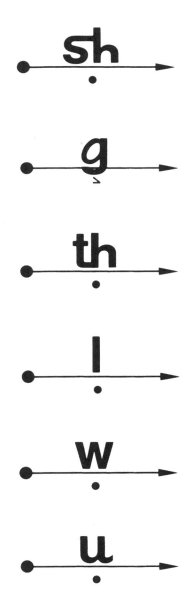

任務 7　第一次朗讀

1. 現在我們要唸這個故事，請你一邊指一邊唸出來。

2. 指出第一個字，慢慢唸這個字 **a**，來。"uh"。

3. 請你指出第二個字，唸出語音！"caaat"。（學生指著 **c**、**a**、**t** 語音，慢慢依序唸出語音。）很好，再一次，來。"caaat"。（回到起點。）快快唸。"cat"。

4. （重複步驟 2 和 3 唸出故事中其他的單字。）

任務 8　翻譯

1. 仔細聽我來翻譯這個故事，我唸一句，翻譯一句。（老師手指第一個單字開始唸。）

老師唸	老師翻譯（以國語逐字說明，至明白為止）
A cat sat on a little rug.	一隻貓坐在一張小地毯上。
The cat got mud on that rug.	那隻貓沾了泥巴在地毯上。
Mom got mad at the cat.	媽對那隻貓生氣了。

2. 現在我來唸英文，你來翻譯成國語。（老師手指第一個單字開始唸。）

老師唸	學生翻譯
A cat sat on a little rug.	"一隻貓坐在一張小地毯上。"
The cat got mud on that rug.	"那隻貓沾了泥巴在地毯上。"
Mom got mad at the cat.	"媽對那隻貓生氣了。"

3. 現在換你來唸英文，我來翻譯成國語。（學生手指第一個單字開始唸。）

學生唸	老師翻譯
"A cat sat on a little rug."	一隻貓坐在一張小地毯上。
"The cat got mud on that rug."	那隻貓沾了泥巴在地毯上。
"Mom got mad at the cat."	媽對那隻貓生氣了。

4. 現在換我來唸國語，你來翻譯成英文。（學生手指第一個單字開始唸。）

a cat sat on a

littlₑ rug. thē

cat got mud on that

rug. mom got mad

at thē cat.

流暢性目標：16 秒

老師唸	學生翻譯
一隻貓坐在一張小地毯上。	"A cat sat on a little rug."
那隻貓沾了泥巴在地毯上。	"The cat got mud on that rug."
媽對那隻貓生氣了。	"Mom got mad at the cat."

任務 9　第二次朗讀

1. 現在再唸一次這篇故事，請你跟著我唸，**a cat sat on a little rug**，來。"a cat sat on a little rug."

   請你仔細聽我的問題，試著回答我。我會先用英文問一遍，再用中文問一遍。

   Where did a cat sit? 故事裡說這隻貓坐在哪裡？

   "a cat sat on a little rug." 很好，**rug** 就是「地毯」的意思，**a cat sat on a little rug**，所以這隻貓坐在小地毯上。

2. 現在請你跟著我唸，**the cat got mud on that rug**，來。"the cat got mud on that rug."

   請你仔細聽我的問題，試著回答我。我會先用英文問一遍，再用中文問一遍。

   What did the cat do? 這隻貓做了什麼？

   "the cat got mud on that rug." 很好，**mud** 就是「泥巴」的意思，**the cat got mud on that rug**，所以這隻貓把泥巴弄到地毯上了。

3. 現在請你跟著我唸，**Mom got mad at the cat**，來。"Mom got mad at the cat."

   請你仔細聽我的問題，試著回答我。我會先用英文問一遍，再用中文問一遍。

   How did Mom feel about the cat? 媽媽對這隻貓的心情是什麼？

   "Mom got mad at the cat." 很好，**Mom got mad at the cat**，所以媽媽對這隻貓很生氣。

任務 10　老師快快唸

1. 我先快快唸一遍第一句。等下換你快快唸這一段。
2. （指著 **a**。）uh（暫停）。
3. （重複步驟 2 依序唸出第一句其餘的單字：**cat**、**sat**、**on**、**a**、**little** 和 **rug**。）

任務 11　找單字

1. 我現在要看你是不是可以在故事裡找到正確的單字。
2. 第一個字（暫停）cat。
3. （重複步驟 2 找出 **sat**、**rug**、**on**、**little** 和 **cat**。）
4. 你找單字，找得很好。

任務 12　學生快快唸

1. 換你來快快唸這個故事的第一個句子。第一個單字。"uh"。
2. 下一個單字。"cat"。
3. （重複步驟 2 唸出 **sat**、**on**、**a**、**little** 和 **rug**。）
4. 你「快快唸」唸得很好。

任務 13　圖片理解

1. 現在我會先用英文問你問題，請你仔細聽；然後我會用同樣意思的中文再問你一次。

2. **What do you see in the picture?**
   在上面這張圖片中你看到什麼？試試看用英文回答。（如果學生無法用英文回答，鼓勵先用中文回答。）"mom"、"cat"、"rug"。

3. **Look at Mom. How do you think she feels?**
   看看媽媽，你覺得她現在心情怎樣？
   "Mom got mad."

4. **Where does the cat sit?**
   這隻貓現在坐在哪兒？"on a little rug."

任務 14　語音書寫

1. （在第一條線的開頭寫個 **g**，指著 **g**。）這是什麼語音？"g"。

2. 先照著我這樣寫 **g**，然後在線上多寫幾次。（多次仿寫 **g** 後，學生能寫出三到五個 **g**。學生若有需要，給予協助。若學生寫對了就說：）你的 **g** 寫得真好！

3. 這是下一個你要練習寫的語音。（在第二條線的開頭寫個 **d**，指著 **d**。）這是什麼語音？"d"。

4. 先照著我寫的 **d** 描一次，然後在線上多寫幾次。（多次仿寫 **d** 後，學生能寫出三到五個 **d**。學生若有需要，給予協助。若學生寫對了就說：）你的 **d** 寫得真好！

LESSON 36

任務 1　語音

1. 右邊這些語音，有的可以慢慢唸出語音，有的必須快快唸。仔細看，別弄錯囉！

2. （指著 **g**。）你來唸這個語音。準備囉！（手指快速滑到箭頭末端。）"g"。

3. （依照步驟 2 重複練習語音 **sh**、**th**、**f**、**l** 和 **w**。箭頭下沒有黑點時，記住手指要快速滑到箭頭末端。）

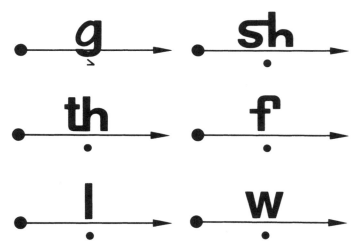

任務2 唸單字

1. （指著 **said** 的起點。）這裡有一個新的單字。唸出語音。（指著黑點讓學生唸：）"sssaaaiiid"。

（糾正：如果學生唸成"ssseeed"，必須指著 **a** 糾正：）這個音是 aaa，你來唸唸看這個語音。（重複唸出語音。）

2. 唸出語音時這樣唸沒錯，但這個字是個例外字，不能這樣唸，你聽我唸這個字。（暫停）**said**（sed）。這個字要怎麼唸？"sed"。對了，**said**（sed）是一個發音不規則的例外字。

3. （回到起點。）再唸出語音一次。（指著黑點讓學生唸：）"sssaaaiiid"。但這個字該怎麼唸？"sed"。對了，**said**（sed）就是「說」的意思。（重複練習至學生可以正確跟上。）

任務3 唸單字

1. （指著 **got** 裡 **g** 下面的箭頭。）記住，g 要唸出來，但不要停住，然後後面的音要跟著快快唸出來。

2. （指著 **got** 的起點。）唸出語音，準備囉！"gooot"。（重複練習至學生可以正確跟上。）這是什麼字？"got"。對了，這是 **got**。

3. （指著 **rug** 的起點。）唸出語音，準備囉！"rrruuug"。（重複練習至學生可以正確跟上。）這是什麼字？"rug"。對了，這是 **rug**。

4. （重複步驟3練習 **log**、**she**、**shot**、**shack**、**we**、**run** 和 **sick**。）

5. 現在準備了，你要來快快唸這些單字喔！

6. （指著 **got** 的起點。）快快唸。（手指快速滑到箭頭末端。）"got"。是的，"got"。

7. （重複步驟6練習其他單字。）

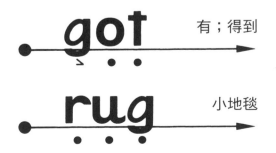

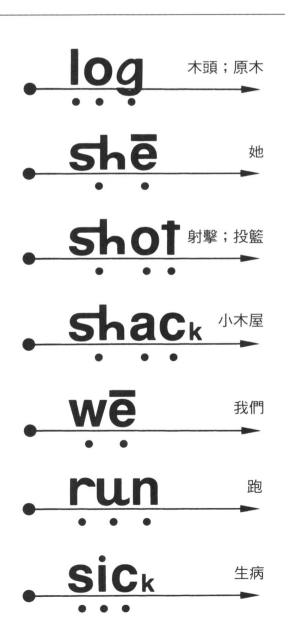

字母拼讀直接教學
100課

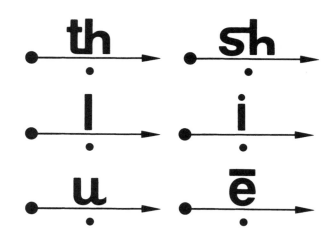

任務4　語音

1. 現在你來唸唸右邊這些語音。
2. （指著 **th**。）準備囉！（手指著箭頭的起點，快速移到第二個黑點，停。）"ththth"。
3. （重複步驟 2 練習 **sh**、**l**、**i**、**u** 和 **ē**。）

任務5　第一次朗讀

1. 你現在要來看一篇故事，用手指著第一行，這個單字怎麼唸？"I"。
2. 現在我們來試下一個單字。（學生指著並且唸出：）"aaammm"。這單字怎麼唸？"am"。
3. （重複步驟 2 唸出故事中其他的單字。）

任務6　翻譯

1. 仔細聽我來翻譯這個故事，我唸一句，翻譯一句。（老師手指第一個單字開始唸。）

老師唸	老師翻譯
I am a log.	我是一個原木。
I can not run.	我不能跑。
I can not sit on an ant.	我不能坐在一隻螞蟻身上。
An ant will sit on me.	一隻螞蟻將坐在我身上。

2. 現在我來唸英文，你來翻譯成國語。（老師手指第一個單字開始唸。）

老師唸	學生翻譯
I am a log.	"我是一個原木。"
I can not run.	"我不能跑。"
I can not sit on an ant.	"我不能坐在一隻螞蟻身上。"

An ant will sit on me.	"一隻螞蟻將坐在我身上。"

3. 現在換你來唸英文，我來翻譯成國語。（學生手指第一個單字開始唸。）

學生唸	老師翻譯
"I am a log."	我是一個原木。
"I can not run."	我不能跑。
"I can not sit on an ant."	我不能坐在一隻螞蟻身上。
"An ant will sit on me."	一隻螞蟻將坐在我身上。

4. 現在換我來唸國語，你來翻譯成英文。（學生手指第一個單字開始唸。）

老師唸	學生翻譯
我是一個原木。	"I am a log."
我不能跑。	"I can not run."
我不能坐在一隻螞蟻身上。	"I can not sit on an ant."
一隻螞蟻將坐在我身上。	"An ant will sit on me."

任務7　第二次朗讀

1. 請你再讀一次這個故事，當你讀到一個句點，我將會問你一些問題。（指著文章 **log** 後面的句點。）這裡是文章的第一個句點，它是一個跟在單字後的小黑點。當你唸到這裡的時候停下來，我會問一些問題，唸出這些

I am a log.
I can not run.
I can not sit on
an ant. an ant
will sit on mē.

流暢性目標：14秒

單字並且告訴我這是什麼單字，要唸出所有的單字，唸到句點為止。

2. （在學生讀完"I am a log"之後問：）我是誰？是的，有一根 log 在跟我們說故事，log 就是這根原木。（手指圖中原木。）

3. （指著 run 後面的句點。）現在繼續讀下一個單字，一直讀到這一個句點，我會問別的問題。（在學生讀完"I can not run"之後問：）請問 log 說了些什麼？

4. （指著 ant 後面的句點。）現在繼續讀下一個單字，一直讀到這一個句點。（在學生讀完"I can not sit on an ant"之後問：）請問 log 能不能坐在螞蟻上面？

5. （指著 me 後面的句點。）現在繼續讀下一個單字，一直讀到這一個句點。（在學生讀完"an ant will sit on me"之後問：）螞蟻對 log 做了什麼？

5. 那隻螞蟻在做什麼？

6. 為什麼那些動物要坐在 log 上面？是的，他們正在看遊行。

任務8　圖片理解

1. 在右邊這個圖中你有看到什麼？

2. 看著圖並且回答一些問題。

3. 告訴我 log 在哪裡？

4. 你在 log 上面看到什麼？

任務9　老師快快唸

1. 我現在要快快唸第一段，我唸完換你唸。

2. （指著 I，暫停。）I。

3. （重複步驟 2 唸出第一個句子其餘的單字：am、a 和 log。）

任務 10 找單字

1. 接下來，你要找這篇故事第一行中的單字。
2. 要找的字是（暫停）**log**。
3. （重複步驟 2 找出 **am**、**log**、**l**、**log**、**l**、**am** 和 **log**。）
4. 你找單字，找得很好。

任務 11 學生快快唸

1. 換你快快唸這故事的第一段，第一個字。 "**l**"。
2. 下一個單字。"**am**"。
3. （重複步驟 2 唸出 **a** 和 **log**。）
4. 你「快快唸」唸得很好。

任務 12 語音書寫

1. 這是你第一個要寫的語音。（在第一條線的開頭寫個 **s**，指著 **s**。）這是什麼語音？"**sss**"。
2. 先照著我這樣寫 **sss**，然後在線上多寫幾次。 （多次仿寫 **s** 後，學生能寫出三到五個 **s**。學生若有需要，給予協助。若學生寫對了就說：）你的 **sss** 寫得真好！
3. 這是下一個你要練習寫的語音。（在第二條線的開頭寫個 **u**，指著 **u**。）這是什麼語音？"**uuu**"。
4. 先照著我寫的 **uuu** 描一次，然後在線上多寫幾次。（多次仿寫 **u** 後，學生能寫出三到五個 **u**。學生若有需要，給予協助。若學生寫對了就說：）你的 **uuu** 寫得真好！

LESSON 37

任務 1 語音介紹

1. （指著 **ā**。）這是一個新的語音，我會指著這個語音，並且唸出這個語音來。（手指著箭頭的起點，快速地移到第二個黑點，停。） **āāā**。
2. 這次換你唸，我來指。（手指著箭頭的起點。）準備囉！（快速移到第二個黑點，停。）"**āāā**"。

（糾正：如果學生唸錯，或沒有反應，必須糾正：）這個音是 **āāā**。（重複步驟 2。）

3. （指著起點。）再來一次，準備了。（快速移到第二個黑點，停。）"**āāā**"。

任務 2 語音

1. 下面這些語音，有的可以慢慢唸出語音，有的必須快快唸。仔細看，別弄錯囉！
2. （指著 **a**。）你來唸這個語音，來。（手指著箭頭的起點，快速移到第二個黑點，停。） "**aaa**"。
3. （重複步驟 2 練習 **c**、**o**、**g**、**ā** 和 **sh**。如果語音和箭頭間沒有黑點，手指快速滑到箭頭的末端。）

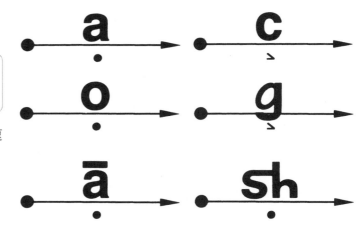

任務3　唸單字

1. （指著 said 的起點。）我們又看到這個新單
   字了。唸出語音。（指著黑點讓學生唸：）
   "sssaaaiiid"。
2. 但這個字是個例外字，不能這樣唸，你聽我
   唸這個字。（暫停）**said**（sed）。這個字要
   怎麼唸？"sed"。對了，**said**（sed），它是
   一個發音不規則的例外字。
3. （回到起點。）再一次。（指著黑點讓學生
   唸：）"sssaaaiiid"。這個字該怎麼唸。"sed"。
   對了，**said**（sed）。**said**（sed）就是「說」
   的意思。（重複練習至學生可以正確跟
   上。）

任務4　唸單字

1. （指著 **shack** 的起點。）唸出來。（依序指
   著黑點。）"shshshaaak"。
   （重複練習至學生可以正確跟上。）怎麼
   唸？"shack"。
2. （重複步驟 1 練習 **she**、**we**、**fill**、**will**、
   shot、**got**、**lot**、**not** 和 **feel**。）
3. 現在你要把所有的字快快唸。
4. （指著 **shack** 的起點，暫停三秒。）快快
   唸。（移動至箭頭末端。）"shack"。對了，
   shack。
5. （重複步驟 4 練習其他的單字。）

任務 **5** 語音

1. 請唸出下面這些語音。
2. （指著 **a**。）準備囉！（手指著箭頭的起點，快速移到第二個黑點。）"aaa"。
3. （依照步驟 2 重複練習語音 **ā**、**ē**、**u**、**n** 和 **sh**。

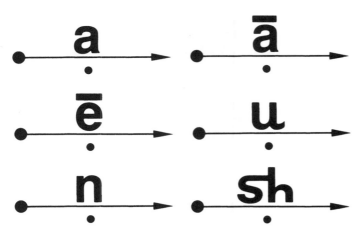

任務 **6** 第一次朗讀

1. 現在你要來讀一篇故事，用手指著第一條線下面的黑點，把第一個字唸出來。（學生指著第一個字並唸：）"sssēēē"。怎麼唸？"see"。
2. 唸下一個字。（學生指著第二個字並唸：）"thththaaat"。怎麼唸？"that"。
3. （重複步驟 2 唸出故事中其他的單字。）

任務 **7** 翻譯

1. 仔細聽我來翻譯這個故事，我唸一句，翻譯一句。（老師手指第一個單字開始唸。）

老師唸	老師翻譯
See that little shack.	看那個小木屋。
Sand is in the shack.	沙子都進了木屋。
We will run in the sand.	我們將在沙地裡奔跑。

2. 現在我來唸英文，你來翻譯成國語。（老師手指第一個單字開始唸。）

老師唸	學生翻譯
See that little shack.	"看那個小木屋。"
Sand is in the shack.	"沙子都進了木屋。"
We will run in the sand.	"我們將在沙地裡奔跑。"

3. 現在換你來唸英文，我來翻譯成國語。（學生手指第一個單字開始唸。）

學生唸	老師翻譯
"See that little shack."	看那個小木屋。
"Sand is in the shack."	沙子都進了木屋。
"We will run in the sand."	我們將在沙地裡奔跑。

4. 現在換我來唸國語，你來翻譯成英文。（學生手指第一個單字開始唸。）

老師唸	學生翻譯
看那個小木屋。	"See that little shack."
沙子都進了木屋。	"Sand is in the shack."
我們將在沙地裡奔跑。	"We will run in the sand."

任務 **8** 第二次朗讀

1. 現在你要再把這個故事唸一遍。這一次每當你指到句點的時候我會問你一些問題。（用手指著 **shack** 後的句點。）這是第一個句點，它是一個小黑點，會出現在字的後面，當你指到這個句點的時候，停下來，我會問你一個問題。現在，把每一個字都唸唸看，然後告訴我這些字。把句點前的每一個字都唸唸看。
2. （在學生唸完"see that little shack"之後問：）這個故事在說什麼？對了，shack 是一間小房子。（Shack is a little house.）

sēē that littlₑ shacₖ.

sand is in thē shacₖ.

wē will run in thē sand.

3. （用手指著第二條線 **shack** 後面的句點。）現在唸下一個字，一直唸到這個句點之前，然後我會問你另外一個問題。（在學生唸完 "sand is in the shack" 之後問：）shack 的裡面有什麼？（What is in the shack?）

4. （用手指著 **sand** 後面的句點。）現在唸下一個字，一直唸到這個句點之前。（在學生唸完 "we will run in the sand" 之後問：）我們要去做什麼？（What are we going to do?）

任務 9 **圖片理解**

1. 告訴我你在右邊這張圖片裡面看到了什麼東西？
2. 看著這張圖片，準備好回答一些問題。
3. 告訴我 shack 在哪裡？
4. 你在 shack 裡面看到了什麼？這個 shack 可能在海灘上面。
5. 誰要去 shack 裡面玩？
6. 這些小孩會在 shack 裡面做什麼？
7. 如果你是這些小孩之中的一個，你會做什麼？

任務 10 **老師快快唸**

1. 我現在要快快唸這個故事的第一部分，等一下，要換你快快唸這個部分。
2. （用手指著 **sēē**，停。）see。
3. （重複步驟 2 唸出第一個句子其餘的單字：**that**、**little** 和 **shack**。）

任務 11 **找單字**

1. 現在你要找一個字，它在這個故事最上面一行。
2. 找到這個字（暫停）**little**。
3. （重複步驟 2 找出 **see**、**little**、**shack**、**little**、**see**、**shack** 和 **little**。）
4. 你找單字，找得很好。

任務 **12**　學生快快唸

1. 換你快快唸這個故事的第一部分，第一個字。"see"。
2. 下一個字。"that"。
3. （重複步驟 2 唸 **little** 和 **shack**。）
4. 你「快快唸」唸得很好。

任務 **13**　語音書寫

1. 這是你第一個要寫的語音。（在第一條線的開頭寫個 **f**，指著 **f**。）這是什麼語音？"fff"。
2. 先照著我這樣寫 **fff**，然後在線上多寫幾次。（多次仿寫 **f** 後，學生能寫出三到五個 **f**。學生若有需要，給予協助。若學生寫對了就說：）你的 **fff** 寫得真好！
3. 這是下一個你要練習寫的語音。（在第二條線的開頭寫個 **g**，指著 **g**。）這是什麼語音？"g"。
4. 先照著我寫的 **g** 描一次，然後在線上多寫幾次。（多次仿寫 **g** 後，學生能寫出三到五個 **g**。學生若有需要，給予協助。若學生寫對了就說：）你的 **g** 寫得真好！

LESSON 38

任務 **1**　語音

1. 請唸出右邊這些語音。
2. （指著 **sh**。）準備囉！（手指著箭頭的起點，快速移到第二個黑點。）"shshsh"。
3. （依照步驟 2 重複練習語音 **ā**、**u**、**i**、**ē** 和 **o**。

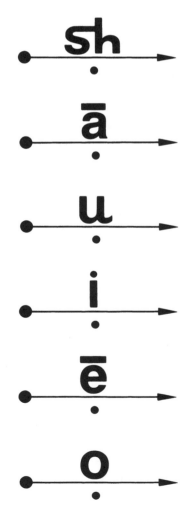

任務2　唸單字

1. （指著 **said** 的起點。）唸出語音。（學生唸時，老師指出每個音點。）"sssaaaiiid"。再一次。（回到起點。）唸出語音。（學生唸時，老師指出每個音點。）"sssaaaiiid"。

2. 但這個字是例外字，該怎麼唸？（手指快速移到箭頭末端。）"sed"。對了，said（sed）。

> （糾正：如果學生把"said"唸成"sa—id"：）正確的唸法是 **said**，這個字該怎麼唸？"said"。（回步驟 1。）

3. 我們再來一次。（回到起點）。唸出語音。（學生唸時，老師指出每個音點。）"sssaaaiiid"。但這個字是例外字，該怎麼唸？"sed"。對了，**said**（sed）就是「說」的意思。

任務3　唸單字

1. 你現在要慢慢唸出這些單字的語音，然後你要快快唸。

（指著 **at** 的起點。）唸出語音！（學生唸"aaat"時，老師手指著單字下的黑點滑過。）"aaat"。

（重複直到穩固。）這個單字怎麼唸？"at"。

2. （重複步驟 1 練習 **ate**、**made**、**she**、**seat**、**wish**、**fish**、**late**、**tail**、**rug** 和 **got**。）

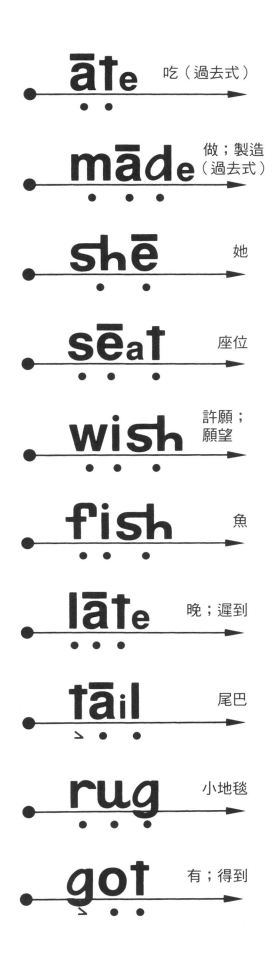

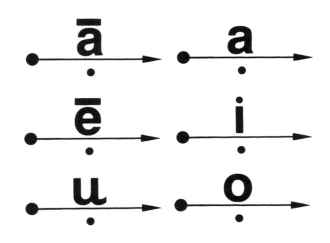

任務 4　語音

1. 請唸出右邊這些語音。
2. （指著 ā。）準備囉！（手指著箭頭的起點，快速移到第二個黑點。）"āāā"。
3. （依照步驟 2 重複練習語音 a、ē、i、u 和 o。）

任務 5　第一次朗讀

1. 現在你要讀這篇故事，手指著第一條線下面的黑點。手指著第一個單字的下方。怎麼唸？"uh"。
2. 唸出下一個字的語音。（學生指著黑點並且唸出：）"llliiitlll"。怎麼唸？"little"。
3. （重複步驟 2 練習其餘的單字。）

任務 6　翻譯

1. 仔細聽我來翻譯這個故事，我唸一句，翻譯一句。（老師手指第一個單字開始唸。）

老師唸	老師翻譯
A little cat can sit on a rug.	一隻小貓可以坐在一張地毯上。
She can run in the sand.	她可以在沙裡奔跑。
She can lick a man.	她可以舔一個男人。
She will lick me.	她會來舔我。

2. 現在我來唸英文，你來翻譯成國語。（老師手指第一個單字開始唸。）

老師唸	學生翻譯
A little cat can sit on a rug.	"一隻小貓可以坐在一張地毯上。"
She can run in the sand.	"她可以在沙裡奔跑。"
She can lick a man.	"她可以舔一個男人。"
She will lick me.	"她會來舔我。"

3. 現在換你來唸英文，我來翻譯成國語。（學生手指第一個單字開始唸。）

學生唸	老師翻譯
"A little cat can sit on a rug."	一隻小貓可以坐在一張地毯上。
"She can run in the sand."	她可以在沙裡奔跑。
"She can lick a man."	她可以舔一個男人。
"She will lick me."	她會來舔我。

4. 現在換我來唸國語，你來翻譯成英文。（學生手指第一個單字開始唸。）

老師唸	學生翻譯
一隻小貓可以坐在一張地毯上。	"A little cat can sit on a rug."
她可以在沙裡奔跑。	"She can run in the sand."
她可以舔一個男人。	"She can lick a man."
她會來舔我。	"She will lick me."

任務 7　第二次朗讀

1. 你現在要再唸一次句子，再來一次！找到第一個句點。持續閱讀然後停止。大聲讀出每個字然後告訴我這些字。每次你讀到某個句點時，我就會提出一個問題問你唷！

a littlₑ cat can sit on
a rug. ṣhē can run in
thē sand. ṣhē can licₖ
a man. ṣhē will licₖ mē.

流暢性目標：18秒

2. 學生唸完　　　　　　老師說

"A little cat can sit on a rug." 　貓可以做什麼？

"She can run in the sand." 　她還可以做什麼？

"She can lick a man." 　貓喜歡舔人。

"She will lick me." 　這隻貓接下來會做什麼？

3. 我會用最快的速度唸第一個句子，接著，請你也用最快的速度唸第一句。

4. （指著第一個句子的第一個字，暫停，唸唸看這個字，重複動作唸出其餘的單字。）

任務8　找單字

1. 現在你要找一個字，它在這個故事裡的第一行的那些單字。

2. 找到這個字（暫停）on。

3. （重複步驟 2 找出 on、little、can、little、can、on 和 can。）

4. 你找單字，找得很好。

任務9　學生快快唸

　　換你以快快唸的方式讀這個故事，讀到第一個句點。先找到句點，再以快快唸的方式讀每個字。

任務10　圖片理解

1. 在下面這張圖片裡你看見了什麼？

2. 仔細看著圖片，準備回答問題囉！

3. 這個男人正在做什麼？

4. 這隻貓正在看什麼？

5. 你想要那隻貓舔你嗎？

任務 11　語音書寫

1. 這是你第一個要寫的語音。（在第一條線的開頭寫個 i，指著 i。）這是什麼語音？"iii"。

2. 先照著我這樣寫 iii，然後在線上多寫幾次。（多次仿寫 i 後，學生能寫出三到五個 i。學生若有需要，給予協助。若學生寫對了就說：）你的 iii 寫得真好！

3. 這是下一個你要練習寫的語音。（在第二條線的開頭寫個 u，指著 u。）這是什麼語音？"uuu"。

4. 先照著我寫的 uuu 描一次，然後在線上多寫幾次。（多次仿寫 u 後，學生能寫出三到五個 u。學生若有需要，給予協助。若學生寫對了就說：）你的 uuu 寫得真好！

LESSON 39

任務 1　語音介紹

1. （指著 h 的起點。）我們要快快唸這個語音，我來快快唸。（手指快速滑到箭頭的末端。）h。

2. 再一次。（指著 h 的起點。）快快唸。（快速滑到箭頭的末端。）h。

3. （指著起點。）換你了，快快唸。（快速滑到箭頭的末端。）"h"。

（糾正：如果學生唸的是"huh"、"hah"或"hih"：）仔細聽：h。快快唸。"h"。對了，h。

任務 2　語音

1. 下面這些語音，有的可以慢慢唸出語音，有的必須快快唸。仔細看，別弄錯囉！

2. （指著 ā。）你來唸這個語音。準備囉！（手指著箭頭的起點，快速移到第二個黑點。）"āāā"。

3. （依照步驟 2 重複練習語音 c、g、w、h 和 l。箭頭下沒有黑點時，記住手指要快速滑到箭頭末端。）

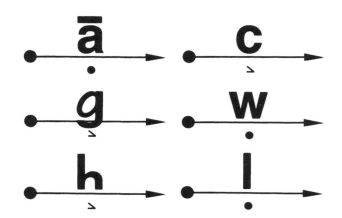

任務 3　唸單字

1. （指著 said 的起點。）唸出語音！（學生唸時指著語音下面的黑點：）"sssaaaiiid"。再一次。（回到起點。）唸出語音！（學生唸時指著語音下面的黑點：）"sssaaaiiid"。

2. 但這個字是例外字，該怎麼唸？"sed"。對了，said，正確的唸法是？"sed"。

3. 讓我們再唸一次。（回到起點。）唸出語音！（學生唸時指著語音下面的黑點：）"sssaaaiiid"。正確的唸法是？"sed"。對了，said 就是「說」的意思。

任務4 唸單字

1. （指著 **wish** 的起點。）唸出語音！（學生唸時指著語音下面的黑點：）"wwwiiishshsh"。（重複至學生可以正確跟上。）快快唸。"wish"。對了，**wish** 就是「許願或願望」的意思。

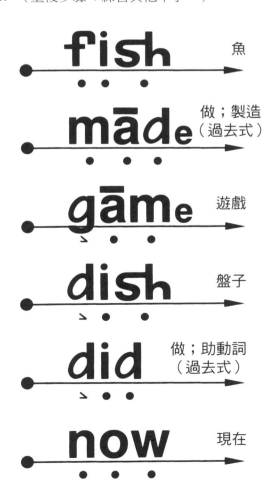

wish 許願；願望

2. （重複步驟 1 練習 **fish**、**made**、**game**、**dish**、**did** 和 **now**。）
3. 現在你要快快唸這些字。
4. （指著**wish**的起點，暫停三秒。）快快唸。（手指快速滑到箭頭末端。）"wish"。對了，**wish**。
5. （重複步驟 4 練習其他單字。）

fish 魚

māde 做；製造（過去式）

gāme 遊戲

dish 盤子

did 做；助動詞（過去式）

now 現在

任務5 唸單字

1. （指著 **wow** 的起點。）唸出語音！（學生唸時指著語音下面的黑點：）"wwwooowww"。對了，這個單字怎麼唸？"wow"。

wow 哇（驚嘆詞）

2. （回到起點，停。）這個字的尾音是（暫停）**ow**。快快唸。（快速移到箭頭末端。）"wow"。
3. （指著 **cow** 的起點。）這個字的尾音也是（暫停）**ow**。快快唸。（快速移到箭頭末端。）"cow"。對了，你的 **cow** 唸得很好。

cow 母牛

4. （指著 **āte** 的起點。）唸出語音！（學生唸時指著語音下面的黑點：）"āāā"。對了，這個單字怎麼唸？"ate"。

āte 吃（過去式）

5. （指著 **hāte** 的起點。）這個字的尾音是（暫停）**ate**。快快唸。（快速移到箭頭末端。）"hate"。對了，你的 **hate** 唸得很好。

hāte 恨

6. （指著 **gāte** 的起點。）這個字的尾音是（暫停）**ate**。快快唸。（快速移到箭頭末端。）"gate"。對了，你的 **gate** 唸得很好。

gāte 大門

任務 6　語音

1. 下面這些語音，有的可以慢慢唸出語音，有的必須快快唸。仔細看，別弄錯囉！

2. （指著 **ā**。）你來唸這個語音。準備囉！（手指著箭頭的起點，快速移到第二個黑點。）"āāā"。

3. （依照步驟 2 重複練習語音 **h**、**g**、**u**、**f** 和 **w**。箭頭下沒有黑點時，記住手指要快速滑到箭頭末端。）

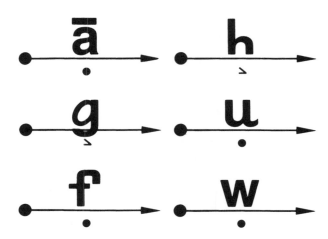

任務 7　找引號

1. （指著第二句中 **wow** 兩旁的引號。）
   這些是引號，引號是指有些人在說話，有些人正在說這個引號裡面的單字。

2. （指著最後一句 **that fat fish is mom** 兩旁的引號。）
   這些引號是指有些人在說話，有些人正在說著這個引號裡面的單字。

3. （指著 **wow** 兩旁的引號。）
   指著引號，有些人正在說著那些引號裡面的單字。

4. （指著 **that fat fish is mom** 兩旁的引號。）
   指著引號，有些人正在說著那些引號裡面的單字。

5. （重複步驟 3 和 4 直至學生可以正確跟上。）

任務 8　第一次朗讀

1. 現在你要來唸這個故事，然後我會問問題。手指著第一行的起點，接著，指著第一個字的下面，這個單字怎麼唸？"uh"。

2. 唸出下一個字。（學生指著字的下面並且唸：）"llliiitlll"。對了，這個單字怎麼唸？"little"。

3. （重複步驟 2 練習故事中其他的單字。）

4. 學生唸完　　　　　老師說

學生唸完	老師說
"The little fish said,"	現在我們要來唸他說了什麼。
"Wow."	那個小魚說了什麼？
"The little fish said,"	現在我們要來唸他說了什麼。
"That fat fish is Mom."	他說了什麼？

任務 9　翻譯

1. 仔細聽我來翻譯這個故事，我唸一句，翻譯一句。（老師手指第一個單字開始唸。）

老師唸	老師翻譯
A little fish sat on a fat fish.	一尾小魚騎（坐）在一隻肥魚上。
The little fish said, "wow."	那小魚說："哇！"
The little fish did not feel sad.	那條小魚並沒有感到難過。
The little fish said, "that fat fish is Mom."	小魚說："那條肥魚是媽媽。"

2. 現在我來唸英文，你來翻譯成國語。（老師手指第一個單字開始唸。）

老師唸	學生翻譯
A little fish sat on a fat fish.	"一尾小魚騎（坐）在一隻肥魚上。"
The little fish said, "wow."	"那小魚說：'哇！'"
The little fish did not feel sad.	"那條小魚並沒有感到難過。"

a little fish sat on a fat fish.

the little fish said, "wow."

the little fish did not feel sad.

the little fish said, "that fat

fish is mom."

流暢性目標：22秒

The little fish said, "that fat fish is Mom."

「小魚說：'那條肥魚是媽媽。'」

小魚說："那條肥魚是媽媽。"

"The little fish said, 'that fat fish is Mom.'"

3. 現在換你來唸英文，我來翻譯成國語。（學生手指第一個單字開始唸。）

學生唸	老師翻譯
"A little fish sat on a fat fish."	一尾小魚騎（坐）在一隻肥魚上。
"The little fish said, 'wow.'"	那小魚說："哇！"
"The little fish did not feel sad."	那條小魚並沒有感到難過。
"The little fish said, 'that fat fish is Mom.'"	小魚說："那條肥魚是媽媽。"

4. 現在換我來唸國語，你來翻譯成英文。（學生手指第一個單字開始唸。）

老師唸	學生翻譯
一尾小魚騎（坐）在一隻肥魚上。	"A little fish sat on a fat fish."
那小魚說："哇！"	"The little fish said, 'wow.'"
那條小魚並沒有感到難過。	"The little fish did not feel sad."

任務 10　第二次朗讀

1. 你要來唸這個課文，像剛剛一樣，找到第一個句點，唸到第一個句點然後停下來，每個字唸出來並且告訴我是什麼字，當你唸完一個句子後，我會問你一些問題。

2.

學生唸完	老師說
"A little fish sat on a fat fish."	誰坐在誰上面？
"The little fish said, 'Wow.'"	他說了什麼？
"The little fish did not feel sad."	那條小魚很難過嗎？
"The little fish said, 'That fat fish is Mom.'"	他說了什麼？ 誰說"That fat fish is Mom"？

3. 我將會快速唸這個故事的第一句，接著換你快速唸這個故事的第一句。

4. （指著第一句的第一個字，暫停，唸出來，重複句子其餘的單字。）

任務 11 學生快快唸

換你了，快快唸這個故事到第一個句點。先找到句點，然後快快唸出每一個字。

任務 12 圖片理解

1. 你在右邊這張圖片中看到什麼？
2. 看這個圖，然後準備好來回答一些問題。
3. 這隻小魚在做什麼？
4. 哪隻魚是媽媽？
5. 如果有隻小魚坐在你身上，你會做什麼？

任務 13 語音書寫

1. 這是你第一個要寫的語音。（在第一條線的開頭寫個 **o**，指著 **o**。）這是什麼語音？"ooo"。

2. 先照著我這樣寫 **ooo**，然後在線上多寫幾次。（多次仿寫 **o** 後，學生能寫出三到五個 **o**。學生若有需要，給予協助。若學生寫對了就說：）你的 **ooo** 寫得真好！

3. 這是下一個你要練習寫的語音。（在第二條線的開頭寫個 **m**，指著 **m**。）這是什麼語音？"mmm"。

4. 先照著我寫的 **mmm** 描一次，然後在線上多寫幾次。（多次仿寫 **m** 後，學生能寫出三到五個 **m**。學生若有需要，給予協助。若學生寫對了就說：）你的 **mmm** 寫得真好！

LESSON **40**

任務 **1** 語音

1. 下面這些語音，有的可以慢慢唸出語音，有的必須快快唸。仔細看，別弄錯囉！

2. （指著 **h**。）你來唸這個語音。準備囉！（手指著箭頭的起點，快速滑到箭頭末端。）"h"。

3. （依照步驟 2 重複練習語音 **sh**、**g**、**f**、**w** 和 **ā**。箭頭下沒有黑點時，記住手指要快速滑到箭頭末端。）

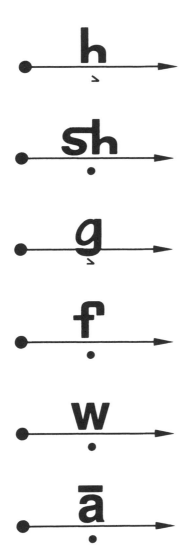

任務 **2** 唸單字

1. （指著 **was** 的起點。）這是一個新的單字，唸出語音。（學生唸時指著語音下的黑點：）"wwwaaasss"（不是"wwwuuuzzz"）。

2. 但這是個例外字，它正確的唸法是（暫停）**was**（**wuz**）。我們怎麼唸這個單字？"wuz"。對了，**was**（**wuz**），這是一個發音不規則的例外字。

3. （回到起點。）再唸出語音！"wwwaaasss"。但這個例外字該怎麼唸？"wuz"。對了，**was**（**wuz**）。

任務 **3** 唸單字

1. （指著 **āte**。）大聲唸出來。（指著語音下的黑點：）"āāāt"。對了，這個單字怎麼唸？"ate"。是的，**ate**。

2. （指著 **lāte**。）這個字的尾音也是（暫停）ate。快快唸。（手指快速滑到箭頭末端。）"late"。是的，**late**，拼尾音拼得很好。

3. （指著 **hāte**。）這個字的尾音也是（暫停）ate。快快唸。（手指快速滑到箭頭末端。）"hate"。是的，**hate**，拼尾音拼得很好。

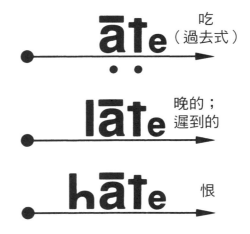

任務4　唸單字

1. （指著 **gātes** 裡 **t** 下面的箭頭。）我這裡不停下來，但當我停在 **sss** 時，你必須唸這個音。你要唸 **tsss**。唸唸看。"tsss"。（重複直到穩固。）

   （指著 **gātes** 的起點。）唸出語音。準備囉！（滑動，經過 **g**。指著另一個語音。滑過 **t**。）"gāāātsss"。（重複直到穩固。）對了，這個單字怎麼唸？"gates"。是的，**gates**。

2. （指著 **said** 的起點。）這是一個例外字，唸出語音。（指著語音下的黑點：）"sssaaaiiid"。（重複直到穩固。）對了，但這個例外字怎麼唸？"sed"。

3. （指著 sick 的起點。）唸出語音。準備囉！（指著語音下的黑點。）"sick"。對了，這個單字怎麼唸？"sick"。

4. （重複步驟 3，練習 **hill**、**feel**、**cow**、**fish**、**ate**、**did**、**not** 和 **hot**。）

5. 現在你來快快唸這些字。

6. （指著 **gātes**。暫停三秒。）快快唸。（手指快速滑到箭頭末端。）"gates"。是的，**gates**。

7. （重複步驟 5 練習其他單字。）

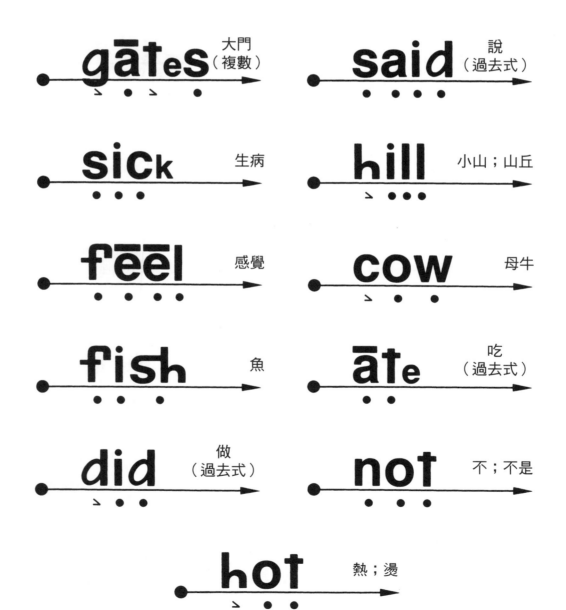

任務 5　語音

1. 下面這些語音，有的可以慢慢唸出語音，有的必須快快唸。仔細看，別弄錯囉！
2. （指著 **sh**。）你來唸這個語音。準備囉！（手指著箭頭的起點，快速移到第二個黑點。）"shshsh"。
3. （重複步驟 2 練習 **h**、**n**、**u**、**th** 和 **ā**。箭頭下沒有黑點時，記住手指要快速移到箭頭末端。）

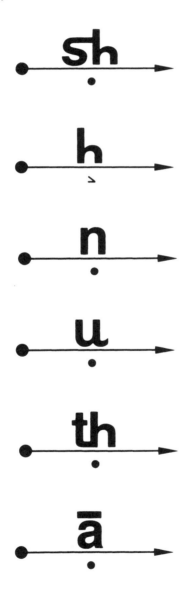

任務 6　找引號

1. （指著第二個句子裡 **thē gāte is hot** 兩旁的引號。）這是引號。引號表示，有人正在說話。所有他說的話，都在這個引號裡。
2. （指著第三個句子裡 **I hāte hot gātes** 兩旁的引號。）引號表示，有人正在說話。所有他說的話，都在這個引號裡。
3. （重複步驟 2 介紹 **I will run now** 兩旁的引號。）
4. （指著 **thē gāte is hot** 兩旁的引號。）指出故事裡的引號。有人正在說話，所有他說的話，都在引號裡。
5. （指著 **I hāte hot gātes** 兩旁的引號。）指出故事裡的引號。有人正在說話，所有他說的話，都在引號裡。
6. （**I will run now** 重複步驟 5。）

任務7　第一次朗讀

1. 現在你要來讀這個故事，然後我來問問題。指著第一行。唸第一個字。（學生指並且唸：）"thththēēē"。對了，這個單字怎麼唸？"the"。

2. 唸出下一個字的語音。（學生指並且唸：）"cooowww"。對了，這個單字怎麼唸？"cow"。

3. （重複步驟2練習故事中其他的單字。）

任務8　翻譯

1. 仔細聽我來翻譯這個故事，我唸一句，翻譯一句。（老師手指第一個單字開始唸。）

老師唸	老師翻譯
The cow sat on a little gate.	牛坐在一個小門上。
The cow said, "the gate is hot."	牛說："這門是燙的。"
She said, "I hate hot gates."	她說："我恨很燙的門。"
She said, "I will run now."	她說："我要跑走了。"

2. 現在我來唸英文，你來翻譯成國語。（老師手指第一個單字開始唸。）

老師唸	學生翻譯
The cow sat on a little gate.	"牛坐在一個小門上。"
The cow said, "the gate is hot."	"牛說：'這門是燙的。'"
She said, "I hate hot gates."	"她說：'我恨很燙的門。'"
She said, "I will run now."	"她說：'我要跑走了。'"

3. 現在換你來唸英文，我來翻譯成國語。（學生手指第一個單字開始唸。）

學生唸	老師翻譯
"The cow sat on a little gate."	牛坐在一個小門上。
"The cow said, 'the gate is hot.'"	牛說："這門是燙的。"
"She said, 'I hate hot gates.'"	她說："我恨很燙的門。"
"She said, 'I will run now.'"	她說："我要跑走了。"

4. 現在換我來唸國語，你來翻譯成英文。（學生手指第一個單字開始唸。）

老師唸	學生翻譯
牛坐在一個小門上。	"The cow sat on a little gate."
牛說："這門是燙的。"	"The cow said, 'the gate is hot.'"
她說："我恨很燙的門。"	"She said, 'I hate hot gates.'"
她說："我要跑走了。"	"She said, 'I will run now.'"

任務9　第二次朗讀

1. 現在再來讀一次這個故事，找到第一個句點，唸到這個句點然後停下來。大聲唸出每一個字的語音然後告訴我那個字怎麼唸。當你唸到句點時，我要問問題。

2. （學生唸句子之後，如下述提問。然後告訴學生用手指第一個句點，用另一隻手指出下一個句點。請學生唸到下一個句點後停下來，提問，每句點均重複相同步驟。）

學生唸完	老師說
"The cow sat on a little gate."	誰坐在小門上？
"The cow said, 'the gate is hot.'"	那頭牛說了什麼？
"She said, 'I hate hot gates.'"	那頭牛還說了些什麼？
"She said, 'I will run now.'"	她最後一句話說了什麼？

thē cow sat on a littlₑ gātₑ.

thē cow said, "thē gātₑ is hot."

shē said, "I hātₑ hot gātₑs."

shē said, "I will run now."

流暢性目標：22秒

3. 我現要快快唸到第一個句點，然後換你要快快唸到這個句點。

4. （指句子裡的第一個字，暫停，唸這個字，重複句子裡的其他字。）

任務 10　學生快快唸

換你了，快快唸這個故事到第一個句點。先找到句點，然後快快唸出每一個字。

任務 11　圖片理解

1. 你在右邊圖片裡看到了什麼？
2. 這隻牛在做什麼？
3. 看著圖片，然後準備好回答一些問題。
4. 這隻牛在做什麼？
5. 這隻牛覺得好玩嗎？
6. 你認為這隻牛會繼續坐在柵欄門邊嗎？
7. 你有沒有坐在熱的東西上面過？

任務 12　語音書寫

1. 這是你要寫的第一個語音。（在第一條線的開頭寫個 a，指著 a。）這是什麼語音？"aaa"。
2. 先照著我這樣寫 aaa，然後在這條線上多寫幾次。（多次仿寫 a 後，學生能寫出三到五個 a。學生若有需要，給予協助。若學生寫對了就說：）你的 aaa 寫得真好！

3. 這是下一個你要練習寫的語音。（在第二條線的開頭寫個 h，指著 h。）這是什麼語音？"h"。

4. 先照著我這樣寫 h，然後在這條線上多寫幾次。（多次仿寫 h 後，學生能寫出三到五個 h。學生若有需要，給予協助。若學生寫對了就說：）你的 h 寫得真好！

5. 這是下一個你要練習寫的語音。（在第三條線的開頭寫個 **d**，指著 **d**。）這是什麼語音？ "d"。

6. 先照著我這樣寫 **d**，然後在這條線上多寫幾次。（多次仿寫 **d** 後，學生能寫出三到五個 **d**。學生若有需要，給予協助。若學生寫對了就說：）你的 **d** 寫得真好！

LESSON 41

任務 1　語音介紹

1. （指著 **k** 的起點。）這個語音一定要快快唸。（一邊唸一邊快速地移動到箭頭末端。）**k**。

2. 我再快快唸一遍。（指著 **k** 的起點。）快快唸。（快速移動到箭頭末端。）**k**。

3. （指著起點。）換你。（暫停）快快唸。（快速地移動到箭頭末端。）"k"。

（糾正：如果學生唸成 "kuh"、"kah" 或 "kih" 時，必須糾正：）注意聽：**k**，快快唸。"k"。對了，**k**。

任務 2　語音

1. 下面這些語音，有的可以慢慢唸出語音，有的必須快快唸。仔細看，別弄錯囉！

2. （指著 **h** 的起點。）準備囉！（手指快速滑到箭頭的末端。）"h"。

3. （重複步驟 2 練習 **sh**、**g**、**u**、**n** 和 **k**。箭頭下沒有黑點時，記住手指要快速移動到箭頭末端。）

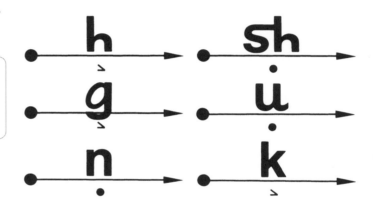

任務 3　唸單字

1. （指著 **was** 的起點。）唸出語音！（依序指著黑點。）"wwwaaasss"。

2. 那是唸出語音的唸法，但這個字是例外字，唸作（暫停）**was**（**wuz**），這個字怎麼唸？（暫停）"wuz"。對了，**was** 是個發音不規則的例外字。

3. （回到起點。）來，再唸出語音。（當學生唸時依序指著黑點。）"wwwaaasss"。很好，但這個字是例外字，唸作（暫停）**was**（**wuz**），這個字怎麼唸？（暫停）"wuz"。對了，**was** 是個發音不規則的例外字。（重複直到穩固。）

was 是（過去式）

任務 4　唸單字

1. 現在有個新字。（手指順著 **a** 和 **s** 下滑過。）這個尾音唸作 **az**。

2. （指著起點。）這個字的尾音唸作（暫停）**az**。快快唸。（暫停）"haz"。對了，**has**（**haz**），你的尾音唸得很好。

has 有（第三人稱用）

任務 5　唸單字

1.　（指著 **said** 的起點。）唸出語音！（依序指著黑點。）"sssaaaiiid"。（重複直到穩固。）但這個例外字怎麼唸？"sed"。

2.　（重複步驟 1 練習 **lick**、**ate**、**this**、**that**、**the**、**kick**、**she**、**sick**、**gate**、**rock**、**feel** 和 **cow**。）

3.　好，現在用快快唸的方式唸下面的單字。

4.　（指著 **said** 的起點，暫停三秒。）快快唸！（手指快速滑過箭頭。）"sed"。對了，said（**sed**）。

5.　（重複步驟 4 練習其他的單字。）

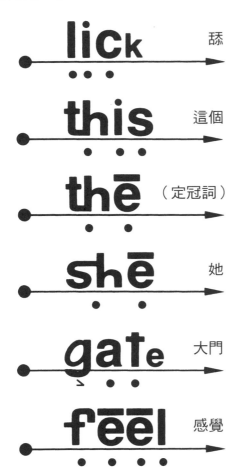

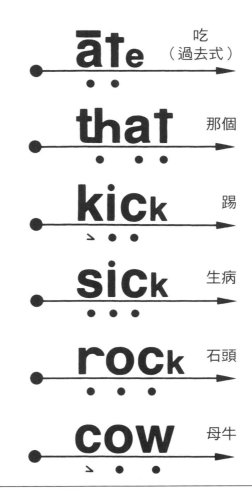

任務 6　語音

1.　現在來快快唸右邊這些語音。

2.　（指著 **k** 的起點。）快快唸。（手指滑動。）"k"。

3.　（重複步驟 2 練習每個語音，直到穩固。）

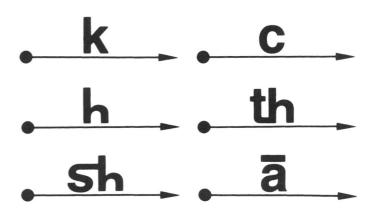

任務7 朗讀

1. 現在一個字一個字地唸出這個故事，指出第一個字，唸出來。"uh"。

2. 下一個字。"fish"。

3. （重複步驟 2 唸出故事中其他的單字。）

4. （如果學生不會唸，老師以下例的方式教學，說：）唸出語音！"fffiiishshsh"。怎麼唸？"fish"。對了，這個字唸作 fish。

任務8 翻譯

1. 仔細聽我來翻譯這個故事，我唸一句，翻譯一句。（老師手指第一個單字開始唸。）

老師唸	老師翻譯
A fish ate a rock.	一尾魚吃了一個石頭。
The fish said, "I ate a rock."	魚說："我吃了一個石頭。"
A cow ate the fish.	一頭牛吃了那尾魚。
The cow said, "I ate a fish.	牛說："我吃了一尾魚。
And now I feel sick."	現在我覺得噁心。"

2. 現在我來唸英文，你來翻譯成國語。（老師手指第一個單字開始唸。）

老師唸	學生翻譯
A fish ate a rock.	"一尾魚吃了一個石頭。"
The fish said, "I ate a rock."	"魚說：'我吃了一個石頭。'"
A cow ate the fish.	"一頭牛吃了那尾魚。"
The cow said, "I ate a fish.	"牛說：'我吃了一尾魚。
And now I feel sick."	現在我覺得噁心。'"

3. 現在你來唸英文，我來翻譯成國語。（學生手指第一個單字開始唸。）

學生唸	老師翻譯
"A fish ate a rock."	一尾魚吃了一個石頭。
"The fish said, 'I ate a rock.'"	魚說："我吃了一個石頭。"
"A cow ate the fish."	一頭牛吃了那尾魚。
"The cow said, 'I ate a fish.	牛說："我吃了一尾魚。
And now I feel sick.'"	現在我覺得噁心。"

a fish āteᵉ a rocₖ. thē fish

said, "I āteᵉ a rocₖ."

a cow āteᵉ thē fish. thē cow

said, "I āteᵉ a fish. and now I

fēēl sicₖ."

流暢性目標：24 秒

4. 現在換我來唸國語，你來翻譯成英文。（學生手指第一個單字開始唸。）

老師唸	學生翻譯
一尾魚吃了一個石頭。	"A fish ate a rock."
魚說：〝我吃了一個石頭。〞	"The fish said, 'I ate a rock.'"
一頭牛吃了那尾魚。	"A cow ate the fish."
牛說：〝我吃了一尾魚。	"The cow said, 'I ate a fish.
現在我覺得噁心。〞	And now I feel sick.'"

任務 9　學生快快唸

　　換你以快快唸的方式讀這個故事，讀到第一個句點。你先找到句點，再以快快唸的方式讀每個字。

任務 10　圖片理解

1. 在下面這張圖片裡你看到什麼？
2. 仔細看著圖片，準備回答問題囉！
3. 這頭母牛覺得怎麼樣？
4. 她為什麼覺得噁心？
5. 你若吃了一尾魚，會覺得噁心嗎？

任務 11　語音書寫

1. 這是你要寫的第一個語音。（在第一條線的開頭寫個 **m**，指著 **m**。）這是什麼語音？"mmm"。
2. 先照著我這樣寫mmm，然後在這條線上多寫幾次。（多次仿寫 **m** 後，學生能寫出三到五個 **m**。學生若有需要，給予協助。若學生寫對了就說：）你的 **mmm** 寫得真好！
3. 這是下一個你要練習寫的語音。（在第二條線的開頭寫個 **h**，指著 **h**。）這是什麼語音？"h"。
4. 先照著我這樣寫 **h**，然後在這條線上多寫幾次。（多次仿寫 **h** 後，學生能寫出三到五個 **h**。學生若有需要，給予協助。若學生寫對了就說：）你的 **h** 寫得真好！

LESSON 42

任務 1　語音

1. 你現在要來快快唸下面這些語音。
2. （指著 **h** 的起點。）快快唸。（手指滑動。）"h"。
3. （重複步驟 2 練習每一個語音。）

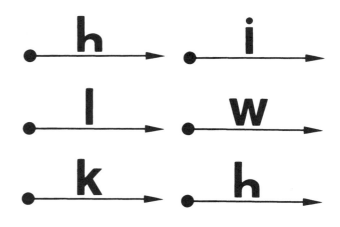

任務 2 **唸單字**

1. 現在開始唸這些單字。（指著 **his** 和 **has**。）（手指快速滑過 **i** 和 **s** 下方。）這部分唸作 **iz**。

2. （指著 **his** 的起點。）這個單字的尾音是（暫停）**iz**。快快唸。（手指滑過。）"hiz"。對了！**his**。你拼尾音拼得很好。

3. （手指滑過 **has** 的 **a** 和 **s** 下方。）這個唸作 **az**。

4. （指著起點。）這個單字的尾音是（暫停）**az**。快快唸。（手指滑過。）"haz"。對了！**has**。你拼尾音拼得很好。

his　他的

has　有（第三人稱用）

任務 3 **唸單字**

1. （手指著 **was** 的起點。）唸出語音！（當學生唸時，指著語音下方：）"wwwaaasss"。但這個例外字怎麼唸？"wuz"。對了！**was**。

2. 讓我們再唸一次。（回到起點。）唸出語音！（當學生唸時，指著語音下方的黑點：）"wwwaaasss"。但這個例外字怎麼唸？"wuz"。對了！**was**。

was　是（過去式）

任務 4 **唸單字**

1. （指著 **licks** 裡的 **ck**。）我不會停在這個語音，但當我停在 **sss** 時，你必須唸出 **ck** 這個

音。**ksss**。"ksss"。（重複直到穩固。）（指著 **licks** 的起點。）唸出語音，準備囉。（指著黑點，滑過 **ck**。）"llliiiksss"。（重複直到穩固。）這個單字怎麼唸？"licks"。對了！**licks**。

2. （指著 **nod** 的起點。）唸出來。（指著黑點。）"nnnoood"。（重複直到穩固。）這個字怎麼唸？"nod"。

3. （重複步驟 2 練習 **nut**、**hits**、**him**、**he**、**she**、**the**、**that**、**this**、**can**、**did**、**hug**、**kiss** 和 **kick**）。

4. 現在你準備要來唸所有的單字。

5. （指著 **licks** 的黑點，暫停三秒。）快快唸。（手指滑過）"licks"。對了，**licks**。

6. （重複步驟 5 練習其餘單字。）

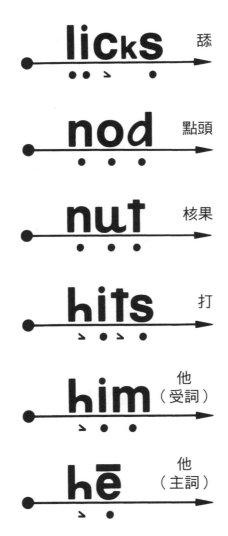

licks　舔

nod　點頭

nut　核果

hits　打

him　他（受詞）

hē　他（主詞）

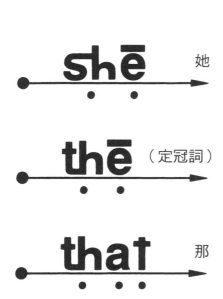

shē 她

thē （定冠詞）

that 那

this 這

can 能

did 做（過去式）

hug 擁抱

kiss 吻

kick 踢

1. 仔細看每一個語音，有些語音可以慢慢唸，有些必須快快唸，別搞錯囉！

2. （指著 **sh** 的起點。）準備囉！（快速移到第二個黑點，停。）"shshsh"。

3. （重複步驟 2 練習 **k**、**c**、**w**、**u** 和 **o**。箭頭下沒有黑點時，記住手指要快速移到箭頭末端。）

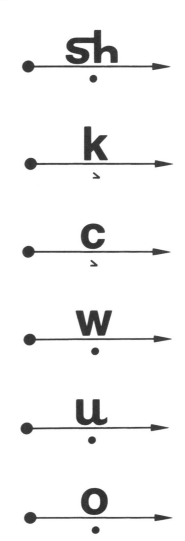

sh

k

c

w

u

o

任務 6　朗讀

1. 現在來讀這個故事，指著第一個字，唸出來。"she"。
2. 下一個字。"can"。
3. （重複步驟 2 唸出故事中其他的單字。）

任務 7　翻譯

1. 仔細聽我來翻譯這個故事，我唸一句，翻譯一句。（老師手指第一個單字開始唸。）

老師唸	老師翻譯
She can kick.	她會踢。
She can lick.	她會舔。
She said, "I am not a cat."	她說，"我 不 是 一 隻 貓。"
she said, "I am not a fish."	她說，"我 不 是 一 尾 魚。"
Is she a man?	她是一個人嗎？

2. 現在我來唸英文，你來翻譯成國語。（老師手指第一個單字開始唸。）

老師唸	學生翻譯
She can kick.	"她會踢。"
She can lick.	"她會舔。"
She said, "I am not a cat."	"她說，'我 不 是 一 隻 貓。'"
She said, "I am not a fish."	她說："'我 不 是 一 尾 魚。'"

Is she a man?　"她是一個人嗎？"

3. 現在你來唸英文，我來翻譯成國語。（學生手指第一個單字開始唸。）

學生唸	老師翻譯
"She can kick."	她會踢。
"She can lick."	她會舔。
"She said, 'I am not a cat.'"	她 說，"我 不 是 一 隻 貓。"
"She said, 'I am not a fish.'"	她 說，"我 不 是 一 尾 魚。"
"Is she a man?"	她是一個人嗎？

4. 現在我來唸國語，你來翻譯成英文。（學生手指起點開始唸。）

老師唸	學生翻譯
她會踢。	"She can kick."
她會舔。	"She can lick."
她說，"我不是一隻貓。"	"She said, 'I am not a cat.'"
"我不是一尾魚。"	"she said, 'I am not a fish."
她是一個人嗎？	"Is she a man?"

任務 8　學生快快唸

換你以快快唸的方式讀這個故事，讀到第一個句點。你先找到句點，再以快快唸的方式讀每個字。

shē can kicк. shē can licк.

shē said, "I am not a cat."

shē said, "I am not a fish."

is shē a man?

流暢性目標：18秒

任務 9　圖片理解

　　看下面這張圖，我要問一些問題。（老師以英文提問，如果學生不懂，可以用國語解釋問題。1-3 答案為 No, she is not. 不是，她不是；4、5 答案為 Yes, she can. 是的，她會。）

1. Is she a cat? 她是一隻貓嗎？
2. Is she a fish? 她是一尾魚嗎？
3. Is she a man? 她是一個人嗎？
4. Can she kick? 她會踢嗎？
5. Can she lick? 她會舔嗎？

任務 10　語音書寫

1. （在第一條線的開頭寫個 **k**，指著 **k**。）這是什麼語音？"k"。
2. 先照著我這樣寫 **k**，然後在這條線上多寫幾次。（多次仿寫 **k** 後，學生能寫出三到五個 **k**。學生若有需要，給予協助。若學生寫對了就說：）你的 **k** 寫得真好！
3. 這是下一個你要練習寫的語音。（在第二條線的開頭寫個 **f**，指著 **f**。）這是什麼語音？"fff"。
4. 先照著我這樣寫 **fff**，然後在這條線上多寫幾次。（多次仿寫 **f** 後，學生能寫出三到五個 **f**。學生若有需要，給予協助。若學生寫對了就說：）你的 **fff** 寫得真好！

LESSON 43

任務 1　語音介紹

1. （指著 **ō**。）這是新語音，我先唸這個音。（手指著箭頭起點，快速移到第二個黑點，停。）ōōō。
2. 換你唸，我來指。（手指著箭頭的起點。）準備囉。"ōōō"。

（糾正：如果學生唸錯或沒有反應，應該糾正：）這個語音是 **ōōō**。（重複步驟 2。）

3. （指著起點。）再來一次。"ōōō"。

任務 2　語音

1. 現在你來唸右邊這些音，有的語音可以慢慢唸，有的語音必須快快唸。仔細看每一個語音，別弄錯囉！

2. （指著 ō。）你來唸這個音。（手指快速移到箭頭末端。）"ōōō"。

3. （重複步驟 2 練習其他語音。箭頭下沒有黑點時，記住手指要快速移到箭頭末端。）

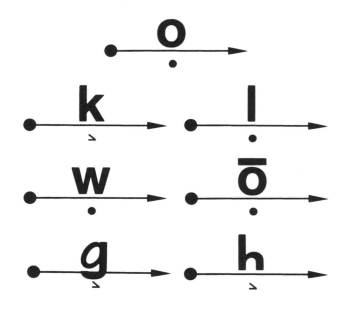

任務 3　唸單字

1. （指著 his。）唸出語音！（依序指著黑點。）"hiiisss"。（重複直到穩固。）這個單字怎麼唸？"hiz"。

2. （重複步驟 1 練習 has、was、had、he、she、no、go、nose、kick、cake、cow、with、teeth、lake 和 hate。）

3. 現在換成快快唸。

4. （指著 his 的起點，暫停三秒。）快快唸。（快速滑過。）"hiz"。對了，his（hiz）。

5. （依照步驟 4 練習其餘語音。）

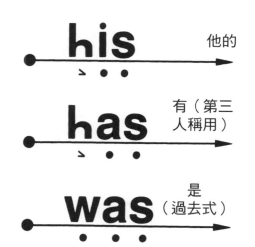

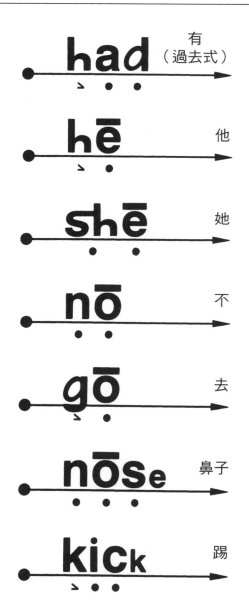

 蛋糕

 母牛

 及；和

 牙齒（複數）

 湖

恨

任務 **4** 語音

1. 現在來唸這些語音，有的語音可以慢慢唸，有的語音必須快快唸，別弄錯了。

2. （指著 **o** 的起點。）準備囉。（快速移到第二個黑點，停。）"ooo"。

3. （重複步驟 2 練習 **ō**、**sh**、**ā**、**h** 和 **k**。箭頭下沒有黑點時，手指快速移到箭頭末端。）

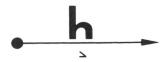

　　現在我們要唸這個故事，指著每一個字，唸出語音來，再直接唸出單字來。

任務 6 翻譯

1. 仔細聽我來翻譯這個故事，我唸一句，翻譯一句。（老師手指第一個單字開始唸。）

老師唸	老師翻譯
He said, "can I eat cake?"	他說，"我可以吃蛋糕嗎？"

She said, "go sit with the cow."	她說，"去和那母牛坐。"
He said, "no. I will not go."	他說，"不，我不要去。"
She said, "go sit with the cat."	她說，"去和那貓坐。"
He said, "the cat has cake."	他說，"那貓有蛋糕。"
She said, "go sit with the cat and eat cake."	她說，"去和那貓坐，吃蛋糕。"
So he ate cake.	所以，他吃了蛋糕。
He said, "this is fun."	他說，"這真好玩。"

hē said, "can I ēat cāke?"

shē said, "gō sit with thē cow."

hē said, "nō. I will not gō."

shē said, "gō sit with thē cat."

hē said, "thē cat has cāke."

shē said, "gō sit with thē cat
and ēat cāke."

sō hē āte cake. hē said, "this is
fun."

流暢性目標：40秒

2. 現在我來唸英文，你來翻譯成國語。（老師手指第一個單字開始唸。）

老師唸	學生翻譯
He said, "can I eat cake?"	"他說，'我可以吃蛋糕嗎？'"
She said, "go sit with the cow."	"她說，'去和那母牛坐。'"
He said, "no. I will not go."	"他說，'不，我不要去。'"
She said, "go sit with the cat."	"她說，'去和那貓坐。'"
He said, "the cat has cake."	"他說，'那貓有蛋糕。'"
She said, "go sit with the cat and eat cake."	"她說，'去和那貓坐，吃蛋糕。'"
So he ate cake.	"所以，他吃了蛋糕。
He said, "this is fun."	"他說，'這真好玩。'"

3. 現在換我來唸國語，你來翻譯成英文。（學生手指第一個單字開始唸。）

老師唸	學生翻譯
他說，"我可以吃蛋糕嗎？"	"He said, 'can I eat cake?'"
她說，"去和那母牛坐。"	"She said, 'go sit with the cow.'"
他說，"不，我不要去。"	"He said, 'no. I will not go.'"
她說，"去和那貓坐。"	"She said, 'go sit with the cat.'"
他說，"那貓有蛋糕。"	"He said, 'the cat has cake.'"
她說，"去和那貓坐，吃蛋糕。"	"She said, 'go sit with the cat and eat cake.'"
所以，他吃了蛋糕。	"So he ate cake."
他說，"這真好玩。"	"He said, 'this is fun.'"

任務7　學生快快唸

　　換你以快快唸的方式讀這個故事，讀到第一個問號。你先找到問號，再以快快唸的方式讀每個字。

任務8　圖片理解

1. 看下面這張圖，回答我的問題。
2. What is the boy doing? 這男生正在做什麼？（Eat cake.或 eating cake.；可用中文回答"吃蛋糕"。）
3. 女生叫男生"go sit with the cat"去和那貓坐，Did he do it? 他辦到了嗎？（Yes, he did. 可用中文回答"他辦到了"。）

了就說：）你的 **nnn** 寫得真好！

 任務9 **語音書寫**

1. 這是你要寫的第一個語音。（在第一條線的開頭寫個 **n**，指著 **n**。）這是什麼語音？"**nnn**"。

2. 先照著我這樣寫 **nnn**，然後在這條線上多寫幾次。（多次仿寫 **n** 後，學生能寫出三到五個 **n**。學生若有需要，給予協助。若學生寫對

3. 這是下一個你要練習寫的語音。（在第二條線的開頭寫個 **h**，指著 **h**。）這是什麼語音？"**h**"。

4. 先照著我這樣寫 **h**，然後在這條線上多寫幾次。（多次仿寫 **h** 後，學生能寫出三到五個 **h**。學生若有需要，給予協助。若學生寫對了就說：）你的 **h** 寫得真好！

LESSON **44**

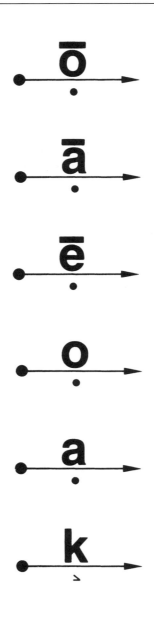

任務1 **語音**

1. 現在來唸唸右邊這些語音，有的語音可以慢慢唸，有的語音必須快快唸。仔細看每一個語音，別弄錯囉！

2. （指著 **ō**。）你來唸這個語音。準備囉。（手指著箭頭的起點，快速移到第二個黑點。）"**ōōō**"。

3. （依照步驟 2 重複練習語音 **ā**、**ē**、**o**、**a** 和 **k**。箭頭下沒有黑點時，記住手指要快速滑到箭頭末端。）

任務2 唸單字

1. （指著 **was** 的起點。）唸出語音！
（指著黑點唸出語音。）"wwwaaasss"。
（重複直到穩固。）但這個例外字怎麼唸？

"wuz"。

2. （重複步驟 1 練習本頁其餘的單字。）

3. 現在你要快快唸這些字。

4. （指著 **was** 的起點，暫停三秒。）快快唸！
"wuz"。對了，**was**（**wuz**）。

5. （重複步驟 4 練習本頁其餘的單字。）

was （是 過去式）　　has 有　　his 他的

nō 不　　sō 如此；所以　　ōld 老

had （有 過去式）　　tēēth （牙齒 複數）　　kiss 吻

lāke 湖　　tāke 取　　tāme 溫馴

hē 他　　ham 火腿　　cow 母牛

shē 她　　shack 小屋　　kitten 小貓

任務3 語音

1. 仔細看每一個語音，有的語音可以慢慢唸，
有的語音必須快快唸。別弄錯囉！

2. （指著 **ō**。）唸這個語音，準備。（手指著箭
頭的起點，快速移到第二個黑點。）"ōōō"。

3. （依照步驟 2 重複練習語音 **o**、**ā**、**h**、**sh** 和
g。箭頭下沒有黑點時，記住手指要快速滑到
箭頭末端。）

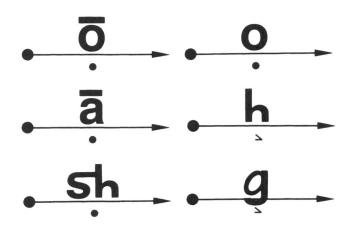

ō　　o

ā　　h

sh　　g

任務 4　朗讀

　　現在你要唸出這個故事裡的每個單字的語音，然後要快快唸出整個故事。首先你要唸出每個字的語音，然後把這個單字唸出來。

任務 5　翻譯

1. 仔細聽我來翻譯這個故事，我唸一句，翻譯一句。（老師指著起點開始唸。）

老師唸	老師翻譯
He has no feet.	他沒有腳。
He has no nose.	他沒有鼻子。
He has no teeth.	他沒有牙齒。
He is not a cow.	他不是一頭母牛。
And he is not a cat.	他不是一隻貓。
Is he a rat?	他是一隻老鼠嗎？
No. he is not a rat.	不，他不是一隻老鼠。

2. 現在我來唸英文，你來翻譯成國語。（老師指著起點開始唸，學生譯為國語，需要時，老師給予協助。）

3. 現在換你來唸英文，我來翻譯成國語。（學生指著起點開始逐句唸，老師譯為國語。需

要時，老師給予協助。）

4. 現在換我來唸國語，你來翻譯成英文。（老師逐句說國語，學生指著課文的開頭，逐句唸出。需要時，老師給予協助。）

任務 6　圖片理解

1. 你在下面這張圖裡看到了什麼？

2. 看這張圖，回答一些問題。（問題 4～8，老師指著故事中對應的句子，請學生唸出答案。）

hē has nō fēēt. hē has nō
nōse. hē has nō tēēth. hē is not
a cow. and hē is not a cat.
is hē a rat? nō. hē is not a
rat.

流暢性目標：29秒

3. 他是什麼？

4. 他有腳嗎？"He has no feet."

5. 他有牙齒嗎？"He had no teeth."

6. 他有鼻子嗎？"He has no nose."

7. 他是一頭母牛嗎？"He is not a cow."

8. 他是一隻老鼠嗎？"He is not a rat."

9. 他是什麼？對了，他是一隻小蟲。

10. 你曾經在吃蘋果的時候吃到一隻小蟲嗎？

任務7 語音書寫

1. 這是你要寫的第一個語音。（在第一條線的開頭寫個 **o**，指著 **o**。）這是什麼語音？"ooo"。

2. 先照著我這樣寫 **ooo**，然後在這條線上多寫幾次。（多次仿寫 **o** 後，學生能寫出三到五個 **o**。學生若有需要，給予協助。若學生寫對了就說：）你的 **ooo** 寫得真好！

3. 這是下一個你要練習寫的語音。（在第二條線的開頭寫個 **k**，指著 **k**。）這是什麼語音？"k"。

4. 先照著我這樣寫 **k**，然後在這條線上多寫幾次。（多次仿寫 **k** 後，學生能寫出三到五個 **k**。學生若有需要，給予協助。若學生寫對了就說：）你的 **k** 寫得真好！

LESSON 45

任務1 語音介紹

1. （指著 **v**。）這是新的語音，聽我唸一次這個音。（手指著箭頭的起點，快速移到第二個黑點。暫停。）**vvv**。

2. 換你唸，我來指。（老師手指著箭頭的起點，快速移動。）"vvv"。

（糾正：如果學生唸錯，或沒有反應，必須糾正：）這個語音是 **vvv**。（重複步驟2。）

3. （指著起點。）再來一次，準備囉。（快速移到第二個黑點。暫停。）"vvv"。

任務2 語音

1. 仔細看下面這些語音，有的語音要慢慢唸，有的語音必須快快唸。別弄錯囉！

2. （指著 **ō**。）準備囉。（手指著箭頭的起點，快速移到第二個黑點。）"ōōō"。

3. （重複步驟2唸出 **k**、**w**、**ā** 和 **h**。箭頭下沒有黑點時，記住手指要快速滑到箭頭末端。）

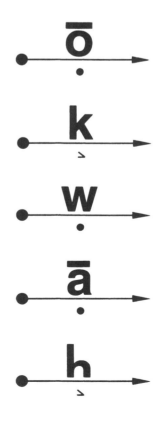

任務3 唸單字

1. （指著 **lots** 裡 **t** 下面的箭頭。）我不會停留在這個字母，但當我手指到 **sss** 的時候，你要說 **tsss**。說一次。"tsss"。（重複直到穩固。）（指著 **lots** 的起點。）唸出語音，準備囉。（指著黑點，手指滑過 **t**。）"llloootsss"。（重複直到穩固。）這個單字怎麼唸？"lots"。對了，**lots**。

2. （指著 **shē** 的起點。）唸出語音！（指著黑點。）"shshshēēē"。（重複直到穩固。）這個單字怎麼唸？"she"。

3. （重複步驟2唸出本頁其餘的單字。）

4. 現在快快唸出這些字。

5. （指著 **lots** 的起點，暫停三秒，手指快速滑過。）快快唸。"lots"。對了，**lots**。

6. （重複步驟5練習本頁其餘的單字。）

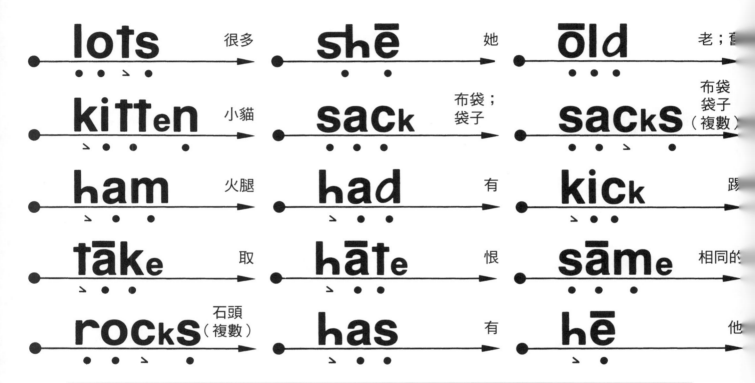

lots 很多	shē 她	ōld 老；舊
kitten 小貓	sack 布袋；袋子	sacks 布袋袋子（複數）
ham 火腿	had 有	kick 踢
tāke 取	hāte 恨	sāme 相同的
rocks 石頭（複數）	has 有	hē 他

任務4 語音

1. 你要快快唸右邊這些語音。

2. （指著 **v**。）快快唸。（手指滑動。）"v"。

3. （重複步驟2唸出每一個語音。）

任務5 朗讀

　　現在請唸出故事裡每個單字的語音。然後再快速地唸完整個故事。先唸出每個單字的語音，並且唸出單字來。

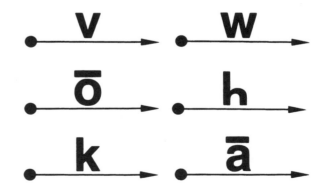

任務6 翻譯

1. 仔細聽我來翻譯這個故事，我唸一句，翻譯一句。（老師指著起點開始唸。）

老師唸	老師翻譯
I can kiss a cat.	我會親一隻貓。
I can kiss a kitten.	我會親一隻小貓。
Can a cow kiss me?	母牛會親我嗎？
No. A cow can not kiss me.	不，母牛不會親我。
A cow can lick me.	母牛會舔我。
Can a cat lick a kitten?	貓會舔小貓嗎？

2. 現在我來唸英文，你來翻譯成國語。（老師指著起點開始唸，學生譯為國語，需要時，老師給予協助。）

3. 現在換你來唸英文，我來翻譯成國語。（學生指著起點開始逐句唸，老師譯為國語。需要時，老師給予協助。）

4. 現在換我來唸國語，你來翻譯成英文。（老師逐句說國語，學生指著課文的開頭，逐句唸出。需要時，老師給予協助。）

任務7 圖片理解

1. 看這張圖，回答我的問題。
2. （指著大貓。）這隻英文怎麼說？"cat"。
3. （指著小貓。）這隻英文怎麼說？"kitten"。
4. 他們在做什麼？（指著句子讓學生唸。）"A cat licks a kitten"。

I can kiss a cat. I can kiss

a kitten.

can a cow kiss mē? nō. a cow

can not kiss mē. a cow can

licₖ mē.

can a cat licₖ a kitten?

流暢性目標：26秒

就說：）你的 **k** 寫得真好！

1. 這是你要寫的第一個語音。（在第一條線的開頭寫個 **k**，指著 **k**。）這是什麼語音？"k"。

2. 先照著我這樣寫 **k**，然後在這條線上多寫幾次。（多次仿寫 **k** 後，學生能寫出三到五個 **k**。學生若有需要，給予協助。若學生寫對了

3. 這是下一個你要練習寫的語音。（在第二條線的開頭寫個 **g**，指著 **g**。）這是什麼語音？"g"。

4. 先照著我這樣寫 **g**，然後在這條線上多寫幾次。（多次仿寫 **g** 後，學生能寫出三到五個 **g**。學生若有需要，給予協助。若學生寫對了就說：）你的 **g** 寫得真好！

LESSON 46

1. 仔細看右邊每一個語音，有的語音可以慢慢唸，有的語音必須快快唸。別弄錯囉！

2. （指著 **w**。）來唸這個語音。準備囉。（手指著箭頭的起點，快速移到第二個黑點。）"www"。

3. （依照步驟 2 練習語音 **v**、**ā**、**k**、**h** 和 **ō**。箭頭下沒有黑點時，記住手指要快速滑到箭頭末端。）

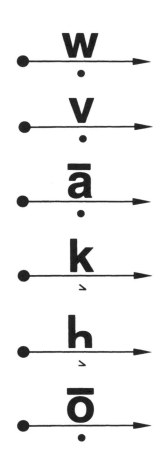

1. （指著 **of** 的起點。）這是新字，唸出語音！（學生唸時，指著黑點滑過：）"ooofff"。（不是"uuuvvv"。）

2. 唸出語音是這樣唸沒錯，但這是個例外字，要唸作（暫停）**of**（**uv**）。這個例外字怎麼唸？"uv"。對了，這個單字唸作 **of**（**uv**）。

of 是一個例外字。

3. （回到起點。）再來一次，唸出語音！（學生唸時，指著黑點滑過：）"ooofff"。但這個例外字怎麼唸？"uv"。對了，這個單字唸作 **of**。

of（介系詞）

give、have、lots、sacks 和 nose。）

任務3　唸單字

1. （指著 **māke** 的起點。）唸出語音！（依序指出黑點。）"mmmāāāk"，（重複直到穩固。）這個單字怎麼唸？"make"。

2. （重複步驟 1 依序唸出 same、save、

3. 現在準備好快快唸這些單字。

4. （指著 **māke** 的起點，暫停三秒。）快快唸。（移動至箭頭末端。）"make"，對了，**make**。

5. （重複步驟 4 依序唸出任務 3 其餘的單字。）

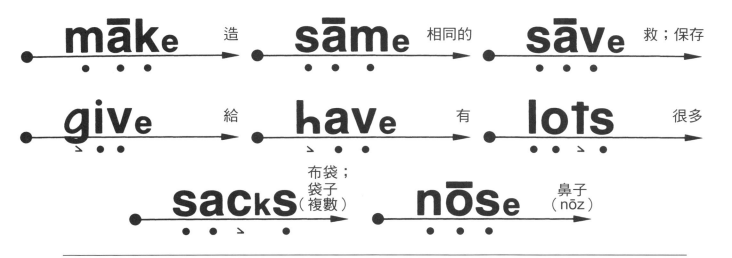

任務4　唸單字

1. （指著 **rocks**、**wē**、**shē**、**thē**、**hē** 和 **nō**。）現在要快快唸這些單字。每一個單字我都會用手指快速滑到箭頭末端。你要想想看每一個單字要怎麼唸。但在我說快快唸之前，你都不要發出任何的聲音。

2. （指著 **rocks** 的起點，並依序指著黑點後回到起點。）快快唸。（移動手指至箭頭末

端。）"rocks"。對了，**rocks**。

3. （重複步驟 2 依序快快唸出其餘的單字。）

任務5　快快唸

1. 現在要快快唸這些單字。（指著 **māke** 的起點，暫停三秒。）快快唸。（手指滑動。）"make"。對了，**make**。

2. （重複步驟 1 依序唸出本頁其餘的單字。）

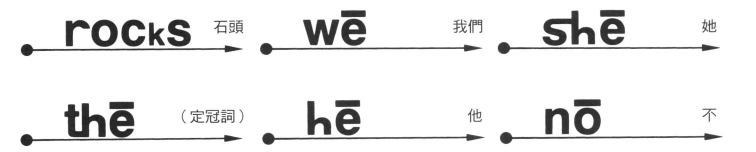

任務 6 語音

1. 現在要快快唸下面這些語音。
2. （指著 **v** 的起點。）快快唸。（手指滑動。）
   "v"。
3. （重複步驟 2 練習每個語音。）

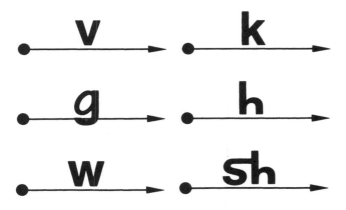

任務 7 朗讀

　　現在來讀這篇故事，你要唸出每個單字的語音。然後再快快唸出整篇故事。首先，唸出每一個單字的語音後，再告訴我這個單字怎麼唸。

任務 8 翻譯

1. 仔細聽我來翻譯這個故事，我唸一句，翻譯一句。（老師指著起點開始唸。）

老師唸	老師翻譯
We save rocks.	我們保留石頭。
We save sacks and sacks of rocks.	我們保留了一袋一袋的石頭。
We save lots and lots of rocks.	我們保留了很多很多的石頭。
We have lots of little rocks.	我們有很多小石頭。
Can we sit on rocks?	我們可以坐在石頭上嗎？

wē sāv_e roc_ks. wē sāv_e sac_ks

and sac_ks of roc_ks. wē sāv_e

lots and lots of roc_ks.

wē hav_e lots of littl_e roc_ks. can

wē sit on roc_ks? and wē giv_e

an ōld man lots of roc_ks.

流暢性目標：27秒

| And we give an old man lots of rocks. | 我們給一個老人很多石頭。 |

2. 現在我來唸英文，你來翻譯成國語。（老師指著起點開始唸，學生譯為國語，需要時，老師給予協助。）

3. 現在換你來唸英文，我來翻譯成國語。（學生指著起點開始逐句唸，老師譯為國語。需要時，老師給予協助。）

4. 現在換我來唸國語，你來翻譯成英文。（老師逐句說國語，學生指著課文的開頭，逐句唸出。需要時，老師給予協助。）

任務9 圖片理解

1. 仔細看下面這張圖，哪裡有 **rocks**？請指出來。

2. （依照步驟 1 請學生指出 **sacks** 和 **old man**。）

3. 這兩個孩子在做什麼？（學生可用中文回答。）

任務10 語音書寫

1. 這是你要寫的第一個語音。（在第一條線的開頭寫個 **v**，指著 **v**。）這是什麼語音？

"vvv"。

2. 先照著我這樣寫 **vvv**，然後在這條線上多寫幾次。（多次仿寫 **v** 後，學生能寫出三到五個 **v**。學生若有需要，給予協助。若學生寫對了就說：）你的 **vvv** 寫得真好！

3. 這是下一個你要練習寫的語音。（在第二條線的開頭寫個 **h**，指著 **h**。）這是什麼語音？"h"。

4. 先照著我這樣寫 **h**，然後在這條線上多寫幾次。（多次仿寫 **h** 後，學生能寫出三到五個 **h**。學生若有需要，給予協助。若學生寫對了就說：）你的 **h** 寫得真好！

LESSON 47

任務1 語音

1. 仔細看下面每一個語音，有的語音可以慢慢唸，有的語音必須快快唸。別弄錯囉！

2. （指著 **v**。）準備囉。（手指著箭頭的起點，快速移到第二個黑點。）"vvv"。

3. （重複步驟 2 練習語音 ō、n、u、h 和 w。箭頭下沒有黑點時，記住手指要快速滑到箭頭末端。）

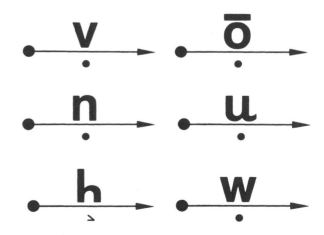

任務 2 唸單字

1. （指著 **of** 的起點。）唸出語音！（當學生唸時，請指著起點。）"ooofff"。

2. 唸出語音是這樣唸沒錯，但它是一個例外字，要唸作（暫停）of（uv）。這個例外字怎麼唸？"uv"。對了，這個單字唸作 of（uv）。of 是一個例外字。

3. （回到起點。）再一次，唸出語音！（學生唸時，老師指著黑點滑過。）"ooofff"。但這個例外字怎麼唸？"uv"。是的，of（uv）。（重複直到穩固。）

of（介系詞）

任務 3 唸單字

1. （指著 **ōr** 的起點。）唸出語音！（學生唸時，老師指著下面的黑點滑過。）"ōōōrrr"。（重複直到穩固。）這個字怎麼唸？"or"。

2. （重複步驟 1 練習 **fōr**、**gōat**、**cōat**、**nēēd**、**have**、**socks**、**cōld**、**give** 和 **gāve**。）

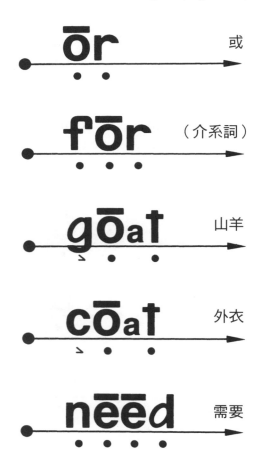

ōr 或

fōr（介系詞）

gōat 山羊

cōat 外衣

nēēd 需要

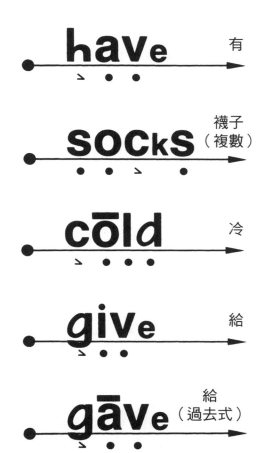

have 有

socks 襪子（複數）

cōld 冷

give 給

gāve 給（過去式）

任務 4　唸單字

1. （指著 sō、nōse、him、has、ōld 和 said。）現在要快快唸這些單字。每一個單字我都會用手指快速滑到箭頭末端。你要想想看每一個單字怎麼唸。但在我說快快唸之前，你都不要發出任何的聲音。

2. （指著 sō 的起點，手指滑過箭頭，再回到起點。）快快唸。（手指滑動。）"so"。對了，so。

3. （重複步驟 2 練習其餘單字。）

4. 再一次快快唸出所有單字。

5. （指著 ōr 的黑點，暫停三秒。）快快唸！（手指滑動。）"or"。對了，or。

6. （重複步驟 5 練習其他單字。）

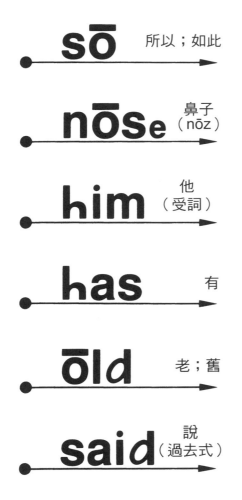

任務 5　語音

1. 仔細看下面每一個語音，有的語音可以慢慢唸，有的語音必須快快唸。別弄錯囉！

2. （指著 f。）來唸這個語音。準備囉！（手指著箭頭的起點，快速移到第二個黑點。）"fff"。

3. （重複步驟 2 練習語音 v、ō、sh、g 和 ā。箭頭下沒有黑點時，記住手指要快速滑到箭頭末端。）

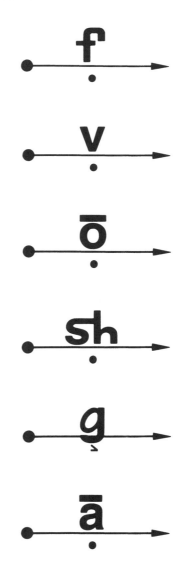

接下來你將會唸出這個故事每一個單字的語音，然後再快快唸這個故事一次。我們先把每一個單字的語音唸出來，再唸出每一個單字。

任務7　翻譯

1. 仔細聽我來翻譯這個故事，我唸一句，翻譯一句。（老師指著起點開始唸。）

老師唸	老師翻譯
He said, "give me a rock or a sock."	他說，"給我石頭或襪子。"
So she gave him a sock on his nose.	她給（丟）一隻襪子在他的鼻子上。

| He said, "I need socks on the feet, not on the nose." | 他說，"我需要襪子穿在腳上，不是在鼻子上。" |
| So she gave him socks for his feet. | 所以，她給他的腳一雙襪子。 |

2. 現在我來唸英文，你來翻譯成國語。（老師指著起點開始唸，學生譯為國語，需要時，老師給予協助。）

3. 現在換你來唸英文，我來翻譯成國語。（學生指著起點開始逐句唸，老師譯為國語。需要時，老師給予協助。）

4. 現在換我來唸國語，你來翻譯成英文。（老師逐句說國語，學生指著課文的開頭，逐句唸出。需要時，老師給予協助。）

hē said, "give me a rocₖ ōr a

socₖ." sō shē gāve him a socₖ

on his nōse.

hē said, "I nēēd socₖs on thē

fēēt, not on thē nōse." sō shē

gāve him socₖs fōr his fēēt.

流暢性目標：28秒

任務 8   圖片理解

1. 請指出 **socks** 來。
2. （重複步驟 1 請學生指出 **feet**、**nose**、**she**。需要時，給予協助。）
3. （老師指著圖中的女孩，問：）這個女孩是 **she** 還是 **he**？
4. （老師指出自己的 **feet**、**socks** 和 **nose**，問：）以英文回答，這是什麼？（需要時，給予協助。）

任務 9   語音書寫

1. 這是你要寫的第一個語音。（在第一條線的開頭寫個 **s**，指著 **s**。）這是什麼語音？"sss"。
2. 先照著我這樣寫 **sss**，然後在這條線上多寫幾次。（多次仿寫 **s** 後，學生能寫出三到五個 **s**。學生若有需要，給予協助。若學生寫對了就說：）你的 **sss** 寫得真好！
3. 這是下一個你要練習寫的語音。（在第二條線的開頭寫個 **h**，指著 **h**。）這是什麼語音？"h"。
4. 先照著我這樣寫 **h**，然後在這條線上多寫幾次。（多次仿寫 **h** 後，學生能寫出三到五個 **h**。學生若有需要，給予協助。若學生寫對了就說：）你的 **hhh** 寫得真好！
5. 這是你要練習寫的下一個語音。（在第三條線的開頭寫個 **v**，指著 **v**。）這是什麼語音？"vvv"。
6. 先照著我這樣寫 **v**，然後在這條線上多寫幾次。（多次仿寫 **v** 後，學生能寫出三到五個 **v**。學生若有需要，給予協助。若學生寫對了就說：）你的 **vvv** 寫得真好！

LESSON 48

任務 1   語音介紹

1. （指著 **p** 的起點。）這個語音一定要快快唸。我先快快唸。（手指快速滑到箭頭的末端。）**p**。
2. 我再快快唸一次。（指著 **p** 的起點。）快快唸。（手指快速滑到箭頭的末端。）**p**。

3. （指著第一個黑點。）換你。（暫停）快快唸。（手指快速滑到箭頭的末端。）"p"。

（糾正：如果學生唸成 "puh"、"pah"或"pih"，需要糾正：）注意聽，快快唸 **p**。 "p"。唸得很好！

語音

1. 仔細看每一個語音,有的語音可以慢慢唸,有的語音必須快快唸。別弄錯囉!

2. (指著 v。)準備囉!(手指著箭頭的起點,快速移到第二個黑點。)"vvv"。

3. (重複步驟 2 練習語音 d、t、th、h 和 p。箭頭下沒有黑點時,記住手指要快速滑到箭頭末端。)

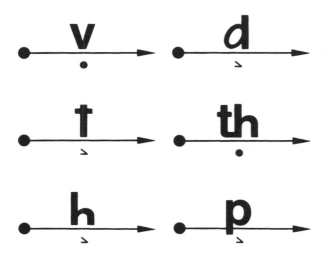

任務 3　唸單字

1. (指著 to 的起點。)唸出語音!(學生唸時,老師指出字母底下的黑點:)"tŏŏŏ"。

2. 唸出語音是這樣唸沒錯,但它是一個例外字,要唸作(暫停)to(too)。這個例外字怎麼唸?"too"。對了,這個單字唸作 to。to 是一個例外字。

3. (手指回到起點。)再一次,唸出語音!(學生唸時,老師依序指出字母底下的黑點:)"tŏŏŏ"。但這個例外字怎麼唸?"too"。對了,這個單字唸作 to,Go to school。你唸得很好。

任務 4　唸單字

1. (手指著 gōats 的起點。)唸出語音!(手指滑過下面的黑點。)"gōōōtsss"。(重複直到穩固。)這單字怎麼唸?"goats"。

2. (重複步驟 1 練習 cōats、sāve、ōr、fōr 和 hats。)

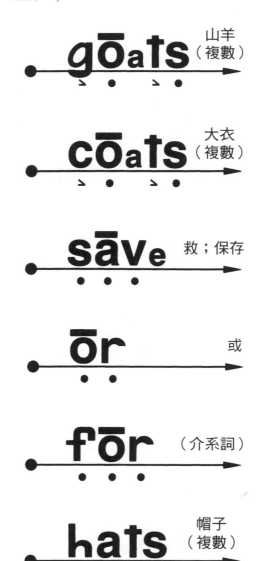

任務5　唸單字

1. （指著 was、ōld、cōld、said、māke、socks、lots 和 have。）現在要快快唸這些單字。每一個單字我都會用手指快速滑到箭頭末端。你要想想看每一個單字怎麼唸。但在我說快快唸之前，你都不要發出任何的聲音。

2. （手指著 was 下面的第一個黑點，暫停三秒。）快快唸。（手指滑動。）"wuz"。對了，was。

3. （重複步驟 2 練習其餘單字。）

4. 全部語音用快快唸再唸一次。

5. （手指著 gōats 下面的第一個黑點，暫停三秒。）快快唸。（手指滑動。）"goats"。對了，goats。

6. （重複步驟 5 練習其餘單字。）

was 是（過去式）　**ōld** 老；舊　**cōld** 冷

said 說（過去式）　**māke** 做　**socks**（複數）襪子

lots 很多　**have** 有

任務6　唸單字

1. （手指著 of 的起點。）唸出語音！（學生唸時，老師依序指出字母下面的黑點：）"ooofff"。再一次。（手指回到第一個黑點。）唸出語音！（學生唸時，老師依序指出字母下面的黑點：）"ooofff"。

2. 唸出語音時這樣唸沒有錯。但這個例外字怎麼唸？"uv"。對了，of。

3. 再唸一次。（手指回到起點。）唸出語音！（學生唸時，老師依序指出字母下面的黑點：）"ooofff"。但這個例外字怎麼唸？"uv"。對了，of（uv）。

of（介系詞）

任務7　語音

1. 仔細看每一個語音，有的語音可以慢慢唸，有的語音必須快快唸。別弄錯囉！

2. （指著 v。）準備囉。（手指著箭頭的起點，快速移到第二個黑點。）"vvv"。

3. （重複步驟 2 練習 p、d、ō 和 k。箭頭下沒有黑點時，記住手指要快速滑到箭頭末端。）

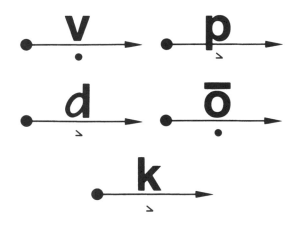

任務 8　朗讀

　　我們來唸出這個故事每一個單字的語音，然後再快快唸這個故事一次。我們先把每一個單字的語音唸出來，再唸出每一個單字。

任務 9　翻譯

1. 仔細聽我來翻譯這個故事，我唸一句，翻譯一句。（老師指著起點開始唸。）

老師唸	老師翻譯
The old man was cold.	老人很冷。
He did not have a hat or a coat or socks.	他沒有帽子、大衣或襪子。
So he got a goat with lots of hats and coats and socks.	他遇到一頭有很多帽子、大衣和襪子的山羊。
Now the old man is not cold.	現在，老人不冷了。
And the goat is not cold.	山羊也不會冷。

2. 現在我來唸英文，你來翻譯成國語。（老師指著起點開始唸，學生譯為國語，需要時，老師給予協助。）

3. 現在換你來唸英文，我來翻譯成國語。（學生指著起點開始逐句唸，老師譯為國語。需要時，老師給予協助。）

4. 現在換我來唸國語，你來翻譯成英文。（老師逐句說國語，學生指著課文的開頭，逐句唸出。需要時，老師給予協助。）

thē ōld man was cōld. hē did

not havₑ a hat ōr a cōₐt ōr socₖs.

sō hē got a gōₐt with lots of

hats and cōₐts and socₖs.

now thē ōld man is not cōld.

and thē gōₐt is not cōld.

流暢性目標：32秒

任務10 圖片理解

1. 請指出 **socks** 來。

2. （重複步驟 1 請學生指出 **coat**、**hat**、**goat** 和 **old man**。需要時，給予協助。）

3. （老師指著 **coat**，問：）這個英文怎麼說？

4. （重複步驟 3 指出 **old man**、**hat**、**socks** 和 **goat**，請學生回答。需要時，給予協助。）

任務11 語音書寫

1. 這是你要寫的第一個語音。（在第一條線的開頭寫個 **w**，指著 **w**。）這是什麼語音？"www"。

2. 先照著我這樣寫www，然後在這條線上多寫幾次。（多次仿寫 **w** 後，學生能寫出三到五個 **w**。學生若有需要，給予協助。若學生寫對了就說：）你的 **www** 寫得真好！

3. 這是你要練習寫的下一個語音。（在第二條線的開頭寫個 **v**，指著 **v**。）這是什麼語音？"vvv"。

4. 先照著我這樣寫vvv，然後在這條線上多寫幾次。（多次仿寫 **v** 後，學生能寫出三到五個 **v**。學生若有需要，給予協助。若學生寫對了就說：）你的 **vvv** 寫得真好！

LESSON 49

任務1 語音

1. 仔細看每一個語音，有的語音可以慢慢唸，有的語音必須快快唸。別弄錯囉！

2. （指著 **g**。）準備囉。（手指著箭頭的起點，快速移到第二個黑點。）"g"。

3. （重複步驟 2 練習 **p**、**h**、**d**、**sh** 和 **ā**。箭頭下沒有黑點時，記住手指要快速滑到箭頭末端。）

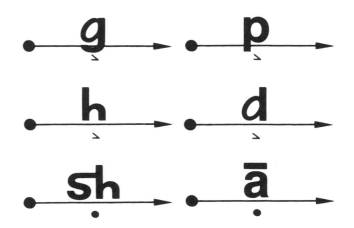

任務2 唸單字

1. （指著 **to** 的起點。）唸出語音！（學生唸時，手指著黑點滑過：）"tooo"。

2. 唸出語音時這樣唸沒有錯，但這是個例外字，它該怎麼唸？"too"。對了，**to** 是個例外字。

3. （回到起點。）再來一次，唸出語音！（學生唸時，手指著黑點滑過：）"tooo"。但這個例外字怎麼唸？"too"。對了，**to** 是個例外字。（重複直到穩固。）

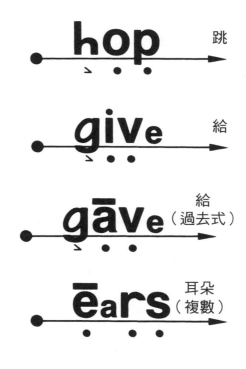

任務 3　唸單字

1. （手指著 **mop** 的起點。）唸出語音！（學生唸時，老師手指從語音下的黑點滑過。）"mmmooop"。（重複直到穩固。）這個單字怎麼唸？"mop"。

2. （重複步驟 1 練習 cop、top、hop、give、gāve 和 ēars。）

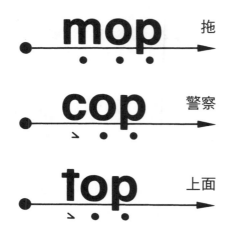

任務 4　唸單字－ ar

1. （指著 **ar** 下面的黑點。）當這兩個語音連在一起的時候，它們通常唸作（暫停）**are**。它們通常怎麼唸？"are"。

2. （指著 **far** 裡 ar 下面的黑點。）這個語音怎麼唸？"are"。對了，**are**。（指著 **far** 的起點。）唸出語音！（滑過 **f** 後指著 **ar** 的黑點。）"fffŏrrr"（重複直到穩固。）怎麼唸？"far"。對了，**far**。

3. （指著 **car** 裡 ar 下面的黑點。）這個語音怎麼唸？"are"。對了，**are**。（指著 **car** 的起點。）唸出語音！（滑過 **c** 後指著 **ar** 的黑點。）"cŏrrr"。（重複直到穩固。）怎麼唸？"car"。對了，**car**。

4. （指著 **tar** 裡 ar 下面的黑點。）這個語音怎麼唸？"are"。對了，**are**。（指著 **tar** 的起點。）唸出語音！（滑過 **t** 後指著 **ar** 的黑

點。）"tŏrrr"。（重複直到穩固。）怎麼唸？"tar"。對了，**tar**。

5. 現在你要用快快唸的方式，把這些單字再唸一遍。

6. （指著 **far** 的起點，暫停三秒。）快快唸。（手指滑動。）"far"。對了，**far**。

7. （重複步驟 6 練習 car 和 tar。）

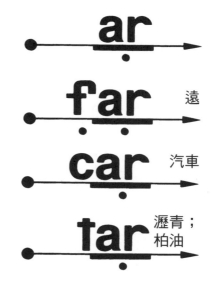

任務 5　唸單字

1. （手指著 was、did、of、gōat 和 kitten。）
   每一個單字我都會用手指快速滑到箭頭末端。你要想想看每一個單字怎麼唸。但在我說快快唸之前，你都不要發出任何的聲音。

2. （手指著 was 的起點，暫停三秒。）快快唸！（手指滑動。）"wuz"。對了，was（wuz）。

3. （重複步驟 2 唸出其餘的單字。）

4. 再快快唸一次這幾個字。

5. （手指著 was 的起點。）快快唸！"wuz"。對了，was（wuz）。

6. （重複步驟 5 唸出其餘的單字。）

任務 6　語音

1. 快快唸這些語音。

2. （手指著 p 的起點。）快快唸。"p"。

3. （重複步驟 2 練習每一個語音。）

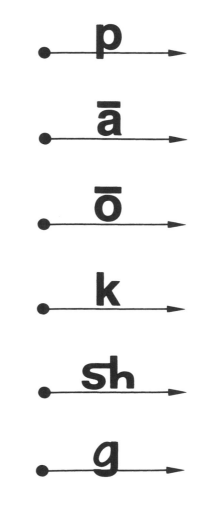

　　我們來唸出這個故事每一個單字的語音,然後再快快唸這個故事一次。我們先把每一個單字的語音唸出來,再唸出每一個單字。

1. 仔細聽我來翻譯這個故事,我唸一句,翻譯一句。(指著起點開始唸。)

老師唸	老師翻譯
A man gave an old coat to an old goat.	一個男人把一件舊大衣送給一隻老山羊。
That old goat said, "I will eat this old coat."	那隻老山羊說:"我要吃掉這件舊大衣。"

So he did. 所以他就做了。

"That was fun," he said. "那很好玩,"他說。

"I ate an old coat. And now I am cold." "我吃了舊大衣。我現在很冷。"

Now the old goat is sad. 老山羊現在很傷心。

2. 現在我來唸英文,你來翻譯成國語。(老師指著起點開始唸,學生譯為國語,需要時,老師給予協助。)

3. 現在換你來唸英文,我來翻譯成國語。(學生指著起點開始逐句唸,老師譯為國語。需要時,老師給予協助。)

4. 現在換我來唸國語,你來翻譯成英文。(老師逐句說國語,學生指著課文的開頭,逐句唸出。需要時,老師給予協助。)

a man gāve an ōld cōat to an

ōld gōat.

that ōld gōat said, "I will ēat

this ōld cōat." sō hē did.

"that was fun," hē said. "I āte

an ōld cōat. and now I am cōld."

now thē ōld gōat is sad.

流暢性目標:32秒

任務9 圖片理解

1. 看著下面這張圖，我要問你幾個問題。
2. （指著山羊，問：）這是什麼動物？"山羊"。
3. 對了，山羊的英文叫 goat，山羊的英文怎麼說？"goat"。
4. 這隻山羊現在覺得怎麼樣？（老師做顫抖狀。）"很冷"。
5. 對了，冷的英文叫 cold。冷的英文怎麼說？"cold"。

任務10 語音書寫

1. （在第一條線開頭寫個 th，指著 th。）這是什麼語音？"ththth"。
2. 先照著我這樣寫 ththth，然後在這條線上多寫幾次。（多次仿寫 th 後，學生能寫出三到五個 th。學生若有需要，給予協助。若學生寫對了就說：）你的 ththth 寫得真好！
3. 這是你要練習寫的下一個語音。（在第二條線的開頭寫個 sh，指著 sh。）這是什麼語音？"shshsh"。
4. 先照著我這樣寫 shshsh，然後在這條線上多寫幾次。（多次仿寫 sh 後，學生能寫出三到五個 sh。學生若有需要，給予協助。若學生寫對了就說：）你的 shshsh 寫得真好！

LESSON 50

任務1 語音介紹

1. （指著 ch 的起點。）這個語音一定要快快唸，我先唸一遍。（唸出語音時，手指快速移動到箭頭末端。）ch。
2. 我再快快唸一遍。（指著 ch 的起點。）快快唸！（手指快速移動到箭頭末端。）ch。
3. （指著起點。）換你，快快唸！（手指快速移動到箭頭末端。）"ch"。

（糾正：如果學生唸成"chuh"、"chah"或"chih"，必須糾正：）注意聽：ch。快快唸！"ch"。對了，ch。

任務2 語音

1. 仔細看下面每一個語音，有的語音可以慢慢唸，有的語音必須快快唸。別弄錯囉！

2. （指著 **p**。）你來唸這個語音。準備囉。（手指著箭頭的起點，快速移到箭頭末端。）"p"。

3. （依照步驟 2 重複練習語音 **sh**、**th**、**ch**、**f** 和 **h**。箭頭下沒有黑點時，記住手指要快速滑到箭頭末端。）

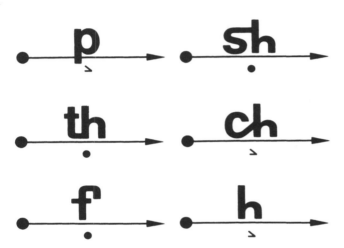

任務3 唸單字

1. （指著 **to** 的起點。）唸出語音！（手指著黑點讓學生唸：）"tooo"。再一次。（手指回到起點。）唸出語音！（手指著黑點讓學生唸：）"tooo"。

2. 唸出語音時這樣唸沒有錯，但這個例外字怎麼唸？"too"。對了，**to**。

3. 我們再唸一遍。（手指回到起點。）唸出語音！（手指著黑點讓學生唸：）"tooo"。但這個例外字怎麼唸？"too"。對了，**to**。

任務4 唸單字

1. （手指著 **us** 的起點。）唸出語音！（學生唸時，手指著黑點滑過。）"uuusss"。（重複直到穩固。）怎麼唸？"us"。

2. （重複步驟 1 練習 **sēat**、**hēar**、**ran**、**sand**、**hōpe**、**pot** 和 **dog**。）

任務 5　唸單字

1. （指著 **ar** 下面的黑點。）當這些語音在一起的時候，它們通常唸作（暫停）**are**。它們怎麼唸？"are"。

2. （指著 **far** 裡 ar 下面的黑點。）這個語音怎麼唸？"are"。對了，**are**。（指著 **far** 的起點。）唸出語音！（指著 **fa** 下面的黑點。）"fffŏrrr"。（重複直到穩固。）怎麼唸？"far"。對了，**far**。

3. （指著 **car** 裡 ar 的黑點。）這個語音怎麼唸？"are"。對了，**are**。（指著 **car** 的起點。）唸出語音！（指著 **ar** 下面的黑點）"cŏrrr"。（重複直到穩固。）怎麼唸？"car"。對了，**car**。

4. 現在你要用快快唸的方式，把這些語音再唸一遍。

5. （指著 **far** 的起點，暫停三秒。）快快唸。（手指滑動。）"far"。對了，**far**。

6. （重複步驟 5 唸 **car**。）

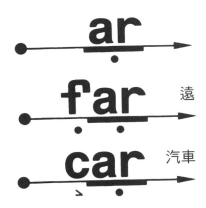

任務 6　唸單字

1. （指著 **lots**、**have**、**his**、**nēar** 和 **ēars**。）每一個單字我都會用手指快速滑到箭頭末端。你要想想看每一個單字怎麼唸。但在我說快快唸之前，你都不要發出任何的聲音。

2. （指著 **lots** 的起點，滑過各個語音，回到黑點。）快快唸。（手指滑動。）"lots"。對了，**lots**。

3. （重複步驟 2 唸出其餘單字。）

4. 把這些單字用快快唸的方式再唸一遍。

5. （指著 **to** 的起點，暫停三秒。）快快唸。（手指滑動。）"to"。對了，**to**。

6. （重複步驟 5 唸出其餘單字。）

任務 7　語音

1. 仔細看每一個語音，有的語音可以慢慢唸，有的語音必須快快唸。別弄錯囉！

2. （指著 **sh**。）你來唸這個語音。準備好，來。（手指著箭頭的起點，快速移到第二個黑點。）"shshsh"。

3. （依照步驟 2 練習語音 **ch**、**g**、**d**、**p** 和 **ō**。箭頭下沒有黑點時，記住手指要快速滑到箭頭末端。）

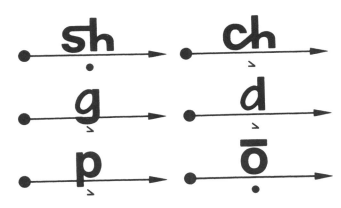

任務**8** 朗讀

我們來唸出這個故事每一個單字的語音，然後再快快唸這個故事一次。我們先把每一個單字的語音唸出來，再唸出每一個單字。

任務**9** 翻譯

1. 仔細聽我來翻譯這個故事，我唸一句，翻譯一句。（老師指著起點開始唸。）

老師唸	老師翻譯
She said, "I have a fan."	她說，"我有一台電扇。"
He said, "I have lots of sand."	他說，"我有很多沙。"
She said, "we can run the sand in that fan."	她說，"我們可以讓沙子在電扇裡面吹。"
So he ran the fan near the sand.	所以他把電扇放在沙子附近吹。
He had sand in his ears.	他的耳朵進沙了。

shē said, "I havₑ a fan." ⟶

hē said, "I havₑ lots of sand." ⟶

shē said, "wē can run thē sand in that fan." sō hē ran thē fan nēₐr thē sand. ⟶

hē had sand in his ēₐrs. hē said, "I can not hēₐr." ⟶

hē had sand on his sēₐt. shē said, "wē havₑ sand on us." ⟶

流暢性目標：41秒

He said, "I can not hear." 他說，"我聽不到。"

He had sand on his seat. 他把沙子弄到他的座位上。

She said, "we have sand on us." 她說，"我們身上都是沙。"

2. 現在我來唸英文，你來翻譯成國語。（老師指著起點開始唸，學生譯為國語，需要時，老師給予協助。）

3. 現在換你來唸英文，我來翻譯成國語。（學生指著起點開始逐句唸，老師譯為國語。需要時，老師給予協助。）

4. 現在換我來唸國語，你來翻譯成英文。（老師逐句說國語，學生指著課文的開頭，逐句唸出。需要時，老師給予協助。）

任務10 圖片理解

1. 看著下面這張圖，我要問你幾個問題。

2. 哪一個是 fan？請你指出來。（學生指出電扇。）對了，電扇的英文怎麼說？"fan"。

3. （重複步驟 2 學生指出、說出 sand、ear、he 和 she。）

任務11 語音書寫

1. 這是你要寫的第一個語音。（在第一條線的開頭寫個 w，指著 w。）這是什麼語音？"www"。

2. 先照著我這樣寫www，然後在這條線上多寫幾次。（多次仿寫 w 後，學生能寫出三到五個 w。學生若有需要，給予協助。若學生寫對了就說：）你的 www 寫得真好！

3. 這是你要練習寫的下一個語音。（在第二條線的開頭寫個 th，指著 th。）這是什麼語音？"ththth"。

4. 先照著我這樣寫 ththth，然後在這條線上多寫幾次。（多次仿寫 th 後，學生能寫出三到五個 th。學生若有需要，給予協助。若學生寫對了就說：）你的 ththth 寫得真好！

LESSON 51

任務1 語音

1. 現在來快快唸下面這些語音。

2. （指著ch的起點。）快快唸。（移動至箭頭末端。）"ch"。

3. （重複步驟 2 練習每一個語音。）

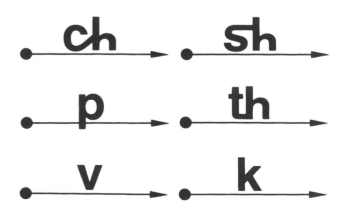

任務2　唸單字

1. （指著 to 的起點。）唸出語音！（學生唸時，老師依序指出黑點。）"tooo"。再唸一遍。（回到起點。）唸出語音！（學生唸時，老師依序指出黑點。）"tooo"。

2. 唸出語音時，這樣唸沒有錯，但這個單字是例外字，這個例外字怎麼唸？"too"。對了。to。to 是一個介系詞，經常有「去」的意思。

3. 來再唸一遍。（手指回到起點。）唸出語音！（學生唸時，老師依序指出黑點。）"tooo"。但這個例外字怎麼唸？"too"。對了，to。to 是一個介系詞，經常有「去」的意思。

任務3　唸單字

1. （滑過 fog 的 o 和 g 下面。）這個部分唸作 og。

2. （指著 fog 的起點。）這個字是用（暫停）og 來拼尾音。快快唸！（快速滑過箭頭。）"fog"。對了，fog。你的尾音拼得很好。

3. （滑過 log 的 o 和 g 下面。）這個部分唸作 og。

4. （指著 log 的起點。）這個字是用（暫停）og 來拼尾音。快快唸！（快速滑過箭頭。）"log"。對了，log，log 是「原木」的意思。你的尾音拼得很好。

任務4　唸單字

1. （指著 ar 的起點。）告訴我，當這兩個語音在一起的時候，通常怎麼唸？"are"。對了，這個語音唸作 are。

2. （指著 car、tar 和 park。）準備快快唸這些單字。

3. （指著 car 的起點，暫停三秒。）快快唸！（快速滑到箭頭末端。）"car"。對了，car。（指著 car 裡 ar 下面的黑點。）這個音怎麼唸？"are"。對了，are。（指著 car 的起點。）唸出語音！（手指從 c 快速滑到 ar 的黑點。）"cŏrrr"。這個單字怎麼唸？"car"。對了，car。car 就是「汽車」的意思。

4. （指著 tar 的起點。）想想看怎麼唸。（暫停三秒。）快快唸！（快速滑到箭頭末端。）"tar"。對了，tar。（指著 tar 裡 ar 下面的黑點）這些音怎麼唸？"are"。對了，are。（指著 tar 的起點。）唸出語音！（手指從 t 快速滑到 ar 的黑點。）"tŏrrr"。這個單字怎麼唸？"tar"。對了，tar。tar 就是「瀝青或柏油」的意思。

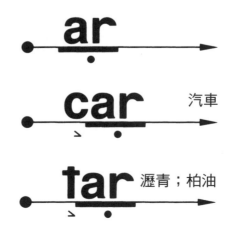

5. （指著 **park** 的起點。）想想看怎麼唸。（暫停三秒。）快快唸！（快速滑到箭頭末端。）"park"。對了，**park**。（指著 **park** 裡 **ar** 的下面黑點。）這些音怎麼唸？"are"。對了，**are**。（指著 **park** 的起點。）唸出語音！（手指快速滑過每一個語音。）"pŏrrrk"。怎麼唸？"park"。對了，**park**。**park** 就是「公園」的意思。

任務 5　唸單字

1. （手指著 **of**、**sō**、**wē**、**cops**、**ōld**、**fōr**、**pot**、**dog**、**us**、**kick**、**shēēp** 和 **gāve**。）待會你要來快快唸這些單字，一開始我會順著箭頭指每個字。想想看該怎麼唸。但在我要你快快唸之前，請你先不要發出聲音來。

2. （指著 **of** 的起點，滑到箭頭末端後，回到起點。）快快唸！（手指滑動。）"uv"。對了，**of**（**uv**）。

3. （重複步驟 2 唸出其餘單字。）

4. 再快快唸過這些單字。

5. （指著 **fog** 的起點，暫停三秒。）快快唸！（手指滑動。）"fog"。對了，**fog**。

6. （重複步驟 5 唸出其餘單字。）

任務**6** 語音

1. 仔細看下面每一個語音，有的語音可以慢慢唸，有的語音必須快快唸。別弄錯囉！

2. （指著 **ch**。）來唸這個語音。準備囉。（手指著箭頭的起點，快速移到箭頭末端。）"ch"。

3. （依照步驟2練習語音**v**、**p**、**h**、**k**和**a**。箭頭下沒有黑點時，記住手指要快速滑到箭頭末端。）

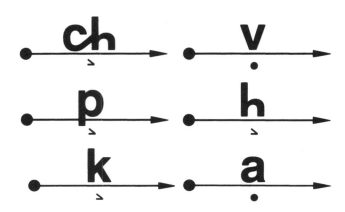

任務**7** 朗讀

　　我們來唸出這個故事每一個單字的語音，然後再快快唸這個故事一次。我們先把每一個單字的語音唸出來，再唸出每一個單字。

任務**8** 翻譯

1. 請你再快快唸一次，你唸一句，我翻譯一句。（指著起點開始唸。需要時，老師給予協助。學生每唸完一句，老師逐句提供如下翻譯。老師可視情況，僅選擇部分句子給學生唸。）

一隻狗坐在他的小車上。
狗說，"我需要吃東西。"
這隻狗會吃一條魚嗎？不會。
這隻狗會吃一棵原木嗎？不會。
他會吃一罐柏油嗎？不會。
這狗會吃掉他自己的車。

a dog sat in his littlᵉ car. ⟶

thē dog said, "I nēēd to ēat." ⟶

will this dog ēat a fish? nō. ⟶

will this dog ēat a log? nō. will ⟶

hē ēat a pot of tar? nō. ⟶

thē dog will ēat his car. ⟶

流暢性目標：29秒

2. 現在我來唸英文，你來翻譯成國語。（老師指著起點開始唸，學生譯為國語，需要時，老師給予協助。）

3. 現在換我來唸國語，你來翻譯成英文。（老師逐句說國語，學生指著課文的開頭，逐句唸出。需要時，老師給予協助。）

任務9　圖片理解

1. 看著下面這張圖，我要問你幾個問題。

2. **car** 在哪裡？請指出來。（學生指出汽車。）對了，汽車的英文怎麼說？"car"。

3. **dog** 在哪裡？請指出來。（學生指出狗。）對了，狗的英文怎麼說？"dog"。

4. 他正在吃東西嗎？**Is he eating?** "Yes, he is eating"。

任務10　語音書寫

1. （在第一條線的開頭寫個**p**，指著**p**。）這是什麼語音？"p"。

2. 先照著我這樣寫 **p**，然後在這條線上多寫幾次。（多次仿寫 **p** 後，學生能寫出三到五個 **p**。學生若有需要，給予協助。若學生寫對了就說：）你的 **p** 寫得真好！

3. 這是下一個你要練習寫的語音。（在第二條線的開頭寫個 **th**，指著 **th**。）這是什麼語音？"ththth"。

4. 先照著我這樣寫 **ththth**，然後在這條線上多寫幾次。（多次仿寫 **th** 後，學生能寫出三到五個 **th**。學生若有需要，給予協助。若學生寫對了就說：）你的 **ththth** 寫得真好！

LESSON **52**

任務1　語音介紹

1. （指著**e**。）這是個新的語音，我會一邊指，一邊唸。（手指著箭頭的起點，快速移到第二個黑點，停。）ĕĕĕ。

2. 換你唸，我來指。（手指著箭頭的起點。）準備囉！（手指著箭頭起點，快速移到第二個黑點，停。）"ĕĕĕ"。

（糾正：如果學生唸錯，或沒有反應，必須糾正：）這個語音是 ĕĕĕ。（重複步驟2。）

3. （指著起點。）再一次，準備囉！（手指著箭頭的起點，快速移到第二個黑點，停。）"ĕĕĕ"。

任務 2 　語音

1. 仔細看右邊每一個語音，有的語音可以慢慢
唸，有的語音必須快快唸。別弄錯囉！

2. （指著 ē。）準備囉！（指著箭頭的起點，快
速移到第二個黑點。）"ēēē"。

3. （重複步驟 2 唸出 ch、p、v、e、ō 和 k。箭
頭下沒有黑點時，記住手指要快速滑到箭頭
末端。）

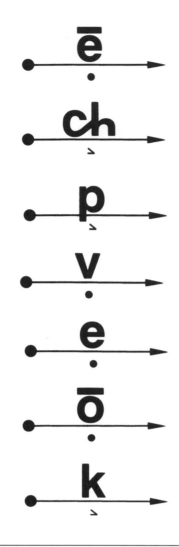

任務 3 　唸單字

1. 現在來認識新的單字。（指著 shop 的起
點。）唸出語音！（依序指出語音的黑
點。）"shshshooop"。（重複直到穩固。）
這個字怎麼唸？"shop"。對了，shop，
shop 就是「商店」的意思。

2. （重複步驟 1 練習 chop 和 cāme。）

shop 　商店

chop 　砍；劈

cāme 　來（過去式）

log 原木

to （介系詞）

gōat 山羊

任務 4 唸單字

1. 準備快快唸這些單字。
2. （指著 **cars** 裡的 **ar**。）這個語音要怎麼唸？"are"。（指著 **cars** 的起點，暫停三秒。）快快唸！（快速移動至箭頭末端。）"cars"。對了，**cars**，**cars** 就是「汽車」的意思。
3. （重複步驟 2 練習 **park** 和 **are**。）
4. （指著 **dog** 的起點，暫停三秒。）快快唸！（快速移動至箭頭末端。）"dog"。對了，**dog**。**dog** 就是「狗」的意思。
5. （重複步驟 4 唸出其餘單字。）
6. 再快快唸一遍這些單字。
7. （指著 **shop** 的起點，暫停三秒。）怎麼唸？"shop"。對了，**shop** 就是「商店」的意思。
8. （重複步驟 7 唸出其餘單字。）你唸得很好！

任務 5 語音

1. 仔細看下面每一個語音，有的語音可以慢慢唸，有的語音必須快快唸。別弄錯囉！
2. （指著 **e**。）準備囉！（手指著箭頭的起點，快速移到第二個黑點。）"eee"。
3. （依照步驟 2 重複練習語音 **ō**、**k**、**p**、**o** 和 **v**。箭頭下沒有黑點時，記住手指要快速滑到箭頭末端。）

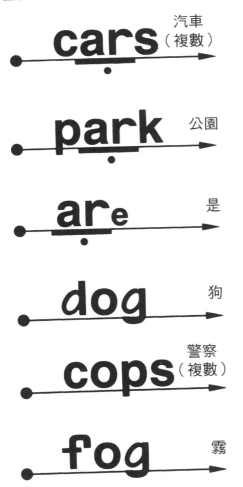

cars （複數） 汽車

park 公園

are 是

dog 狗

cops （複數） 警察

fog 霧

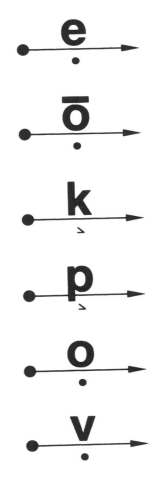

e

ō

k

p

o

v

狗、貓和山羊來到一棵原木旁。

貓和狗坐在原木上。狗和貓說，"我們在原木上。"

山羊說，"我不在原木上。我在原木裡頭。嘻嘻。"

2. 現在我來唸英文，你來翻譯成國語。（老師指著起點開始唸，學生譯為國語，需要時，老師給予協助。）

3. 現在換我來唸國語，你來翻譯成英文。（老師逐句說國語，學生指著課文的開頭，逐句唸出。需要時，老師給予協助。）

任務6 朗讀

我們來唸出這個故事每一個單字的語音，然後再快快唸這個故事一次。先把每一個單字的語音唸出來，再唸出每一個單字。

任務7 翻譯

1. 請你再快快唸一次，你唸一句，我翻譯一句。（指著起點開始唸。需要時，老師給予協助。學生每唸完一句，老師逐句提供如下翻譯。老師可視情況，僅選擇部分句子給學生唸。）

一隻狗在霧裡。一隻貓在霧裡。一隻山羊在霧裡。

a dog was in thē fog. a cat was in thē fog. a gōat was in thē fog.

thē dog and thē cat and thē gōat cāme to a log.

thē cat and thē dog sat on thē log. thē dog and thē cat said,

"wē are on thē log."

thē gōat said, "I am not on thē log. I am in thē log. hē hē."

流暢性目標：46秒

任務 8　圖片理解

1. 仔細看右邊這張圖，準備回答問題。
2. 指出 **cat** 來。（學生指出貓。）
3. （重複步驟 2 指出 **dog**、**goat**、**log**。）
4. 貓在原木上面，還是在原木裡面？"在上面。" 對了，**the cat sat on the log**。（特別強調 **on**。）
5. 狗在原木上面，還是在原木裡面？"在上面。" 對了，**the dog sat on the log**。（特別強調 **on**。）
6. 山羊在原木上面，還是在原木裡面？"在裡 面。"對了，**the goat is in the log**。（特別 強調 **in**。）

任務 9　語音書寫

1. （在第一條線的開頭寫 ch，指著 ch。）這是 什麼語音？"ch"。
2. 先照著我這樣寫 ch，然後在這條線上多寫幾 次。（多次仿寫 ch 後，學生能寫出三到五個 ch。學生若有需要，給予協助。若學生寫對 了就說：）你的 ch 寫得真好！

3. 這是下一個你要練習寫的語音。（在第二條 線的開頭寫個 p，指著 p。）這是什麼語 音？"p"。
4. 先照著我這樣寫 p，然後在這條線上多寫幾 次。（多次仿寫 p 後，學生能寫出三到五個 p。學生若有需要，給予協助。若學生寫對了 就說：）你的 p 寫得真好。

LESSON 53

任務 1　語音

1. 仔細看右邊每一個語音，有的語音可以慢慢 唸，有的語音必須快快唸。別弄錯囉！
2. （指著 ē 的起點。）準備囉！（手指著箭頭 的起點，快速移到第二個黑點。）"ēēē"。
3. （重複步驟 2 練習語音 e、ā、a、ō 和 o。箭 頭下沒有黑點時，記住手指要快速滑到箭頭 末端。）

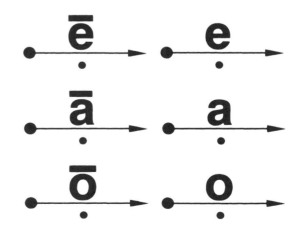

任務 2　唸單字

1. （指著 **girl** 的起點。）唸出語音！（學生唸時，依序指著黑點。）"giiirrrlll"（不是"gurrrlll"）。

2. 唸出語音時這樣唸沒有錯，但它是一個例外字，唸作（暫停）girl（**gurl**）。這個例外字怎麼唸？"gurl"。是的，這個例外字唸作 girl（**gurl**），girl 就是「女孩」的意思。

3. （回到起點。）再來一次，唸出語音！（學生唸時，依序指出黑點。）"giiirrrlll"。但這個例外字怎麼唸？"gurl"。對了，girl。安妮（或淑真）是一個 **girl**。

girl　女孩

任務 3　唸單字

1. （指著 **ēach**的起點。）唸出語音！（依序指出語音的黑點。）"ēēēch"。（重複直到穩固。）這個單字怎麼唸？"each"。對了，each，each 就是「每一個」的意思。

2. （重複步驟 1 練習 **cākes**、**hōme**、**ship**、**shop** 和 **chop**。）

ēach　每一個

cākes　蛋糕（複數）

hōme　家

ship　船

shop　商店

chop　砍；剁

任務 4　唸單字

1. （指著 **thē** 的起點。）唸出語音！（依序指出黑點。）"thththēēē"。快快唸！"thē"。對了。

2. （指著 **the** 和 **thē** 兩個單字。）這兩個單字是一樣的字，（分別指出 **thē** 和 **the**。）但這個唸作 **thē**，這個唸作 **thŭ**。

3. 換你來試試。（指著 **thē**）這唸作？"thē"。（指著 **the**）這唸作？"thŭ"。（反覆直到穩固。）

4. 你要記得這兩個字的發音，再來我們會常常看到。

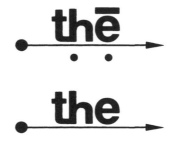
thē

the

任務 5　唸單字

1. 準備快快唸這些單字。
2. （指著 **farm** 裡的 **ar**。）這個語音要怎麼唸？"are"。（指著 **farm** 的起點，暫停三秒。）快快唸！（手指滑動。）"farm"。對了，**farm**，**farm** 就是「農田或農場」的意思。
3. （重複步驟 2 練習 **are** 和 **cars**。）
4. （指著 **lots** 的起點，暫停三秒。）快快唸！（手指滑動。）"lots"。對了，**lots**。**lots** 就是「很多或多數」的意思。
5. （重複步驟 4 唸出其餘單字。）
6. 現在再來一遍，快快唸這些字。
7. （指著 **ēach** 的起點，暫停三秒。）這個字怎麼唸？"each"。
8. （重複步驟 7 練習其餘單字。）你這些字唸得很好！

任務 6　語音

1. 仔細看右邊每一個語音，有的語音可以慢慢唸，有的語音必須快快唸。別弄錯囉！
2. （指著 **e**。）準備囉。（手指著箭頭的起點，快速移到第二個黑點。）"eee"。
3. （重複步驟 2 練習語音 **i**、**ō**、**u**、**ā** 和 **p**。箭頭下沒有黑點時，記住手指要快速滑到箭頭末端。）

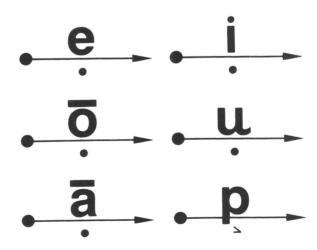

任務 **7** 朗讀

1. （指著標題。）這些印在上面的字是故事的標題。標題可以告訴讀者，故事要講什麼。
2. 我來讀這個標題。（讀到哪裡，指到哪裡。）**lots ... of ... cars**。這個故事是在講什麼？"**lots of cars**"。對了，**lots of cars**，很多很多車子。現在你來唸這個故事，指著單字，從標題開始。先把每個單字的語音唸出來，再告訴我這個單字怎麼唸。

任務 **8** 翻譯

1. 請你再快快唸一次，你唸一句，我翻譯一句。（指著起點開始唸。需要時，老師給予協助。學生每唸完一句，老師逐句提供如下翻譯。）

許多汽車

一個在農場的男人有許多汽車。他有老車。他有小車。

他的車是要載山羊的嗎？不是。

他的車是要載綿羊的嗎？不是。

他的車是要載牛的嗎？不是。

他的車是要給警察用的。他有好多輛警察車。

lots of cars ⟶

a man on a farm has lots of ⟶

cars. hē has ōld cars. hē has ⟶

littlₑ cars. ⟶

arₑ his cars fōr gōats? nō. ⟶

arₑ his cars fōr shēēp? nō. ⟶

arₑ his cars fōr cows? nō. ⟶

his cars arₑ fōr cops. hē has ⟶

lots of cop cars. ⟶

流暢性目標：37 秒

2. 現在我來唸英文，你來翻譯成國語。（老師指著起點開始唸，學生譯為國語，需要時，老師給予協助。）

3. 現在換我來唸國語，你來翻譯成英文。（老師逐句說國語，學生指著課文的開頭，逐句唸出。需要時，老師給予協助。）

任務9 圖片理解

1. 你在下面這張圖片裡看到了什麼？

2. 仔細看這張圖，準備回答問題。

3. 看到很多警車嗎？警車的英文是 **cop cars**，警車英文怎麼說？"cop cars"。

4. 很多警車的英文是 **lots of cop cars**，很多警車英文怎麼說？"lots of cop cars"。

任務10 語音書寫

1. 這是你要寫的第一個語音。（在第一條線的開頭寫個 **w**，指著 **w**。）這是什麼語音？"www"。

2. 先照著我這樣寫 **www**，然後在這條線上多寫幾次。（多次仿寫 **w** 後，學生能寫出三到五個 **w**。學生若有需要，給予協助。若學生寫對了就說：）你的 **www** 寫得真好！

3. 這是下一個你要練習寫的語音。（在第二條線的開頭寫個 **v**，指著 **v**。）這是什麼語音？"vvv"。

4. 先照著我這樣寫 **vvv**，然後在這條線上多寫幾次。（多次仿寫 **v** 後，學生能寫出三到五個 **v**。學生若有需要，給予協助。若學生寫對了就說：）你的 **vvv** 寫得真好！

5. 這是下一個你要練習寫的語音。（在第三條線的開頭寫個 **p**，指著 **p**。）這是什麼語音？"p"。

6. 先照著我這樣寫 **p**，然後在這條線上多寫幾次。（多次仿寫 **p** 後，學生能寫出三到五個 **p**。學生若有需要，給予協助。若學生寫對了就說：）你的 **p** 寫得真好！

LESSON **54**

任務1 語音介紹

1. （指著 **b** 的起點。）這個語音一定要快快唸。我先快快唸一遍。（唸的時候，手指快速移到第二個黑點，停。）b。

2. 我再快快唸一遍。（指著 **b** 的起點。）快快唸！（手指快速移到箭頭末端。）b。

3. （指著 **b** 的起點。）換你。（暫停）快快唸！（手指快速移到箭頭末端。）"b"。

（糾正：如果學生唸錯，或沒有反應，必須糾正：）仔細聽！這個音要快快唸，b。"b"。對了，b。

任務2 語音

1. 仔細看每一個語音，有的語音可以慢慢唸，有的語音必須快快唸。別弄錯囉！

2. （指著 **e** 的起點。）準備囉。（手指快速移到第二個黑點。）"eee"。

3. （重複步驟2練習 **ch**、**p**、**ō**、**b** 和 **v**。箭頭下沒有黑點時，記住手指要快速滑到箭頭末端。）

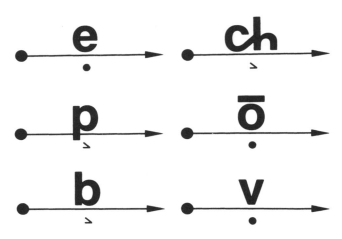

任務3 唸單字

1. （指著 **girl** 的起點。）唸出語音！（學生唸時，依序指出黑點。）"giiirrrlll"。

2. 我唸出語音時這樣唸沒有錯。但這是個例外字，唸作（暫停）girl（**gurl**）。這個單字怎麼唸？"gurl"。是的，**girl**。這是一個例外字，**girl** 就是「女孩」的意思。

3. （回到起點。）再唸出語音一次。（學生唸時，依序指出黑點。）"giiirrrlll"。但這個字怎麼唸？"gurl"。對了，**girl**（**gurl**），就是「女孩」的意思。（重複直到穩固。）

任務4 唸單字

1. 我來考考你還記不記得這兩個單字怎麼唸？（指著 **thē** 的起點。）這怎麼唸？"thē"。這怎麼唸？"the"。（反覆直到穩固。）唸得很好。

2. 你要記得這兩個字的發音，再來我們會常常看到。

任務5 唸單字

1. （指著 **arm** 的起點。）唸出語音！（依序指出語音的黑點。）"ŏrrrmmm"。（重複直到穩固。）這個字怎麼唸？"arm"。對了，**arm**，**arm** 就是「手臂」的意思。

2. （重複步驟 1 練習 **charm**、**tāke**、**rāin**、**met**、**wet**、**pots** 和 **tops**。）

3. 現在你來快快唸這些單字。

4. （指著 **arm** 的起點，暫停三秒。）快快唸！（手指快速移到第二個黑點，停。）"arm"。對了，**arm**。

5. （重複步驟4練習本頁的單字。）

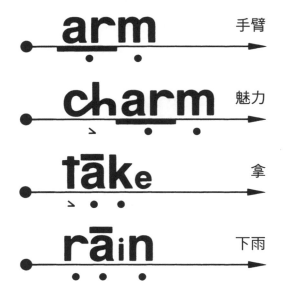

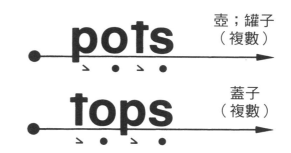

3. （指著 **do** 的起點。）這單字的尾音是（停頓）**oo**。快快唸！（手指滑動。）"doo"。對了，**do**，**do** 就是「做」的意思。

4. 這些單字你拼尾音拼得很好！

任務 6　唸單字

1. （指著 **to** 和 **do**。）這些單字的尾音都是 **oo**。
2. （指著 **to** 的起點。）這單字的尾音是（停頓）**oo**。快快唸！（手指滑動。）"too"。對了，**to**。

任務 7　唸單字

1. 準備快快唸這些單字。
2. （指著 **with** 的起點，暫停三秒。）快快唸！（手指快速滑動。）"with"。對了，**with**，**with** 就是「和、與」的意思。
3. （重複步驟 2 練習其餘單字。）
4. 再快快唸一遍。
5. （指著 **with** 的起點，暫停三秒。）這個單字怎麼唸？"with"。
6. （重複步驟 5 練習其餘單字。）你這些字唸得很好！

任務 8　語音

1. 仔細看右邊每一個語音，有的音可以慢慢唸，有的音必須快快唸。別弄錯囉！
2. （指著 **e**。）準備囉。（快速滑動。）"eee"。
3. （重複步驟 2 練習 **b**、**p**、**k**、**h** 和 **ch**。如果語音的箭頭下沒有黑點，記得快速滑到箭頭末端。）

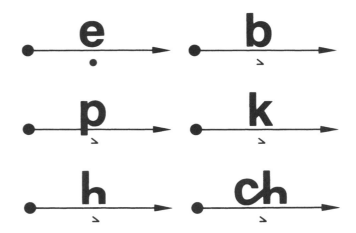

在你來唸這個故事，並指著單字，唸出每個語音，然後告訴我這個單字怎麼唸。

任務9 朗讀

1. （指著標題。）這些單字就是這個故事的標題。

2. 我現在要來讀這個標題。（指著你唸的單字。）**lots ... of ... pots**。這個故事是在講什麼？"lots of pots"。對了，**lots of pots**。現

任務10 翻譯

1. 請你再快快唸一次，你唸一句，我翻譯一句。（指著起點開始唸。需要時，老師給予協助。學生每唸完一句，老師逐句提供如下

lots of pots →

a girl said, "that man has lots of
pots. hē has pots with tops. hē has
pots with nō tops."

the man said, "I havₑ lots of cākₑs
in pots. I havₑ a pot with a ship in it.
I havₑ fish in pots."

the girl said, "can I havₑ a pot fōr
a littlₑ fish?"

the man said, "this is a pot fōr a
littlₑ fish."

the girl said, "I will tākₑ this pot
hōmₑ with mē." and shē did.

流暢性目標：55秒

長文，可視情況分成 2 或 3 段完成。

翻譯。）

許多罐子

一個女孩說，"那個男人有許多罐子。他有一些罐子是有蓋子的。他有一些罐子是沒有蓋子的。"

男人說，"我的罐子裡有很多蛋糕。我有一個罐子，裡面有一艘船。我養了魚在罐子裡。"

女孩說，"我可以要一個可以養小魚的罐子嗎？"

男人說，"這個罐子可以養小魚。"

女孩說，"我要帶這個罐子回家。"她就帶走了。

2. 現在我來唸英文，你來翻譯成國語。（老師指著起點開始唸，學生譯為國語，需要時，老師給予協助。）

3. 現在換我來唸國語，你來翻譯成英文。（老師逐句說國語，學生指著課文的開頭，逐句唸出。需要時，老師給予協助。

任務 11 　圖片理解

1. 仔細看下面這張圖，我來問幾個問題。

2. 這裡有這麼多罐子，你覺得哪一個可以養小魚。

3. （指著一個罐子。）這個英文怎麼說？**a pot**。

4. （重複步驟 3 讓學生說出 **girl** 和 **man**。）

任務 12 　語音書寫

1. 這是你要寫的第一個語音。（在第一條線的開頭寫個 **w**，指著 **w**。）這是什麼語音？"www"。

2. 先照著我這樣寫www，然後在這條線上多寫幾次。（多次仿寫 **w** 後，學生能寫出三到五個 **w**。學生若有需要，給予協助。若學生寫對了就說：）你的 **www** 寫得真好！

3. 這是下一個你要練習寫的語音。（在第二條線的開頭寫個 **p**，指著 **p**。）這是什麼語音？"p"。

4. 先照著我這樣寫 **p**，然後在這條線上多寫幾次。（多次仿寫 **p** 後，學生能寫出三到五個 **p**。學生若有需要，給予協助。若學生寫對了就說：）你的 **p** 寫得真好！

LESSON 55

任務 1 　語音

1. 仔細看下面每一個語音，有的語音可以慢慢唸，有的語音必須快快唸。別弄錯囉！

2. （指著 **ch**。）你來唸這個語音。準備囉！（手指著箭頭的起點，快速移到箭頭末端。）"ch"。

3. （重複步驟 2 練習 **b**、**v**、**p**、**k** 和 **ō**。箭頭下沒有黑點時，記住手指要快速滑到箭頭末端。）

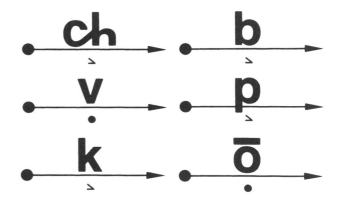

任務 2 唸單字

1. （指著 **do** 和 **to**）這兩個單字的尾音都是 **oo**。

2. （指著 **do** 的起點。）這單字的尾音是（暫停）**oo**。快快唸！（手指滑動。）"doo"。對了，**do**。

3. （指著 **to** 的起點。）這單字的尾音是（停頓）**oo**。快快唸！（手指滑動。）"too"。對了，**to**。你拼尾音拼得很好！

do 做；
（助動詞）

to 去；到
（介系詞）

任務 3 唸單字

1. （指著 **girl** 的起點。）唸出語音！（學生唸時，依序指著黑點。）"giiirrrlll"。再一次。（回到起點。）唸出語音！（學生唸時，依序指著黑點。）"giiirrrlll"。

2. 唸語音時這樣唸沒有錯，但它是個例外字，唸作（暫停）**girl**（**gurl**），就是「女孩」的意思。

3. 我們再來一遍。（回到起點）。唸出語音！（學生唸時，依序指著黑點。）"giiirrrlll"。但這個例外字怎麼唸？"gurl"。對了，**girl**（**gurl**）。

girl 女孩

任務 4 唸單字

1. （指著 **are** 的起點。）唸出語音！（依序指出語音的黑點。）"ŏrrr"。（重複直到穩固。）這單字怎麼唸？"are"。

2. （重複步驟 1 練習 **car**、**wet**、**went**、**met**、**hāte**、**if**、**thōse**、**down** 和 **rōad**。）

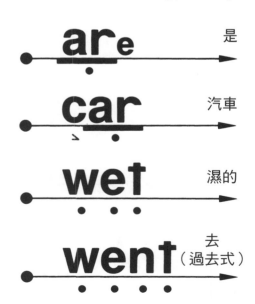

are 是

car 汽車

wet 濕的

went 去
（過去式）

met 遇見
（過去式）

hāte 討厭

if 如果

thōse 那些

down 往下

rōad 馬路

任務5　唸單字

1. 準備快快唸這些單字。
2. （指著 **rāin** 的起點，暫停三秒。）快快唸！
   （手指滑動。）"rain"。對了，rain，是「下
   雨」的意思。
3. （重複步驟 2 練習其餘單字。）
4. 再把所有的單字快快唸一遍。
5. （指著 **are** 的起點，暫停三秒。）怎麼唸？
   "are"。
6. （重複步驟 5 練習其餘單字。）你這些單字
   唸得很好！

任務6　語音

1. 這裡所有的語音都要快快唸。
2. （指著 **b** 的起點。）快快唸！（移動至箭頭
   末端。）"b"。
3. （重複步驟 2 練習每一個語音。）

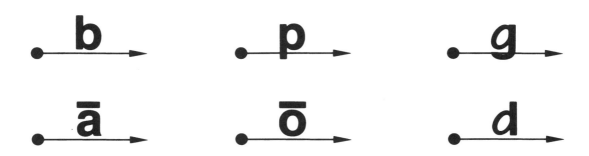

任務 **7** 朗讀

1. 現在你要用快快唸的方式來讀這整個故事，但如果碰到不能馬上唸出來的字，就請你用唸出語音的方式拼音，然後告訴我那個單字怎麼唸。

2. 指著標題。記住，一個故事的標題是要告訴我們故事要講些什麼。快快唸這個標題！"a fish in the rain"。這個故事在講什麼？"a fish in the rain."。一條在雨中的魚。

3. 快快唸第一句。（學生唸第一句。）

4. 快快唸下一句。（學生唸第二句。）

5. （重複步驟 4 唸出故事中其餘句子。）

任務 **8** 翻譯

1. 請你再快快唸一次，你唸一句，我翻譯一句。（指著起點開始唸。需要時，老師給予協助。學生每唸完一句，老師逐句提供如下翻譯。）

雨中的一條魚
一個女孩在雨中遇見一個男人。男人淋濕了。女孩淋濕了。
那男人說，"這不好玩。"
那女孩說，"這很好玩。"
那男人說，"我雙腳都濕了。所以我會回家。我恨下雨。"
女孩說，"我們可以抓魚。"因此她抓了一條

a fish in the rāin →

a girl met a man in the rāin. that man got wet. that girl got wet. →

the man said, "this is not fun." →

the girl said, "this is fun." →

the man said, "I have wet fēēt. sō I will gō hōme. I hāte rāin." →

the girl said, "wē can get fish." →

sō shē got a fish and gāve it to the man. →

流暢性目標：48秒

長文，可視情況分成 2 或 3 段完成。

魚，把魚給了那個男人。

2. 現在我來唸英文，你來翻譯成國語。（老師指著起點開始唸，學生譯為國語，需要時，老師給予協助。）

3. 現在換我來唸國語，你來翻譯成英文。（老師逐句說國語，學生指著課文的開頭，逐句唸出。需要時，老師給予協助。）

任務 9　圖片理解

1. 仔細看上面這張圖，我來問幾個問題。
2. **Show me the fish**，指出那條魚來。
3. （重複步驟 2 請學生指出 **girl**、**man** 和 **rain**。）

任務 10　語音書寫

1. 這是你要寫的第一個語音。（在第一條線的開頭寫個 **ch**，指著 **ch**。）這是什麼語音？"ch"。

2. 先照著我這樣寫 **ch**，然後在這條線上多寫幾次。（多次仿寫 **ch** 後，學生能寫出三到五個 **ch**。學生若有需要，給予協助。若學生寫對了就說：）你的 **ch** 寫得真好！

3. 這是下一個你要練習寫的語音。（在第二條線的開頭寫個 **sh**，指著 **sh**。）這是什麼語音？"shshsh"。

4. 先照著我這樣寫 **shshsh**，然後在這條線上多寫幾次。（多次仿寫 **sh** 後，學生能寫出三到五個 **sh**。若學生有需要，給予協助。若學生

寫對了就說：）你的 **shshsh** 寫得真好！

LESSON **56**

任務 1　語音介紹

1. （指著 **ing** 的起點。）這是一個新的語音，我會一邊指，一邊唸。（手指著箭頭的起點，快速移到第二個黑點，暫停一秒。）iiing。（放手。）

2. 換你唸，我來指。（指著起點。）準備囉！（手指著箭頭起點，快速移到第二個黑點，暫停一秒。）"iiing"。（放手。）

（糾正：如果學生唸錯，或沒有反應，必須糾正：）這個語音是 **iiing**。（重複步驟 2。）

3. （指著起點。）再來一次，準備囉。（手指著箭頭的起點，快速地移到第二個黑點，暫停一秒。）"iiing"。（放手。）

任務2 語音

1. 仔細看每一個語音，有的語音可以慢慢唸，有的語音必須快快唸。別弄錯囉！
2. （指著 **b**。）準備囉。（手指著箭頭的起點，快速移到箭頭末端。）"b"。
3. （重複步驟 2 練習 **e**、**ch**、**ing**、**p** 和 **v**。箭頭下沒有黑點時，記住手指要快速滑到箭頭末端。）

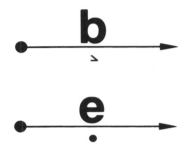

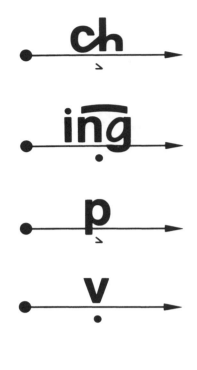

任務3 唸單字

1. 準備快快唸這些單字。
2. （指著 **red** 的起點，暫停三秒。）快快唸！（手指滑動。）"red"。對了，**red**，**red** 就是「紅色」的意思。
3. （重複步驟 2 練習其餘單字。）
4. 再把這些單字快快唸一遍！
5. （指著 **red** 的起點，暫停三秒。）這單字怎麼唸？"red"。
6. （重複步驟 5 練習其餘單字。）你這些單字唸得很好！

do — 做

pet — 寵物；撫弄

duck — 鴨子

down — 往下

rōad — 馬路

hāte — 恨

girl — 女孩

任務 **4** 語音

1. 仔細看每一個語音，有的語音可以慢慢唸，有的語音必須快快唸。別弄錯囉！

2. （指著 **b**。）準備囉！（手指著箭頭的起點，快速移到箭頭末端。）"b"。

3. （重複步驟 2 練習語音 **ing**、**v**、**k**、**e** 和 **p**。箭頭下沒有黑點時，記住手指要快速滑到箭頭末端。）

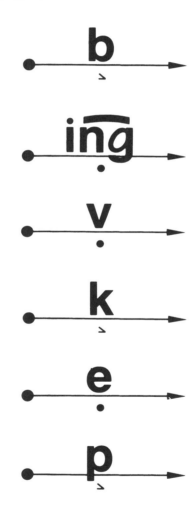

任務 5　朗讀

1. 現在你要試著用快快唸的方式來讀這個故事，但如果碰到不能馬上唸出來的字，就請你用慢慢唸的方式唸出語音，然後告訴我那是什麼單字。

2. 指著標題。記住，一個故事的標題是要告訴我們故事在講些什麼。快快唸這個標題！"the pet shop"。這個故事在講什麼？"the pet shop"。對了，是關於寵物店的故事。

3. 快快唸第一句！（學生唸第一句。）

任務 6　翻譯

1. 請你再快快唸一次，你唸一句，我翻譯一句。（指著起點開始唸。需要時，老師給予協助。學生每唸完一句，老師逐句提供如下翻譯。）

寵物店

一個女孩跟一個男人說，"我們去寵物店吧。"

所以男人和那女孩就上街去了。

the pet shop ➤

a girl said to a man, "let us gō to the pet shop." sō the man and the girl went down the rōad. ➤

the man and the girl went in the pet shop. the girl said to the man in the pet shop, "I nēēd a dog." ➤

the man said, "nō. I do not haveₑ dogs. I haveₑ a red cat. let mē get that cat." ➤

sō hē did. and the girl went hōmeₑ with the red cat. ➤

流暢性目標：65 秒

長文，可視情況分成 **2** 或 **3** 段完成。

男人和女孩走進寵物店。女孩向寵物店裡的男人說，"我需要一隻狗。"

那男人說，"不。我沒有狗。我有一隻紅色的貓。讓我抱（取）那隻貓來。"

他就抱了那隻貓來。那女孩就帶著那隻紅貓回家了。

2. 現在我來唸英文，你來翻譯成國語。（老師指著起點開始唸，學生譯為國語，需要時，老師給予協助。）

3. 現在換我來唸國語，你來翻譯成英文。（老師逐句說國語，學生指著課文的開頭，逐句唸出。需要時，老師給予協助。）

任務7 圖片理解

1. 仔細看下面這張圖，準備回答問題。

2. 我要說幾個單字，請你注意聽，並且在這圖上指出來。（唸出 **girl**。學生在圖上指出。）

3. （重複步驟 2 唸出 **cat** 和 **man**，讓學生指出。）

4. 換我來指，你來說這些單字。（指出 **girl**。學生說 **girl**。）

5. （重複步驟 4 指出 **cat** 和 **man**，讓學生說出單字。）

6. 你認為這個場景會發生在什麼地方？（學生若說不出來，指著標題給予提示。）對了，**the pet shop**，在寵物店。

任務8 語音書寫

1. （在第一條線的開頭寫個 **b**，指著 **b**。）這是什麼語音？"**b**"。

2. 先照著我這樣寫 **b**，然後在這條線上多寫幾次。（多次仿寫 **b** 後，學生能寫出三到五個 **b**。學生若有需要，給予協助。若學生寫對了就說：）你的 **b** 寫得真好！

3. 這是下一個你要習寫的語音。（在第二條線的開頭寫個 **ch**，指著 **ch**。）這是什麼語音？"**ch**"。

4. 先照著我這樣寫 **ch**，然後在這條線上多寫幾次。（多次仿寫 **ch** 後，學生能寫出三到五個 **ch**。學生若有需要，給予協助。若學生寫對了就說：）你的 **ch** 寫得真好！

LESSON 57

任務1 語音

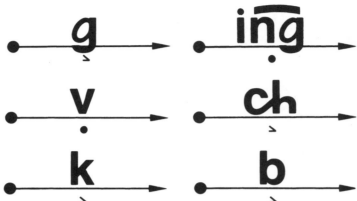

1. 仔細看每一個語音，有的語音可以慢慢唸，有的語音必須快快唸。別弄錯囉！

2. （指著 **g**。）你來唸這個語音。準備囉！（手指著箭頭的起點，快速移到箭頭末端。）"g"。

3. （重複步驟 2 練習 **ing**、**v**、**ch**、**k** 和 **b**。箭頭下沒有黑點時，記住手指要快速滑到箭頭末端。）

任務2 唸單字

1. 準備快快唸這些單字。

2. （指著 **there** 的起點，暫停三秒。）快快唸！（手指滑動。）"there"。對了，there，there 就是「那裡」的意思。

3. （重複步驟 2 唸出其餘單字。）

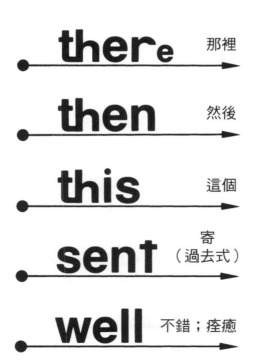

there　那裡

then　然後

this　這個

sent　寄（過去式）

well　不錯；痊癒

park　公園

farm　農場

pet　寵物；撫弄

duck　鴨子

girl　女孩

任務3 唸單字

1. （指著 **big** 裡頭 **b** 的下方。）記住，這個語音是不能停的，你必須將這個語音和我停下來的下一個音一起唸出來。

2. （指著**big**的起點。）慢慢唸，準備囉！（快速滑過 **b**，指著其他語音的黑點。）"biiig"。（重複練習直到穩固。）這個單字怎麼唸？"big"。對了，**big**，**big** 就是「大」的意思。

3. （指著 **bug** 的起點。）慢慢唸，來！（快速滑過 **b**，指著其他語音的黑點。）"buuug"。（重複直到穩固。）這個單字怎麼唸？"bug"。對了，**bug**，**bug** 就是「蟲子」的意思。

4. （重複步驟 3 練習 **pig**、**bit** 和 **chicks**。）

5. 現在你來快快唸這些單字。

6. （指著 **big** 的起點，暫停三秒。）快快唸！（手指快速移到箭頭的末端。）"big"。對了，**big**。

7. （重複步驟 6 唸出本頁的其餘單字。）

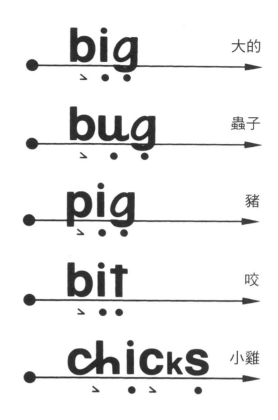

任務4 語音

1. 仔細看右邊每一個語音，有的語音可以慢慢唸，有的語音必須快快唸。別弄錯囉！

2. （指著 **ing**。）準備囉！（手指著箭頭的起點，快速移到第二個黑點，停。）"iiing"。

3. （重複步驟 2 練習 **i**、**ō**、**e**、**h** 和 **l**。箭頭下沒有黑點時，記住手指要快速滑到箭頭末端。）

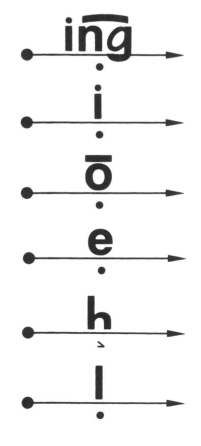

任務 5　朗讀

1. 現在你要試著用快快唸的方式來讀這個故事，但如果碰到不能馬上唸出來的字，就請你慢慢唸出那個字的語音，然後告訴我那是什麼字。

2. 指著標題。記住，一個故事的標題主要是告訴我們故事是在講些什麼。快快唸這個標題！"a girl and a man"。這個故事在講什麼？"a girl and a man"。

3. 快快唸第一句。（學生唸第一句。）

4. 快快唸下一句。（學生唸第二句。）

5. （重複步驟 4 唸出故事中其餘的句子。）

a girl and a man

a girl was on the rōₐd to a farm. shē met a man. shē said, "gō with mē to the farm. then wē will pet a pig."

the man said, "I pet duᴄks and I pet ᴄhiᴄks. I do not pet pigs."

the girl said, "it is fun to pet pigs. pigs arₑ fat."

the man said, "I will not pet them. I will gō to the park and pet a duᴄk."

sō the man went to the park to pet a duᴄk. then the girl went to the farm to pet a pig.

流暢性目標：83秒

長文，可視情況分成 2 或 3 段完成。

任務 6　翻譯

1. 請你再快快唸一次，你唸一句，我翻譯一句。（指著起點開始唸。需要時，老師給予協助。學生每唸完一句，老師逐句提供如下翻譯。老師可視情況，僅選擇部分句子給學生唸。）

一個女孩和一個男人。

一個女孩在去農場的路上。她遇見一個男人。她說，"跟我一起去農場。然後我們一起撫玩一頭豬。"

男人說，"我可以撫玩鴨子和雞。但我不會撫玩豬。"

女孩說，"撫玩豬很好玩。豬都很肥。"

男人說，"我不要撫玩牠們，我要去公園撫玩一隻鴨。"

所以男人去了公園撫玩一隻鴨。然後女孩去了農場撫玩一頭豬。

2. 現在我來唸英文，你來翻譯成國語。（老師指著起點開始唸，學生譯為國語。需要時，老師給予協助。）

3. 現在換我來唸國語，你來翻譯成英文。（老師逐句說國語，學生指著課文的開頭，逐句唸出。需要時，老師給予協助。）

任務 7　圖片理解

1. 仔細看下面這張圖，準備回答問題。

2. （指著女孩，問：）這是什麼？What is this?（若學生無法以英文回答，說：）This is a girl。跟我說一次。"This is a girl"。再來一次，What is this? "This is a girl"。（重複直到穩固。）

3. （指著豬，問：）這是什麼？What is this?（若學生無法以英文回答，說：）This is a pig。跟我說一次。"This is a pig"。再來一次，What is this? "This is a pig"。（重複直到穩固。）

任務 8　語音書寫

1. 這是你要寫的第一個語音。（在第一條線的開頭寫個 p，指著 p。）這是什麼語音？"p"。

2. 先照著我這樣寫 p，然後在這條線上多寫幾次。（多次仿寫 p 後，學生能寫出三到五個 p。學生若有需要，給予協助。若學生寫對了就說：）你的 p 寫得真好！

3. 這是下一個你要練習寫的語音。（在第二條線的開頭寫個 b，然後指著 b。）這是什麼語音？"b"。

4. 先照著我這樣寫 b，然後在這條線上多寫幾次。（多次仿寫 b 後，學生能寫出三到五個 b。學生若有需要，給予協助。若學生寫對了就說：）你的 b 寫得真好！

字母拼讀直接教學
100課

LESSON 58

任務 1　語音介紹

1. （指著 ī。）這是一個新的語音，我會一邊指，一邊唸。（手指著箭頭的起點，快速移到第二個黑點，停。） īīī。

2. 換你唸，我來指。（指著起點。）準備囉！（手指著箭頭起點，快速移到第二個黑點，停。）"īīī"。

（糾正：如果學生唸錯，或沒有反應，必須糾正：）這個音是 īīī。（重複步驟 2。）

3. （指著起點。）再來一次，準備囉！（手指著箭頭的起點，快速移到第二個黑點，停。）"īīī"。

任務 2　語音

1. 仔細看每一個語音，有的語音可以慢慢唸，有的語音必須快快唸。別弄錯囉！

2. （指著 i。）你來唸這個語音。準備囉！（手指著箭頭的起點，快速移到第二個黑點。停。）"iii"。

3. （重複步驟 2 練習 b、e、ī、ch 和 ō。箭頭下沒有黑點時，記住手指要快速滑到箭頭末端。）

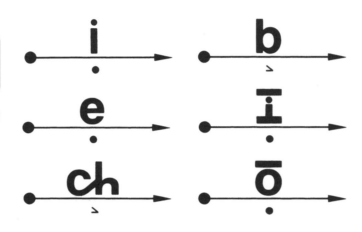

任務 3　唸單字

1. （指著 bē 的起點。）慢慢唸，準備囉！（快速滑過 b，指著 ē 下面的黑點。）"bēēē"。（重複直到穩固。）這個單字怎麼唸？"be"。對了，be，be 就是「是」的意思。

2. （指著 big 的起點。）慢慢唸，準備囉！（快速滑過 b，指著其他語音的黑點。）"biiig"。（重複直到穩固。）這個單字怎麼唸？"big"。對了，big，big 就是「大」的意思。

3. （重複步驟 2 練習 getting、bit、lēaf、ēating 和 bugs。）

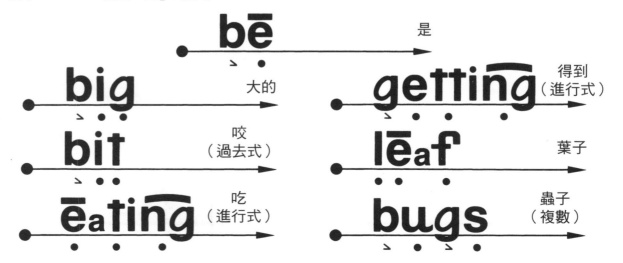

任務 4 唸單字

1. 準備快快唸這些單字。
2. （指著 **did** 的起點，暫停三秒。）快快唸！
   （手指滑動。）"did"。對了，**did**，**did** 就是
   「做」的意思。
3. （重複步驟 2 唸出其餘單字。）
4. 我們再快快唸一遍，來。
5. （指著 **bē** 的起點，暫停三秒。）這個單字怎
   麼唸？"be"。
6. （重複步驟 5 唸出其餘單字。）你這些字唸
   得很好！

任務 5 語音

1. 仔細看下面每一個語音，有的語音可以慢慢
   唸，有的語音必須快快唸。別弄錯囉！
2. （指著 **b**。）你來唸這個語音。準備囉！（手
   指著箭頭的起點，快速移到箭頭末端。）
   "b"。
3. （重複步驟 2 練習 **ī**、**u**、**e**、**o** 和 **a**。箭頭下
   沒有黑點時，記住手指要快速滑到箭頭末
   端。）

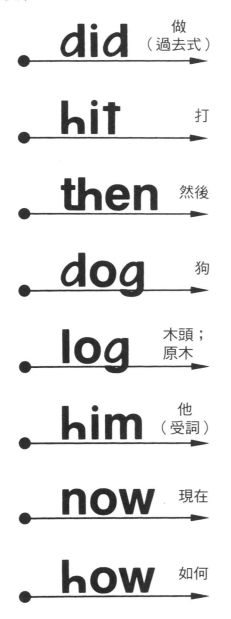

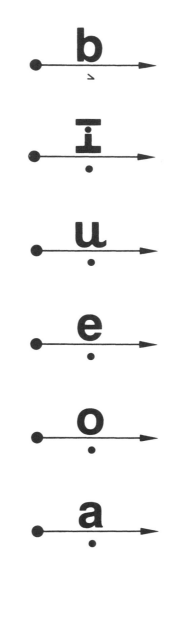

1. 現在你要試著用快快唸的方式來讀這個故事，但如果碰到不能馬上唸出來的字，就請你用慢慢唸的方式拼音，然後告訴我是什麼單字。

2. 指著標題。記住，一個故事的標題主要是告訴我們故事是在講些什麼。請快快唸這個標題。"a bug and a dog"。這個故事在講什麼？"a bug and a dog"。

3. 快快唸第一句。（學生唸第一句。）

4. 快快唸下一句。（學生唸第二句。）

5. （重複步驟4唸出故事中其餘句子。）

a bug and a dog

a bug and a dog sat on a log. the dog said, "that bug is sō littlₑ I can not sēē him on this log."

the bug said, "I am big."

the dog said, "hē is not big."

the bug said, "I will ēat this log."

and hē did. hē bit and bit and bit at the log. the bug said, "now that dog can sēē how big I am."

the dog said, "that bug can ēat logs. hē is a big, big bug."

流暢性目標：104 秒

長文，可視情況分成 **2** 或 **3** 段完成。

任務 7　翻譯

1. 請你再快快唸一次，你唸一句，我翻譯一句。（指著起點開始唸。需要時，老師給予協助。學生每唸完一句，老師逐句提供如下翻譯。老師可視情況，僅選擇部分句子給學生唸。）

   一隻蟲和一隻狗

   一隻蟲和一隻狗坐在一個原木上。狗說，"那隻蟲是那麼的小，我在這個原木上看不到他。"

   蟲說，"我很大。"

   狗說，"他不大。"

   蟲說，"我要吃這個原木。"然後他就吃了。他在原木上咬了又咬、再咬。蟲說，"現在狗可以看見我有多大了。"

   狗說，"那蟲可以吃掉原木。他是一隻好大好大的蟲。"

2. 現在我來唸英文，你來翻譯成國語。（老師指著起點開始唸，學生譯為國語，需要時，老師給予協助。）

3. 再來一次，換你唸英文，我來翻譯成國語。（學生指著起點開始逐句唸，老師譯為國語。需要時，老師給予協助。）

4. 現在換我來唸國語，你來翻譯成英文。（老師逐句說國語，學生指著課文的開頭，逐句唸出。需要時，老師給予協助。）

任務 8　圖片理解

1. 仔細看下面這張圖，準備回答問題。

2. （指著蟲，問：）這是什麼？What is this?（若學生無法以英文回答，說：）This is a bug。跟我說一次。"This is a bug"。再來一次，What is this? "This is a bug"。（重複直到穩固。）

3. （重複步驟 2 學習 **dog** 和 **log**。）

任務 9　語音書寫

1. 這是你要寫的第一個語音。（在第一條線的開頭寫個 **d**，指著 **d**。）這是什麼語音？"d"。

2. 先照著我這樣寫 **d**，然後在這條線上多寫幾次。（多次仿寫 **d** 後，學生能寫出三到五個 **d**。學生若有需要，給予協助。若學生寫對了就說：）你的 **d** 寫得真好！

3. 這是下一個你要練習寫的語音。（在第二條線的開頭寫個 **b**，指著 **b**。）這是什麼語音？"b"。

4. 先照著我這樣寫 **b**，然後在這條線上多寫幾次。（多次仿寫 **b** 後，學生能寫出三到五個 **b**。學生若有需要，給予協助。若學生寫對了就說：）你的 **b** 寫得真好！

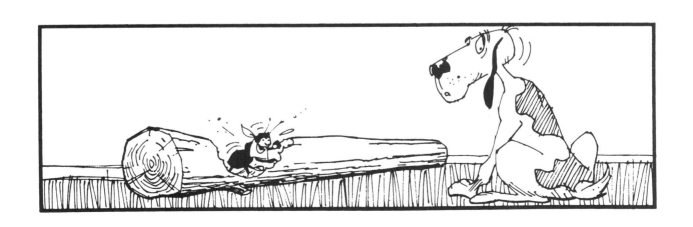

LESSON 59

任務1 語音

1. 仔細看每一個語音，有的語音可以慢慢唸，有的語音必須快快唸。別弄錯囉！
2. （指著ī。）準備囉！（手指著箭頭的起點，快速移到第二個黑點，停。）"īīī"。
3. （重複步驟 2 練習 **ch**、**a**、**e**、**o** 和 **i**。箭頭下沒有黑點時，記住手指要快速滑到箭頭末端。）

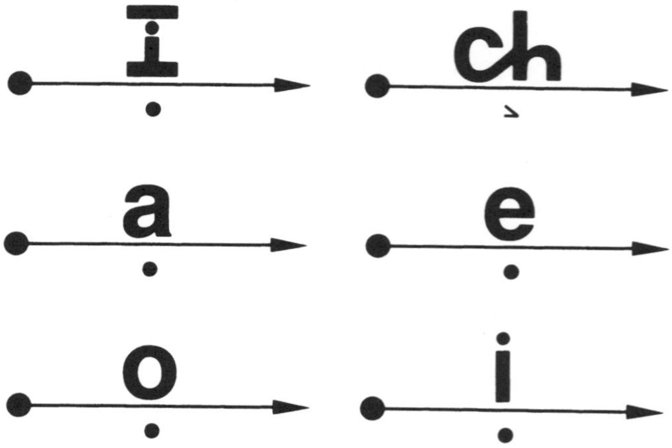

任務2 唸單字

1. （指著**fishing**的起點。）唸出語音！（依序指出語音的黑點。）"fffiiishshshiiing"。（重複直到穩固。）這個單字怎麼唸？"fishing"。對了，**fishing**，就是「釣魚」的意思。
2. （重複步驟 1 練習 **bed**、**tub**、**but**、**bīte**、**slēēp** 和 **līke**。）

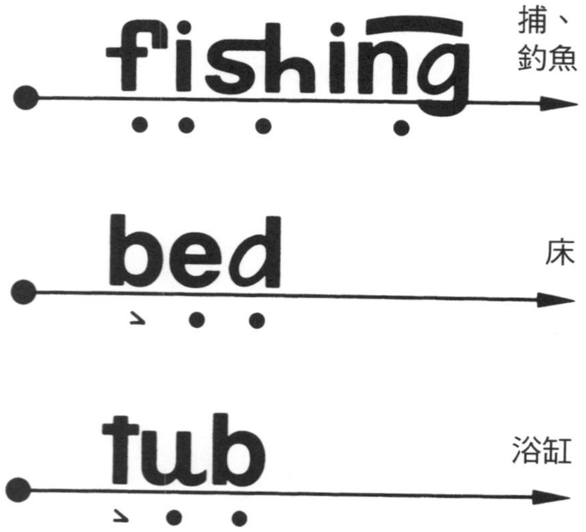

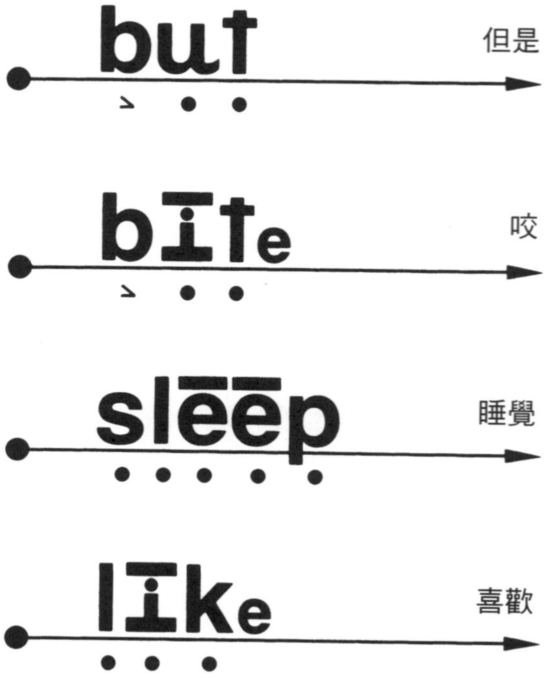

任務 **3** 唸單字

1. 準備快快唸這些單字。
2. （指著 **lēaf** 的起點，暫停三秒。）快快唸！（手指滑動。）"leaf"。對了，**leaf** 就是「葉子」的意思。
3. （重複步驟 2 唸出其餘單字。）
4. 我們再快快唸一遍，來。
5. （指著 **fishing** 的起點，暫停三秒。）這個單字怎麼唸？"fishing"。
6. （重複步驟 5 唸出其餘單字。）你這些字唸得很好！

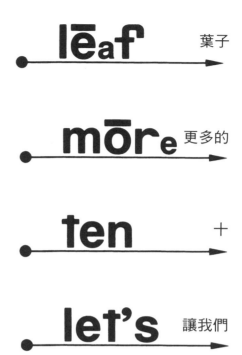

任務 **4** 語音

1. 仔細看每一個語音，有的語音可以慢慢唸，有的語音必須快快唸。別弄錯囉！
2. （指著 **ī**。）你來唸這個語音。準備囉！（手指著箭頭的起點，快速移到第二個黑點，停。）"īīī"。
3. （重複步驟 2 練習 **i**、**e**、**b**、**ch** 和 **p**。箭頭下沒有黑點時，記住手指要快速滑到箭頭末端。）

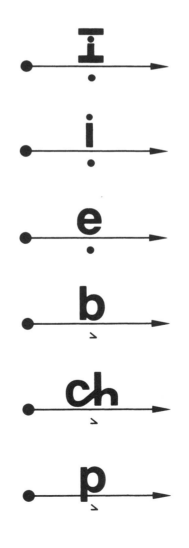

1. 現在你要試著用快快唸的方式來讀這個故事，但如果碰到不能馬上唸出來的字，就請你用慢慢唸的方式拼音，然後告訴我是什麼單字。

2. 指著標題。記住，一個故事的標題主要是告訴我們故事是在講些什麼。請快快唸這個標題。"the bugs"。這個故事在講什麼？"the bugs"。

3. 快快唸第一句。（學生唸第一句。）

4. 快快唸下一句。（學生唸第二句。）

5. （重複步驟 4 唸出故事中其餘句子。）

the bugs

a big bug met a little bug. the big bug said, "let's gō ēat." sō the big bug āte a lēaf and a nut and a rock. the big bug said, "that is how big bugs ēat."

the little bug said, "now I will ēat." sō the little bug āte a lēaf and a nut and a rock. then the little bug went to a log and āte the log. then shē āte ten mōre logs.

"wow," the big bug said. "that little bug can ēat a lot."

the little bug said, "now let's ēat mōre."

流暢性目標：92 秒

長文，可視情況分成 2 或 3 段完成。

任務6 翻譯

1. 請你再快快唸一次，你唸一句，我翻譯一句。（指著起點開始唸。需要時，老師給予協助。學生每唸完一句，老師逐句提供如下翻譯。老師可視情況，僅選擇部分句子給學生唸。）

蟲蟲

一隻大蟲遇到一隻小蟲。大蟲說，"我們去吃東西。"於是那隻大蟲吃了一片葉子和一個堅果和一個石頭。大蟲說，"那就是大蟲們吃東西的方式。"

小蟲說，"現在我要吃了。"於是那隻小蟲吃了一片葉子和一個堅果和一個石頭。然後小蟲走向一棵原木，吃了那棵原木。然後她又吃了十棵原木。

"哇，"大蟲說，"那隻小蟲能吃好多東西。"

小蟲說，"現在我們再吃多一點吧。"

2. 現在我來唸英文，你來翻譯成國語。（老師指著起點開始唸，學生譯為國語，需要時，老師給予協助。）

3. 再來一次，換你唸英文，我來翻譯成國語。（學生指著起點開始逐句唸，老師譯為國語。需要時，老師給予協助。）

4. 現在換我來唸國語，你來翻譯成英文。（老師逐句說國語，學生指著課文的開頭，逐句唸出。需要時，老師給予協助。）

任務7 圖片理解

1. 仔細看下面這張圖，準備回答問題。

2. 我要說幾個單字，請你注意聽，並且在這圖上指出來。（唸出 **big bug**、**log**、**little bug**，學生在圖上指出。）

3. （指著大蟲，問：）What is this?（若學生無法以英文回答，說：）This is a big bug。跟我說一次。"This is a big bug"。再來一次，What is this? "This is a big bug"。（重複直到穩固。）

4. （重複步驟 2 學習 **log** 和 **little bug**。）

任務8 語音書寫

1. 這是你要寫的第一個語音。（在第一條線的開頭寫個 **g**，指著 **g**。）這是什麼語音？"g"。

2. 先照著我這樣寫 **g**，然後在這條線上多寫幾次。（多次仿寫 **g** 後，學生能寫出三到五個 **g**。學生若有需要，給予協助。若學生寫對了就說：）你的 **g** 寫得真好！

3. 這是下一個你要練習寫的語音。（在第二條線的開頭寫個 **b**，指著 **b**。）這是什麼語音？"b"。

4. 先照著我這樣寫 **b**，然後在這條線上多寫幾次。（多次仿寫 **b** 後，學生能寫出三到五個 **b**。學生若有需要，給予協助。若學生寫對了就說：）你的 **b** 寫得真好！

字母拼讀直接教學
100課

LESSON 60

（糾正：如果學生唸成"yah"、"yih"或"yuh"，或沒有反應，必須糾正：）這個音是 **yyy**。（重複步驟2。）

任務1 語音介紹

1. （指著 **y** 的起點）這是一個新的語音，看我一邊指，一邊唸。（手指著箭頭的起點，快速移到第二個黑點，停。）**yyy**。（如同 **yard** 裡頭的 **yyyē**。）

2. 換你唸，我來指。（指著起點。）準備囉！（手指著箭頭起點，快速移到第二個黑點，停。）"yyy"。

3. （指著起點。）再來一次，準備囉！（手指著箭頭的起點，快速移到第二個黑點，停。）"yyy"。

任務2 語音

1. 仔細看右邊每一個語音，有的語音可以慢慢唸，有的必須快快唸。別弄錯囉！

2. （指著 **k**。）唸這個語音。準備囉！（手指著箭頭的起點，快速移到箭頭末端。）"k"。

3. （重複步驟2練習 **i**、**ing**、**b** 和 **e**。箭頭下沒有黑點時，記住手指要快速滑到箭頭末端。）

k

i   **ing**

b   **e**

任務3 唸單字

1. （指著 **walk**。）唸出語音！（學生唸時，依序指著黑點。）"wwaaalllk"（不是"wwwoook"）。

2. 唸出語音時這樣唸沒有錯，但它是一個例外字，唸作（暫停）**walk**（**wok**）。這個單字怎麼唸？"wok"。是的，這個例外字唸作 **walk**（**wok**），就是「走路或步行」的意思。

3. （回到起點。）再來一次，唸出語音！（學生唸時，依序指著黑點。）"wwaaalllk"。但這個例外字怎麼唸？"wok"。對了，**walk**（**wok**）。（重複直到穩固。）

4. （指著 **talk**。）唸出語音！（學生唸時，依序指著黑點。）"taaalllk"（不是"toook"）。

5. 唸出語音時這樣唸沒有錯，但它是一個例外字，唸作（暫停）**talk**（**tok**）。這個單字怎麼唸？"tok"。是的，這個例外字唸作 **talk**（**tok**），就是「說話」的意思。

6. （回到起點。）再來一次，唸出語音！（學生唸時，依序指著黑點。）"taaalllk"。但這個例外字怎麼唸？"tok"。對了，**talk**（**tok**）。（重複直到穩固。）

walk 走路；步行

talk 說話

任務 4　唸單字

1. （指著 **stop** 的起點。）慢慢唸，準備囉！
（指著 **s** 滑過 **t**，依序指著其他語音下面的黑點。）"ssstooop"。（重複直到穩固。）這個單字怎麼唸？"stop"。對了，這個字是 **stop**，stop 就是「停止」的意思。

2. （重複步驟 2 練習 **big**、**slēēp**、**bed**、**bīte**、**rub**、**fishing**、**līkes** 和 **fīve**。）

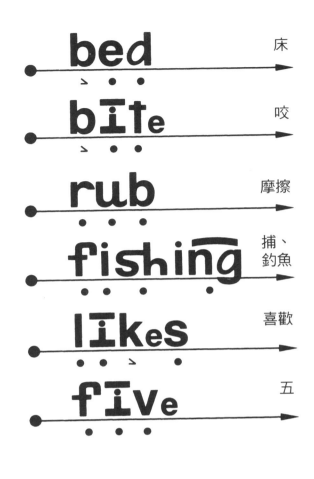

任務 5　唸單字

1. 準備快快唸這些單字。

2. （指著 **his** 的起點，暫停三秒。）快快唸！
（手指滑動。）"hiz"。對了，**his**，his 就是「他的」的意思。

3. （重複步驟 2 唸出其餘單字。）

4. 我們再快快唸一遍，來。

5. （指著 **stop** 的起點，暫停三秒。）這個單字怎麼唸？"stop"。

6. （重複步驟 5 唸出其餘單字。）這些字你唸得很好！

任務 6 　語音

1. 請唸下面的語音。
2. （指著 ī。）準備囉！（手指著箭頭的起點，快速移到第二個黑點，停。）"ĪĪ"。
3. （重複步驟 2 練習 y、e、ō、ā 和 ē。）

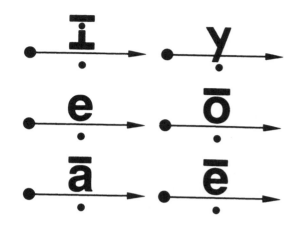

任務 7 　朗讀

1. 現在你要試著用快快唸的方式來讀這個故事，但如果碰到不能馬上唸出來的字，就請你用慢慢唸的方式拼音，然後告訴我是什麼單字。
2. 指著標題。記住，一個故事的標題主要是告訴我們故事是在講些什麼。請快快唸這個標題。"the man and his bed"。這個故事在講什麼的？"the man and his bed"。
3. 快快唸第一句。（學生唸第一句。）
4. 快快唸下一句。（學生唸第二句。）
5. （重複步驟 4 唸出故事中其餘句子。）

任務 8 　翻譯

1. 請你再快快唸一次，你唸一句，我翻譯一句。（指著起點開始唸。需要時，老師給予協助。學生每唸完一句，老師逐句提供如下翻譯。老師可視情況，僅選擇部分句子給學生唸。）

　男人和他的床
　一個男人有一個浴缸。他說，"我想要坐在這浴缸裡擦擦澡。"
　然後這男人說，"現在我要睡在這張床上。"
　但一隻狗已經在他床上了。

　狗說，"我可以睡這張床嗎？"
　男人說，"不行。去浴缸裡睡。"
　狗說，"我想睡床上。"
　男人說，"這隻狗想睡床。他可以跟我睡。但我不喜歡會咬人的狗。"
　狗說，"我不喜歡咬人。"因此男人和狗去睡了。那狗沒有咬那個男人。

2. 現在我來唸英文，你來翻譯成國語。（老師指著起點開始唸，學生譯為國語，需要時，老師給予協助。）
3. 現在換我來唸國語，你來翻譯成英文。（老師逐句說國語，學生指著課文的開頭，逐句唸出。需要時，老師給予協助。）

任務 9 　圖片理解

1. 仔細看下頁這張圖，準備回答問題。
2. （指著狗，問：）What is this?（若學生無法以英文回答，說：）This is a dog。跟我說一次。"This is a dog"。再來一次，what is this? "This is a dog"。（重複直到穩固。）
3. （重複步驟 2 學習 bed 和 man。）
4. 這個男人的床有什麼東西？
5. 看這個男人的動作，他在說 yes，還是在說 no？
6. 如果有一隻狗睡你的床，你會怎麼做？

the man and his bed

a man had a tub. hē said, "I līke to sit in this tub and rub, rub, rub."

then the man said, "now I will slēēp in this bed." but a dog was in his bed.

the dog said, "can I slēēp in this bed?"

the man said, "nō. gō slēēp in the tub."

the dog said, "I līke to slēēp in beds."

the man said, "this dog līkes to slēēp in beds. sō hē can slēēp with mē. but I do not līke dogs that bīte."

the dog said, "I do not līke to bīte."

sō the man and the dog went to slēēp. and the dog did not bīte the man.

流暢性目標：96秒
長文，可視情況分成
2 或 3 段完成。

就說：）你的 **vvv** 寫得真好！

任務 10　語音書寫

1. 這是你要寫的第一個語音。（在第一條線的開頭寫個 **v**，指著 **v**。）這是什麼語音？"vvv"。

2. 先照著我這樣寫 **vvv**，然後在這條線上多寫幾次。（多次仿寫 **v** 後，學生能寫出三到五個 **v**。學生若有需要，給予協助。若學生寫對了

3. 這是下一個你要練習寫的語音。（在第二條線的開頭寫個 **g**，指著 **g**。）這是什麼語音？"g"。

4. 先照著我這樣寫 **g**，然後在這條線上多寫幾次。（多次仿寫 **g** 後，學生能寫出三到五個 **g**。學生若有需要，給予協助。若學生寫對了就說：）你的 **g** 寫得真好！

LESSON 61

任務 1　語音

1. 仔細看下面每一個語音，有的語音可以慢慢唸，有的語音必須快快唸。別弄錯囉！

2. （指著 **y**。）準備囉。（手指著箭頭的起點，快速移到第二個黑點，停。）"yyy"。

3. （重複步驟 2 練習 **ē**、**ō**、**ā**、**b** 和 **p**。箭頭下沒有黑點時，記住手指要快速滑到箭頭末端。）

任務 2　唸單字

1. （指著 **you** 的起點。）唸出語音！（學生唸時，依序指著黑點。）"yyyooouuu"（不是 "ūūū"）。

2. 唸出語音時這樣唸沒有錯，但它是一個例外字，唸作（暫停）**you**（**ū**）。這個例外字怎麼唸？"ū"。是的，這個例外字唸作 **you**。就是「你」的意思。剛才是我們唸出語音的唸法，但這個單字的正確唸法是（暫停）**you**（**ū**）。正確的唸法是什麼？"ū"。對了，**you**。**you** 是一個例外字。

3. （回到起點。）再一次，唸出語音！（學生唸時，指著黑點：）"yyyooouuu"。但這個例外字怎麼唸？"ū"。對了，**you**，**you** 是一個例外字。

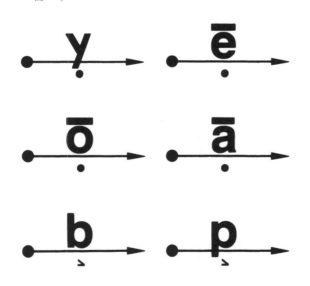

你；
你們

任務 3　唸單字

1. （指著 **talk** 和 **walk**。）這兩個字有共同的尾音 **ok**。
2. （指著 **talk** 的起點。）這個字的尾音是（暫停）**ok**。快快唸！（手指滑動。）"tok"。對了，**talk**。
3. （指著 **walk** 的起點。）這個字的尾音是（暫停）**ok**。快快唸！（手指滑動。）"wok"。對了，**walk**。你尾音唸得很好。

4. 現在來練習快快唸的唸法。（指著 **talk** 的起點，暫停三秒。）快快唸！（手指滑動。）"tok"。對了，**talk**。
5. （指著 **walk** 的起點，暫停三秒。）快快唸！（手指滑動。）"wok"。對了，**walk**。

任務 4　唸單字

1. 準備來快快唸這些單字。
2. （指著 **rich** 的起點，暫停三秒。）快快唸！（手指滑動。）"rich"。對了，**rich**。
3. （重複步驟 2 練習其餘單字。）

任務 5　唸單字

1. （指著 **fīve** 的起點。）唸出語音！（指著黑點。）"fffīīīvvv"，（重複直到穩固。）這個單字怎麼唸？"five"。
2. （重複步驟 1 唸出 **dīme** 和 **dīve**。）
3. 現在來快快唸這些單字。
4. （指著 **rich** 的起點，暫停三秒。）快快唸！（手指滑動。）"rich"。對了，**rich**。
5. （重複步驟 4 完成任務 4 及任務 5 其餘單字。）

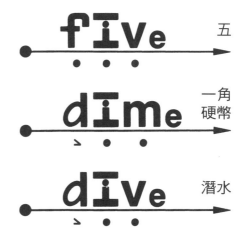

任務**6** 語音

1. 仔細看每一個語音，有的語音可以慢慢唸，有的語音必須快快唸。別弄錯囉！

2. （指著 **i** 的起點。）準備囉！（快速移到第二個黑點，停。）"iii"。

3. （重複步驟 2 練習 **y**、**ch**、**p**、**e** 和 **b**。箭頭下沒有黑點時，記住手指要快速移動到箭頭末端。）

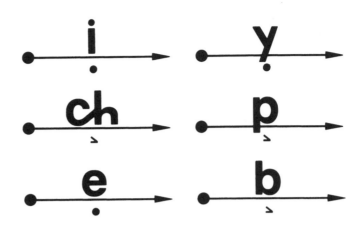

任務**7** 朗讀

1. 你第一次讀這個故事要用快快唸的方式來讀，但如果你碰到不會快快唸的單字，就以唸出語音的方式來唸，然後告訴我，那個單字怎麼唸。

2. 指著故事的標題。記得，故事的標題告訴我們這個故事有關於什麼。來，快快唸這個標題！"the dog that ate fish"。這個故事有關於什麼？"the dog that ate fish"。

3. 快快唸第一句。（學生唸第一句）。

4. 快快唸下一句。（學生唸第二句）。

5. （重複步驟 4 唸出故事中其餘句子。）

6. （指著 **the end**。）唸這箭頭上面的字！"the end"。

任務**8** 翻譯

1. 請你再快快唸一次，你唸一句，我翻譯一句。（指著起點開始唸。需要時，老師給予協助。學生每唸完一句，老師逐句提供如下翻譯。老師可視情況，僅選擇部分句子給學生唸。）

會吃魚的狗

一個女孩和一隻狗去釣魚。那狗會吃魚。女孩不喜歡狗去吃魚。"不准吃這些魚，"她說。女孩去釣魚，那狗去睡覺。女孩釣到五條

魚。

"給我那五條魚，"那狗說。

"不，"女孩說。"湖裡還有更多魚。潛下去抓牠們。"

現在狗在湖裡了。而女孩正在睡覺。

結束

2. 現在我來唸英文，你來翻譯成國語。（老師指著起點開始唸，學生譯為國語，需要時，老師給予協助。）

3. 現在換我來唸國語，你來翻譯成英文。（老師逐句說國語，學生指著課文的開頭，逐句唸出。需要時，老師給予協助。）

任務**9** 圖片理解

1. 仔細看下頁這張圖，準備回答一些問題。

2. （依序指出女孩、狗、魚和蟲，說：）This is a girl. This is a dog. These are fish. These are worms.

3. （指著女孩。）What is this? "a girl"。（指著狗。）What is this? "a dog"。（指著魚。）What are these? "fish"。（指著蟲。）What are these? "worms"。

4. （指著魚，點數。）One, two, three, four, five. Five fish。五條魚。

5. How many fish are there? 總共有幾條魚？"Five fish"。

6. 很好，你答得很好。

the dog that āte fish

a girl went fishing with a dog. that dog āte fish. the girl did not līke the dog to ēat fish. "do not ēat the fish," shē said.

the girl went fishing and the dog went to slēep. the girl got fīve fish.

"give mē thōse fīve fish," the dog said.

"nō," the girl said. "mōre fish are in the lāke. dīve in and get them."

now the dog is in the lāke. and the girl is slēeping.

the end

流暢性目標：66秒
長文，可視情況分成 2 或 3 段完成。

任務 10 語音書寫

1. 這是你要寫的第一個語音。（在第一條線的開頭寫個 **th**，指著 **th**。）這是什麼語音？"thththth"。

2. 先照著我這樣寫 **thththth**，然後在這條線上多寫幾次。（多次仿寫 **th** 後，學生能寫出三到五個 **th**，學生若有需要，給予協助。若學生寫對了就說：）你的 **thththth** 寫得真好。

3. 這是下一個你要練習寫的語音。（在第二條線的開頭寫個 **b**，指著 **b**。）這是什麼語音？"b"。

4. 先照著我這樣寫 **b**，然後在這條線上多寫幾次。（多次仿寫 **b** 後，學生能寫出三到五個 **b**，學生若有需要，給予協助。若學生寫對了就說：）你的 **b** 寫得真好。

LESSON 62

任務 1 語音介紹

1. （指著 **er**。）這是一個新的語音，看我一邊指，一邊唸。（手指著箭頭的起點，快速移到第二個黑點，停。）**urrr**。

2. 這次換你唸，我來指。（指著起點。）準備囉！（手指著箭頭起點，快速移到第二個黑點，停。）"urrr"。

（糾正：如果學生唸錯，或沒有反應，必須糾正：）這個音是 **urrr**。（重複步驟 2。）

3. （指著起點。）再來一次，準備囉！（手指著箭頭的起點，快速移到第二個黑點，停。）"urrr"。

任務 2 語音

1. 仔細看右邊每一個語音，有的語音可以慢慢唸，有的語音必須快快唸。別弄錯囉！

2. （指著 **y** 的起點。）準備囉！（快速移到第二個黑點，停。）"yyy"。

3. （重複步驟 2 練習 **sh**、**th**、**ch**、**ing** 及 **er**。箭頭下沒有黑點時，記住快速移動到箭頭末端）。

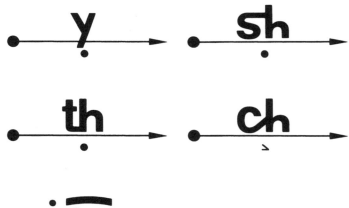

5. （指著 talk 的起點，暫停三秒。）快快唸！（手指滑動。）"tok"。對了，tok。

任務 3　唸單字

1. （指著 walk 和 talk。）這兩個字有共同的尾音 ok。
2. （指著 walk 的起點。）這個字的尾音是（暫停）ok，快快唸！（手指滑動。）"wok"。對了，walk。
3. （指著 talk 的起點。）這個字的尾音是（暫停）ok，快快唸！（手指滑動。）"tok"。對了，talk，你唸得很好！
4. 再來練習一次快快唸的唸法。（指著 walk 的起點，暫停三秒。）快快唸！（手指滑動。）"wok"。對了，wok。

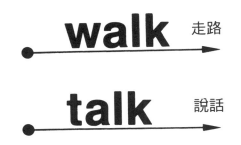

任務 4　唸單字

1. （指著 you 的起點。）唸出語音！（學生唸的時候，依序指出黑點。）"yyyooouuu"。
2. 唸出語音時這樣唸沒有錯，但它是一個例外字，唸作（暫停）you（ū）。這個例外字怎麼唸？"ū"。是的，這個例外字唸作 you。就是「你」的意思。剛才是我們唸出語音的唸法，但這個單字的正確唸法是（暫停）you（ū）。正確的唸法是什麼？"ū"。對了，you。you 是一個例外字。

3. （回到起點。）再一次，唸出語音！（學生唸時，指著黑點：）"yyyooouuu"。但這個例外字怎麼唸？"ū"。對了，you。you 是一個例外字。（重複直到穩固。）

任務 5　唸單字

1. 這個單字是由兩個小單字組成的，請你快快唸這兩個小單字。
2. （指著 in 下面的黑點。）快快唸這個小單字！"in"。
3. （指著 to 下面的黑點。）快快唸這個小單字！"to"。
4. （指著 into 的起點。）快快唸這兩個小單字！（手指滑動。）"into"。對了，into。

任務 6 唸單字

1. 準備來快快唸這些單字。
2. （指著 **live** 的起點，暫停三秒。）快快唸！
   （手指滑動。）"live"。對了，**live**。
3. （重複步驟 2 唸出其餘的單字。）

līke　　喜歡；相似的

gun　　槍

līve　　住

dēēr　　鹿

led　　領導；導致（過去式）

wāves　　波浪（複數）

māde　　製作（過去式）

tāke　　拿；取

dark　　黑暗

into　　進入（介系詞）

park　　公園；停車

farms　　農場（複數）

rich　　有錢；豐富的

任務 **7**　唸單字

1. （指著 **hunting** 的起點。）唸出語音！準備囉！（滑過 **h**，指著其他語音下面的黑點。）"huuunnntiiing"。（重複直到穩固。）這是什麼單字？"hunting"。對了，**hunting**。

2. （指著 **stopping** 的起點。）唸出語音！（指著黑點。）"ssstooopiiing"。（重複直到穩固。）這單字怎麼唸？"stopping"。

3. （重複步驟 1 唸出 **yēar**、**yes** 和 **bōy**。）

4. 現在用快快唸來唸這些單字。

5. （指著 **live** 的起點，暫停三秒。）快快唸！（手指滑動。）"live"。對了，**live**。

6. （重複步驟 5 唸出任務 6 和任務 7 其餘的單字）。

任務 **8**　語音

1. 仔細看每一個語音。

2. （指著 **er** 的起點。）準備囉，唸出語音！（快速移到第二個黑點，停。）"urrr"。

3. （重複步驟 2 練習 **r**、**e**、**y**、**i** 和 **ing**。）

hunting　打獵（進行式）
stopping　停止（進行式）
yēar　年
yes　是
bōy　男孩

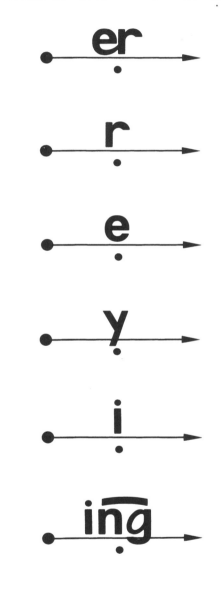

er

r

e

y

i

ing

the rich pig

a dog was in the park. it was dark in the park.

the dog ran into a pig. the dog said, "pigs can not gō in this park. pigs live on farms."

the pig said, "not this pig. I live on a ship. I am a rich pig."

the dog said, "tāke mē to the ship." sō the pig did.

but the wāves māde the ship rock. and the dog got sick.

thē end

流暢性目標：58秒

長文，可視情況分成 2 或 3 段完成。

任務 9　朗讀

1. 現在請你快快唸這個故事,但如果遇到你不會唸的字,先唸出語音,然後跟我講那是什麼單字。
2. 指著故事的標題,記得,故事的標題告訴我們故事有關的內容。請快快唸這個標題,來!"the rich pig"。這個故事有關於什麼?"the rich pig"。
3. 快快唸第一句。(學生唸第一句。)
4. 快快唸下一句。(學生唸第二句。)
5. (重複步驟 4 唸出故事中其餘句子。)

任務 10　翻譯

1. 請你再快快唸一次,你唸一句,我翻譯一句。(指著起點開始唸。需要時,老師給予協助。學生每唸完一句,老師逐句提供如下翻譯。老師可視情況,僅選擇部分句子給學生唸。)

   有錢的豬

   一隻狗在公園裡。公園裡很暗。

   狗遇見了一頭豬。狗說,"豬不能進這個公園。豬住在農場裡。"

   豬說,"我這豬可不同。我住在一艘船上。我是一頭有錢的豬。"

   狗說,"帶我去看那艘船。"豬就這麼做了。但,浪頭讓船搖晃。那狗兒暈船了。

   結束

2. 現在我來唸英文,你來翻譯成國語。(老師指著起點開始唸,學生譯為國語,需要時,老師給予協助。)
3. 現在換我來唸國語,你來翻譯成英文。(老師逐句說國語,學生指著課文的開頭,逐句唸出。需要時,老師給予協助。)

任務 11　圖片理解

1. 看著下面的圖片並且準備回答一些問題。
2. (依序指出豬、狗、船和海浪,說:)This is a pig. This is a dog. This is a ship. These are waves.
3. (指著豬。)What is this? 說完整句!(若有需要,給予協助。)"this is a pig"。(指著狗。)What is this? "this is a dog"。(指著船。)What is this? "this is a ship"。(指著海浪。)What are these? "these are waves"。

任務 12　語音書寫

1. (在第一條線的開頭寫個 **y**,指著 **y**。)這是什麼語音?"yyy"。
2. 先照著我這樣寫 **yyy**,然後在這條線上多寫幾次。(多次仿寫 **y** 後,學生能寫出三到五個 **y**。學生若有需要,給予協助。若學生寫對了就說:)你的 **y** 寫得真好!
3. 這是你下一個要練習寫的語音。(在第二條線的開頭寫個 **w**,指著 **w**。)這是什麼語音?"www"。
4. 先照著我這樣寫 **www**,然後在這條線上多寫幾次。(多次仿寫 **w** 後,學生能寫出三到五個 **w**。學生若有需要,給予協助。若學生寫對了就說:)你的 **www** 寫得真好!

LESSON 63

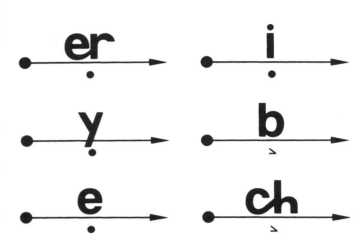

任務 1　語音

1. 仔細看右邊每一個語音，有的語音可以慢慢唸，有的語音必須快快唸。別弄錯囉！

2. （指著 **er** 的起點。）來唸這個語音。準備囉。（手指快速移到第二個黑點。）"urrr"。

3. （重複步驟 2 練習 **i**、**y**、**b**、**e** 和 **ch**。箭頭下沒有黑點時，手指要快速滑到箭頭末端。）

任務 2　唸單字

1. （指著 **you** 的起點。）唸出語音！（學生唸時，指著黑點。）"yyyooouuu"。再一次。（回到起點。）唸出語音！（學生唸時，指著黑點。）"yyyooouuu"。

2. 剛才是唸出語音的唸法，但這個例外字該怎麼唸？"you"。對了，**you**，**you** 是一個例外字。

3. 再來一次。（回到起點。）唸出語音！（當學生唸的時候，指著黑點。）"yyyooouuu"。但這個例外字怎麼唸？"you"。對了，**you**，**you** 就是你的意思。

you　你

任務 3　唸單字

1. （指著 **other** 的起點。）這個單字是（暫停）**other**，這個單字怎麼唸？"other"。

2. （指著起點。）唸出語音來。（指著語音下面的黑點。）"ŏŏŏthththurrr"。對了，這個單字怎麼唸？"other"。**other** 就是「其他」的意思。

3. （指著 **mother** 的起點。）這個字和（暫停）**other** 同尾音，快快唸。（手指滑動。）"mother"。對了，**mother**，就是媽媽的意思，你的尾音唸得很好。

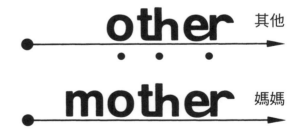

other　其他

mother　媽媽

任務 4　唸單字

（指著 **love** 的起點。）這個單字是 **love**，它的字尾是不發音的，用快快唸的方式來唸這個字。（手指滑動）"love"。對了，**love**，就是「愛」的意思。

love　愛

任務 5　唸單字

1. 準備快快唸下面這些單字。
2. （指著 **sēēn** 的起點，暫停三秒。）快快唸！（手指滑動。）"seen"。對了，**seen**。
3. （重複步驟 2 唸出其餘的單字。）

sēēn ——————▶ 見過

fīnd ——————▶ 找；發現

hunt ——————▶ 獵取

hunting ——————▶ 打獵

but ——————▶ 但是

shot ——————▶ 射擊

dēēr ——————▶ 鹿

ōld ——————▶ 老；舊

hōme ——————▶ 家

bōy ——————▶ 男孩

are ——————▶ 是

card ——————▶ 卡片

任務 6　唸單字

1. （指著 **yes** 的起點。）唸出語音！（指著黑點。）"yyyeeesss"。（重複直到穩固。）對了，這個單字怎麼唸？"yes"。
2. （重複步驟 1 練習 **they** 和 **her**。）
3. 我們現在來「快快唸」這些字。
4. （指著 **sēēn** 的起點，暫停三秒。）快快唸。（手指滑動。）"seen"。對了，**seen**。
5. （重複步驟 4 練習其餘的單字。）

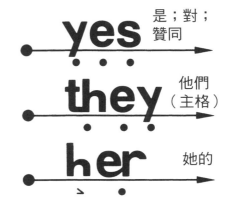

yes ——————▶ 是；對；贊同

they ——————▶ 他們（主格）

her ——————▶ 她的

任務 7　語音

1. 仔細看每一個語音，有的語音可以慢慢唸，有的語音必須快快唸。別弄錯囉！
2. （指著 **ī**。）唸這個語音。準備囉！（手指著箭頭的起點，快速移到第二個黑點，停。）"ㄲ"。
3. （重複步驟 2 練習 **er**、**p**、**e**、**b** 和 **y**。箭頭下沒有黑點時，記住手指要快速滑到箭頭末端。）

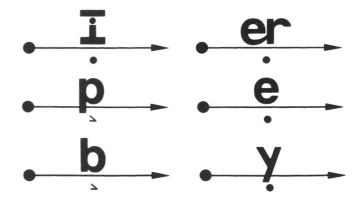

hunting fōr a dēēr

an ōld man got his gun. hē said, "I will gō hunting fōr dēēr."

the girl said, "you can not sēē. sō you can not hunt fōr dēēr."

hē said, "I will hunt fōr dēēr."

then a dēēr cāme to the man and said, "are you hunting fōr dēēr?"

the ōld man said, "have you sēēn a dēēr?"

the dēēr said, "I am a dēēr."

the ōld man said, "I can not sēē you. sō I will not tāke a shot at you. wē will gō fōr a walk." sō the ōld man and the dēēr went to the ōld man's hōme.

thē end

流暢性目標：80秒

長文，可視情況分成 2 或 3 段完成。

任務 8　朗讀

1. 現在請你快快唸這個故事，但如果遇到你不會唸的字，先唸出語音，然後跟我講那是什麼單字。

2. 指著故事的標題，記得，故事的標題告訴我們故事有關的內容。請快快唸這個標題，來！"hunting for a deer"。這個故事有關於什麼？"hunting for a deer"。

3. 快快唸第一句。（學生唸第一句）。

4. 快快唸下一句。（學生唸第二句）。

5. （重複步驟 4 唸出故事中其餘句子。）

任務 9　翻譯

1. 請你再快快唸一次，你唸一句，我翻譯一句。（學生順著箭頭開始唸。需要時，老師給予協助。學生每唸完一句，老師逐句提供如下翻譯。老師可視情況，僅選擇部分句子給學生唸。）

　獵一隻鹿

　一個老男人取了他的槍。他說，"我要去獵鹿。"

　女孩說，"你看不到，所以你不能獵鹿。"

　他說，"我就是要獵鹿。"

　然後一頭鹿走向這個男人，說，"你正在獵鹿嗎？"

　老男人說，"你有看到一頭鹿嗎？"

　鹿說，"我就是一頭鹿。"

　老男人說，"我看不見你，所以我不會對你開槍，我們去散個步吧。"然後老男人就和那頭鹿回家了。

　結束

2. 現在我來唸英文，你來翻譯成國語。（老師指著起點開始唸，學生譯為國語，需要時，老師給予協助。）

3. 現在換我來唸國語，你來翻譯成英文。（老師逐句說國語，學生指著課文的開頭，逐句唸出。需要時，老師給予協助。）

任務 10　圖片理解

1. 看著下面的圖片並且準備回答一些問題。

2. （依序指出老人、鹿和槍，說：）This is the old man. This is a deer. This is a gun.

3. （指著老人。）What is this? 說完整句！（若有需要，給予協助。）"this is the old man"。（指著鹿。）What is this? "this is a deer"。（指著槍。）What is this? "this is a gun"。

4. 這個男人正在做什麼？What was the old man doing? The old man was hunting for a deer.

任務 11　語音書寫

1. 這是你要寫的第一個語音。（在第一條線的開頭寫個 y，指著 y。）這是什麼語音？"yyy"。

2. 先照著我這樣寫 yyy，然後在這條線上多寫幾次。（多次仿寫 y 後，學生能寫出三到五個 y。學生若有需要，給予協助。若學生寫對了就說：）你的 yyy 寫得真好！

3. 這是下一個你要練習寫的語音。（在第二條線的開頭寫個 b，指著 b。）這是什麼語音？"b"。

4. 先照著我這樣寫 b，然後在這條線上多寫幾次。（多次仿寫 b 後，學生能寫出三到五個 b。學生若有需要，給予協助。若學生寫對了就說：）你的 b 寫得真好！

LESSON 64

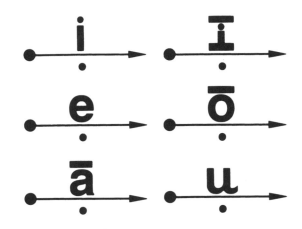

任務 1　語音

1. 現在來唸唸右邊這些語音。
2. （指著 **i**。）準備囉。（手指著箭頭的起點，快速移到第二個黑點。）"iii"。
3. （重複步驟 2 練習 **ī**、**e**、**ō**、**ā** 和 **u**。）

任務 2　唸單字

1. （指著 **bring** 裡的 **br**。）這兩個語音合在一起的時候不太好唸，注意聽，**brrr**，聽起來好像很冷，**brrr**，換你唸！"brrr"。
2. （指著 **bring** 的起點。）唸出語音！（當學生唸的時候，指著黑點。）"brrriiing"。這單字怎麼唸？"bring"。對了，**bring** 就是「攜帶」的意思。
3. （指著 **brother** 的起點。）這個單字的起頭也是 **brrr**，和 **other** 同韻。快快唸。"brother"。對了，這是什麼單字？"brother"。對了，**brother** 就是「兄弟」的意思。

4. （指著 **mother** 的起點。）這個單字和 **other** 同韻。快快唸。"mother"。對了，這是什麼單字？"mother"。對了，**mother** 就是「媽媽」的意思。

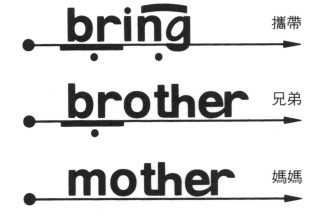

bring　攜帶
brother　兄弟
mother　媽媽

任務 3　唸單字

1. （指著 **getting** 的起點。）唸出語音！準備囉。（手指快速滑過 **g**，再指出其餘語音。）"geeetiiing"。（重複直到穩固。）對了，這是什麼單字？"getting"。對了，**getting** 就是「得到」的意思。
2. （指著 **sent** 的起點。）唸出語音！（指出語音下的黑點。）"ssseeennnt"。（重複直到穩固。）對了，這單字怎麼唸？"sent"。對了，**sent** 就是寄，寄信的「寄」的意思。
3. （重複步驟 2 練習 **her**。）

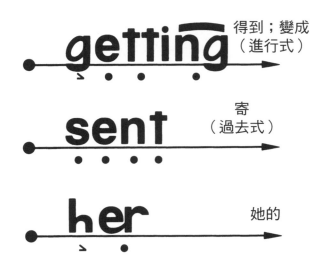

getting　得到；變成（進行式）
sent　寄（過去式）
her　她的

任務 **4**   唸單字

1. 準備來快快唸這些單字
2. （指著 **love** 的起點，暫停三秒。）快快唸。
   （手指滑動。）"love"。對了，**love** 就是
   「愛」的意思。
3. （重複步驟 2 練習其餘單字。）
4. 再唸一次這些字，快快唸。
5. （指著 **love** 的起點，暫停三秒。）快快唸。
   （手指滑動。）"love"。對了，**love** 就是
   「愛」的意思。
6. （重複步驟 5 練習其餘單字，如果學生唸對
   了就說：）你唸得很好！

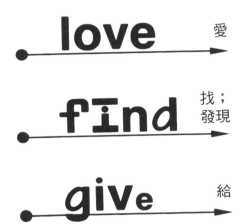

任務 **5**   語音

1. 仔細看右邊每一個語音。
2. （指著 **o** 的起點。）你來唸這個語音。準備
   囉。（手指著箭頭的起點，快速移到第二個
   黑點。）"ooo"。
3. （重複步驟 2 練習 **er**、**ō**、**e**、**ē** 和 **ī**。）

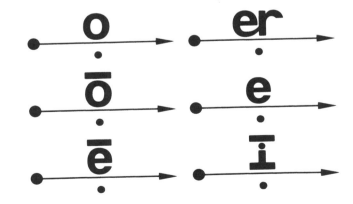

a card fōr mother

a boy sent a card to his mother. the card said, "mother, I love you." but his mother did not get the card.

a cop got the card. hē said, "I am not mother." sō hē gāve the card to his brother.

his brother said, "this card is not fōr mē. I am not mother."

sō the cop and his brother went to fīnd mother. they met the bōy.

the bōy said, "you have the card that I sent to mother. give mē that card." sō they gāve him the card.

and hē gāve the card to his mother.

this is thē end.

流暢性目標：125 秒

長文，可視情況分成 2 或 3 段完成。

任務6　朗讀

1. 現在請快快唸這個故事，但如果遇到你不會唸的字，先唸出語音，然後跟我講那是什麼單字。
2. 指著故事的標題。記得，故事的標題告訴我們故事有關的內容。請快快唸，來。"a card for mother"。這個故事有關於什麼？"a card for mother"。
3. 快快唸第一句。（學生唸第一句。）
4. 快快唸下一句。（學生唸第二句。）
5. （重複步驟 4 唸出故事中其餘句子。）

任務7　翻譯

1. 請你再快快唸一次，你唸一句，我翻譯一句。（學生順著箭頭開始唸。需要時，老師給予協助。學生每唸完一句，老師逐句提供如下翻譯。老師可視情況，僅選擇部分句子給學生唸。）

   給媽媽的卡片

   一個男孩寄了一張卡片給他的媽媽。卡片上說，"媽媽，我愛你。"但他的媽媽沒有收到這張卡片。

   一個警察收到這張卡片。他說，"我不是媽媽。"所以他就把卡片給他的弟弟。

   他弟弟說，"這卡片不是給我的，我不是媽媽。"

   警察和他弟弟去找那位媽媽。他們遇上那個男孩。

   男孩說，"你們有的卡片，是我寄給媽媽的。卡片給我。"因此他們把卡片給了他。

   然後他把卡片給了他媽媽。

   這是結束。

2. 現在我來唸英文，你來翻譯成國語。（老師指著起點開始唸，學生譯為國語，需要時，老師給予協助。）
3. 現在換我來唸國語，你來翻譯成英文。（老師逐句說國語，學生指著課文的開頭，逐句唸出。需要時，老師給予協助。）

任務8　圖片理解

1. 看著下面的圖片，準備回答一些問題。
2. （指著兒子，問：）Who is this? 這是誰？"the boy（or the son）"。
   （指著媽媽，問：）Who is this? 這是誰？"the mother"。
3. 你認為卡片上寫了什麼？"I love you"。

任務9　語音書寫

1. 這是你要寫的第一個語音。（在第一條線的開頭寫個 er，指著 er。）這是什麼語音？"urrr"。
2. 先照著我這樣寫 er（urrr），然後在這條線上多寫幾次。（多次仿寫 er 後，學生能寫出三到五個 er。學生若有需要，給予協助。若學生寫對了就說：）你的 er（urrr）寫得真好！
3. 這是下一個你要練習寫的語音（在第二條線的開頭寫個 w，指著 w。）這是什麼語音？"www"。
4. 先照著我這樣寫www，然後在這條線上多寫幾次。（多次仿寫 w 後，學生能寫出三到五個 w。學生若有需要，給予協助。若學生寫對了就說：）你的 www 寫得真好！

字母拼讀直接教學
100課

LESSON 65

任務1　語音介紹

1. （指著 **oo**。）這是新的語音，我來唸這個語音。（手指著箭頭起點，快速移到第二個黑點，停。）ooooooo。

2. 換你唸，我來指。（手指著箭頭的起點。）準備囉！（手指快速移到第二個黑點，停。）"ooooooo"。

> （**糾正**：如果學生唸錯，或沒有反應，必須糾正：）這個語音是 ooooooo。（重複步驟2。）

3. （指著起點。）再來一次，準備囉！（手指著箭頭的起點，快速移到第二個黑點，停。）"ooooooo"。

任務2　語音

1. 仔細看每一個語音，有的語音可以慢慢唸，有的語音必須快快唸。別弄錯囉！

2. （指著 **er**。）準備囉。（手指著箭頭起點，快速移到第二個黑點，停。）"urrr"。

3. （重複步驟2練習 **y**、**i**、**ē** 和 **ch**。箭頭下沒有黑點時，記住手指要快速滑到箭頭末端。）

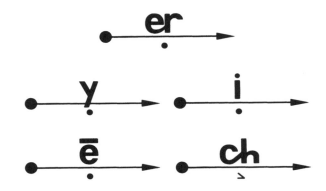

任務3　唸單字

1. （指著 **you** 的起點。）唸出語音！（學生唸時，指著黑點。）"yyyooouuu"。再一次。（回到起點。）唸出語音！（學生唸時，指著黑點。）"yyyooouuu"。

2. 剛才是唸出語音的唸法，但這個例外字怎麼唸？"ū"。對了，**you**，**you** 是一個例外字。

3. 再來一次。（回到起點。）唸出語音！（學生唸時，指著黑點。）"yyyooouuu"。但這個例外字怎麼唸？"ū"。對了，**you**。

你；
你們

任務4　唸單字

1. 現在要把所有的單字快快唸一遍。

2. （指著 **over** 的起點，暫停三秒。）快快唸。（手指滑動。）"over"。對了，**over**。

3. （重複步驟2練習其餘單字。）

4. 把所有的單字再快快唸一遍。

5. （指著 **over** 的起點，暫停三秒。）這個單字怎麼唸？"over"。

6. （重複步驟5練習其餘單字。）你唸得很好！

越過
（介系詞）

老鷹

yes   是；對；贊同

dīme   一角硬幣

bē   是

māde   製作（過去式）

sitting   坐（進行式）

shopping   採購（進行式）

got   得到；有（過去式）

gōing   去（進行式）

they   他們（主格）

shōre   水岸

fōr   為了（介系詞）

līke   喜歡；相似的

tōy   玩具

bōy   男孩

little   小小的

任務 5　語音

1. 仔細看每一個語音，有的語音可以慢慢唸，有的語音必須快快唸。別弄錯囉！

2. （指著 oo。）準備囉！（手指著箭頭的起點，快速移到第二個黑點，停。）"oooooo"。

3. （重複步驟 2 練習 b、o、ō、y 和 v。箭頭下沒有黑點時，記住手指要快速滑到箭頭末端。）

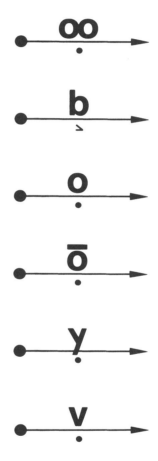

oo

b

o

ō

y

v

going to the toy shop

a boy and his mother went shopping for toys.

the boy said, "I love big toys." but his mother said,

"I like little toys."

the man in the toy shop said, "I have toys

that you will like. they are big and little."

the boy said, "toys can not be big and little."

the man said, "this toy is big and little."

he got a little toy duck and he made it big.

this is the end.

流暢性目標：68秒

長文，可視情況分成2或3段完成。

1. 現在請快快唸這個故事，如果遇到你不會唸的字，先唸出語音，然後跟我講那是什麼單字。

2. 指著故事的標題。記得，故事的標題告訴我們故事有關的內容。請快快唸，來。"going to the toy shop"。這個故事有關於什麼？"going to the toy shop"。

3. 快快唸第一句。（學生唸第一句。）

4. 快快唸下一句。（學生唸第二句。）

5. （重複步驟 4 唸出故事中其餘句子。）

1. 請你再快快唸一次，你唸一句，我翻譯一句。（學生順著箭頭開始唸。需要時，老師給予協助。學生每唸完一句，老師逐句提供如下翻譯。老師可視情況，僅選擇部分句子給學生唸。）

逛玩具店

一個男孩和他媽媽去買玩具。男孩說，"我愛大玩具。"但媽媽說，"我愛小玩具。"

玩具店的男人說，"我有你們會喜歡的玩具。它們同時是大的，也是小的。"

男孩說，"玩具不可能同時是大的，又是小的。"

男人說，"這個玩具可以大也可以小。"他去拿了一隻小玩具鴨，把它吹大了。

這是結束。

2. 現在我來唸英文，你來翻譯成國語。（老師指著起點開始唸，學生譯為國語，需要時，老師給予協助。）

3. 現在換我來唸國語，你來翻譯成英文。（老師逐句說國語，學生指著課文的開頭，逐句唸出。需要時，老師給予協助。）

1. 看著下面的圖片並且準備回答一些問題。

2. （依序指出玩具鴨、男孩和男人，說：）This is a toy duck. This is a boy. This is a man.

3. （指著玩具鴨。）What is this? 說完整句！（若有需要，給予協助。）"this is a toy duck"。（指著男孩。）What is this? "this is a boy"。（指著男人。）What is this? "this is a man"。

4. Where was the boy? 這個男孩在什麼地方？"He was in a toy shop"。

1. 這是你要寫的第一個語音。（在第一條線的開頭寫個 d，指著 d。）這是什麼語音？"d"。

2. 先照著我這樣寫 d，然後在這條線上多寫幾次。（多次仿寫 d 後，學生能寫出三到五個 d。學生若有需要，給予協助。若學生寫對了就說：）你的 d 寫得真好！

3. 這是下一個你要練習寫的語音。（在第二條線的開頭寫個 er，指著 er。）這是什麼語音？"urrr"。

4. 先照著我這樣寫 er（urrr），然後在這條線上多寫幾次。（多次仿寫 er 後，學生能寫出三到五個 er。學生若有需要，給予協助。若學生寫對了就說：）你的 er（urrr）寫得真好！

LESSON 66

任務1 語音

1. 仔細看每一個語音，有的語音可以慢慢唸，有的語音必須快快唸。別弄錯囉！

2. （指著 **oo** 的起點。）準備囉。（手指快速移到第二個黑點，停。）"oooooo"。

3. （重複步驟2練習 **ō**、**b**、**ī**、**p** 和 **e**。箭頭下沒有黑點時，記住手指要快速滑到箭頭末端。）

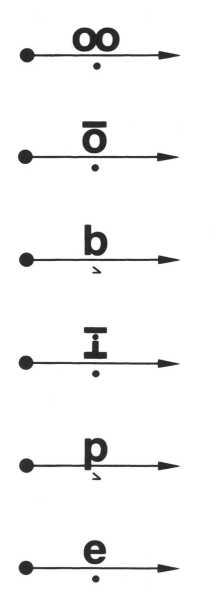

任務2 唸單字

1. 現在要把所有的單字快快唸一遍。

2. （指著 **you** 的起點，暫停三秒。）快快唸。（手指滑動。）"ū"。對了，**you**。

3. （重複步驟2練習其餘單字。）

4. 把所有的單字再快快唸一遍。

5. （指著 **you** 的起點，暫停三秒。）這個單字怎麼唸？"ū"。

6. （重複步驟5練習其餘單字。）你唸得很好！

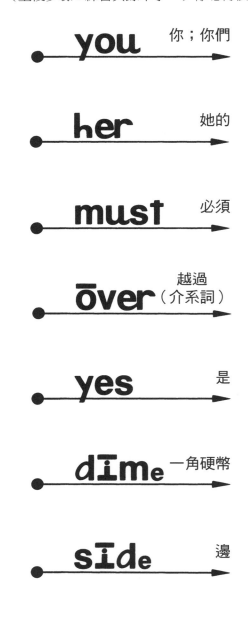

walk　　走路

tāke　　拿；取

shōre　　水岸

ēagle　　老鷹

wet　　濕的

lāke　　湖

car　　汽車

are　　是

other　　其他的

sitting　（進行式）　坐

任務3　語音

1. 仔細看下面每一個語音，有的語音可以慢慢唸，有的語音必須快快唸。別弄錯囉！

2. （指著 oo 的起點。）準備囉。（手指快速移到第二個黑點，停。）"oooooo"。

3. （重複步驟2練習 o、ō、y、ī 和 b。箭頭下沒有黑點時，記住手指要快速滑到箭頭末端。）

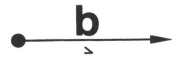

the other sIde of the lāke

a bug was sad and sat on the shōre of a lāke.

hē did not have a car to tāke him to thē other sIde.

then a big ēagle cāme and sat down on the shōre.

thē ēagle said, "you are sitting on the shōre and

you are sad."

the bug said, "yes. I am sad. I nēēd to get to

thē other sIde of the lāke. I will give you a dIme."

thē ēagle said, "yes. give mē a dIme and I will

tāke you to thē other sIde." sō the bug gāve thē

ēagle a dIme and got on thē ēagle. they went ōver

the lāke to thē other sIde.

the end

流暢性目標：96秒

長文，可視情況分成 2 或 3 段完成。

任務4 朗讀

1. 現在請快快唸這個故事，如果遇到你不會唸的字，先唸出語音，然後跟我講那是什麼單字。

2. 指著故事的標題。記得，故事的標題告訴我們故事有關的內容。請快快唸，來。"the other side of the lake"。這個故事有關於什麼？"the other side of the lake"。

3. 快快唸第一句。（學生唸第一句。）

4. 快快唸下一句。（學生唸第二句。）

5. （重複步驟4唸出故事中其餘句子。）

任務5 翻譯

1. 請你再快快唸一次，你唸一句，我翻譯一句。（學生順著箭頭開始唸。需要時，老師給予協助。學生每唸完一句，老師逐句提供如下翻譯。老師可視情況，僅選擇部分句子給學生唸。）

   湖的另一邊

   一隻蟲很難過，坐在一個湖的岸邊。他沒有一部車好載他到湖的另一邊。

   然後來了一隻大老鷹，坐在岸邊。老鷹說，"你坐在岸邊，你很難過。"

   蟲說，"是的，我很難過。我需要到湖的另一邊。我可以給你一個一角的銅板。"

   老鷹說，"好啊，給我銅板，我帶你到湖的另一邊。"因此，蟲給了老鷹一角錢，騎上了老鷹。他們就飛越了湖，到了另一邊。

   結束

2. 現在我來唸英文，你來翻譯成國語。（老師指著起點開始唸，學生譯為國語，需要時，老師給予協助。）

3. 現在換我來唸國語，你來翻譯成英文。（老師逐句說國語，學生指著課文的開頭，逐句念出。需要時，老師給予協助。）

任務6 圖片理解

1. 仔細看下面的圖片，我要問你一些問題。

2. （依序指出老鷹、螞蟻和一角銅板，說：）This is a big eagle. This is a bug. This is a dime.

3. （指著老鷹。）What is this? 說完整句！（若有需要，給予協助。）"this is a big eagle"。（指著蟲。）What is this? "this is a bug"。（指著一角銅板。）What is this? "this is a dime"。

4. What does that bug have in his hand? 蟲手上拿著什麼？"It is a dime"。

5. What does the bug need? 蟲需要什麼？"He needs to get to the other side of the lake"。

任務7 語音書寫

1. 這是你要寫的第一個語音。（在第一條線的開頭寫個 sh，指著 sh。）這是什麼語音？"shshsh"。

2. 先照著我這樣寫shshsh，然後在這條線上多寫幾次。（多次仿寫 sh 後，學生能寫出三到五個 sh。學生若有需要，給予協助。若學生寫對了就說：）你的 shshsh 寫得真好！

3. 這是下一個你要練習寫的語音。（在第二條線的開頭寫個 y，指著 y。）這是什麼語音？"yyy"。

4. 先照著我這樣寫yyy，然後在這條線上多寫幾次。（多次仿寫 y 後，學生能寫出三到五個 y。學生若有需要，給予協助。若學生寫對了就說：）你的 yyy 寫得真好！

LESSON 67

任務 1　語音介紹

1. （指著 **j**。）這個語音永遠要快快唸，我先來快快唸這個語音。（手指著箭頭起點，快速移到箭頭末端。）**j**。
2. 我再快快唸一次。（指著 **j**。）快快唸。（快速移到箭頭末端。）**j**。

3. 換你唸，我來指。（手指著箭頭的起點。）準備囉！（快速移到箭頭末端。）"**j**"。

（糾正：如果學生唸成"juh"、"jah"或"jih"，必須糾正：）注意聽，**j**。快快唸。"**j**"。對了，**j**。

任務 2　語音

1. 仔細看右邊每一個語音，有的語音可以慢慢唸，有的語音必須快快唸。別弄錯囉！
2. （指著 **oo**。）準備囉。（手指著箭頭起點，快速滑到第二個黑點。）"oooooo"。
3. （重複步驟 2 練習 **er**、**y**、**j**、**i** 和 **ing**。箭頭下沒有黑點時，記住手指要快速滑到箭頭末端。）

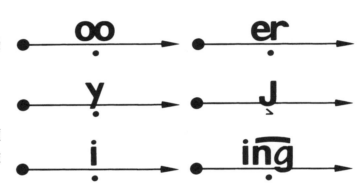

任務 3　唸單字

1. （指著 **some** 的起點。）唸出語音！（當學生唸的時候，指出單字下的黑點，但跳過 **o**。）"sssooommm"（不是"sssuuummm"）。
2. 剛才是我們唸出語音的唸法，但這是個例外字，正確唸法是（暫停）some（**sum**）。正確唸法是什麼？"some"。對了，**some**。**some** 是一個例外字。
3. （回到起點。）再一次唸出語音！（當學生唸的時候，指著黑點。）"sssooommm"。但這個例外字怎麼唸？"some"。對了，**some**，就是「一些」的意思。

任務 4　唸單字

（指著 **come** 的起點。）這個單字和 **some** 同韻，快快唸，來。（手指滑動。）"come"。對了，**come**，就是「來」的意思。

任務 5　唸單字

1. 準備來快快唸這些單字。
2. （指著 **park** 的 **ar**。）這個語音怎麼唸？"are"。
3. （指著 **park** 的起點，暫停三秒。）快快唸這個單字。（手指滑動。）"park"。對了，**park**。**park** 就是「公園或停車」的意思。

4. 準備好，來快快唸這些單字。
5. （指著 **ever** 的起點，暫停三秒。）快快唸這個單字。（手指滑動。）"ever"。對了，**ever**。**ever** 就是「曾經」的意思。
6. （重複步驟 5 唸出其餘的單字。）

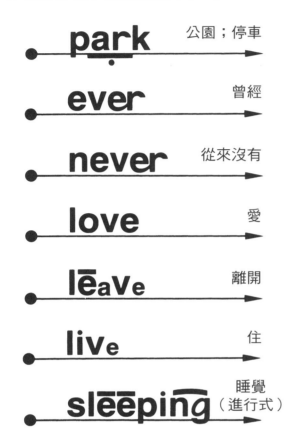

p̣ark　公園；停車

ever　曾經

never　從來沒有

love　愛

lēaᵥe　離開

liᵥe　住

slēēpinɡ（進行式）　睡覺

talkₑd　說話（過去式）

soon　很快的

her　她的

they　他們（主格）

must　必須

hug　擁抱

gāᵥe　給（過去式）

cāme　來（過去式）

任務6　唸單字

1. （指著 **jump** 的起點。）唸出語音！準備囉！（滑過 **j**，在其他語音下的黑點，暫停一秒。）"juuummmp"。（重複直到穩固。）這個單字怎麼唸？"jump"。對了，**jump**。**jump** 就是「跳」的意思。
2. （指著 **pool** 的起點。）唸出語音！準備囉！（滑過 **p**，在其他語音下面的黑點，暫停一秒。）"poooooolll"。（重複直到穩固。）這個單字怎麼唸？"pool"。對了，**pool**。**pool** 就是「水池、池子」的意思。
3. （重複步驟 2 練習 **moon**、**swim** 和 **lived**。）
4 現在用「快快唸」來唸這些單字。
5. （指著任務 3 **some** 的起點，暫停三秒。）快快唸（手指滑動。）"some"。對了，**some**，就是「一些」的意思。
6. （重複步驟 4 完成本頁其餘的單字。）

jump　跳　　pool　水池

moon　月亮　swim　游泳　liᵥed　住（過去式）

任務7 語音

1. 仔細看右邊每一個語音，有的語音可以慢慢唸，有的語音必須快快唸。別弄錯囉！

2. （指著 **oo** 起點。）準備囉。（手指快速移到第二個黑點。）"ooooooo"。

3. （重複步驟2練習 **j**、**g**、**f**、**b** 和 **e**。箭頭下沒有黑點時，記住手指要快速滑到箭頭末端。）

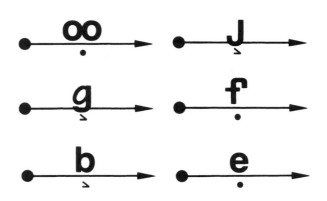

the cat that talk$_e$d

a girl had a cat. shē loved her cat. shē talk$_e$d to her cat.

then the cat talk$_e$d to her. the girl said, "I must bē slēēping. cats can not talk."

the cat said, "you talk to mē. sō I can talk to you."

the girl gāv$_e$ the cat a big hug. "I never had a cat that talk$_e$d."

the girl and the cat talk$_e$d and talk$_e$d.

then a man cām$_e$ to the park. hē went up to the girl and said, "can I hav$_e$ that cat?"

the cat said, "I will not gō with you."

the man said, "I must bē slēēping. cats do not talk. I will lēav$_e$ this park." and hē did.

thē end

流暢性目標：93秒

長文，可視情況分成2或3段完成。

任務 8　朗讀

1. 現在請快快唸上一頁這個故事，但如果遇到你不會唸的字，先唸出語音！然後跟我講那是什麼單字。

2. 指著故事的標題。記得，故事的標題告訴我們故事有關的內容。請快快唸這個標題，來。"the cat that talked"。這個故事有關於什麼？"the cat that talked"。

3. 快快唸第一句。（學生唸第一句。）

4. 快快唸下一句。（學生唸第二句。）

5. （重複步驟 4 唸出故事中其餘的句子。）

任務 9　翻譯

1. 請你再快快唸一次，你唸一句，我翻譯一句。（學生順著箭頭開始唸。需要時，老師給予協助。學生每唸完一句，老師逐句提供如下翻譯。老師可視情況，僅選擇部分句子給學生唸。）

會說話的貓

一個女孩有一隻貓。她愛她的貓。她對她的貓說話。

然後貓也對她說話。女孩說，"我一定是在睡覺。貓不會說話。"

貓說，"你對我說話。所以我能跟你說話。"

女孩給了貓一個大擁抱。"我從來沒有過一隻會說話的貓。"

女孩於是和貓說了又說。

然後有個男人來到公園。他進前來問女孩說，"我可以要那隻貓嗎？"

貓說，"我不要跟你走。"

男人說，"我一定是在睡覺，貓是不會說話的，我要離開這個公園。"他就這麼做了。

結束

2. 現在我來唸英文，你來翻譯成國語。（老師指著起點開始唸，學生譯為國語，需要時，老師給予協助。）

3. 現在換我來唸國語，你來翻譯成英文。（老師逐句說國語，學生指著課文的開頭，逐句唸出。需要時，老師給予協助。）

任務 10　圖片理解

1. 看著下面這張圖片，我要問你一些問題。

2. Where is it? 這是什麼地方？"This is a park"。

3. 為什麼那個男人看起來那麼驚訝？

4. 那隻貓在說什麼？對了，他在說 "I will not go with you"，我不會跟你走。

任務 11　語音書寫

1. 這是你要寫的第一個語音。（在第一條線的開頭寫個 b，指著 b。）這是什麼語音？"b"。

2. 先照著我這樣寫 b，然後在這條線上多寫幾次。（多次仿寫 b 後，學生能寫出三到五個 b。學生若有需要，提供協助。若學生寫對了就說：）你的 b 寫得真好！

3. 這是下一個你要練習寫的語音。（在第二條線的開頭寫個 p，指著 p。）這是什麼語音？"p"。

4. 先照著我這樣寫 p，然後在這條線上多寫幾次。（多次仿寫 p 後，學生能寫出三到五個 p。學生若有需要，提供協助。若學生寫對了就說：）你的 p 寫得真好！

字母拼讀直接教學
100課

LESSON 68

任務1 語音

1. 來快快唸下面這些語音。
2. （指著 **j** 的起點。）快快唸。（移至箭頭末端。）"j"。
3. （重複步驟 2 練習其餘語音。）

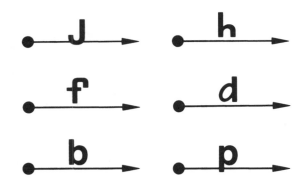

任務2 唸單字

1. （指著 **some** 裡的 **o**。）在這裡所有的單字中，只有這個 **o** 是例外。它要唸作 **ŭŭŭ**。準備用快快唸來唸這些單字。
2. （指著**some**的起點，暫停三秒。）快快唸。（手指滑動。）
3. （重複步驟 2 練習 **come**、**love**、**other**、**mother** 和 **brother**。）

任務3 唸單字

1. （指著 **every** 的起點。）唸出語音！（手指滑過黑點。）"eeevvvurrryyy"。（重複直到穩固。）這單字怎麼唸？"every"。對了，**every**，就是「每一個」的意思。
2. （重複步驟 1 練習 **soon**、**never**、**pool**、**brōke**、**swimming**、**jumps**、**jumped** 和 **start**。）

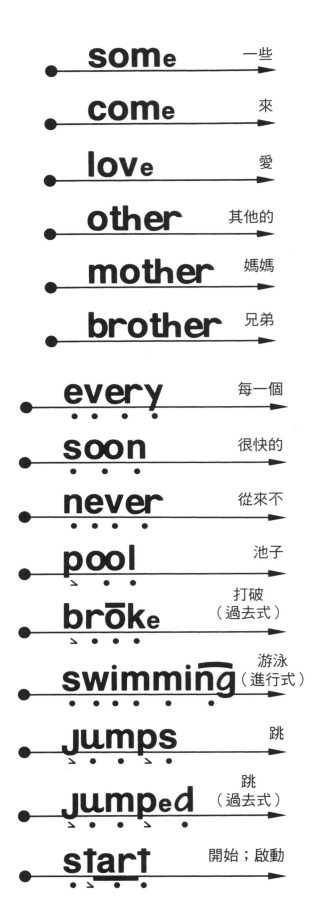

some 一些
come 來
love 愛
other 其他的
mother 媽媽
brother 兄弟
every 每一個
soon 很快的
never 從來不
pool 池子
brōke 打破（過去式）
swimming 游泳（進行式）
jumps 跳
jumped 跳（過去式）
start 開始；啟動

任務 **4**　唸單字

1. 準備好，來快快唸這些單字。
2. （指著 **men** 的起點，暫停三秒。）快快唸。（手指滑動。）"men"。對了，**men**。**men** 就是男人的複數，一個男人是 **man**，兩個以上的男人是 **men**。
3. （重複步驟 2 練習其餘的單字。）
4. 把這些單字再快快唸一次。
5. （指著 **every** 的起點，暫停三秒。）這單字怎麼唸？"every"。對了，**every**。**every** 就是「每一個」的意思。
6. （重複步驟 5 完成其餘的單字。）這些單字你唸得很好。

任務 **5**　語音

1. 現在請快快唸下面這些語音。
2. （指著 **j** 的起點。）快快唸。（快速移到箭頭末端。）"j"。
3. （重複步驟 2 練習其餘的語音。）

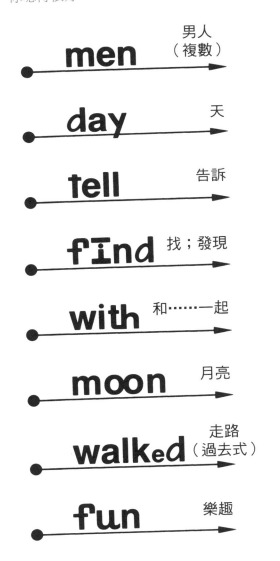

fīndiñg some fun on the moon

some girls went to the moon in a moon ship.

a girl said, "I will fīnd some fun." shē walked

and walked. soon shē cāme to a cow.

the moon cow said, "wē can have lots of fun.

come with mē." the girl went with the moon cow to a

pool. the moon cow said, "this is how wē have fun

on the moon." shē jumped into the pool. and the

girl jumped into the pool.

the girl said, "it is fun to swim on the moon." sō

the girl and the cow went swimmiñg every dāy. the

girl did not tell the other girls that shē went

swimmiñg with a moon cow.

the end

流暢性目標：93 秒

長文，可視情況分成 2 或 3 段完成。

任務 6　朗讀

1. 現在請快快唸上頁這個故事，但如果遇到你不會唸的字，先唸出語音！然後跟我講那是什麼單字。

2. 指著故事的標題。記得，故事的標題告訴我們故事有關的內容。請快快唸這個標題，來。"finding some fun on the moon"。這個故事有關於什麼？"finding some fun on the moon"。

3. 快快唸第一句。（學生唸第一句。）

4. 快快唸下一句。（學生唸第二句。）

5. （重複步驟 4 唸出故事中其餘句子。）

任務 7　翻譯

1. 請你再快快唸一次，你唸一句，我翻譯一句。（學生順著箭頭開始唸。需要時，老師給予協助。學生每唸完一句，老師逐句提供如下翻譯。老師可視情況，僅選擇部分句子給學生唸。）

   在月球上找些樂子

   有些女孩搭一艘月球太空船去月球。

   一個女孩說，"我要來找些樂子。"她走了又走。很快的，她遇上一頭母牛。

   這頭月牛說，"我們有許多好玩的，跟我來。"女孩跟著月牛到了一個池子。月牛說，"這是我們在月球上找樂子的方式。"母牛跳進池子裡，女孩也跳進池子裡。

   女孩說，"在月球上游泳真好玩。"因此，女孩和月牛每天都去游泳。女孩沒有告訴其他的女孩她和一頭月牛去游泳。

   結束

2. 現在我來唸英文，你來翻譯成國語。（老師指著起點開始唸，學生譯為國語，需要時，老師給予協助。）

3. 現在換我來唸國語，你來翻譯成英文。（老師逐句說國語，學生指著課文的開頭，逐句唸出。需要時，老師給予協助。）

任務 8　圖片理解

1. 看著下面的圖片並且準備回答一些問題。

2. （依序指出母牛、水池和女孩，說：）This is the cow. This is the pool. This is the girl.

3. （指著母牛。）What is this? 說完整句！（若有需要，給予協助。）"this is the cow"。（指著水池。）What is this? "this is the pool"。（指著女孩。）What is this? "this is the girl"。

4. Where were they? 他們在什麼地方？"they were on the moon"。

任務 9　語音書寫

1. （在第一條線的開頭寫個 **j**，指著 **j**。）這是什麼語音？"j"。

2. 先照著我這樣寫 **j**，然後在這條線上多寫幾次。（多次仿寫 **j** 後，學生能寫出三到五個 **j**。學生若有需要，提供協助。若學生寫對了就說：）你的 **j** 寫得真好！

3. 這是下一個你要練習寫的語音。（在第二條線的開頭寫個 **er**，指著 **er**。）這是什麼語音？"urrr"。

4. 先照著我這樣寫 **er**（**urr**），然後在這條線上多寫幾次。（多次仿寫 **er** 後，學生能寫出三到五個 **er**。學生若有需要，提供協助。若學生寫對了就說：）你的 **er**（**urrr**）寫得真好！

字母拼讀直接教學
100 課

LESSON 69

（糾正：如果學生唸錯，或沒有反應，必須糾正：）這個語音是 **www**。（重複步驟 2。）

任務 1　語音介紹

1. （指著 **wh**。）這是新的語音，我來唸這個語音。（手指著箭頭起點，快速移到第二個黑點，停。）**www**。

2. 換你唸，我來指。（手指著箭頭的起點。）準備囉！（手指快速移到第二個黑點，停。）"**www**"。

3. （指著起點。）再來一次，準備囉！（手指著箭頭的起點，快速移到第二個黑點，停。）"**www**"。

任務 2　語音

1. 仔細看右邊每一個語音，有的語音可以慢慢唸，有的語音必須快快唸。別弄錯囉！

2. （指著 **wh** 的起點。）準備囉。（手指快速移到第二個黑點。）"**www**"。

3. （重複步驟 2 練習 **j**、**ch**、**sh**、**th** 和 **er**。箭頭下沒有黑點時，記住手指要快速滑到箭頭末端。）

任務 3　唸單字

1. （指著 **sitting** 的起點。）唸出語音！準備囉！（在各黑點暫停一秒。）"sssiiitiiing"。（重複直到穩固。）這個單字怎麼唸？"sitting"。

2. （重複步驟 1 練習 **gōld**。）

任務 4　唸單字

1. 準備好，來快快唸這些單字。
2. （指著 **fill** 的起點，暫停三秒。）快快唸這個單字。（手指滑動。）"fill"。對了，**fill**。**fill** 就是「充滿」或「裝填」的意思。
3. （重複步驟 2 練習其餘單字。）
4. 把這些單字再快快唸一次。
5. （指著 **sitting** 的起點，暫停三秒。）這單字怎麼唸？"sitting"。對了，**sitting**。**sitting** 就是坐下的進行式。
6. （重複步驟 5 練習其餘單字。）這些字你唸得很好。

come　來
back　回到；向後
rōad　大路
hand　手
down　向下
cāme　來（過去式）
soon　很快的
tēach　教學
ever　曾經
nīne　九

fill　充滿；裝填
stop　停
never　從來不
jump　跳
start　啟動；開始

任務 5　語音

1. 仔細看右邊每一個語音，有的語音可以慢慢唸，有的語音必須快快唸。別弄錯囉！
2. （指著 **j** 的起點。）準備囉。（手指快速移到箭頭末端。）"j"。
3. （重複步驟 2 練習 **wh**、**oo**、**er**、**ing** 和 **ch**。箭頭下沒有黑點時，記住手指要快速滑到箭頭末端。）

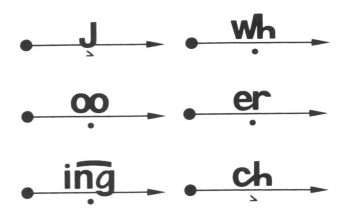

j　wh
oo　er
ing　ch

任務 6　朗讀

1. 現在請快快唸這個故事，但如果遇到你不會唸的字，先唸出語音！然後跟我講那是什麼單字。

2. 指著故事的標題。記得，故事的標題告訴我

3. 快快唸第一句。（學生唸第一句。）
4. 快快唸下一句。（學生唸第二句。）
5. （重複步驟 4 唸出故事中其餘句子。）

the fat man that never cāme back

a man had an ōld car. the ōld car did not start.

sō the man went down the rōad. soon hē cāme to a
rat.

　the man said, "can you start an ōld car?"

　the rat said, "nō. rats do not have cars."

　sō the man went down the rōad. soon hē cāme to
a fat man. hē said, "can you start an ōld car?"

　the fat man said, "yes. I can but I will not. I
am sitting and I līke to sit."

　the man said, "you can sit in this car if you can
start it."

　sō the fat man got in the car and māde the car
start. hē said, "I līke this ōld car. I will tāke
it down the rōad and never come back."

the end

流暢性目標：105 秒

長文，可視情況分成 **2** 或 **3** 段完成。

任務7 翻譯

1. 請你再快快唸一次，你唸一句，我翻譯一句。（學生順著箭頭開始唸。需要時，老師給予協助。學生每唸完一句，老師逐句提供如下翻譯。老師可視情況，僅選擇部分句子給學生唸。）

   永遠不會回來的胖男人

   一個男人有一部舊車，這舊車啟動不了。因此這男人順著馬路走下去，他很快就遇見一隻老鼠。

   男人說，"你能啟動一輛舊車嗎？"

   老鼠說，"不能，老鼠沒有汽車。"

   因此這男人順著馬路走下去，他很快就遇見一個胖男人。他說，"你能啟動一輛舊車嗎？"

   胖男人說，"是，我可以，但我不要。我正坐著（休息），我喜歡坐著。"

   男人說，"如果你可以啟動車子，你可以坐在車子裡啊。"

   因此，胖男人坐進車子，啟動了車子。他說，"我喜歡這部舊車。我要駕著它上路，再也不回來了。"

   結束

2. 現在我來唸英文，你來翻譯成國語。（老師指著起點開始唸，學生譯為國語，需要時，老師給予協助。）

3. 現在換我來唸國語，你來翻譯成英文。（老師逐句說國語，學生指著課文的開頭，逐句唸出。需要時，老師給予協助。）

任務8 圖片理解

1. 看下面這張圖片並且準備回答一些問題。

2. （依序指出胖男人和舊車，說：）This is the fat man. This is the old car.

3. （指著胖男人。）Who is this? 他是誰？說完整句！（若有需要，給予協助。）"this is the fat man"。（指著舊車。）What is this? "this is the old car"。

4. Who's driving the car? 誰在開車？"The fat man"。

5. Will that fat man come back? 那個胖男人會回來嗎？"No, he will never come back"。

任務9 語音書寫

1. 這是你要寫的第一個語音。（在第一條線的開頭寫個 sh，指著 sh。）這是什麼語音？"shshsh"。

2. 先照著我這樣寫 shshsh，然後在這條線上多寫幾次。（多次仿寫 sh 後，學生能寫出三到五個 sh。學生若有需要，提供協助。若學生寫對了就說：）你的 shshsh 寫得真好！

3. 這是下一個你要練習寫的語音。（在第二條線的開頭寫個 d，指著 d。）這是什麼語音？"d"。

4. 先照著我這樣寫 d，然後在這條線上多寫幾次。（多次仿寫 d 後，學生能寫出三到五個 d。學生若有需要，提供協助。若學生寫對了就說：）你的 d 寫得真好！

LESSON 70

任務 1 語音

1. 仔細看每一個語音，有的語音可以慢慢唸，有的語音必須快快唸。別弄錯囉！

2. （指著 **wh** 的起點。）準備囉。（手指快速移到第二個黑點。）"www"。

3. （重複步驟 2 練習 **th**、**j**、**oo**、**y** 和 **ī**。箭頭下沒有黑點時，記住手指要快速滑到箭頭末端。）

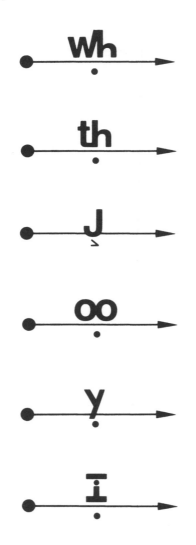

任務 2 唸單字

1. （指著 **when** 的起點。）唸出語音！準備囉！（在各黑點暫停一秒。）"wwweeennn"。（重複直到穩固。）這個單字怎麼唸？"when"。對了，**when** 就是「當什麼時候」的意思。

2. （重複步驟 1 練習 **rich**、**under**、**awāy**、**yelled**、**filled**、**bōys** 和 **down**。）

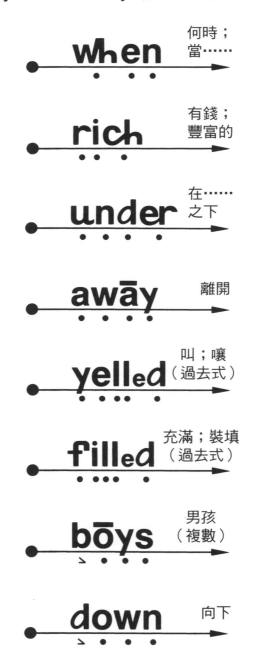

任務 3　唸單字

1. 來快快唸這些單字，準備囉。
2. （指著 **whīte** 的起點，暫停三秒。）快快唸。（手指滑動。）"white"。對了，**white**。**white** 就是「白色」的意思。
3. （重複步驟 2 唸出其餘的單字。）
4. 把這些單字再快快唸一次。
5. （指著 **when** 的起點，暫停三秒。）這單字怎麼唸？"when"。對了，**when**。**when** 就是「何時；當……時候」的意思。
6. （重複步驟 5 唸出其餘的單字。）這些單字你唸得很好。

白色
人名；帳單
袋子
樹木

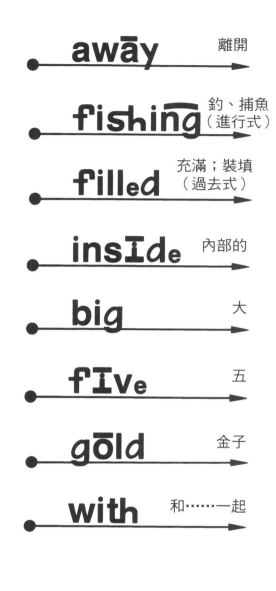

離開
釣、捕魚（進行式）
充滿；裝填（過去式）
內部的
大
五
金子
和……一起

任務 4　語音

1. 仔細看右邊每一個語音，有的語音可以慢慢唸，有的語音必須快快唸。別弄錯囉！
2. （指著 **sh** 的起點。）準備囉。（手指快速移到第二個黑點。）"shshsh"。
3. （重複步驟 2 練習 **wh**、**i**、**ī**、**y** 和 **b**。箭頭下沒有黑點時，記住手指要快速滑到箭頭末端。）

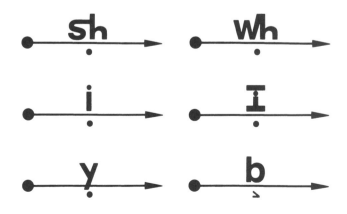

bill went fishing

bill went fishing with the other boys. the other boys had lots of fish, but bill did not get nine fish or five fish. he got a big old bag.

the other boys made fun of bill. they said, "we have fish and you have an old bag."

bill was sad. but then he said, "wow. this bag is filled with gold."

the other boys looked inside the bag. "wow," they said.

now bill was not sad. he said to the other boys, "you have lots of fish, but I have lots and lots of gold. so I am rich."

this is the end.

流暢性目標：81秒

長文，可視情況分成 2 或 3 段完成。

任務 5　朗讀

1. 現在請快快唸上頁這個故事，但如果遇到你不會唸的字，先唸出語音！然後跟我講那是什麼單字。

2. 指著故事的標題。記得，故事的標題告訴我們故事有關的內容。請快快唸這個標題，來。"bill went fishing"。這個故事有關於什麼？"bill went fishing"。

3. 快快唸第一句。（學生唸第一句。）

4. 快快唸下一句。（學生唸第二句。）

5. （重複步驟 4 唸出故事中其餘句子。）

任務 6　翻譯

1. 請你再快快唸一次，你唸一句，我翻譯一句。（學生順著箭頭開始唸。需要時，老師給予協助。學生每唸完一句，老師逐句提供如下翻譯。老師可視情況，僅選擇部分句子給學生唸。）
   比爾去釣魚
   比爾和其他男孩子去釣魚。其他男孩子釣到好多魚，但比爾沒有釣到九條或五條魚。他釣到一個大大的舊袋子。
   其他男孩子取笑比爾。他們說，"我們釣到魚，你卻釣到一個舊包包。"
   比爾很難過。但後來他說，"哇，這個包包裡裝滿了金子。"
   其他男孩往包包裡看。"哇，"他們說。
   現在比爾不難過了。他跟其他男孩子說，"你們釣到許多魚，但我現在有好多好多金子。我是有錢人了。"
   這是結束。

2. 現在我來唸英文，你來翻譯成國語。（老師指著起點開始唸，學生譯為國語，需要時，老師給予協助。）

3. 現在換我來唸國語，你來翻譯成英文。（老師逐句說國語，學生指著課文的開頭，逐句唸出。需要時，老師給予協助。）

任務 7　圖片理解

1. 仔細看下面這張圖片，我要問你一些問題。

2. What's in the bag? 袋子裡裝了什麼東西？

3. 其他男孩是不是正在 making fun of Bill，取笑 Bill 呢？

4. 你會想要哪一樣？九條魚或一個裝滿金子的舊袋子？

5. 若你有這麼多金子，你會怎麼做？

任務 8　語音書寫

1. （在第一條線的開頭寫個 wh，指著 wh。）這是什麼語音？"www"。

2. 先照著我這樣寫 wh（www），然後在這條線上多寫幾次。（多次仿寫 wh 後，學生能寫出三到五個 wh。學生若有需要，提供協助。若學生寫對了就說：）你的 wh（www）寫得真好！

3. 這是下一個你要練習寫的語音。（在第二條線的開頭寫個 j，指著 j。）這是什麼語音？"j"。

4. 先照著我這樣寫 j，然後在這條線上多寫幾次。（多次仿寫 j 之後，學生能寫出三到五個 j。學生若有需要，提供協助。若學生寫對了就說：）你的 j 寫得真好！

LESSON 71

任務1 語音介紹

1. （指著 ȳ。）這是一個新的語音，我會一邊指，一邊唸。（手指著箭頭的起點，快速移到第二個黑點，停。）ᅲ。

2. 這次換你唸，我來指。（指著起點。）準備囉！（手指著箭頭起點，快速移到第二個黑點，停。）"ᅲ"。

> （糾正：如果學生唸錯，或沒有反應，必須糾正：）這個音是 ᅲ。（重複步驟 2。）

3. （指著起點。）再來一次，準備囉！（手指著箭頭的起點，快速移到第二個黑點，停。）"ᅲ"。

任務2 語音

1. 仔細看下面每一個語音。
2. （指著 y 的起點。）準備囉！（快速移到第二個黑點，停。）"yyy"。
3. （重複步驟 2 練習 i、ī、ō、e 和 y。）

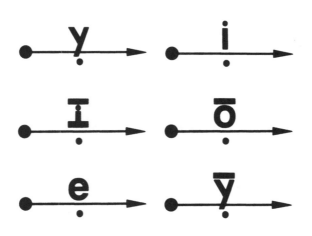

任務3 唸單字

1. （指著 **look** 的起點。）唸出語音。（當學生唸時，指著黑點。）"lllooooook"（和 **spook** 同韻）。

2. 唸出語音是這樣唸沒有錯，但這是個例外字，應該唸作（暫停）**look**（和 **book** 同韻）。它的正確唸法是？"look"。對了，**look** 是一個例外字。

3. （回到起點。）再一次，唸出語音！（當學生唸時，指著黑點。）"lllooooook"。但這個例外字怎麼唸？"look"。對了，**look**。**look** 就是「看」的意思。

看

任務4 唸單字

1. （手遮著 **looked** 的 **ed**，指著 **look**。）這個單字的這部分怎麼唸？"look"。對了，**look**。（指著 **looked** 的起點。）快快唸這一整個單字，準備囉！（手指滑動。）"looked"。對了，**looked**。

2. （手遮著 **getting** 的 **ting**，指著 **get**。）這個單字的這部分怎麼唸？"get"。對了，**get**。（指著 **getting** 的起點。）快快唸這一整個單字，準備囉！（手指滑動。）"getting"。對了，**getting**。

looked 看（過去式）

getting 得到；成為（進行式）

任務 5   唸單字

1. （指著 **whīte** 的起點。）快快唸。（指著黑點。）準備囉。（在各黑點暫停一秒。）"wwwīīīt"。（重複直到穩固。）這個單字怎麼唸？"white"。

2. （重複步驟 1 練習 **brush**、**tēēth**、**smīle**、**sāved**、**there**、**under**、**must**、**ēagle's** 和 **tīger**。）

whīte   白色

brush   刷子

tēēth   牙齒（複數）

smīle   微笑

sāved   救；保存（過去式）

there   那裡

under   在……之下

must   必須

ēagle's   老鷹的

tīger   老虎

任務 6   唸單字

1. 準備來快快唸下面這些單字。

2. （指著**sitting**的起點，暫停三秒。）快快唸這個單字。（手指移到箭頭末端。）"sitting"。對了，sitting。它就是坐下來的坐，加上 **ing**。

3. （重複步驟 2 練習其餘的單字。）

4. 把這些單字再快快唸一次。

5. （指著 **whīte** 的起點，暫停三秒。）快快唸這個單字。（手指移到箭頭末端。）"white"。對了，white。white 就是「白色」的意思。

6. （重複步驟 5 練習其餘的單字。）這些單字你唸得很好。

sitting   坐下（進行式）

trēē   樹

hunting   打獵（進行式）

gōing   去（進行式）

yelled   喊叫（過去式）

awāy   離開

never   從來不

任務 **7**　語音

1. 仔細看每一個語音，有的語音可以慢慢唸，有的語音必須快快唸，別弄錯囉。
2. （指著 ȳ 的起點。）準備囉！（快速移到第二個黑點，停。）"īī"。
3. （重複步驟 2 練習 wh、ī、y、j 和 ē。箭頭下沒有黑點時，記住手指要快速移至箭頭末端。）

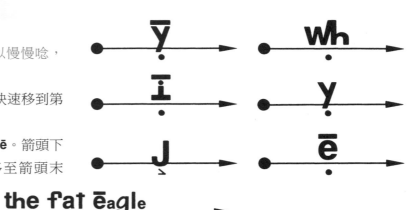

the fat ēagle

therₑ was an ēagle that was fat, fat, fat. thē other ēagles mādₑ fun of the fat ēagle. they said, "you do not look līkₑ an ēagle. you look līkₑ a fat rock."

the fat ēagle was sittiñg in a trēē when a tīger cāmₑ huntiñg fōr ēagles. that tīger was gōiñg to get a little whītₑ ēagle. the little whītₑ ēagle was under the fat ēagle's trēē. thē other ēagles yellₑd, but the little whītₑ ēagle did not hēₐr them.

the fat ēagle lookₑd at the tīger gettiñg nēₐr the whītₑ ēagle. then the fat ēagle said, "I must sāvₑ that whītₑ ēagle." sō hē jumpₑd down. hē cāmₑ down on the tīger līkₑ a fat rock. that tīger ran far awāy. the little whītₑ ēagle was sāvₑd.

when thē other ēagles cāmₑ ōver to the fat ēagle, they said, "wē will never mākₑ fun of you now."

thē end

流暢性目標：116秒

長文，可視情況分成 2 或 3 段完成。

任務8 朗讀

1. 現在請快快唸上頁這個故事，但如果遇到你不會唸的字，先唸出語音，然後跟我講那是什麼單字。

2. 指著故事的標題，記得，故事的標題告訴我們故事有關的內容。請快快唸這個標題，來。"the fat eagle"。這個故事有關於什麼？"the fat eagle"。

3. 快快唸第一句。（學生唸第一句。）

4. 快快唸下一句。（學生唸第二句。）

5. （重複步驟4唸出故事中其餘的句子。）

任務9 翻譯

1. 請你再快快唸一次，你唸一句，我翻譯一句。（指著起點開始唸。需要時，老師給予協助。學生每唸完一句，老師逐句提供如下翻譯。老師可視情況，僅選擇部分句子給學生唸。）

   胖老鷹

   以前有一隻非常非常胖的老鷹。其他老鷹取笑那隻胖老鷹。他們說，"你看起來不像一隻老鷹。你看起來像一個胖石頭。"

   當一隻老虎來獵老鷹時，這胖老鷹正坐在樹上。那隻老虎正要去抓一隻白色的小老鷹。

   小白鷹那時在胖老鷹的樹下。其他老鷹都在喊，但小白鷹沒聽見。

   胖老鷹見到老虎愈來愈接近小白鷹。然後那胖老鷹說，"我必須救那白老鷹。"因此他跳下來。他像一個胖石頭那樣落在老虎身上。那隻老虎跑得遠遠的。小白鷹獲救了。

   其他老鷹走向胖老鷹，他們說，"現在我們再也不會取笑你了。"

   結束

2. 現在我來唸英文，你來翻譯成國語。（老師指著起點開始唸，學生譯為國語，需要時，老師給予協助。）

3. 現在換我來唸國語，你來翻譯成英文。（老師逐句說國語，學生指著課文的開頭，逐句唸出。需要時，老師給予協助。）

任務10 圖片理解

1. 看看下面這張圖片，仔細聽我提出的問題，然後從課文中選擇一句回答我的問題。

2. 那隻老虎來時，What was the tiger going to do? 那隻老虎想要做什麼？
   "That tiger was going to get a little white eagle"。
   再來一次，What was the tiger going to do?
   "That tiger was going to get a little white eagle"。

3. 當老虎愈來愈接近小白鷹時，What did the fat eagle do? 胖老鷹做了什麼？
   "He jumped down. He came down on the tiger like a fat rock"。
   再來一次，What did the fat eagle do?
   "He jumped down. He came down on the tiger like a fat rock"。

任務11 語音書寫

1. （在第一條線的開頭寫個 y，指著 y。）這是什麼語音？"yyy"。

2. 先照著我這樣寫 yyy，然後在這條線上多寫幾次。（多次仿寫 y 後，學生能寫出三到五個 y。學生若有需要，給予協助。若學生寫對了就說：）你的 yyy 寫得真好！

3. 這是下一個你要練習寫的語音。（在第二條線的開頭寫個 p，指著 p。）這是什麼語音？"p"。

4. 先照著我這樣寫 p，然後在這條線上多寫幾次。（多次仿寫 p 後，學生能寫出三到五個 p。學生若有需要，給予協助。若學生寫對了就說：）你的 p 寫得真好！

LESSON 72

任務 1　語音

1. 仔細看下面每一個語音，有的語音可以慢慢唸，有的語音必須快快唸。別弄錯囉！

2. （指著 **y** 的起點。）你來唸這個語音。準備囉。（手指快速移到第二個黑點。）"yyy"。

3. （重複步驟 2 練習 ȳ、ī、i、b 和 e。箭頭下沒黑點時，記住手指要快速滑到箭頭末端。）

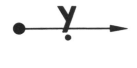

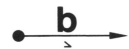

任務 2　唸單字

1. （指著 **brush** 的起點。）唸出語音，準備囉。（滑過 **b**，在其他語音下面的黑點，暫停一秒。）
   "brrruuushshsh"。（重複直到穩固。）這單字怎麼唸？"brush"。對了，**brush**。**brush** 就是「刷子」的意思。

2. （指著 **tēach** 的起點。）唸出語音。（滑過 **t**，在其他語音下面的黑點，暫停一秒。）
   "tēēēch"。（重複直到穩固。）這單字怎麼唸？"teach"。對了，**teach**。**teach** 就是「教學」的意思。

3. （重複步驟 2 練習 **tooth**、**shīne**、**mȳ**、**flȳ**、**fell** 和 **where**。）

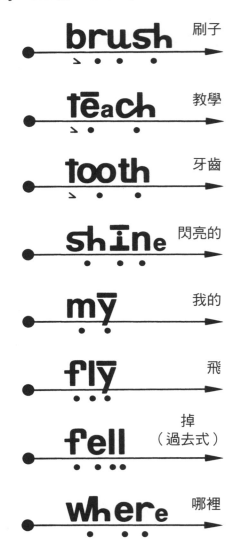

任務3 唸單字

1. （手遮著 **smiled** 的 **d**，指著 **smile**。）這個單字的這部分怎麼唸？"smile"。對了，**smile**。（指著 **smiled** 的起點。）快快唸這一整個單字，準備囉！（手指滑動。）"smiled"。對了，**smiled**。

2. （手遮著 **walking** 的 **ing**，指著 **walk**。）這個單字的這部分怎麼唸？"walk"。對了，**walk**。（指著 **walking** 的起點。）快快唸這一整個單字，準備囉！（手指滑動。）"walking"。對了，**walking**。

3. （手遮著 **liked** 的 **d**，指著 **like**。）這個單字的這部分怎麼唸？"like"。對了，**like**。（指著 **liked** 的起點。）快快唸這一整個單字，準備囉！（手指滑動。）"liked"。對了，**liked**。

4. （手遮著 **brushing** 的 **ing**，指著 **brush**。）這個單字的這部分怎麼唸？"brush"。對了，**brush**。（指著 **brushing** 的起點。）快快唸這一整個單字，準備囉！（手指滑動。）"brushing"。對了，**brushing**。

smīled ———▶ 微笑（過去式）

walkīng ———▶ 走路；步行（進行式）

līked ———▶ 喜歡（過去式）

brushīng ———▶ 刷（進行式）

任務4 唸單字

1. 準備好，來快快唸這些單字。

2. （指著 **when** 的起點，暫停三秒。）快快唸這個單字。（手指滑動。）"when"。對了，**when**。它就是「何時；當……時候」的意思。

3. （重複步驟 2 練習其餘單字。）

4. 把這些單字再快快唸一次。

5. （指著 **brush** 的起點，暫停三秒。）快快唸這個單字。（手指滑動。）"brush"，對了，**brush**。

6. （重複步驟 5 唸出其餘單字。）這些單字你唸得很好。

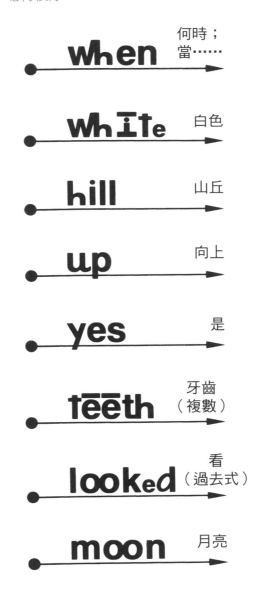

when ———▶ 何時；當……

whīte ———▶ 白色

hill ———▶ 山丘

up ———▶ 向上

yes ———▶ 是

tēēth ———▶ 牙齒（複數）

looked ———▶ 看（過去式）

moon ———▶ 月亮

任務5 語音

1. 仔細看右邊每一個語音，有的語音可以慢慢唸，有的語音必須快快唸。別弄錯囉！

2. （指著 b 的起點。）準備囉！（快速移到箭頭末端。）"b"。

3. （重複步驟2練習 ē、e、ȳ、ī 和 p。箭頭下沒有黑點時，記住手指要快速移至箭頭末端。）

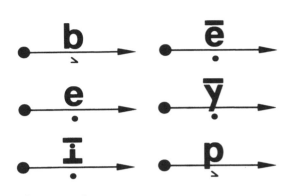

the whīte tooth brush

a girl līked to brush her tēēth. shē had a whīte tooth brush that shē līked. but shē did not sēē her whīte tooth brush. shē looked fōr it. shē said to her mother, "where is mȳ whīte tooth brush?"

her mother said, "I do not have it."

the girl was walkiñg back to her room when shē fell down. shē fell ōver her dog. that dog was brushiñg his tēēth with her whīte tooth brush.

the girl said, "you have mȳ whīte tooth brush."

the dog said, "I līke tēēth that shīne līke the moon."

when the girl looked at the dog's tēēth, shē smīled. then the dog smīled. the girl said, "wē have tēēth that are whīte, whīte, whīte."

the dog said, "wē have tēēth that shīne līke the moon."

thē end

流暢性目標：105秒

長文，可視情況分成 2 或 3 段完成。

任務 6 朗讀

1. 現在請快快唸上頁這個故事，但如果遇到你不會唸的字，先唸出語音，然後跟我講那是什麼單字。

2. 指著故事的標題，記得，故事的標題一定有關於這個故事的內容。請快快唸這個標題，來。"the white tooth brush"。這個故事有關於什麼？"the white tooth brush"。

3. 快快唸第一句。（學生唸第一句。）

4. 快快唸下一句。（學生唸第二句。）

5. （重複步驟 4 唸出故事中其餘句子。）

任務 7 翻譯

1. 請你再快快唸一次，你唸一句，我翻譯一句。（指著起點開始唸。需要時，老師給予協助。學生每唸完一句，老師逐句提供如下翻譯。老師可視情況，僅選擇部分句子給學生唸。）

   白牙刷

   一個女孩愛刷牙。她有一把她喜歡的白牙刷。但她沒有看見她的白牙刷。她開始找。

   她跟她媽媽說，"我的白牙刷在哪裡？"

   她媽媽說，"我沒有拿。"

   女孩走回她房間時跌倒了。她被她的狗絆倒了。那狗正在用她的白牙刷刷牙。

   女孩說，"你拿了我的白牙刷。"

   狗說，"我喜歡牙齒像月亮一樣閃閃發亮。"

   當女孩看到狗的牙齒時，她笑了。然後狗也笑了。女孩說，"我們的牙齒非常非常白。"

   狗說，"我們的牙齒像月亮一樣閃閃發亮。"

   結束

2. 現在我來唸英文，你來翻譯成國語。（老師指著起點開始唸，學生譯為國語，需要時，老師給予協助。）

3. 現在換我來唸國語，你來翻譯成英文。（老師逐句說國語，學生指著課文的開頭，逐句唸出。需要時，老師給予協助。）

任務 8 圖片理解

1. 看看下面這張圖片，仔細聽我提出的問題，然後從課文中選擇一句回答我的問題。

2. What is the title of the story? 這個故事的標題是什麼？"the white tooth brush"。

3. 這個圖裡，有哪些東西和這個標題有關？"the white tooth brush"。對了，是這把 white tooth brush。

4. 看他們的牙齒好白啊，那女孩怎麼描述這些牙齒？"We have teeth that are white, white, white"。

任務 9 語音書寫

1. 這是你要寫的第一個語音。（在第一條線的開頭寫個 wh，指著 wh。）這是什麼語音？"www"。

2. 先照著我這樣寫 wh（www），然後在這條線上多寫幾次。（多次仿寫 wh 後，學生能寫出三到五個 wh。學生若有需要，給予協助。若學生寫對了就說：）你的 wh（www）寫得真好！

3. 這是下一個你要練習寫的語音。（在第二條線的開頭寫個 m，指著 m。）這是什麼語音？"mmm"。

4. 先照著我這樣寫 mmm，然後在這條線上多寫幾次。（多次仿寫 m 後，學生能寫出三到五個 m。學生若有需要，給予協助。若學生寫對了就說：）你的 mmm 寫得真好！

LESSON 73

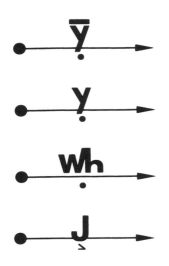

任務 1　語音

1. 仔細看右邊每一個語音，有的語音可以慢慢唸，有的語音必須快快唸。別弄錯囉！

2. （指著 ȳ 的起點。）準備囉！（快速移到箭頭末端。）" īīī"。

3. （重複步驟 2 練習 y、wh 和 j。箭頭下沒有黑點時，記住手指要快速移至箭頭末端。）

任務 2　字母名稱

1. 我們現在要學的是字母名稱。我會告訴你最前面幾個字母的字母名稱。（指著橫線上的每一個字母，說出字母名稱：）a、b、c、d、e、f、g、h、i、j。跟著我唸這些字母的名稱。（指著字母，讓學生一個一個跟著唸。）

2. 有些字母是圈起來的，圈圈字母的名稱和它們代表的語音很不一樣。

3. （指著字母 e。）字母 e 頭上雖然沒有橫槓，但它仍然代表語音 ēēē，也代表語音 ěěě。
   （指著 i。）字母 i 頭上雖然沒有橫槓，但它仍然代表 īīī 和 ĩĩĩ 兩個語音。

4. （指著 a。）這個字母的名稱是什麼？"ā"。告訴我它代表哪兩個語音？"ā、ǎ"。

5. （重複步驟 4 練習 e 和 i。）

6. （指著 b。）字母 b 代表的語音是 b。
   （指著 d。）字母 d 代表的語音是 d。
   （指著 f。）字母 f 代表的語音是 fff。
   （指著 j。）字母 j 代表的語音是 j。

7. （指著 b。）字母 b 代表哪一個語音？"b"。
   （指著 d。）字母 d 代表哪一個語音？"d"。
   （指著 f。）字母 f 代表哪一個語音？"fff"。
   （指著 j。）字母 j 代表哪一個語音？"j"。

8. 指著從 a 到 j 的字母，看你能不能說出每一個的名稱來。

（糾正：如果學生未能正確反應，給予正確答案，再重複相同的步驟，直到穩固。）

ab©def⑨ⓗijklmnopqrstuvⓦxyz

teach。（指著 **tēachin͡g** 的起點。）快快唸
這一整個單字，準備囉！（手指滑動。）
"teaching"。對了，**teaching**。

任務 3　唸單字

1. （手遮著 **into** 的 **to**，指著 **in**。）這個單字的
   這部分怎麼唸？"in"。對了，**in**。（指著 **into**
   的起點。）快快唸這一整個單字，準備囉！
   （手指滑動。）"into"。對了，**into**。
2. （手遮著 **tēachin͡g** 的 **ing**，指著 **tēach**。）
   這個單字的這部分怎麼唸？"teach"。對了，

into　進入（介系詞）

tēachin͡g　教學（進行式）

任務 4　唸單字

1. （指著 **where** 的起點。）唸出語音。（指著
   黑點。）"wwwĕĕĕrrr"。（重複練習到穩
   固。）這個單字怎麼唸？"where"。
2. （重複步驟 1 練習 **flȳ**、**back**、**hōrse** 和
   mȳ。）

where　哪裡

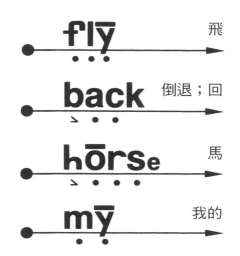

flȳ　飛

back　倒退；回

hōrse　馬

mȳ　我的

任務 5　唸單字

1. 準備好，來快快唸這些單字。
2. （指著 **when** 的起點，暫停三秒。）快快唸
   這個單字。（手指滑動。）"when"。對了，
   when。
3. （重複步驟 2 練習其餘單字。）
4. 把這些單字再快快唸一次。
5. （指著 **into** 的起點，暫停三秒。）這個單字
   怎麼唸？"into"。
6. （重複步驟 5 唸出其餘單字。）這些單字你
   唸得真好。

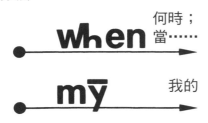

when　何時；當……

mȳ　我的

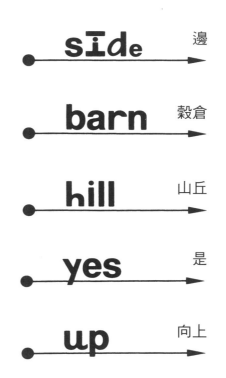

sīde　邊

barn　穀倉

hill　山丘

yes　是

up　向上

an ōld hōrsₑ and an ēₐgₗₑ →

an ēₐgₗₑ said to an ōld hōrsₑ, "I will tēₐch you how to flȳ." the ēₐgₗₑ went to the top of a whītₑ barn.

then the ēₐgₗₑ said, "now you flȳ to the top of this barn." but the ōld hōrsₑ did not flȳ. hē ran into the sīdₑ of that barn.

then the ēₐgₗₑ said, "I will flȳ to the top of that car." and shē did.

but the ōld hōrsₑ did not flȳ to the top of the car. hē ran into the sīdₑ of the car. hē said, "mȳ mother and mȳ brother can not flȳ. I can not flȳ."

the ēₐgₗₑ said, "when you flȳ, you can havₑ fun."

the hōrsₑ said, "I can run with an ēₐgₗₑ on mȳ back, and that is fun."

sō the ēₐgₗₑ sat on the back of the ōld hōrsₑ, and the ōld hōrsₑ ran up a hill. when they got to the top of the hill, the ēₐgₗₑ said, "yes, this is a lot of fun."

this is thē end. →

流暢性目標：127秒

長文，可視情況分成 2 或 3 段完成。

任務 6　朗讀

1. 現在請快快唸上頁這個故事，但如果遇到你不會唸的字，先唸出語音，然後跟我講那是什麼單字。

2. 指著故事的標題，記得，故事的標題一定有關於這個故事的內容。請快快唸這個標題，來。"an old horse and an eagle"。這個故事有關於什麼？"an old horse and an eagle"。對了，一隻老馬和一隻老鷹。

3. 快快唸第一句。（學生唸第一句。）

4. 快快唸下一句。（學生唸第二句。）

5. （重複步驟 4 唸出故事中其餘句子。）

任務 7　翻譯

1. 請你再快快唸一次，你唸一句，我翻譯一句。（指著起點開始唸。需要時，老師給予協助。學生每唸完一句，老師逐句提供如下翻譯。老師可視狀況，僅選擇部分句子給學生唸。）

老馬和老鷹

一隻老鷹跟一匹老馬說，"我要教你怎麼飛。"

老鷹就飛上了白色穀倉的頂端。

老鷹說，"現在你可以飛上來了。"但老馬不能飛。他撞上了穀倉的邊邊。

老鷹說，"我要飛到那輛汽車的頂端。"然後她就飛上去了。

但老馬不能飛上那輛車的頂端。他撞上了汽車的邊邊。他說，"我媽媽和我的兄弟都不能飛。我也不能飛。"

老鷹說，"當你飛時，會很好玩的。"

馬說，"我可以載著一隻老鷹跑，那會很好玩。"

因此老鷹乘在老馬的背上，老馬奔上了一座小山。當他們跑到山頂時，老鷹說，"是的，這真好玩。"

這是結束。

2. 現在我來唸英文，你來翻譯成國語。（老師指著起點開始唸，學生譯為國語，需要時，老師給予協助。）

3. 現在換我來唸國語，你來翻譯成英文。（老師逐句說國語，學生指著課文的開頭，逐句唸出。需要時，老師給予協助。）

任務 8　圖片理解

1. 看看下面這張圖片，仔細聽我提出的問題，然後從課文中選擇一句回答我的問題。

2. What is the title of the story? 這個故事的標題是什麼？"an old horse and an eagle"。

3. 老鷹看起來玩得很開心嗎？當他們跑上山頂時，老鷹會怎麼說？
"When they got to the top of the hill, the eagle said, 'yes, this is a lot of fun'"。

任務 9　語音書寫

1. 這是你要寫的第一個語音。（在第一條線的開頭寫個 n，指著 n。）這是什麼語音？"nnn"。

2. 先照著我這樣寫 nnn，然後在這條線上多寫幾次。（多次仿寫 n 後，學生能寫出三到五個 n。學生若有需要，給予協助。若學生寫對了就說：）你的 nnn 寫得真好！

3. 這是下一個你要練習寫的語音。（在第二條線的開頭寫個 b，指著 b。）這是什麼語音？"b"。

4. 先照著我這樣寫 b，然後在這條線上多寫幾次。（多次仿寫 b 後，學生能寫出三到五個 b。學生若有需要，給予協助。若學生寫對了就說：）你的 b 寫得真好！

LESSON 74

任務 1　字母名稱

1. 我們現在要學的是字母名稱。（指著字母，說出字母名稱：）a、b、c、d、e、f、g、h、i、j。

2. 換你指著這些字母，說出字母的名稱。

3. 指著 a，告訴我這個字母代表哪兩個語音。"ā、ǎ"。指著 e，告訴我這個字母代表哪兩個語音。"ē、ě"。指著 i，告訴我這個字母代表哪兩個語音。"ī、ǐ"。

4. 我來唸另外一些字母的名稱。你還沒有學過其中的三個字母。（指著橫桿上的字母，說出每個字母的名稱。）k、l、m、n、o、p、q、r、s、t、u。

5. 剛才唸的字母都沒有圈圈，因為這些字母的名稱，和它們代表的語音很像。（指著 k。）告訴我字母 k 代表的語音。"k"。（指著 l。）告訴我字母 l 代表的語音。"lll"。（指著 m。）告訴我字母 m 代表的語音。"mmm"。

6. （指著 o。）告訴我字母 o 代表的兩個語音。"ō、ǒ"。（指著 p。）告訴我字母 p 代表的語音。"p"。

6. （指著 q。）這個字母的語音，有點像它的字母名稱的第一部分和最後一部分。注意聽，kwww。告訴我這個字母代表的語音。"kwww"。

7. （指著 r。）告訴我字母 r 代表的語音。"rrr"。（指著 s。）告訴我字母 s 代表的語音。"sss"。（指著 t。）告訴我字母 t 代表的語音。"t"。

8. （指著 u。）字母 u 代表兩個語音，第一個是：you——跟它的字母名稱一樣，它代表的第一個語音是什麼？"you"。它代表的另一個語音是什麼？"ŭŭŭ"。

9. 指著從 k 到 u 的字母，看你能不能說出每一個的名稱來。

10. 指著從 a 到 u 的字母，看你能不能說出每一個的名稱來。

（糾正：如果學生未能正確反應，給予正確答案，再重複相同的步驟，直到穩固。）

abcdefghijklmnopqrstuvwxyz

任務 2　長母音

1. （指著單字。）現這些單字都有字母 o，這些單字的字母名稱就是你要唸的語音。

2. （指著 old。）唸出這個單字的所有字母名稱。"o-l-d"。對了，ōōō-l-d。這單字怎麼唸？"old"。old 就是「老」的意思。

3. （指著 sold。）唸出這個單字的所有字母名稱。"s-o-l-d"。對了，s-ōōō-l-d。這單字怎麼唸？"sold"。sold 就是「賣掉」的意思。

4. （指著 told。）唸出這個單字的所有字母名稱。"t-o-l-d"。對了，t-ōōō-l-d。這單字怎麼唸？"told"。told 就是「告訴」或「告知」的過去式。

5. （指著 or。）唸出這個單字的所有字母名稱。"o-r"。對了，ōōō-r。這單字怎麼唸？"or"。or 就是「或者」的意思。

6. （指著 born。）唸出這個單字的所有字母名稱。"b-o-r-n"。對了，b-ōōō-r-d。這單字怎麼唸？"born"。born 就是「出生」的意思。

7. （指著 corn。）唸出這個單字的所有字母名稱。"c-o-r-n"。對了，c-ōōō-r-n。這單字怎麼唸？"corn"。corn 就是「玉米」的意思。

8. 準備來快快唸出這裡所有的單字。（指著 old 的起點。）快快唸！（手指滑動。）"old"。對了，old。old 就是「老」的意思。

9. （重複步驟 8 唸出其餘單字。）

old 老 → sold 賣（過去式） → told 告訴（過去式） → or 或 → born 出生 → corn 玉米

任務3　唸單字

1. 請你先唸一行你已經認識的單字，然後要請你再唸一次，但第二次是新的寫法。指著第一行的每一個字，快快唸。"never、sitting、the、fish、rich、when"。

2. 你剛剛唸過的這些字，課本以新的方式寫在第二行。（指著 **never** 的 **er**。）語音 urrr 現在寫成兩個分開的字母。（指著 **the** 的 **th**。）語音 ththth 現在寫成兩個分開的字母。（指著 **fish** 的 **sh**。）語音 shshsh 現在寫成兩個分開的字母。

3. 現在請你指著第二行的每個單字，快快唸。"never、sitting、the、fish、rich、when"。

① never 從來不 → sitting 坐（進行式） → the （定冠詞） → fish 魚 → rich 富有 → when 何時、當

② never → sitting → the → fish → rich → when

4. 再請你唸一行你已經認識的單字，然後要請你把這些單字再唸一次，但第二次是新的寫法。指著第三行的每一個字，快快唸。"came、road、he、like、eagles"。

5. 剛剛唸過的這些字，課本以新的方式寫在第四行。（指著 **came**。）現在這個字的上面已經沒有長線了，而且最後面的小字母已經變大了，但它仍然不發音。（指著 **road**。）這個字的上面也已經沒有長線了，而且字中間的小字母也已經變大了，但它仍然不發音。（指著 **he**。）字上面的長線不見了。（指著 **like**。）字上面的長線不見了，小字母變大字母了。（指著 **eagles**。）長線和小字母都不見了。

6. 現在請你指著第四行的每個單字，快快唸。"came、road、he、like、eagles"。

7. 現在請你把第二行和第四行的單字再唸一遍。（重複練習直到穩固。）

③ came 來（過去式） → road 馬路 → he 他 → like 喜歡 → eagles 老鷹（複數）

④ came → road → he → like → eagles

任務4　唸單字

現在請你唸一個你以前唸過的故事，但這次，故事是用新的方式寫的。底下方格裡的單字都是那個故事裡的單字，指著每一個字，然後快快唸。

but	back	car	soon	take	down
但是	回頭；背面	汽車	很快的	取；拿	向下的

and	looked	start	old	rats	got
和	看（過去式）	開始；啟動	老	大鼠（複數）	得到（過去式）

任務5　朗讀

（指著故事。）這是用新的方式寫的故事，從標題開始，全部都快快唸。每一個句子結束時，都暫停一下，問我一個問題，看看我是不是能回答。

（糾正：如果學生讀錯，例如，把"the"唸成"that"，在學生剛剛說出這個錯字，就要喊停。）這個單字是**the**，這是什麼單字？"the"。很好，我們從這個句子的第一個字再重新唸過。

任務6　語音書寫

1. 這是你要寫的第一個語音。（在第一條線的開頭寫個 **y**，指著 **y**。）這是什麼語音？"yyy"。

2. 先照著我這樣寫 **yyy**，然後在這條線上多寫幾次。（多次仿寫 **y** 後，學生能寫出三到五個 **y**。學生若有需要，給予協助。若學生寫對了就說：）你的 **yyy** 寫得真好！

3. 這是下一個你要練習寫的語音。（在第二條線的開頭寫個 **th**，指著 **th**。）這是什麼語音？"thth"。

4. 先照著我這樣寫 **ththth**，然後在這條線上多寫幾次。（多次仿寫 **th** 後，學生能寫出三到五個 **th**。學生若有需要，給予協助。若學生寫對了就說：）你的 **ththth** 寫得真好！

the fat man that never came back

a man had an old car. the old car did not start. so the man went down the road. soon he came to a rat.

the man said, "can you start an old car?"

the rat said, "no. rats do not have cars."

so the man went down the road. soon he came to a fat man. he said, "can you start an old car?"

the fat man said, "yes, I can but I will not. I am sitting and I like to sit."

the man said, "you can sit in this car if you can start it."

so the fat man got in the car and made the car start. he said, "I like this old car. I will take it down the road and never come back."

the end

流暢性目標：89秒

長文，可視情況分成 2 或 3 段完成。

字母拼讀直接教學
100 課

LESSON 75

任務 1　字母名稱

1. 我現在要唸出我們已經學過的字母名稱。（指著從 **a** 到 **u** 的字母，一一唸出來。）

2. 換你指著那些字母，說出字母的名稱。

3. 指著 **o**，告訴我這個字母代表哪兩個語音。"ō、ǒ"。指著 **u**，告訴我這個字母代表哪兩個語音。"ū、ǔ"。

4. 我來唸其他的字母。你還沒有學過這幾個字母。（指著橫桿上方的字母，從 **v** 到 **z** 說出每個字母的名稱。）**v、w、x、y、z**。

5. （指著 **v**。）字母 **v** 代表哪一個語音？"vvv"。

6. （指著 **w**。）字母 **w** 是圈起來的，因為它的字母名稱和所代表的發音很不一樣。字母 **w** 代表哪一個語音？"www"。

7. （指著 **x**。）你仔細聽，就可以聽到這個字母名稱的最後面，就是它代表的語音。字母 **x** 代表的語音是？"ksss"。

8. （指著 **y**。）你仔細聽，就可以聽到這個字母名稱的最後面，就是它代表的兩個語音。告訴我字母 **y** 代表的兩個語音。"ī、yyy"。

9. （指著 **z**。）你仔細聽，就可以聽到這個字母名稱的最前面，就是它代表的語音。字母 **z** 代表的語音是 zzz。**z** 代表哪一個語音？"zzz"。

10. 我們再練習一次。

11. （指著 **w**。）字母 **w** 代表的語音是？"www"。

12. （重複步驟 9 練習 **x**、**y** 和 **z**。）

13. 看你能不能從 **w** 到 **z**，把每一個字母都唸出來。

14. 現在看你能不能從 **a** 到 **z**，把每一個字母都唸出來。

15. 請你唸出所有圈起來的字母，因為它們的字母名稱和代表的語音很不一樣。

abcⓒdefⓖⓗijklmnopqrstuⓥⓦxyz

任務 2　長母音

1. （指著單字。）這些單字都有字母 **o**，這些單字的字母名稱就是你要唸的語音。

2. （指著 **old**。）唸出這個單字的所有字母名稱。"o-l-d"。對了，ōōō-l-d。這單字怎麼唸？"old"。**old** 就是「老」或「舊」的意思。

3. （指著 **fold**。）唸出這個單字的所有字母名稱。"f-o-l-d"。對了，f-ōōō-l-d。這單字怎麼唸？"fold"。**fold** 就是「折疊」的意思。

4. （指著 **sold**。）唸出這個單字的所有字母名稱。"s-o-l-d"。對了，s-ōōō-l-d。這單字怎麼唸？"sold"。**sold** 就是「賣」的過去式。

5. （指著 **cold**。）唸出這個單字的所有字母名稱。"c-o-l-d"。對了，c-ōōō-l-d。這單字怎麼唸？"cold"。**cold** 就是「冷」的意思。

6. （指著 **or**。）唸出這個單字的所有字母名稱。"o-r"。對了，ōōō-r。這單字怎麼唸？"or"。**or** 就是「或者」的意思。

7. （指著 **torn**。）唸出這個單字的所有字母名稱。"t-o-r-n"。對了，t-ōōō-r-n。這單字怎麼唸？"torn"。**torn** 就是「拆毀」的過去式。

8. （指著 **corn**。）唸出這個單字的所有字母名稱。"c-o-r-n"。對了，c-ōōō-r-n。這單字怎麼唸？"corn"。**corn** 就是「玉米」的意思。

9. （指著 **over**。）唸出這個單字的所有字母名稱。"o-v-e-r"。對了，ōōō-v-e-r。這單字怎麼唸？"over"。**over** 就是「跨過」或「結束」的意思。

10. 準備來快快唸出這裡所有的單字。（指著 **old** 的起點。）快快唸。（手指滑動。）"old"。對了，**old**。**old** 就是「老」或「舊」的意思。

11. （重複步驟 10 練習其餘的單字。）

old → fold → sold → cold → or → torn → corn → over →

任務3 唸單字

1. 請你來唸底下的單字，有原來的寫法，也有新的寫法。指著第一行的每一個單字，快快唸。
2. 你剛剛唸過的這些字，課本以新的方式寫在第二行。指著第二行的每一個單字，快快唸。

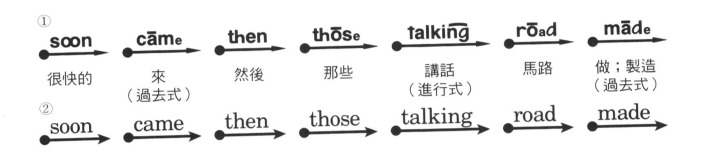

① soon → cāme → then → thōse → talkīng → rōad → māde →
很快的　　來　　　然後　　那些　　講話　　　馬路　　做；製造
　　　　（過去式）　　　　　　　（進行式）　　　　　（過去式）
② soon → came → then → those → talking → road → made →

3. 第三行的單字是用原來的方式寫的，指著第三行的每一個字，快快唸。
4. 你剛剛唸過的單字，課本用新的方式重新寫在第四行。指著第四行的每一個字，快快唸。

③ ēating → rēad → fishīng → rich → ēagle → other →
吃　　　　讀　　釣、捕魚　豐富的；　老鷹　　其他的
（進行式）　　　（進行式）　有錢的
④ eating → read → fishing → rich → eagle → other →

任務4 唸單字

現在來唸一個你以前唸過的故事，但這次，故事是用新的方式寫的。底下方格裡的單字都是那個故事裡的單字，指著每一個字，然後快快唸。

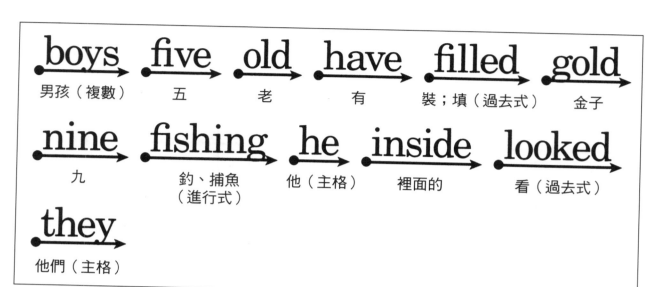

boys 男孩（複數）
five 五
old 老
have 有
filled 裝；填（過去式）
gold 金子
nine 九
fishing 釣、捕魚（進行式）
he 他（主格）
inside 裡面的
looked 看（過去式）
they 他們（主格）

任務5 朗讀

（指著故事。）這是用新的方式寫的故事，從標題開始，全部都快快唸。每一個句子結束時，都暫停一下，問我一個問題，看看我是不是能回答。

（糾正：如果學生讀錯，例如，把"the"唸成"that"，在學生剛剛說出這個錯字，就要喊停。）這個單字是**the**，這是什麼單字？"the"。很好，我們從這個句子的第一個字再重新唸過。

任務6 語音書寫

1. 這是你要寫的第一個語音。（在第一條線的開頭寫個 **w**，指著 **w**。）這是什麼語音？"www"。

2. 先照著我這樣寫**www**，然後在這條線上多寫幾次。（多次仿寫 **w** 後，學生能寫出三到五個 **w**。學生若有需要，給予協助。若學生寫對了就說：）你的 **www** 寫得真好！

3. 這是下一個你要練習寫的語音。（在第二條線的開頭寫個 **y**，指著 **y**。）這是什麼語音？"yyy"。

4. 先照著我這樣寫**yyy**，然後在這條線上多寫幾次。（多次仿寫 **y** 後，學生能寫出三到五個 **y**。學生若有需要，給予協助。若學生寫對了就說：）你的 **yyy** 寫得真好！

bill went fishing

bill went fishing with the other boys. the other boys had lots of fish, but bill did not get nine fish or five fish. he got a big old bag.

the other boys made fun of bill. they said, "we have fish and you have an old bag."

bill was sad. but then he said, "wow. this bag is filled with gold."

the other boys looked inside the bag. "wow," they said.

now bill was not sad. he said to the other boys, "you have lots of fish, but I have lots and lots of gold. so I am rich."

this is the end.

流暢性目標：80秒

長文，可視情況分成 2 或 3 段完成。

字母拼讀直接教學
100 課

LESSON **76**

任務 **1** 字母名稱

1. 我來唸所有字母的名稱。（**指著從 a 到 z 的字母，一一唸出來。**）

2. 換你來指，說出所有字母的名稱。

3. （**指著 q。**）你仔細聽，就可以聽到這個字母名稱的最前面和最後面，就是它代表的語音。**q** 代表哪一個語音？"kwww"。（**指著 x。**）你仔細聽，就可以聽到這個字母名稱的最後面一部分，就是它代表的語音。**x** 代表哪一個語音？"ksss"。（**指著 z。**）你仔細聽，就可以聽到這個字母名稱最前面的部分，就是這個字母代表的語音。**z** 代表哪一個語音？"zzz"。

4. 請你唸出所有被圈起來的字母名稱，為什麼這些字母要被圈起來？（**大意為：因為它們的名稱和所代表的語音很不像。**）

a ⓒ d e f ⓖ ⓗ i j k l m n o p q r s t u v Ⓦ x y z

任務 **2** 長母音

1. 這些單字的字尾都有一個 e，這個 e 是不發音的。但這些單字的其餘部分，只要唸出字母名稱就可以了。這些字母名稱代表著這些單字的每個語音。

2. （**指著 five。**）唸出這個單字的所有字母名稱。"f-i-v-e"。對了，現在注意聽我把 **e** 去掉，只唸其他三個字母的名稱。（**暫停，唸字母名稱時，誇張地強調出ⅲ來。**）f-ⅲ-v。這個單字是 **five**。這單字怎麼唸？"five"。**five** 就是「五」的意思。

3. （**指著 like。**）唸出這個單字的所有字母名稱。"l-i-k-e"。注意聽，我把 **e** 去掉，只唸其他三個字母名稱。（**暫停**）l-ⅲ-k。這單字怎麼唸？"like"。**like** 就是「喜歡」的意思。

4. （**指著 take。**）唸出這個單字的所有字母名稱。"t-a-k-e"。注意聽，我把 e 去掉，只唸其他三個字母名稱。（**暫停**）t-āāā-k。這單字怎麼唸？"take"。**take** 就是「拿」的意思。

5. （**指著 save。**）唸出這個單字的所有字母名稱。"s-a-v-e"。注意聽，我把 **e** 去掉，只唸其他三個字母名稱。（**暫停**）s-āāā-v。這單字怎麼唸？"save"。**save** 就是「保存」或「節省」的意思。

6. （**指著 mile。**）唸出這個單字的所有字母名稱。"m-i-l-e"。注意聽，我把 e 去掉，只唸其他三個字母名稱。（**暫停**）m-ⅲ-l。這單字怎麼唸？"mile"。**mile** 就是「英里」的意思。

7. 準備好快快唸這些單字。

8. （**指著 five 的起點，暫停三秒。**）快快唸。（**手指滑動。**）"five"。

9. （**重複步驟 8 唸出其餘以 e 結尾的單字。**）

five → like → take → save → mile → side → same
五　　喜歡　　取；拿　保存；節省　英里　　邊　　相同的

任務3 唸單字

1. 請你先來唸底下用原來的方式寫的單字，唸完後，再請你唸相同的單字，但是用新的寫法寫的。
2. 指著第一行的每一個單字，快快唸。
3. 指著第二行的每一個單字，快快唸。

① brother   swimming   insIde   tIger   awāy   hōrse
   兄弟   游泳   裡面的   老虎   離開   馬
              （進行式）

② mākes   whIte   trēes   filled   brushed   tēach   barn
   做；製造   白色   樹   裝；填   刷   教學   穀倉
                     （複數）   （過去式） （過去式）

4. 你剛剛唸過的單字，現在用新的方式寫在第三和第四行。指著第三行的每一個單字，快快唸。
5. 指著第四行的每一個單字，快快唸。

③ brother   swimming   inside   tiger   away   horse

④ makes   white   trees   filled   brushed   teach   barn

任務4 唸單字

現在來唸一個你以前唸過的故事，但這次，故事是用新的方式寫的。底下方格裡的單字都是那個故事裡的單字，指著每一個字，然後快快唸。

there 那裡	rock 石頭	eagle 老鷹	looked 看（過去式）	saved 保存；節省（過去式）
came 來（過去式）	getting 得到（進行式）	make 做；製造	you 你	going 去（進行式）
under 在……之下	yelled 喊叫（過去式）	hear 聽		

任務5 朗讀

（指著故事。）這是用新的方式寫的故事，從標題開始，全部都快快唸。每一個句子結束時，都暫停一下，問我一個問題，看看我是不是能回答。

（糾正：如果學生讀錯，例如，把"the"唸成"that"，在學生剛剛說出這個錯字，就要喊停。）這個單字是 the。這是什麼單字？"the"。很好，我們從這個句子的第一個字再重新唸過。

任務6 字母書寫

1. 請你寫出我所寫的字母。這是你要寫的第一個字母，注意看。（在第一條線的開頭寫個 x，指著 x。）這個字母怎麼唸？"x"。這個字母代表哪一個語音？"ksss"。

2. 先照著我這樣寫 x，然後在這條線上多寫幾次。

3. （多次仿寫 x 後，學生能寫出三到五個 x。學生若有需要，給予協助。若學生寫對了就說：）你的 x 寫得真好。

4. 這是下一個你要練習寫的字母，注意看。（在第二條線的開頭寫個 a，指著 a。）這個字母怎麼唸？"ā"。這個字母代表哪兩個語音？"āāā、ǎǎǎ"。

5. 先照著我這樣寫 a，然後在這條線上多寫幾次。

6. （多次仿寫 a 後，學生能寫出三到五個 a。學生若有需要，給予協助。若學生寫對了就說：）你的 a 寫得真好。

the fat eagle

there was an eagle that was fat, fat, fat. the other eagles made fun of the fat eagle. they said, "you do not look like an eagle. you look like a fat rock."

the fat eagle was sitting in a tree when a tiger came hunting for eagles. that tiger was going to get a little white eagle. the little white eagle was under the fat eagle's tree. the other eagles yelled, but the little white eagle did not hear them.

the fat eagle looked at the tiger getting near the white eagle. then the fat eagle said, "I must save that white eagle." so he jumped down. he came down on the tiger like a fat rock. that tiger ran far away. the little white eagle was saved.

when the other eagles came over to the fat eagle, they said, "we will never make fun of you now."

the end

流暢性目標：114 秒

長文，可視情況分成 2 或 3 段完成。

LESSON 77

任務 1　字母名稱

1. 我來唸所有字母的名稱。（指著從 **a** 到 **z** 的字母，一一唸出來。）

2. 換你來指，說出所有字母的名稱。

3. （指著 **q**。）你仔細聽，就可以聽到這個字母名稱的最前面和最後面，就是它代表的語音。

音。**q** 代表哪一個語音？"kwww"。（指著 **x**。）你仔細聽，就可以聽到這個字母名稱的最後面一部分，就是它代表的語音。**x** 代表哪一個語音？"ksss"。（指著 **z**。）你仔細聽，就可以聽到這個字母名稱最前面的部分，就是這個字母代表的語音。**z** 代表哪一個語音？"zzz"。

4. 請你唸出所有被圈起來的字母名稱，為什麼這些字母要被圈起來？（大意為：因為它們的名稱和所代表的語音很不像。）

a ⓒ d e f ⓖ ⓗ i j k l m n o p q r s t u v ⓦ x y z

任務 2　唸單字

1. （指著 **under** 的起點。）唸出語音。（指著黑點。）"uuunnndurrr"。（重複直到穩固。）這單字怎麼唸？"under"。

2. （重複步驟 1 練習 **must** 和 **farms**。）

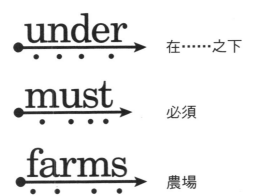

under　在……之下

must　必須

farms　農場

任務 3　長母音

1. 這些單字的字尾都有一個 **e**，這個 **e** 是不發音的。但這些單字的其餘部分，只要唸出字母名稱就可以了。這些字母名稱代表著這些單字的每個語音。

2. （指著 **side**。）唸出這個單字的所有字母名稱。"s-i-d-e"。對了，現在注意聽我把 **e** 去掉，只唸其他三個字母名稱。（暫停，唸字母名稱時，誇張地強調出 ī 來。）s-ī̄ī-d。這個單字是 **side**。這單字怎麼唸？"side"。**side** 就是「旁邊」的意思。

3. （指著 **take**。）唸出這個單字的所有字母名稱。"t-a-k-e"。注意聽，我把 **e** 去掉，只唸其他三個字母名稱。（暫停）t-āāā-k。這單字怎麼唸？"take"。**take** 就是「拿」的意思。

4. （指著 **smile**。）唸出這個單字的所有字母名稱。"s-m-i-l-e"。注意聽，我把 **e** 去掉，只唸其他四個字母名稱。（暫停）s-m-ī̄ī-l。這單字怎麼唸？"smile"。**smile** 就是「微笑」的意思。

5. （指著 **bite**。）唸出這個單字的所有字母名稱。"b-i-t-e"。注意聽，我把 **e** 去掉，只唸其它三個字母名稱。（暫停）b-ī̄ī-t。這單字怎麼唸？"bite"。**bite** 就是「咬」的意思。

6. 準備好快快唸這些單字。

7. （指著 **side** 的起點，暫停三秒。）快快唸。（手指滑動。）"side"。

8. （重複步驟 7 唸出其餘以 **e** 結尾的單字。）

任務 4　唸單字

1. 準備來快快唸下面這些單字。
2. （指著 **road** 的起點，暫停三秒。）快快唸。
   （手指滑動。）"road"。對了，**road**。
3. （重複步驟 2 唸出其餘單字。）

任務 5　快快唸單字

1. 現在請你快快唸所有這些單字。
2. （指著本課的第一個單字，暫停三秒。）快
   快唸。（手指滑動，學生唸出單字。）對
   了，唸得很好。
3. （重複步驟 2 唸出本課其餘單字。）

任務6 朗讀

1. 下面這個故事是第 69 課的延續，先快快讀這個故事一次，從標題的單字開始，快快唸。（學生閱讀標題。）

2. 這個故事的標題是什麼？ "the fat man came back"。胖男人回來了。

3. 快快唸第一句。（學生唸第一句。）

4. 快快唸下一句。（學生唸第二句。）

5. （重複步驟 4 唸出故事中其餘句子。）

the fat man came back

the fat man was in the old car. he went far, far down the road. he had told the other man, "I will never come back." but the road came to a town. then the road started to go this way and that way.

the road went near a pool and near a cow. it went near a rat and near five farms. that road went under trees and over barns. the fat man said, "the way this road is going it will take me to the moon."

as the road came near a man, the old car stopped. the fat man said, "this car has no more gas."

the man on the road said, "I see you came back with my car."

the fat man said, "I did not come back. the road came back." then the fat man said, "I must get away. but I will not take that road. I will go to the lake and start swimming."

and he did.

this is the end.

流暢性目標：125秒

長文，可視情況分成 2 或 3 段完成。

任務 7　翻譯

1. 請你再快快唸一次,你唸一句,我翻譯一句。(指著起點開始唸。需要時,老師給予協助。學生每唸完一句,老師逐句提供如下翻譯。老師可視情況,僅選擇部分句子給學生唸。)

   胖男人回來了

   胖男人坐在舊車裡。他上了路,跑得遠遠的。他已經告訴另一個男人,"我不會再回來了。"但這路來到一個城鎮。然後這路開始東轉西拐。

   這路走近一個池子又走近一頭牛。它走近一隻老鼠又走近五個農場。這路從樹下走過又越過穀倉。胖男人說,"這條路再這麼走下去,它會帶我到月亮上去。"

   當這條路走近一個男人時,舊車停了。胖男人說,"這車沒有油了。"

   站在路旁的男人說,"我看到你開著我的車回來了。"

   胖男人說,"不是我回來。是路它走回來了。"然後胖男人說,"我必須離開了。但我不要走那條路。我要走到湖邊,開始游泳。"他就這麼做了。

   這是結束。

2. 現在我來唸英文,你來翻譯成國語。(老師指著起點開始唸,學生譯為國語,需要時,老師給予協助。)

3. 現在換我來唸國語,你來翻譯成英文。(老師逐句說國語,學生指著課文的開頭,逐句唸出。需要時,老師給予協助。)

任務 8　圖片理解

請看右邊這張圖,手指順著那條路走,告訴我,這條路 go over 了哪些地方?go over 就是從上面過,What does the road go over?(學生回答。)對了,the road goes over 2 barns. 這條路 go under 了哪些地方?go under 就是從下面過,What does the road go under?(學生回答。)對了,the road goes under 2 trees。為什麼這個胖男人在踢這部車子呢?對了,this car has no more gas。

任務 9　字母書寫

1. 請你寫出我所寫的字母,這是你要寫的第一個字母。注意看。(在第一條線的開頭寫個 u,指著 u。)這個字母怎麼唸?"ū"。這個字母代表哪兩個語音?"ūūū、ŭŭŭ"。我們現在來寫頭上沒有長棒的 u。

2. 先照著我這樣寫 u,然後在這條線上多寫幾次。

3. (多次仿寫 u 後,學生能寫出三到五個 u。學生若有需要,給予協助。若學生寫對了就說:)你的 u 寫得真好。

4. 這是下一個你要練習寫的字母,注意看。(在第二條線的開頭寫個 b,指著 b。)這個字母怎麼唸?"b"。這個字母代表哪一個語音?"b"。

5. 先照著我這樣寫 b,然後在這條線上多寫幾次。

6. (多次仿寫 b 後,學生能寫出三到五個 b。學生若有需要,給予協助。若學生寫對了就說:)你的 b 寫得真好。

字母拼讀直接教學
100課

LESSON **78**

任務 **1**　唸單字

1. （指著所列單字。）我們來唸這幾個單字。
　 （指著 **black** 的起點。）唸出語音。準備囉。
　 （手指滑過 **b**，指著字母下面其他黑點。）

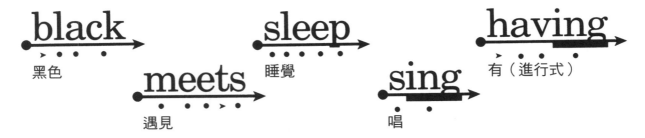

black
黑色

meets
遇見

sleep
睡覺

sing
唱

having
有（進行式）

"blllaaak"。（重複直到穩固。）這單字怎麼
唸？"black"。對了，**black**，就是黑色的意
思。

2. （指著 **sleep** 的起點。）唸出語音。（手指
　 黑點。）"ssslllēēēp"。（重複直到穩固。）
　 這單字怎麼唸？"sleep"。對了，**sleep**，就
　 是「睡覺」的意思。

3. （重複步驟 2 練習 having、meets 和 sing。）

任務 **2**　長母音

1. 這些單字的字尾都有一個 **e**，這個 **e** 是不發音
　 的。但這些單字的其餘部分，只要唸出字母
　 名稱就可以了。這些字母名稱代表著這些單
　 字的每個語音。

2. （指著 **take**。）唸出這個單字的所有字母名
　 稱。"t-a-k-e"。對了，現在注意聽，我把 **e** 去
　 掉，只唸其他三個字母名稱。（暫停）
　 t-āāā-k。這單字怎麼唸？"take"。**take** 就是
　 「拿」的意思。

3. （指著 **bite**。）唸出這個單字的所有字母名
　 稱。"b-i-t-e"。注意聽，我把 **e** 去掉，只唸其
　 他三個字母名稱。（暫停）**b-īīī-t**。這單字怎
　 麼唸？"bite"。**bite** 就是「咬」的意思。

4. （指著 **late**。）唸出這個單字的所有字母名
　 稱。"l-a-t-e"。注意聽，我把 **e** 去掉，只唸其
　 他三個字母名稱。（暫停）**l-āāā-t**。這單字
　 怎麼唸？"late"。**late** 就是「遲到」的意思。

5. （指著 **time**。）唸出這個單字的所有字母名
　 稱。"t-i-m-e"。注意聽，我把 **e** 去掉，只唸
　 其他三個字母名稱。（暫停）**t-īīī-m**。這單字
　 怎麼唸？"time"。**time** 就是「時間」的意思。

6. （指著 **side**。）唸出這個單字的所有字母名

稱。"s-i-d-e"。注意聽，我把 **e** 去掉，只唸其
他三個字母名稱。（暫停）**s-īīī-d**。這單字怎
麼唸？"side"。**side** 就是「旁邊」的意思。

7. （指著 **smile**。）唸出這個單字的所有字母名
　 稱。"s-m-i-l-e"。注意聽，我把 **e** 去掉，只唸
　 其他四個字母名稱。（暫停）**s-m-īīī-l**。這單字
　 怎麼唸？"smile"。**smile** 就是「微笑」的意
　 思。

8. （指著 **home**。）唸出這個單字的所有字母名
　 稱。"h-o-m-e"。注意聽，我把 **e** 去掉，只唸
　 其他三個字母名稱。（暫停）**h-ōōō-m**。這單
　 字怎麼唸？"home"。**home** 就是「家」的意
　 思。

9. （指著 **nine**。）唸出這個單字的所有字母名
　 稱。"n-i-n-e"。注意聽，我把 **e** 去掉，只唸
　 其他三個字母名稱。（暫停）**n-īīī-n**。這單字
　 怎麼唸？"nine"。**nine** 就是「九」的意思。

10. （指著 **like**。）唸出這個單字的所有字母名
　 稱。"l-i-k-e"。注意聽，我把 **e** 去掉，只唸其
　 他三個字母名稱。（暫停）**l-īīī-k**。這單字怎
　 麼唸？"like"。**like** 就是「喜歡」的意思。

11. 準備好快快唸這些單字。

12. （指著 **take** 的起點，暫停三秒。）快快唸。
　 （手指滑動。）"take"。

13. （重複步驟 12 唸出其餘以 **e** 結尾的單字。）

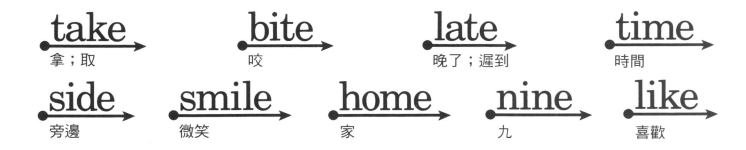

take 拿；取   **bite** 咬   **late** 晚了；遲到   **time** 時間

side 旁邊   **smile** 微笑   **home** 家   **nine** 九   **like** 喜歡

任務 **3**　唸單字

1. 現在請你快快唸這些單字。（指著 **look** 的起點，暫停三秒。）快快唸。（手指滑動。）"look"。對了，**look**。

2. 另外兩個字和 **look** 是同韻的。（指著 **took** 的起點，暫停三秒。）快快唸。（手指滑動。）"took"。對了，**took**。

3. （指著 **book** 的起點，暫停三秒。）快快唸。（手指滑動。）"book"。對了，**book**。要記得這幾個字。

look 看

took 拿（過去式）

book 書

任務 **4**　唸單字

1. 準備來快快唸這些單字。
2. （指著 **girl** 的起點，暫停三秒。）快快唸。（手指滑動。）"girl"。對了，**girl**。
3. （重複步驟 2 練習其餘的單字。）

任務 **5**　快快唸單字

1. 現在請你快快唸全部的單字。
2. （指著本課的第一個單字，暫停三秒。）快快唸。（手指滑動，學生唸出單字。）對了，唸得很好。
3. （重複步驟 2 唸出本課其餘的單字。）

girl 女孩   **talked** 說話（過去式）

talks 說話   **love** 愛

other 其他   **gold** 金子

jumped 跳（過去式）   **things** 東西（複數）

started 啟動（過去式）   **singing** 歌唱

開始，快快唸。（學生閱讀標題。）

任務 6　朗讀

2. 這個故事的主題是什麼？"the gold cat and the black cat"。

1. 先快快讀下面這個故事一次。從標題的單字

3. 快快唸第一句。（學生唸第一句。）

the gold cat and the black cat

a girl had a cat that talked. her cat was big and black. she loved her cat, but when it was time to sleep, the cat talked and talked and talked. the girl said, "I must get some sleep."

then she said, "I will get a cat that can not talk. when my black cat is having fun with the other cat, my black cat will not talk, talk, talk."

so the girl got a cat. this cat was little and gold. she said to the little gold cat, "when my black cat meets you, she will like you."

the black cat did like the gold cat. they ran and they jumped. they bit socks and bit cat tails. then they sat. but the black cat did not stop talking.

the black cat said to the other cat, "how are things going with you?"

but the gold cat did not talk back. the gold cat started to sing. and that cat did not stop singing.

so now the girl has 2 cats that do not let her sleep.

she has a cat that talks, talks, talks.

and she has a cat that sings, sings, sings.

the end

流暢性目標：145秒

長文，可視情況分成 2 或 3 段完成。

4. 快快唸下一句。（學生唸第二句。）

5. （重複步驟 4 唸出故事中其餘句子。）

任務7 翻譯

1. 請你再快快唸一次，你唸一句，我翻譯一句。（指著起點開始唸。需要時，老師給予協助。學生每唸完一句，老師逐句提供如下翻譯。老師可視情況，僅選擇部分句子給學生唸。）

金貓和黑貓

一個女孩有一隻會說話的貓。她的貓又大又黑。她愛她的貓，但每當睡覺的時候，那貓就說個不停。女孩說，"我必須要睡一會兒。"然後她說，"我要找一隻不會說話的貓。當我的黑貓和那隻貓玩得很開心時，我的黑貓就不會講個不停了。"

然後女孩得到一隻貓。這隻貓小小的、是金色的。她跟小金貓說，"當我的黑貓遇見你時，她會喜歡你的。"

黑貓真的喜歡金貓。他們又跑又跳。他們咬襪子、咬貓尾。然後他們坐下來。但是黑貓話仍然講個不停。

黑貓向另一隻貓說，"一切都好嗎？"

但金貓並沒有回嘴。金貓開始唱歌。那貓唱歌唱個不停。

因此，女孩現在有兩隻貓不讓她睡覺。

她有一隻說個不停的貓。

她還有一隻唱個不停的貓。

結束

2. 現在我來唸英文，你來翻譯成國語。（老師指著起點開始唸，學生譯為國語，需要時，老師給予協助。）

3. 現在換我來唸國語，你來翻譯成英文。（老師逐句說國語，學生指著課文的開頭，逐句唸出。需要時，老師給予協助。）

任務8 圖片理解

注意看下面這張圖，從故事裡的句子，選擇一兩個句子回答我的問題。這女生為什麼要用手把耳朵搗起來？那隻黑貓在做什麼？那隻金貓在做什麼？

任務9 字母書寫

1. 請你寫出我所寫的字母。這是你要寫的第一個字母，注意看。（在第一條線的開頭寫個 **x**，指著 **x**。）這個字母怎麼唸？"x"。這個字母代表哪一個語音？"ksss"。

2. 先照著我這樣寫 **x**，然後在這條線上多寫幾次。

3. （多次仿寫 x 後，學生能寫出三到五個 x。學生若有需要，給予協助。若學生寫對了就說：）你的 x 寫得真好。

4. 這是接下來你要練習寫的字母，注意看。（在第二條線的開頭寫個 **er**，指著 **er**。）這兩個字母怎麼唸？"e-r"。這兩個字母代表哪兩個語音？"urrr"。

5. 先照著我這樣寫 **er**，然後在這條線上多寫幾次。

6. （多次仿寫 **er** 後，學生能寫出三到五個 **er**。學生若有需要，給予協助。若學生寫對了就說：）你的 **er** 寫得真好。

 字母拼讀直接教學 **100** 課

LESSON 79

 任務 1 唸單字

1. （指著 **fast** 的起點。）唸出語音。（指著黑點。）"fffaaassst"。（重複直到穩固。）這單字怎麼唸？"fast"。

2. （重複步驟 1 練習 **part**、**big**、**very** 和 **swam**。）

part → 部分

big → 大

very → 非常

swam → 游泳（過去式）

fast → 快的

任務 2 長母音

1. 這些單字都有字母 **o**。單字裡的字母名稱能夠幫助我們唸出這個單字的語音。

2. （指著 **more**。）唸出這個單字的每一個字母名稱。"m-o-r-e"。對了，**m-ōōō-r-e**，這單字怎麼唸？"more"。對了，**more**。

3. （指著 **sore**。）唸出這個單字的每一個字母名稱。"s-o-r-e"。對了，**s-ōōō-r-e**，這單字怎麼唸？"sore"。對了，**sore**。

4. （指著 **shore**。）唸出這個單字的每一個字母名稱。"s-h-o-r-e"。對了，**s-h-ōōō-r-e**，這單字怎麼唸？"shore"。對了，**shore**。

5. （指著 **nose**。）唸出這個單字的每一個字母名稱。"n-o-s-e"。對了，**n-ōōō-s-e**，這單字怎麼唸？"nose"。對了，**nose**。

6. （指著 **note**。）唸出這個單字的每一個字母名稱。"n-o-t-e"。對了，**n-ōōō-t-e**，這單字怎麼唸？"note"。對了，**note**。

7. （指著 **hope**。）唸出這個單字的每一個字母名稱。"h-o-p-e"。對了，**h-ōōō-p-e**，這單字怎麼唸？"hope"。對了，**hope**。

more → 更多

sore → 痛

shore → 岸

nose → 鼻子

note → 筆記

hope → 希望

任務 3　唸單字——ea

1. （指著 **ea** 的起點。）當這兩個語音在一起的時候，通常唸作（暫停）ēēē。通常唸作什麼？"ēēē"。

2. （指著 **near** 裡 **ea** 下面的黑點。）這個音怎麼唸？"ēēē"。（指著 **near** 的起點。）唸出語音。（指著黑點。）"nnnēēērrr"。（重複直到穩固。）這單字怎麼唸？"near。"對了，是 **near**。

3. （指著 **leave** 裡 **ea** 下面的黑點）。這個音怎麼唸？"ēēē"。（指著 **leave** 的起點。）唸出語音。（指著黑點。）"lllēēēvvv"。（重複直到穩固。）這單字怎麼唸？"leave"。對了，**leave**。

4. （指著 **mean** 裡 **ea** 下面的黑點）。這個音怎麼唸？"ēēē"。（指著 **mean** 的起點。）唸出語音。（指著黑點。）"mmmēēēnnn"。（重複直到穩固。）這單字怎麼唸？"mean"。對了，**mean**。

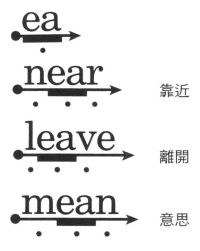

ea
near　靠近
leave　離開
mean　意思

任務 4　唸單字

1. 準備來快快唸這些單字。
2. （指著 **here** 的起點，暫停三秒。）快快唸。（手指滑動。）"here"。對了，**here**。
3. （重複步驟 2 唸出其餘的單字。）

任務 5　快快唸單字

1. 現在請你來快快唸全部的單字。
2. （指著本課的第一個單字，暫停三秒。）快快唸。（手指滑動，學生唸出單字。）對了，唸得很好。
3. （重複步驟 2 唸出其餘的單字。）

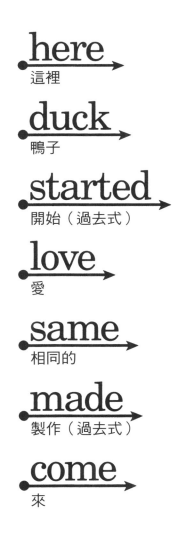

here　這裡
duck　鴨子
started　開始（過去式）
love　愛
same　相同的
made　製作（過去式）
come　來

the duck and the fish—part 1

a little fish was near the shore of a lake. a duck came near the fish. the duck said, "this is my part of the lake. you can not swim here."

the fish said, "my mom said I can swim here."

the duck got mad. "I told you that you must go. now leave this part of the lake."

"I will go," the fish said. "but I will come back with my mom."

the duck started to swim for the fish so the fish started to swim away very fast. then the little fish looked back at the duck. the little fish said, "I will leave. but I will come back with my mom. when she talks with you, you will let me swim in this part of the lake."

"ho, ho," the duck said. "you can't swim in this part of the lake if you have five moms or ten moms. this is my part of the lake."

the duck went for the little fish and the fish swam away from the duck.

this is not the end.

流暢性目標：137秒

長文，可視情況分成 **2** 或 **3** 段完成。

任務 6 朗讀

1. 我們要先讀這個故事的前半部，下一課才會讀後半部。等你讀完了第 1 集，請你重讀一遍，那時我會問幾個問題。
2. 快快唸這個標題，來。（學生唸標題。）
3. 快快唸第一句。（學生唸第一句。）
4. 快快唸下一句。（學生唸第二句。）
5. （重複步驟 4 唸出故事中其餘的句子。）

任務 7 翻譯

1. 請你再快快唸一次，你唸一句，我翻譯一句。（指著起點開始唸。需要時，老師給予協助。學生每唸完一句，老師逐句提供如下翻譯。老師可視情況，僅選擇部分句子給學生唸。）

鴨子和魚──第 1 集

一條小魚游近湖岸。一隻鴨子走到小魚旁邊。鴨子說，"湖的這部分是我的。你不能在這裡游泳。"

小魚說，"我媽說我可以在這裡游。"

鴨子生氣了。"我告訴過你了，你一定要離開。現在離開湖的這部分。"

"我會走，"小魚說。"但我會和我媽一起回來。"

鴨子開始游向小魚，小魚因此開始很快地游開了。小魚回頭看著鴨子。小魚說，"我會離開。但我會和我媽一起回來。等我媽跟你講過話，你會讓我在湖的這部分游泳。"

"噢，噢，"鴨子說。"你不能在湖的這部分游泳，我才不管你有五個媽或十個媽。湖的這部分是我的。"

鴨子去追那條小魚，小魚就游開了。

故事還沒結束。

2. 現在我來唸英文，你來翻譯成國語。（老師指著起點開始唸，學生譯為國語，需要時，老師給予協助。）
3. 現在換我來唸國語，你來翻譯成英文。（老師逐句說國語，學生指著課文的開頭，逐句唸出。需要時，老師給予協助。）

任務 8 圖片理解

注意看下面這張圖，你猜那隻鴨子正在對小魚說什麼話？"This is my part of the lake. You can not swim here."你認為小魚回答了些什麼？"I will go, but I will come back with my mom"。

任務 9 字母書寫

1. 請你寫出我所寫的字母。這是你要寫的第一個字母，注意看。（在第一條線的開頭寫個 z，指著 z。）這個字母怎麼唸？"z"。這個字母代表哪一個語音？"zzz"。
2. 先照著我這樣寫 z，然後在這條線上多寫幾次。
3. （多次仿寫 z 後，學生能寫出三到五個 z。學生若有需要，給予協助。若學生寫對了就說：）你的 z 寫得真好。
4. 這是接下來你要練習寫的字母，注意看。（在第二條線的開頭寫個 s，指著 s。）這個字母怎麼唸？"s"。這個字母代表哪一個語音？"sss"。
5. 先照著我這樣寫 s，然後在這條線上多寫幾次。
6. （多次仿寫 s 後，學生能寫出三到五個 s。學生若有需要，給予協助。若學生寫對了就說：）你的 s 寫得真好。

 字母拼讀直接教學 **100** 課

LESSON **80**

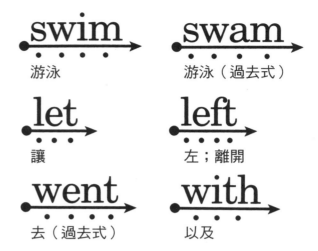

swim
游泳

swam
游泳（過去式）

let
讓

left
左；離開

went
去（過去式）

with
以及

任務 1　唸單字

1. （指著 **swim** 的起點。）唸出語音。（指著黑點。）"ssswwwiiimmm"。（重複直到穩固。）這單字怎麼唸？"swim"。

2. （重複步驟 1 練習 **swam**、**let**、**left**、**went** 和 **with**。）

任務 2　長母音

1. 這些單字都有字母 **o**。單字裡的字母名稱能夠幫助我們唸出這個單字的語音。

2. （指著 **shore**。）唸出這個單字的每一個字母名稱。"s-h-o-r-e"。對了，**s-h-ōōō-r-e**，這單字怎麼唸？"shore"。對了，**shore**。

3. （指著 **nose**。）唸出這個單字的每一個字母名稱。"n-o-s-e"。對了，**n-ōōō-s-e**，這單字怎麼唸？"nose"。對了，**nose**。

4. （指著 **more**。）唸出這個單字的每一個字母名稱。"m-o-r-e"。對了，**m-ōōō-r-e**，這單字怎麼唸？"more"。對了，**more**。

5. （指著 **hope**。）唸出這個單字的每一個字母名稱。"h-o-p-e"。對了，**h-ōōō-p-e**，這單字怎麼唸？"hope"。對了，**hope**。

6. （指著 **no**。）唸出這個單字的每一個字母名稱。"n-o"。對了，**n-ōōō**，這單字怎麼唸？"no"。對了，**no**。

7. （指著 **ho**。）唸出這個單字的每一個字母名稱。"h-o"。對了，**h-ōōō**，這單字怎麼唸？"ho"。對了，**ho**。

8. （指著 **horse**。）唸出這個單字的每一個字母名稱。"h-o-r-s-e"。對了，**h-ōōō-r-s-e**，這單字怎麼唸？"horse"。對了，**horse**。

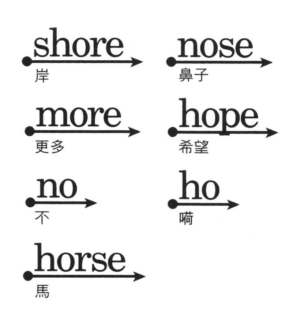

shore
岸

nose
鼻子

more
更多

hope
希望

no
不

ho
嗬

horse
馬

任務 3　唸單字

1. 準備來快快唸這些單字。

2. （指著 **made** 的起點，暫停三秒。）快快唸。（手指滑動。）"made"。對了，**made**。

3. （重複步驟 2 練習其餘單字。）

made
製作（過去式）

mom
媽

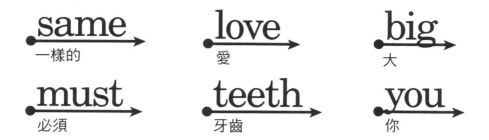

same	love	big
一樣的	愛	大
must	teeth	you
必須	牙齒	你

（重複直到穩固。）這單字怎麼唸？
"mean"。對了，**mean**。

任務4 唸單字

1. （指著 **ea** 下面的黑點。）當這兩個語音在一起的時候，通常唸作（暫停）ēēē。通常唸作什麼？"ēēē"。

2. （指著 **leave** 裡 **ea** 下面的黑點。）這個音怎麼唸？"ēēē"。（指著 **leave** 的起點。）唸出語音。（指著黑點。）"lllēēēvvv"。（重複直到穩固。）這單字怎麼唸？"leave"。對了，**leave**。

3. （指著 **near** 裡 **ea** 下面的黑點。）這個音怎麼唸？"ēēē"。（指著 **near** 的起點。）唸出語音。（指著黑點。）"nnēēērrr"。（重複直到穩固。）這單字怎麼唸？"near"。對了，**near**。

4. （指著 **ear** 裡 **ea** 下面的黑點。）這個音怎麼唸？"ēēē"。（指著 **ear** 的起點。）唸出語音。（指著黑點。）"ēēērrr"。（重複直到穩固。）這單字怎麼唸？"ear"。對了，**ear**。

5. （指著 **hear** 裡 **ea** 下面的黑點。）這個音怎麼唸？"ēēē"。（指著 **hear** 的起點。）唸出語音。（指著黑點。）"hēēērrr"。（重複直到穩固。）這單字怎麼唸？"hear"。對了，**hear**。

6. （指著 **eat** 裡 **ea** 下面的黑點。）這個音怎麼唸？"ēēē"。（指著 **eat** 的起點。）唸出語音。（指著黑點。）"ēēēt"。（重複直到穩固。）這單字怎麼唸？"eat"。對了，**eat**。

7. （指著 **mean** 裡 **ea** 下面的黑點）。這個音怎麼唸？"ēēē"。（指著 **mean** 的起點。）唸出語音。（指著黑點。）"mmmēēēnnn"。

ea

leave
離開

near
接近

ear
耳朵

hear
聽

eat
吃

mean
意思

the duck and the fish—part 2

a little fish was near the shore of a lake but a duck made that fish leave. the duck said, "this is my part of the lake."

when the fish left, the duck started to swim and have fun. the duck started to sing, "I made that fish go, go, go. now I can have fun. ho, ho, ho."

just then, the little fish came back. the duck looked at that fish and started to get mad. the duck yelled, "I told you not to come back to this part of the lake." then the duck looked at the fish that was next to the little fish. this fish was as big as ten fish. this fish had teeth as big as the little fish.   the duck started to smile. then the duck said, "I mean, if you like this part of the lake, you can come here for part of every day."

the mom fish smiled, then she said, "my little fish will swim in this part of the lake."

the duck said, "yes, yes. that will be a lot of fun. I will love to swim with your little fish."

so the little fish went swimming near the shore.
→

and the duck went swimming with the little fish. the
duck never got mad or said that the little fish must
leave that part of the lake.
→
→
→

this is the end.
→

流暢性目標：179秒

長文，可視情況分成2或3段完成。

任務5 快快唸單字

1. 現在請你來快快唸全部的單字。
2. （指著本課的第一個單字，暫停三秒。）快快唸。（手指滑動，學生唸出單字。）對了，唸得很好。
3. （重複步驟2唸出本課其餘的單字。）

任務6 朗讀

1. 上一次我們讀了這個關於鴨子和魚的故事前半部，你知道後來這個故事的結局嗎？
2. 我們現在來讀故事的後半部，我們就會知道後來那鴨子和魚怎麼了。等你讀一次後半部之後，要請你再讀一次，那時我會問你問題。
3. 快快唸這個標題，來。（學生唸標題。）
4. 快快唸第一句。（學生唸第一句。）
5. 快快唸下一句。（學生唸第二句。）
6. （重複步驟5唸出故事中其餘的句子。）

任務7 翻譯

1. 請你再快快唸一次，你唸一句，我翻譯一句。（指著起點開始唸。需要時，老師給予協助。學生每唸完一句，老師逐句提供如下翻譯。老師可視情況，僅選擇部分句子給學生唸。）

鴨子和魚——第2集
一條小魚游近湖岸，但一隻鴨子要他離開。
鴨子說，"湖的這部分是我的。"
小魚離開後，鴨子開始游泳，很開心。鴨子開始唱歌，"我讓那魚走、走、走。現在我可開心了。嗬、嗬、嗬。"
就在這時，小魚回來了。鴨子看著這小魚，開始生氣。鴨子大喊，"我告訴過你不要再回到湖的這部分。"然後鴨子看到小魚身邊的那條魚。這條魚有十條魚那麼大。她的牙齒有十條小魚那麼大。鴨子開始微笑。然後，鴨子說，"我的意思是，如果你們喜歡湖的這一部分，你們每天都可以來一段時間。"
魚媽媽微笑，然後說，"我的小魚會在湖的這部分游泳。"
鴨子說，"好，好，那一定很好玩。我會很開心和你的小魚玩。"
於是小魚靠近岸邊游泳。鴨子去和小魚一起游。鴨子從此再也不會生氣，也不會說小魚應該離開池塘的那部分了。
故事結束。

2. 現在我來唸英文，你來翻譯成國語。（老師指著起點開始唸，學生譯為國語，需要時，老師給予協助。）

3. 現在換我來唸國語，你來翻譯成英文。（老師逐句說國語，學生指著課文的開頭，逐句唸出。需要時，老師給予協助。）

任務**8**　圖片理解

　　注意看下面這張圖，指著那條小魚。那魚媽媽看起來很友善嗎？你猜那隻鴨子正在說什麼？你有沒有看到那隻鴨子正在冒汗呢？

任務**9**　字母書寫

1. 請你寫出我所寫的字母，這是你要寫的第一個字母。注意看。（在第一條線的開頭寫個 **u**，指著 **u**。）這個字母怎麼唸？"**u**"。這個字母代表什麼語音？"ūūū、ŭŭŭ"。我們要來寫頭上沒有長棒的 **u**。

2. 先照著我這樣寫 **u**，然後在這條線上多寫幾次。

3. （多次仿寫 **u** 後，學生能寫出三到五個 **u**。學生若有需要，給予協助。若學生寫對了就說：）你的 **u** 寫得真好。

4. 這是下一個你要練習寫的字母，注意看。（在第二條線的開頭寫個 **z**，指著 **z**。）這個字母怎麼唸？"**z**"。這個字母代表哪一個語音？"zzz"。

5. 先照著我這樣寫 **z**，然後在這條線上多寫幾次。

6. （多次仿寫 **z** 後，學生能寫出三到五個 **z**。學生若有需要，給予協助。若學生寫對了就說：）你的 **z** 寫得真好。

LESSON 81

任務**1**　大寫字母

1. 第一行字母叫做大寫字母。這行字母叫做什麼？"大寫字母"。

2. 大寫字母印在你已經學會的小寫字母上面。大寫字母 **A** 就印在你學過的小寫字母 **a** 上面，大寫字母 **B** 就印在你學過的小寫字母 **b** 上面。指著大寫字母 **C**，它看來很像你學過的小寫字母 **c**，只是字比較大一點。

3. 現在來看看你會不會指著每一個大寫字母，而且把它唸出來，從 **A** 開始，來。（學生指讀每一個大寫字母。）

4. 我來唸幾個大寫字母，它們的樣子和你學過的小寫字母很像。看你是不是能找到我唸的大寫字母。大寫字母 **I**。（學生指出 **I** 來。）很棒。大寫字母 **J**。（學生指出 **J** 來。）很棒。

5. （重複步驟 4 練習大寫字母 **O**、**F**、**S**、**T**、**U**、**W**、**X**、**Y**、**Z**。）

6. 還有其他大寫字母，看起來有點像你學過的小寫字母。看你能不能找到 **E**。

7. （重複步驟 6 練習大寫字母 **M**。）

A B C D E F G H I J K L M N O P Q R S T U V W X Y Z
a b c d e f g h i j k l m n o p q r s t u v w x y z

任務2　唸單字

1. （指著 **zoom** 的起點。）唸出語音！"zzzooooooommm"。（重複直到穩固。）這個單字怎麼唸？"zoom"。
2. （重複步驟1唸出 **hill**、**fast**、**went**、**did** 和 **gas**。）

zoom	hill
嗡嗡聲；放大	小山
fast	went
快的	去（過去式）
did	gas
做（過去式）	汽油

任務3　唸單字

1. 準備囉！來快快唸這些單字。
2. （指著 **horse** 的起點，暫停三秒。）快快唸！（手指滑動。）"horse"。對了，**horse**。**horse** 就是「馬」的意思。
3. （重複步驟2唸出其餘單字。）

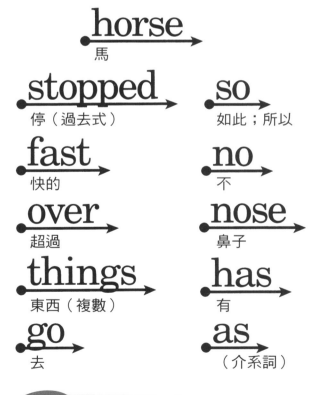

horse
馬

stopped　　so
停（過去式）　如此；所以

fast　　no
快的　　不

over　　nose
超過　　鼻子

things　　has
東西（複數）　有

go　　as
去　　（介系詞）

任務4　唸單字

1. 這些單字中間都有兩個 **o**，這兩個 **o** 在這些字裡都發一樣的音。現在你來快快唸這些字。

2. （指著 **look** 的起點，停。）快快唸。（手指滑動。）"look"。對了，**look**。
3. （重複步驟2唸出 **took** 和 **good**。）

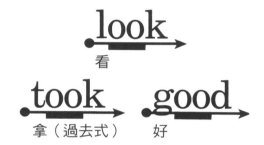

look
看

took　　good
拿（過去式）　好

任務5　唸單字

1. （指著 **ear** 裡 **ea** 下面的黑點。）這兩個語音怎麼唸？"ēēē"。
2. 現在請你快快唸這些單字。（指著 **ear** 的起點，停三秒。）準備囉，快快唸。（手指滑動。）"ear"。對了，**ear**。
3. （指著 **near** 的起點，暫停三秒。）快快唸。（手指滑動。）"near"。對了，**near**。
4. （指著 **deal** 的起點，暫停三秒。）快快唸。（手指滑動。）"deal"。對了，**deal**。

ear
耳朵

near　　deal
靠近　　交易；處理

秒。）快快唸！（手指滑動，學生唸出單字。）對了，唸得很好。

3. （重複步驟 2 唸出本課其餘的單字。）

1. 現在來快快唸所有的單字。

2. （指著本課第一個單字的起點，暫停三

do not make fun of a horse—part 1

a horse met a car. the car said, "look at you. you are not as good as I am."

the horse said, "I can do the things that you can do."

"you can not," the car said.

then the car said, "look at how fast I can go."

the car went down the road "zoom."

then the car stopped and said, "let me see you go that fast."

the horse went down the road, but not as fast as the car did.

the car made fun of the horse. then the horse said, "I can go far over that hill. but you can not do that."

"yes, I can," the car said. the car went "zoom" up the road. but it did not go over the hill. it ran out of gas. so the car came to a stop.

this is not the end.

流暢性目標：116 秒

長文，可視情況分成 2 或 3 段完成。

任務7　朗讀與翻譯

1. 我們要先唸這個故事的前半部，下一課我們會再唸後半部。

2. 請你快快唸一次，你唸一句，我翻譯一句。（指著起點開始唸。需要時，老師給予協助。學生每唸完一句，老師逐句提供如下翻譯。老師可視情況，僅選擇部分句子給學生唸。）

   不要取笑一匹馬——第1集

   一匹馬遇見一輛車。車說，"你看看你自己。你不像我那麼棒。"

   馬說，"你能做的事情，我也能做。"

   "你才不能，"車子說。

   然後車子說，"你看看我可以跑多快。"

   車子"轟"一聲衝上路。

   然後車子停下來，說，"讓我看看你是否能跑那麼快。"

   那馬衝上大路，但沒有跑得像汽車一樣快。

   那汽車就取笑那匹馬。然後馬說，"我能夠跑得很遠，越過那山頭。但你做不到。"

   "可以，我可以，"車子說。車子"轟"一聲衝上路。但它沒有越過山頭。它把汽油用光了。所以那車子停了下來。

   故事還沒結束。

3. 現在換我來唸英文，你來翻譯成國語。（老師指著起點開始唸，學生譯為國語，需要時，老師給予協助。）

4. 現在換我來唸國語，你來翻譯成英文。（老師逐句說國語，學生指著起點開始唸。需要時，老師給予協助。）

任務8　圖片理解

　　來看下面這張圖。這裡跑得很快的是什麼東西？這麼多灰塵是從哪裡來的？這匹馬在做什麼？你猜，那輛車會對這匹馬說什麼？

任務9　字母書寫

1. 請你寫出我所寫的字母。這是你要寫的第一個字母，注意看。（在第一條線的開頭寫個 **x**，指著 **x**。）這個字母怎麼唸？"**x**"。這個字母代表哪一個語音？"ksss"。

2. 先照著我這樣寫 **x**，然後在這條線上多寫幾次。

3. （多次仿寫**x**後，學生能寫出三到五個**x**。學生若有需要，給予協助。若學生寫對了就說：）你的 **x** 寫得真好。

4. 這是接下來你要練習寫的字母，注意看。（在第二條線的開頭寫 **q** 和 **u**，指著 **q** 和 **u**。）這兩個字母怎麼唸？"q-u"。這兩個字母代表哪一個語音？"kwww"。

5. 先照著我這樣寫 **qu**，然後在這條線上多寫幾次。

6. （多次仿寫 **qu** 後，學生能寫出三到五個**qu**。學生若有需要，給予協助。若學生寫對了就說：）你的 **qu** 寫得真好。

LESSON 82

任務 1　大寫字母

1. 這些是大寫字母。這行字母叫做什麼？"大寫字母"。

2. 指著每一個大寫字母，而且把它唸出來，從 **A** 開始，來。（學生指讀每一個大寫字母。）

3. 我來唸幾個大寫字母，要請你把它們指出來。大寫字母 **B**。（學生指出 **B** 來。）很棒。

4. （重複步驟 3 唸出大寫字母 **A**、**C**、**D**、**F**、**I**、**D**、**A**、**E**、**F**、**G**、**D**、**G**。）

A B C D E F G H I J K L M N O P Q R S T U V W X Y Z

任務 2　唸單字

1. （指著 **when** 的起點。）慢慢唸。（指著黑點。）"wwweeennn"。（重複直到穩固。）這個單字怎麼唸？"when"。

2. （重複步驟 1 唸出 **grass**、**then** 和 **never**。）

任務 3　唸單字

1. 現在你要快快唸這些字。

2. （指著 **made** 的起點，暫停三秒。）準備囉，快快唸。（手指滑動。）"made"。對了，**made**。

3. （重複步驟 2 唸出其餘的單字。）

when
當

grass
草地

then
然後

never
從未

made
製作（過去式）

make
製作

going
去

gas
汽油

some
一些

told
告訴（過去式）

任務 4　唸單字──大寫字母

1. 從現在開始，你將要讀的故事會看起來不太一樣。每一個句子的第一個字母都會被寫成大寫字母。（指著一些單字。）這裡有一些你將會在你的故事裡讀到的單字。每一個單字的開頭都是一個大寫字母，看你能不能快快唸所有的單字。

2. （指著 **When** 的起點，停。）快快唸！（手指滑動。）"When"。對了，**When**。

3. （重複步驟 2 唸出其餘的單字。）

（**糾正**：如果學生唸錯，說：）這個字是（唸出單字）。唸出這個單字的每一個字母。（學生回應。）現在，快快唸這個單字。（學生回應。）

When
何時？當……

Do
做

The
（定冠詞）

Now
現在

Let
讓

Can
能夠

So
所以

Horse
馬

任務 5　快快唸單字

1. 現在要用快快唸的方式唸所有的單字。

2. （指著本課第一個單字的起點，暫停三秒。）快快唸！（手指滑動，學生唸出單字。）對了，唸得很好。

3. （重複步驟 2 唸出本課其餘單字。）

Do Not Make Fun of a Horse—Part 2

A car made fun of a horse. The horse did not go as fast as the car. But the car did not make it to the other side of the hill. The car ran out of gas.

When the horse got to the car, the horse said, "I do not need gas. I eat grass." The horse ate some grass. "Now I can keep on going. Let me see you do that."

The car said, "I need gas, not grass. Can you get some for me?"

The horse said, "I will get gas for you if you make a deal with me."

"Yes," the car said. "Just get me lots of gas so I can go home."

So the horse went back and got gas for the car.

Then the horse told the car, "Here is the deal. I will give you gas if you do not make fun of me."

So the car took the gas. Did the car keep his part of the deal?

The car never made fun of the horse.

Stop—This Is the End.

流暢性目標：150秒

長文，可視情況分成 2 或 3 段完成。

任務 6　大寫字母

　　看著上頁故事裡的所有大寫字母。記住，每一個句子都是由一個大寫字母開始的。

任務 7　朗讀與翻譯

1. 上次你讀了這個故事的前半段，故事講到一匹馬和一輛車子。你記得故事的結尾發生了什麼事嗎？

2. 今天我們要讀故事的第 2 集，我們就會知道那輛車譏笑馬之後發生了什麼事。等你唸完了這一課，我會請你再唸一次，你唸一句，我翻譯一句。（指著起點開始唸。需要時，老師給予協助。學生每唸完一句，老師逐句提供如下翻譯。老師可視情況，僅選擇部分句子給學生唸。）
不要取笑一匹馬——第 2 集
一部汽車取笑一匹馬。那匹馬不能跑得像汽車一樣快。但那汽車沒辦法越過小山到另一頭。汽車沒有汽油了。
當馬走到汽車旁時，馬說，"我不需要汽油。我吃青草。"馬吃了些草。"現在我可以跑了。讓我看看你行不行。"
汽車說，"我需要的是汽油，不是青草。你能幫我弄點汽油來嗎？"
馬說，"如果你同意我的條件，我可以弄點汽油給你。"
"好，"汽車說。"給我很多汽油，這樣我才能回家。"
然後馬回頭，為汽車弄了一些汽油。
然後馬告訴汽車，"這是我的條件。如果你不要取笑我，我就給你汽油。"
然後汽車取得了汽油。那汽車有沒有遵守他的約定呢？
汽車永遠不會再取笑馬了。
停——故事結束。

3. 現在換我來唸英文，你來翻譯成國語。（老師指著起點開始唸，學生譯為國語，需要

時，老師給予協助。）

4. 現在換我來唸國語，你來翻譯成英文。（老師逐句說國語，學生指著課文的開頭，逐句唸出。需要時，老師給予協助。）

任務 8　圖片理解

　　來看下面這張圖。那匹馬拿著什麼東西？你猜，那輛車正在對這匹馬說什麼？"I need gas. Can you get some for me?"這匹馬在說什麼？"I will give you gas if you do not make fun of me"。

任務 9　字母書寫

1. 請你寫出我所寫的字母。這是你要寫的第一個字母，注意看。（在第一條線的開頭寫個 v，指著 v。）這個字母怎麼唸？"v"。這個字母代表哪一個語音？"vvv"。

2. 先照著我這樣寫 v，然後在這條線上多寫幾次。

3. （多次仿寫 v 後，學生能寫出三到五個 v。學生若有需要，給予協助。若學生寫對了就說：）你的 v 寫得真好。

4. 這是接下來你要練習寫的字母，注意看。（在第二條線的開頭寫個 w，指著 w。）這個字母怎麼唸？"w"。這個字母代表哪一個語

音？ "www"。

5. 先照著我這樣寫 **w**，然後在這條線上多寫幾次。

6. （多次仿寫 **w** 後，學生能寫出三到五個 **w**。學生若有需要，給予協助。若學生寫對了就說：）你的 **w** 寫得真好。

LESSON 83

2. 指著每一個大寫字母，而且把它唸出來，從 **A** 開始，來。（學生指讀每一個大寫字母。）

3. 我來唸幾個大寫字母，要請你把它們指出來。大寫字母 **D**。（學生指出 **D** 來。）很棒。

4. （重複步驟 3 練習大寫字母 **A**、**F**、**G**、**B**、**C**、**E**、**G**、**A**、**B**、**G**、**D**。）

任務 1　大寫字母

1. 這行字母是大寫字母。這行字母叫做什麼？ "大寫字母"。

A B C D E F G H I J K L M N O P Q R S T U V W X Y Z

任務 2　唸單字

1. （指著 **sing** 的起點。）慢慢唸。（指著黑點。）"sssiiing"。（重複直到穩固。）這個單字怎麼唸？ "sing"。

2. （重複步驟 1 唸出 **but**、**bugs**、**bad**、**and**、**hand** 和 **park**。）

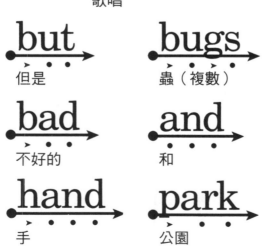

任務 3　唸單字

1. 現在你要快快唸這幾個單字。

2. （指著 **girl** 的起點，暫停三秒。）快快唸。（手指滑動。）"girl"。對了，**girl**。

3. （重複步驟 2 唸出其餘的單字。）

任務 4 唸單字——大寫字母

1. 從現在開始，你將要讀的故事會看起來不一樣。每一個句子的第一個字母都會被寫為大寫字母。（指著一些單字。）這裡有一些你將會在你的故事裡讀到的單字。每一個單字的開頭都是一個大寫字母，看你能不能快快唸所有的單字。

2. （指著 **She** 的起點，停。）快快唸。（手指滑動。）"She"。對了，**She**。

3. （重複步驟 2 唸出其餘的單字。）

> （**糾正**：如果學生唸錯，說：）這個字是（唸出單字）。唸出這個單字的每一個字母。（學生回應。）現在，快快唸這個單字。（學生回應。）

She
她

The
（定冠詞）

Then
然後

So
所以

But
但是

Go
去

Bugs
蟲（複數）

That
那

任務 5 快快唸單字

1. 現在你要用快快唸的方式唸所有的單字。

2. （指著本課第一個單字的起點，暫停三秒。）快快唸。（手指滑動，學生唸出單字。）對了，唸得很好。

3. （重複步驟 2 唸出本課其餘的單字。）

The Singing Bug—Part 1

A girl was going for a walk in a park. She sat down to eat some cake. A bug came up to her and said, "I like cake. Can I have some?"

The girl looked at the bug. Then she looked back at the cake. Then she said, "Bugs do not talk. You are a bug. So you can not talk."

The bug said, "But I can talk."

The girl said, "Go away. I do not talk to bugs. Bugs can not talk."

The bug said, "I can talk and I can sing." The bug started to sing. But the bug was not good at singing. "I wish that bug did not sing," the girl said.

"That singing is bad. I will have to hold my hands over my ears."

So she did.

The bug said, "If you do not like my singing, give me some cake."

More to Come

流暢性目標：111 秒

長文，可視情況分成 2 或 3 段完成。

任務 6　大寫字母

看著上頁故事裡的所有大寫字母。記住，每個句子都是由一個大寫字母開始的。

任務 7　朗讀與翻譯

1. 我們要先唸這個故事的前半部，下一課我們會再唸後半部。

2. 請你快快唸一次，你唸一句，我翻譯一句。（指著起點開始唸。需要時，老師給予協助。學生每唸完一句，老師逐句提供如下翻譯。老師可視情況，僅選擇部分句子給學生唸。）

   唱歌的甲蟲——第 1 集

   一位女孩在公園裡散步。她坐下來要吃點蛋糕。一隻甲蟲來到她這裡說，"我喜歡蛋糕。可以給我一點嗎？"

   女孩看著這隻甲蟲。然後她又回頭看著她的蛋糕。然後她說，"甲蟲是不會說話的。你是甲蟲。所以你應該不會說話。"

   甲蟲說，"但我可以說啊。"

   女孩說，"走開！我不和甲蟲說話。甲蟲不能說話。"

   甲蟲說，"我能說，我還能唱歌。"甲蟲就開始唱歌。但這甲蟲對唱歌不在行。"我希望甲蟲不要唱，"女孩說。

   "唱得很糟。我還必須舉手掩住耳朵。"

   她真的這麼做了。

   甲蟲說，"如果你不喜歡我唱歌，就給我一點蛋糕。"

   後頭還有

3. 現在換我來唸英文，你來翻譯成國語。（老師指著起點開始唸，學生譯為國語，需要時，老師給予協助。）

4. 現在換我來唸國語，你來翻譯成英文。（老師逐句說國語，學生指著課文的開頭，逐句唸出。需要時，老師給予協助。）

任務 8　圖片理解

來看下面這張圖。那隻甲蟲在做什麼？女孩喜歡他唱的歌嗎？她看起來很開心嗎？你覺得她該怎麼做，才能讓甲蟲閉嘴呢？

任務 9　字母書寫

1. 請你寫出我所寫的字母。這是你要寫的第一個字母，注意看。（在第一條線的開頭寫個 qu，指著 qu。）這兩個字母怎麼唸？"q-u"。這個字母代表哪一個語音？"kwww"。

2. 先照著我這樣寫 qu，然後在這條線上多寫幾次。

3. （多次仿寫 qu 後，學生能寫出三到五個 qu。學生若有需要，給予協助。若學生寫對了就說：）你的 qu 寫得真好。

4. 這是下一個你要練習寫的字母，注意看。（在第二條線的開頭寫個 z，指著 z。）這個字母怎麼唸？"z"。這個字母代表哪一個語音？"zzz"。

5. 先照著我這樣寫 z，然後在這條線上多寫幾次。

6. （多次仿寫 z 後，學生能寫出三到五個 z。學生若有需要，給予協助。若學生寫對了就說：）你的 z 寫得真好。

LESSON 84

任務 1　大寫字母

1. 這行字母是大寫字母。這行字母叫做什麼？
　　"大寫字母"。

2. 指著每一個大寫字母，而且把它唸出來，從 A開始，來。（學生指讀每一個大寫字母。）

3. 我來唸幾個大寫字母，要請你把它們指出來。大寫字母 **G**。（學生指出 **G** 來。）很棒。

4. （重複步驟 3 練習大寫字母 **H**、**D**、**B**、**A**、**K**、**L**、**D**、**L**、**H**、**B**、**G**、**J**、**K**、**L**。）

A B C D E F G H I J K L M N O P Q R S T U V W X Y Z

任務 2　唸單字

1. （指著 **were** 的起點。）慢慢唸。（指著黑點。）"wwwurrr"。（重複直到穩固。）這個單字怎麼唸？"were"。

2. （重複步驟 1 唸出 **where**、**yell**、**lots** 和 **sick**。）

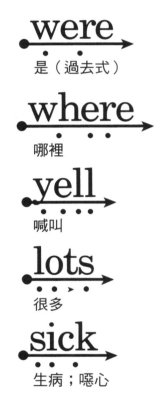

were
是（過去式）

where
哪裡

yell
喊叫

lots
很多

sick
生病；噁心

 唸單字

1. 現在你要快快唸這幾個單字。
2. （指著 **gave** 的起點，暫停三秒。）快快唸。
   （手指滑動。）"gave"。對了，**gave**。
3. （重複步驟 2 唸出所有單字。）

 快快唸單字

1. 現在你要用快快唸的方式唸所有的單字。
2. （指著本課第一個單字的起點，暫停三
   秒。）快快唸。（手指滑動，學生唸出單
   字。）對了，唸得很好。
3. （重複步驟 2 唸出本課其餘的單字。）

gave
給（過去式）

singing
歌唱（進行式）

give
給

some
一些

ate
吃（過去式）

eat
吃

looked
看（過去式）

hear
聽

yelling
喊叫（進行式）

good
好的

more
更多

The Singing Bug—Part 2

A girl was with a bug. The bug was singing. The girl did not like that singing.

The bug did not stop singing. Then the girl said, "Eating cake is not fun with this bad singing."

Soon the girl said, "Stop singing, and I will give you some cake."

So the girl gave some cake to the bug and the bug ate cake. Then the bug looked at the girl and said, "You were good to me. So I will be good to you. I will let you hear me yell." So the bug started to yell. It was bad.

The girl said, "Stop that yelling and I will give you more cake."

The bug stopped and the girl gave the bug a lot of cake.

The bug got sick. That bug said, "Now I can not sing and I can not yell."

The girl said, "That is good." Then she ate the rest of the cake.

The End

流暢性目標：110秒

長文，可視情況分成 2 或 3 段完成。

任務 5　朗讀與翻譯

1. 上次你讀了這個故事的前半段，故事講到一隻唱歌的甲蟲。你記得故事的結尾發生了什麼事嗎？

2. 今天我們要讀故事的下半段，看看那隻甲蟲後來發生了什麼事。

3. 請你快快唸一次，你唸一句，我翻譯一句。（指著起點開始唸。需要時，老師給予協助。學生每唸完一句，老師逐句提供如下翻譯。老師可視情況，僅選擇部分句子給學生唸。）

唱歌的甲蟲——第 2 集

女孩遇到一隻甲蟲。甲蟲唱起歌來。女孩不喜歡甲蟲唱的歌。

甲蟲沒有停止唱歌。然後女孩說，"聽這難聽的歌聲，吃蛋糕都不好玩了。"

很快地，女孩說，"停止唱歌，我給你一些蛋糕。"

於是女孩給甲蟲一些蛋糕，然後甲蟲吃了蛋糕。然後甲蟲看著女孩說，"你對我真好。所以我也要對你好。我要讓你聽我大聲喊叫。"

所以甲蟲開始大聲喊叫。叫聲很難聽。

女孩說，"停止喊叫，我會給你多一點蛋糕。"甲蟲停下來，女孩給了甲蟲很多蛋糕。

甲蟲生病了。那甲蟲說，"現在我不能唱，也不能叫了。"

女孩說，"那很好。"然後她把剩下的蛋糕都吃了。

結束。

4. 現在換我來唸英文，你來翻譯成國語。（老師指著起點開始唸，學生譯為國語，需要時，老師給予協助。）

5. 現在換我來唸國語，你來翻譯成英文。（老師逐句說國語，學生指著課文的開頭，逐句唸出。需要時，老師給予協助。）

任務 6　圖片理解

來看下面這張圖。那甲蟲怎麼了？你猜甲蟲正在對女孩說什麼？"Now I can not sing and I can not yell"。你猜女孩正在對甲蟲說什麼？"That is good"。

任務 7　字母書寫

1. 請你寫出我所寫的字母。這是你要寫的第一個字母，注意看。（在第一條線的開頭寫個 **j**，指著 **j**。）這個字母怎麼唸？"j"。這個字母代表哪一個語音？"j"。

2. 先照著我這樣寫 **j**，然後在這條線上多寫幾次。

3. （多次仿寫 **j** 後，學生能寫出三到五個 **j**。學生若有需要，給予協助。若學生寫對了就說：）你的 **j** 寫得真好。

4. 這是下一個你要練習寫的字母，注意看。（在第二條線的開頭寫個 **t**，指著 **t**。）這個字母怎麼唸？"t"。這個字母代表哪一個語音？"t"。

5. 先照著我這樣寫 **t**，然後在這條線上多寫幾次。

6. （多次仿寫 **t** 後，學生能寫出三到五個 **t**。學生若有需要，給予協助。若學生寫對了就說：）你的 **t** 寫得真好。

字母拼讀直接教學 **100** 課

LESSON 85

任務 1　大寫字母

1. 這行字母是大寫字母。這行字母叫做什麼？
"大寫字母"。

2. 指著每一個大寫字母，而且把它唸出來，從 A 開始，來。（學生指讀每一個大寫字母。）

3. 我來唸幾個大寫字母，要請你把它們指出來。大寫字母 **G**。（學生指出 **G** 來。）很棒。

4. （重複步驟 3 練習大寫字母 **H**、**P**、**Q**、**H**、**Q**、**B**、**D**、**Q**、**R**、**Q**、**S**、**G**、**D**、**B**、**A**。）

A B C D E F G H I J K L M N O P Q R S T U V W X Y Z

任務 2　唸單字

1. （指著 **digging** 的起點。）唸出語音。（手指滑過 **d**，指著其他字母下的黑點。）
"diiigiiing"。（重複直到穩固。）這個單字怎麼唸？"digging"。對了，**digging**。

2. （指著 **must** 的起點。）唸出語音。（指著黑點。）"mmmuuussst"。（重複直到穩固。）這個單字怎麼唸？"must"。

3. （重複步驟 2 唸出 **dug**、**they**、**after** 和 **yard**。）

挖（進行式）

必須

挖（過去式）

他們（主格）

在……之後

庭院

任務 3　唸單字

1. 現在你要快快唸這些字。
2. （指著 **hole** 的起點，暫停三秒。）快快唸。
   （手指滑動。）"hole"。對了，**hole**。
3. （重複步驟 2 唸出其餘單字。）

任務 4　快快唸單字

1. 現在你要用快快唸的方式唸所有的單字。
2. （指著本課第一個單字的起點，暫停三秒。）快快唸。（手指滑動，學生唸出單字。）對了，唸得很好。
3. （重複步驟 2 唸出本課其餘單字。）

hole
洞

leave
離開

five
五

into
進入（介系詞）

every
每個

dog
狗

hold
抓住

away
離開

stay
停留

were
是（過去式）

inside
內部

The Dog That Dug—Part 1

An old dog liked to dig. That dog went digging on a farm. The dog made hole after hole after hole. A man on the farm said, "That dog must leave this farm."

So the dog went to a home to live with a boy and a girl. But the dog did not stop digging. The dog went into the yard and dug five holes. Then the dog went into other yards and dug ten more holes.

Soon there were holes in every yard.

The boy and the girl said, "That dog must stop digging holes."

They made the dog stay inside for five days. Then the dog went into the yard and dug five more holes.

The boy and the girl ran over to the dog. The dog was making a big, big hole. The boy said, "Get hold of that dog and we will stop this digging."

Stop.

流暢性目標：110秒

長文，可視情況分成 2 或 3 段完成。

 任務 5　朗讀與翻譯

1. 我們要先唸這個故事的前半部，下一課我們會再唸這個故事的後半部。

2. 請你快快唸一次，你唸一句，我翻譯一句。（指著起點開始唸。需要時，老師給予協助。學生每唸完一句，老師逐句提供如下翻譯。老師可視情況，僅選擇部分句子給學生唸。）

挖洞的狗——第 1 集

有一隻老狗，很愛挖洞。那隻老狗在一個農場挖洞。那狗挖了一個洞又一個洞。在農場的一個男人說，"那狗必須離開這個農場。"因此那狗到一個家庭去，和一個男孩和一個女孩住在一起。但狗並沒有停止挖洞。狗跑進後院，挖了五個洞。然後狗進入其他的院子，又多挖了十個洞。

很快地，在每個院子裡都有很多洞。

男孩及女孩說，"那隻狗必須停止挖洞。"

他們把狗留在家裡面五天。然後狗又進到院子裡，多挖了五個洞。

男孩和女孩跑到狗那兒去。狗正在挖一個很大很大的洞。男孩說，"抓住那條狗，我們必須停止他的挖洞。"

停。

3. 現在換我來唸英文，你來翻譯成國語。（老師指著起點開始唸，學生譯為國語，需要時，老師給予協助。）

4. 現在換我來唸國語，你來翻譯成英文。（老師逐句說國語，學生指著課文的開頭，逐句唸出。需要時，老師給予協助。）

任務 6　圖片理解

　　來看下面這張圖。那隻狗在做什麼？男孩和女孩想要做什麼？他們看起來像是在制止那隻狗嗎？你是否看過一隻狗挖這麼大的洞？那隻狗真的很愛挖洞。

任務 7　字母書寫

1. 請你寫出我所寫的字母。這是你要寫的第一個字母，注意看。（在第一條線的開頭寫個 **th**，指著 **th**。）這兩個字母怎麼唸？"t-h"。這兩個字母代表哪一個語音？"ththth"。

2. 先照著我這樣寫 **th**，然後在這條線上多寫幾次。

3. （多次仿寫 **th** 後，學生能寫出三到五個 **th**。學生若有需要，給予協助。若學生寫對了就說：）你的 **th** 寫得真好。

4. 這是下一個你要練習寫的字母，注意看。（在第二條線的開頭寫個 **d**，指著 **d**。）這個字母怎麼唸？"d"。這個字母代表哪一個語音？"d"。

5. 先照著我這樣寫 **d**，然後在這條線上多寫幾次。

6. （多次仿寫 **d** 後，學生能寫出三到五個 **d**。學生若有需要，給予協助。若學生寫對了就說：）你的 **d** 寫得真好。

LESSON **86**

任務 1　大寫字母

1. 這行字母是大寫字母。這行字母叫做什麼？"大寫字母"。

2. 指著每一個大寫字母，而且把它唸出來，從 **A** 開始，來。（學生指讀每一個大寫字母。）

3. 我來唸幾個大寫字母，要請你把它們指出來。大寫字母 **S**。（學生指出 **S**。）很棒。

4. （重複步驟 3 唸出大寫字母 **R**、**H**、**G**、**B**、**A**、**D**、**Q**、**R**、**B**、**X**、**Y**、**Z**、**Q**。）

A B C D E F G H I J K L M N O P Q R S T U V W X Y Z

任務 2　唸單字——qu

1. 在唸英文字母 **q** 的時候，你可以聽到有個字母總是跟在 **q** 的後面。這個字母就是 **u**。哪個字母總是跟在 **q** 後面？"u"。

2. 你可以在字母 **q** 的名稱裡聽到 **u**。接在 **q** 後面的 **u** 是不發音的。（指著 **quick** 裡的 **qu**。）字母 **qu** 唸作 **kwww**。這兩個字母連在一起怎麼發音？"kwww"。

3. （指著 **quick** 的起點。）唸出語音。（指著黑點。）"kwwwiiik"。這個單字怎麼唸？"quick"。

4. （指著 **quit** 裡的 **qu**。）這些字母怎麼唸？"kwww"。（指著 **quit** 的起點。）唸出語音。（指著黑點。）"kwwwiiit"。這個單字怎麼唸？"quit"。

5. 現在你來快快唸下一個字。（指著 **quitting** 的起點，暫停三秒。）準備囉，快快唸。（手指滑動。）"quitting"。對了，**quitting**。

迅速的

離開

離開（進行式）

任務 3　唸單字

1. 現在你要快快唸這些字。
2. （指著 **digging** 的起點，暫停三秒。）快快唸。（手指滑動。）"digging"。對了，**digging**。
3. （重複步驟 2 唸出其餘的單字）。

任務 4　快快唸單字

1. 現在你要用快快唸的方式唸所有的單字。
2. （指著本課第一個單字的起點，暫停三秒。）快快唸。（手指滑動，學生唸出單字。）對了，唸得很好。
3. （重複步驟 2 唸出本課其餘的單字。）

digging
挖（進行式）

holes
洞（複數）

yard
庭院

told
告訴（過去式）

hold
抓住

gold
黃金

mad
生氣

rich
有錢；豐富的

were
是（過去式）

The Dog That Dug—Part 2

A girl and a boy had a dog that came from a farm. That dog had to leave the farm for digging holes. But now the dog was digging holes in the yard. The boy told the girl to get hold of that dog.

The girl got hold of the dog's tail. Then the girl looked in the hole. She said, "Take a look in that hole."

The boy took a look. Then he said, "Do I see gold in that hole?"

The girl said, "Yes. That dog has dug up a lot of gold."

So the boy and the girl took the gold from the hole. They let the dog dig some more. And the dog dug up more gold.

Now the boy and the girl are not mad at the digging dog. They like that dog. They are rich and the dog is rich, too. The dog has five yards to dig in.

This Is the End.

流暢性目標：107 秒

長文，可視情況分成 2 或 3 段完成。

麼多的黃金，你心情如何？這隻狗如果繼續挖，院子裡一定到處都是黃金了。

任務5　朗讀與翻譯

1. 上次你讀了這個故事的前半部，故事講到一隻愛挖洞的狗。你記得故事的結尾發生了什麼事嗎？

2. 今天我們要讀故事的下半部，看看當女孩抓著狗尾巴時發生了什麼事。

3. 請你快快唸一次，你唸一句，我翻譯一句。（指著起點開始唸。需要時，老師給予協助。學生每唸完一句，老師逐句提供如下翻譯。老師可視情況，僅選擇部分句子給學生唸。）

　挖洞的狗——第2集
　一個女孩和一個男孩有一條從農場來的狗。那狗必須離開農場，因為他一直在挖洞。但現在狗一直在院子裡挖洞。男孩告訴女孩要抓住那條狗。
　女孩抓住狗的尾巴。然後女孩往洞裡看。她說，"來看一下那個洞。"
　男孩就過來看一眼。然後他說，"我在洞裡看見黃金了嗎？"
　女孩說，"是啊，那狗挖到了好多黃金。"
　於是男孩和女孩從洞裡取出黃金。他們讓狗挖了更多洞。然後狗挖出了更多黃金。
　現在男孩和女孩不再對挖洞的狗生氣了。他們喜歡那條狗。他們富有了，狗也富有了。狗現在有五個院子可以挖洞了。
　故事結束。

4. 現在換我來唸英文，你來翻譯成國語。（老師指著起點開始唸，學生譯為國語，需要時，老師給予協助。）

5. 現在換我來唸國語，你來翻譯成英文。（老師逐句說國語，學生指著課文的開頭，逐句唸出。需要時，老師給予協助。）

任務6　圖片理解

　　來看這張圖。這隻狗正在挖什麼？你覺得，這個男生和這個女生現在心情如何？如果你有這

任務7　字母書寫

1. 請你寫出我所寫的字母。這是你要寫的第一個字母，注意看。（在第一條線的開頭寫個 **b**，指著 **b**。）這個字母怎麼唸？"b"。這個字母代表哪一個語音？"b"。

2. 先照著我這樣寫 **b**，然後在這條線上多寫幾次。

3. （多次仿寫 **b** 後，學生能寫出三到五個 **b**。學生若有需要，給予協助。若學生寫對了就說：）你的 **b** 寫得真好。

4. 這是下一個你要練習寫的字母，注意看。（在第二條線的開頭寫個 **z**，指著 **z**。）這個字母怎麼唸？"z"。這個字母代表哪一個語音？"zzz"。

5. 先照著我這樣寫 **z**，然後在這條線上多寫幾次。

6. （多次仿寫 **z** 後，學生能寫出三到五個 **z**。學生若有需要，給予協助。若學生寫對了就說：）你的 **z** 寫得真好。

LESSON 87

任務1　唸單字

1. 現在你要快快唸這些字。（指著 **eagle** 的起點，暫停三秒。）準備囉，快快唸。（手指移到箭頭末端。）"eagle"。對了，**eagle**。

2. 現在來用 **eagle** 拼尾音。（指著 **beagle** 的起點，暫停三秒。）準備囉，快快唸。（手指移到箭頭末端。）"beagle"。對了，**beagle**。記住這兩個字。

eagle
老鷹

beagle
米格魯（一種狗）

任務2　唸單字

1. （指著 **hunt** 的起點。）唸出語音。準備囉。（滑過 **h**，指著其他字母下的黑點。）"huuunnnt"。（重複直到穩固。）這個單字怎麼唸？"hunt"。對了，**hunt**。

2. （指著 **Biff** 的起點。）唸出語音。（指著黑點。）"Biiifff"。（重複直到穩固。）這個單字怎麼唸？"Biff"。對了，**Biff**。

3. （重複步驟 2 唸出 **smell**、**sun** 和 **held**。）

hunt
打獵

Biff
（名字）

smell
聞

sun
太陽

held
抓住（過去式）

quick
迅速的

quitting
離開（進行式）

任務 3　唸單字

1. 在唸英文字母 **q** 的時候，你可以聽到有個字母總是跟在 **q** 的後面。這個字母就是 **u**。哪個字母總是跟在 **q** 後面？"u"。

2. 你可以在字母 **q** 的名稱裡聽到 **u**。接在 **q** 後面的 **u** 是不發音的。（指著 **quick** 裡的 **qu**。）字母 **qu** 唸作 **kwww**。這兩個字母連在一起怎麼唸？"kwww"。

3. （指著 **quick** 的起點。）唸出語音。（指著黑點。）"kwwwiiik"。這個單字怎麼唸？"quick"。

4. 現在你來快快唸下一個字。（指著 **quitting** 的起點，暫停三秒。）準備囉，快快唸。（手指滑動。）"quitting"。對了，**quitting**。

---

grass
草地

nose
鼻子

sleep
睡覺

went
去（過去式）

thing
東西

tore
撕（過去式）

store
商店

story
故事

任務 4　唸單字

1. 準備好要快快唸這些字。

2. （指著 **grass** 的起點，暫停三秒。）準備囉！快快唸這個字。（手指滑動。）"grass"。對了，**grass**。

3. （重複步驟 2 唸出其餘的單字。）

任務 5　快快唸單字

1. 現在你要用快快唸的方式唸所有的單字。

2. （指著本課第一個單字的起點，暫停三秒。）快快唸。（手指滑動。學生唸出單字。）對了，唸得很好。

3. （重複步驟 2 唸出本課其餘的單字。）

The Eagle Meets a Beagle—Part 1

A beagle is a dog. It has big ears. And it likes to hunt, hunt, hunt. The beagle in this story liked to hunt more than other beagles. This beagle was Biff. Every day Biff went out hunting. She held her nose near the grass. "Booooooooooooo, booooooooo," she said when she got the smell of a deer, or a ram, or a cow, or a duck.

When Biff came back from hunting, the sun was near the hills. So the dog went to sleep, "Zzzzzzzzzzz, zzzzzzzzz, zzzzz." Then, when the sun got up, so did Biff. "Booooooo, booooo," she said as she smelled the grass. And away she went.

On a day that was hot, she came to the shore of a lake. She smelled fish. "Boooooooo," she said, and went into the lake. But she did not get a fish. Then she went up the hill. She smelled some thing that was good, good, good. "Booooooo, boooooo," she said, and up the hill she went.

Stop.

流暢性目標：132秒

長文，可視情況分成 2 或 3 段完成。

任務6　朗讀與翻譯

1. 我們現在要閱讀故事的前半部，下一課我們會再唸這個故事的後半部。

2. 請你快快唸一次，你唸一句，我翻譯一句。（指著起點開始唸。需要時，老師給予協助。學生每唸完一句，老師逐句提供如下翻譯。老師可視情況，僅選擇部分句子給學生唸。）

   老鷹遇上米格魯——第1集

   米格魯是一種狗。她有雙大耳朵。她喜歡打獵、打獵、打獵。這個故事裡的米格魯比其他的米格魯還更愛打獵。這隻米格魯叫作Biff。每天Biff都外出打獵。她把她的鼻子貼近草地。當她聞到鹿、公羊、母牛或鴨子時，她就說"Boooooo，boooo"。

   當Biff打獵回來，太陽已經靠近山丘。因此狗就會"Zzzzzzzz，zzzzzz，zzzz"地睡著。然後，當太陽升起，Biff也醒來。當她聞草地時，又開始說"Boooooo，boooo"。然後她又出發了。

   有一天很熱，她來到一個湖的岸邊。她聞到魚。她"Boooooo"地說，然後跳進湖裡。但她沒有抓到魚。然後她跑上小山丘。她聞到很好聞很好聞的東西。她"Boooooo，boooo"地說，然後向小山丘衝上去。

   停止。

3. 現在換我來唸英文，你來翻譯成國語。（老師指著起點開始唸，學生譯為國語，需要時，老師給予協助。）

4. 現在換我來唸國語，你來翻譯成英文。（老師逐句說國語，學生指著課文的開頭，逐句唸出。需要時，老師給予協助。）

任務7　圖片理解

　　來看下面這張圖。這隻狗是哪一種狗？那隻狗在說什麼？是什麼動物被這隻狗緊追在後？當她打獵打了一整天後，她會覺得怎麼樣？

任務8　字母書寫

1. 請你寫出我所寫的字母。這是你要寫的第一個字母，注意看。（在第一條線的開頭寫個**x**，指著**x**。）這個字母怎麼唸？"x"。這個字母代表哪一個語音？"ksss"。

2. 先照著我這樣寫 **x**，然後在這條線上多寫幾次。

3. （多次仿寫**x**後，學生能寫出三到五個**x**。學生若有需要，給予協助。若學生寫對了就說：）你的 **x** 寫得真好。

4. 這是下一個你要練習寫的字母，注意看。（在第二條線的開頭寫個**g**，指著**g**。）這個字母怎麼唸？"g"。這個字母代表哪一個語音？"g"。

5. 先照著我這樣寫 **g**，然後在這條線上多寫幾次。

6. （多次仿寫 **g** 後，學生能寫出三到五個 **g**。學生若有需要，給予協助。若學生寫對了就說：）你的 **g** 寫得真好。

LESSON 88

任務 1 唸單字

1. （指著 **picked** 的起點。）準備囉，慢慢唸。
   （手指滑過 **p**，指著其他字母下的黑點。）
   "piiikd"。（重複直到穩固。）這個單字怎麼
   唸？"picked"。對了，**picked**。
2. （重複步驟 1 唸出 **hunting** 和 **stopped**。）

picked
撿拾；挑選（過去式）

hunting
打獵（進行式）

stopped
停止（過去式）

任務 2 唸單字

1. 準備來快快唸這些單字。
2. （指著 **into** 的起點。暫停三秒。）快快唸。
   （手指滑動。）"into"。對了，**into**。
3. （重複步驟 2 唸出其餘單字。）

into
進入（介系詞）

started
開始（過去式）

fly
飛

yelling
喊叫（進行式）

home
家

good
好的

任務3 唸單字——示範例外字

從

1. （指著 **from**。）這個單字唸 **from**。這個單字唸作？ "from"。
2. （指著起點。）唸出語音。（指著黑點。）"fffrrrŏŏŏmmm"。
3. 但這是個例外字，我們該如何唸這個單字？"from"（frum）。對了，"from"。要記住這個單字。

任務4 唸單字——ai

下雨

鐵路

尾巴

1. （指著 **ai** 的起點。）當這兩個字在一起時，它們通常唸作 **āāā**。它們通常怎麼唸？"āāā"。
2. （指著 **rain** 裡 **ai** 下面的黑點。）這個語音怎麼唸？"āāā"。（指著 **rain** 的起點。）唸出語音。（指著黑點。）"rrrāāānnn"。（重複直到穩固。）這個單字怎麼唸？"rain"。對了，**rain**。
3. （指著 **rail** 裡 **ai** 下面的黑點。）這個語音怎麼唸？"āāā"。（指著 **rail** 的起點。）唸出語音。（指著黑點。）"rrrāāālll"。（重複直到穩固。）這個單字怎麼唸？"rail"。對了，**rail**。
4. （指著 **tail** 裡 **ai** 下面的黑點。）這個語音怎麼唸？"āāā"。（指著 **tail** 的起點。）唸出語音。（指著黑點。）"tttāāālll"。（重複直到穩固。）這個單字怎麼唸？"tail"。對了，**tail**。

任務5 快快唸單字

1. 現在要用快快唸的方式唸所有的單字。
2. （指著本課第一個單字的起點，暫停三秒。）快快唸。（手指滑動，學生唸出單字。）對了，唸得很好。
3. （重複步驟 2 唸出本課其餘的單字。）

The Eagle Meets a Beagle—Part 2

A beagle was hunting for something good. The dog went to the top of a hill.

When she got to the top of the hill she stopped. She did not see a deer. She did not see a ram, or a duck, or a cow. There was a big eagle on top of the hill.

"Booooooo," Biff yelled at the eagle.

The eagle smiled and said, "I will not run from you and I will not fly from you. But if you do not stop yelling, I will pick you up and take you back to your home."

Biff looked at the eagle and said, "Boooooo, booooooo, boooo."

The eagle said, "Here you go." The eagle picked up the dog and started to fly up, up, up. The dog did not stop going "Boooo." Soon, the eagle let the dog down in her yard. That beagle did not go hunting. That dog went into her home. That dog did not go "Booooo, boooooo." That dog went "Zzzzzzz, zzzzzz."

The End

流暢性目標：120秒

長文，可視情況分成 2 或 3 段完成。

任務 **6** 朗讀與翻譯

1. 上一課你唸了個故事的前半部，講到一隻喜歡打獵的米格魯。你記得故事結尾發生什麼事嗎？

2. 今天我們要來看看，當獵犬遇見老鷹時，會發生什麼事？

3. 請你快快唸一次，你唸一句，我翻譯一句。（指著起點開始唸。需要時，老師給予協助。學生每唸完一句，老師逐句提供如下翻譯。老師可視情況，僅選擇部分句子給學生唸。）

老鷹遇上米格魯──第 2 集

一隻米格魯正在追獵一個好東西。狗跑上山丘的山頭。

當她到了山頂，她停了下來。她沒有看到鹿。她沒有看到公羊、鴨子或母牛。山頂上有一隻大老鷹。

"Boooooo，" Biff 向老鷹大叫。

老鷹微笑著說，"我不會從你身邊跑走，我也不會從你身邊飛走。但如果你不停止喊叫，我會把你抓起來，帶你回你的家。"

Biff 看著老鷹說，"Booooooo，boooooo，boooo"。

老鷹說，"你要上路了。"老鷹抓起狗來，開始飛得高、高、高。狗並沒有停止"Boooooo"大叫。很快地，老鷹讓狗落進她的院子裡。那米格魯沒有去打獵。那狗進了她的家。狗沒有再"Boooooo"地叫。那狗開始"Zzzzzzz，zzzzzz"地睡著了。

結束

4. 現在換我來唸英文，你來翻譯成國語。（老師指著起點開始唸，學生譯為國語，需要時，老師給予協助。）

5. 現在換我來唸國語，你來翻譯成英文。（老師逐句說國語，學生指著課文的開頭，逐句唸出。需要時，老師給予協助。）

任務 **7** 圖片理解

來看下面這張圖。圖片中的老鷹在做什麼？米格魯說什麼？如果你是那隻米格魯，你會有什麼感覺？

任務 **8** 字母書寫

1. 請你寫出我所寫的字母。這是你要寫的第一個字母，注意看。（在第一條線的開頭寫個 **g**，指著 **g**。）這個字母怎麼唸？"g"。這個字母代表哪一個語音？"g"。

2. 先照著我這樣寫 **g**，然後在這條線上多寫幾次。

3. （多次仿寫 **g** 後，學生能寫出三到五個 **g**。學生若有需要，給予協助。若學生寫對了就說：）你的 **g** 寫得真好。

4. 這是下一個你要練習寫的字母，注意看。（在第二條線的開頭寫個 **p**，指著 **p**。）這個字母怎麼唸？"p"。這個字母代表哪一個語音？"p"。

5. 先照著我這樣寫 **p**，然後在這條線上多寫幾次。

6. （多次仿寫 **p** 後，學生能寫出三到五個 **p**。學生若有需要，給予協助。若學生寫對了就說：）你的 **p** 寫得真好。

LESSON **89**

任務**1** 唸單字

1. （指著 **lived** 的起點。）準備囉，唸出語音。
   （指著黑點。）"llliiivvvd"。（重複直到穩固。）這個單字怎麼唸？"lived"。對了，liv-ed。
2. （重複步驟 1 唸出 **wet** 和 **gets**。）

lived →
居住（過去式）

wet →
濕的

gets →
得到

任務**2** 唸單字

1. 準備來快快唸這些單字。
2. （指著 **pick** 的起點，暫停三秒。）快快唸。
   （手指滑動。）"pick"。對了，**pick**。
3. （重複步驟 2 唸出其餘單字。）

pick →
撿拾；挑選

picked →
撿拾；挑選（過去式）

ant →
螞蟻

cold →
冷

hole →
洞

comes →
來

stay →
停留

from →
來自

thing →
東西

rain →
雨

ou

our
我們的

out
在外

loud
大聲

sound
聲音

任務 3　唸單字──ou

1. （指著 **ou**。）有時候 **u** 這個字母和 **w** 發一樣的音，這也就是為什麼它們連名稱都一樣，一個唸作 **you**，另一個叫 **double you**，就是兩個 **you** 的意思。**o-u** 唸起來像是 **o-w**。它們唸起來好像是有人受傷了，大喊 **ow**。你說這個字怎麼唸？"ow"。

2. 現在來唸一些有 **o-u** 的單字。（指著 **our** 裡的 **ou**。）**o-u** 怎麼唸？"ow"。

3. （指著 **our** 的起點。）快快唸。（手指滑動。）"our"。對了，**our**。

4. （指 **out** 裡的 **ou**。）**o-u** 怎麼唸？"ow"。（指著 **out** 的起點。）快快唸。（手指滑動。）"out"。對了，**out**。

5. 現在你來唸下一個單字。（指著 **loud** 的起點。）唸出語音。（指著 **loud** 下面的黑點。）"llowd"。這個單字怎麼唸？"loud"。對了，"loud"。

6. （指著 **sound** 的起點。）慢慢唸。（指著 **sound** 下面的黑點。）"sssownnnd"。這個單字怎麼唸？"sound"。

任務 4　快快唸單字

1. 現在要用快快唸的方式唸所有的單字。

2. （指著本課第一個單字的起點，暫停三秒。）快快唸。（手指滑動，學生唸出單字。）對了，唸得很好。

3. （重複步驟 2 唸出本課其餘的單字。）

A Home for an Ant—Part 1

An ant lived in a hole. The ant said, "This hole is no good. When it rains, the rain comes in this hole. And I get wet. When the days are hot, the hole gets hot. When the hole gets hot, I get hot." But when the days got cold, the hole did not get hot. The hole got cold. And so did that ant.

The ant said, "This hole gets hot and this hole gets cold. And when it rains, this hole gets wet. I will leave this hole."

So the ant did that.

The ant went up the hill to the home of an eagle. "Can I stay in this home?" the ant said.

The eagle did not say a thing. The eagle picked up the ant and said, "I will take you from this hill. Do not come back. Go dig a hole and live like other ants."

But the ant did not dig a hole. That ant went to the home of a ram. "Can I live in this home?" the ant said. The ram said, "We do not like ants. Go dig a hole and live like other ants."

Not the End

流暢性目標：130秒

長文，可視情況分成 2 或 3 段完成。

任務 5 朗讀與翻譯

1. 我們要先唸這個故事的前半部，下一課我們會再唸故事的後半部。

2. 請你快快唸一次，你唸一句，我翻譯一句。（指著起點開始唸。需要時，老師給予協助。學生每唸完一句，老師逐句提供如下翻譯。老師可視情況，僅選擇部分句子給學生唸。）

一隻螞蟻的家——第 1 集

一隻螞蟻住在一個洞裡。螞蟻說，"這個洞不好。下雨時，雨水就進到洞裡來。我會弄濕。當天氣熱時，洞就變熱。洞裡變熱了，我會很熱。"但當天氣變冷時，洞不會變熱。洞變冷了，那隻螞蟻也冷。

螞蟻說，"這個洞又會變熱，又會變冷。下雨時，洞會變濕。我要離開這個洞。"

因此，螞蟻就這麼做了。

螞蟻走上小山到一隻老鷹的家。"我可以留在這個家裡嗎？"螞蟻說。

老鷹一句話也沒說。老鷹抓起螞蟻，說，"我要帶你離開這小山。不要回來了。去挖個洞住在裡面，像其他螞蟻一樣。"

但螞蟻沒有去挖個洞。那螞蟻去一隻公羊的家。"我可以住在這個家裡嗎？"螞蟻說。公羊說，"我們不喜歡螞蟻。去挖個洞住在裡面，像其他螞蟻一樣。"

尚未結束

3. 現在換我來唸英文，你來翻譯成國語。（老師指著起點開始唸，學生譯為國語，需要時，老師給予協助。）

4. 現在換我來唸國語，你來翻譯成英文。（老師逐句說國語，學生指著課文的開頭，逐句唸出。需要時，老師給予協助。）

任務 6 圖片理解

來看下面這張圖。螞蟻在和誰說話？螞蟻在說什麼？公羊在說什麼？你認為螞蟻再來會怎麼做？

任務**7** 字母書寫

1. 請你寫出我所寫的字母。這是你要寫的第一個字母，注意看。（在第一條線的開頭寫個 **b**，指著 **b**。）這個字母怎麼唸？"b"。這個字母代表哪一個語音？"b"。

2. 先照著我這樣寫 **b**，然後在這條線上多寫幾次。

3. （多次仿寫 **b** 後，學生能寫出三到五個 **b**。學生若有需要，給予協助。若學生寫對了就說：）你的 **b** 寫得真好。

4. 這是下一個你要練習寫的字母，注意看。（在第二條線的開頭寫個 **y**，指著 **y**。）這個字母怎麼唸？"y"。這個字母代表哪兩個語音？"yyy、ㄇ"。

5. 先照著我這樣寫 **y**，然後在這條線上多寫幾次。

6. （多次仿寫 **y** 後，學生能寫出三到五個 **y**。學生若有需要，給予協助。若學生寫對了就說：）你的 **y** 寫得真好。

LESSON 90

任務**1** 唸單字

1. （指著 **sleep** 的起點。）準備囉，唸出語音。（指著黑點。）"ssslllēēēp"。（重複直到穩固。）這單字怎麼唸？"sleep"。

2. （重複步驟 1 唸出 **sheep**、**chick**、**logs**、**rocks** 和 **lived**。）

sleep
睡覺

sheep
羊

chick
雞

logs
原木（複數）

rocks
石頭（複數）

lived
居住（過去式）

任務2 唸單字

1. （指著 **ou**。）有時候 **u** 這個字母和 **w** 發一樣的音，這也就是為什麼它們連名稱都一樣，一個唸作 **you**，另一個叫 **double you**，就是兩個 **you** 的意思。**o-u** 唸起來像是 **o-w**。它們唸起來好像是有人受傷了，大喊 **ow**。你說這個字怎麼唸？"ow"。

2. 現在來唸一些有 **o-u** 的單字。（指著 **loud** 裡的 **ou**。）**o-u** 怎麼唸？"ow"。

3. （指著 **loud** 的起點。）快快唸。（手指滑動。）"loud"。對了，**loud**。

4. （指著 **sound** 裡的 **ou**。）**o-u** 怎麼唸？"ow"。（指著 **sound** 的起點。）快快唸。（手指滑動。）"sound"。對了，**sound**。

5. 現在來唸底下這幾個單字的語音。（指著 **shouted** 的起點。）唸出語音。（指著 **shouted** 下面的黑點。）"shshshowted"。這個單字怎麼唸？"shouted"。對了，**shouted**。

6. （指著 **out** 的起點。）唸出語音。（指著 **out** 下面的黑點。）"owt"。這個單字怎麼唸？"out"。

7. （指著 **outside** 的起點。）唸出語音。（指著 **outside** 下面的黑點。）"owtsssīīd"。這個單字怎麼唸？"outside"。

8. （重複步驟 7 唸出 **our**。）

任務3 快快唸單字

1. 現在你要用快快唸的方式唸所有的單字。

2. （指著本課第一個單字的起點，暫停三秒。）快快唸。（手指滑動，學生唸出單字。）對了，唸得很好。

3. （重複步驟 2 唸出本課其餘單字。）

ou

loud
大聲

sound
聲音

shouted
高聲呼喊（過去式）

out
在外

outside
外面

our
我們的

A Home for an Ant—Part 2

An ant was looking for a good home. An eagle made the ant leave and a ram made the ant leave. But that ant did not give up.

So the ant went to the home of a cow. That home was a big barn. The ant said, "I will be a good ant if you let me live here."

The cow said, "A horse can live here and sheep can live here. We will let a chick live here and a pig live here. But no ants can live in this barn. So go dig a hole and live like other ants."

"No," the ant said. "I like barns. And I will make an ant barn." So the ant got logs and rocks. Then the ant made a barn. It was a good barn. It was too little for cows, and pigs, and dogs, and deers. But it was not too little for rats. So a rat came to the barn and said "Can I live in this barn with you?"

The ant looked at the rat and said, "Go dig a hole and live like other rats."

The End

流暢性目標：131秒

長文，可視情況分成 **2** 或 **3** 段完成。

任務 4 朗讀與翻譯

1. 上次我們讀了這個故事的前半部，講到一隻螞蟻在找一個好的住處。你記得前一個故事的結局嗎？

2. 這一課，我們再來讀讀看螞蟻後來怎麼了。

3. 請你快快唸一次，你唸一句，我翻譯一句。（指著起點開始唸。需要時，老師給予協助。學生每唸完一句，老師逐句提供如下翻譯。老師可視情況，僅選擇部分句子給學生唸。）

一隻螞蟻的家──第 2 集

有隻螞蟻在找一個好的家。一隻老鷹和一隻公羊都要螞蟻走開。但那隻螞蟻並未放棄。

於是螞蟻來到一頭母牛的家。那個家是一個大穀倉。螞蟻說，"如果你讓我住這裡，我會是一隻乖螞蟻。"

母牛說，"馬可以住這兒，綿羊可以住這兒。我們會讓雞住這兒，讓豬住這兒。但是沒有螞蟻可以來這穀倉住。所以，去挖個洞，和其他螞蟻一樣住在裡面。"

"不，"螞蟻說。"我喜歡穀倉。我要建一個螞蟻穀倉。"因此，螞蟻弄了些原木和石頭。然後螞蟻建了一個穀倉。它是一個好穀倉。對牛、豬、狗和鹿來說，它太小了。但對老鼠來說不會太小。因此有隻老鼠來穀倉，說，"我可以來這個穀倉和你住嗎？"

螞蟻看著老鼠說，"去挖一個洞，和其他老鼠一樣住在裡面。"

結束。

任務 5 圖片理解

來看上面這張圖。螞蟻站在什麼前面？另外一隻動物是什麼呢？老鼠在說什麼？螞蟻在說什麼？你覺得螞蟻對老鼠好嗎？

任務 6 字母書寫

1. 請你寫出我所寫的字母。這是你要寫的第一個字母，注意看。（在第一條線的開頭寫個 **wh**，指著 **wh**。）這兩個字母怎麼唸？"w-h"。這兩個字母代表哪一個語音？"www"。

2. 先照著我這樣寫 **wh**，然後在這條線上多寫幾次。

3. （多次仿寫 **wh** 後，學生能寫出三到五個 **wh**。學生若有需要，給予協助。若學生寫對了就說：）你的 **wh** 寫得真好。

4. 這是下一個你要練習寫的字母，注意看。（在第二條線的開頭寫個 **e**，指著 **e**。）這個字母怎麼唸？"e"。這個字母代表什麼語音？"ēēē、ĕĕĕ"。我們現在來寫頭上沒有長棒的 **e**。

5. 先照著我這樣寫 **e**，然後在這條線上多寫幾次。

6. （多次仿寫 **e** 後，學生能寫出三到五個 **e**。學生若有需要，給予協助。若學生寫對了就說：）你的 **e** 寫得真好。

LESSON 91

任務 1　唸單字

1. 現在要來快快唸這些單字。（指著 **say** 的起點，暫停三秒。）準備囉，快快唸！（手指滑動。）"say"。對了，**say**。

2. 其他的單字都和 **say** 押韻。（指著 **stay** 的起點，暫停三秒。）快快唸！（手指滑動。）"stay"。對了，**stay**。

3. （指著 **away** 的起點，暫停三秒。）快快唸！（手指滑動。）"away"。對了，**away**。

4. （指著 **play** 的起點，暫停三秒。）快快唸！（手指滑動。）"play"。對了，**play**。

5. （指著 **day** 的起點，暫停三秒。）快快唸！（手指滑動。）"day"。對了，**day**。

say
說

stay
停留

away
遠離

play
玩；表演

day
天

任務 2　唸單字

1. 準備來快快唸這些單字。

2. （指著 **hear** 的起點，暫停三秒。）快快唸！（手指滑動。）"hear"。對了，**hear**。

3. （重複步驟 2 唸出其餘單字。）

hear
聽

soon
很快；不久

moon
月亮

seat
座位

note
筆記

outside
外面

playing
玩；表演（進行式）

任務 3 唸單字

1. （指著 **oh**。）這個字唸作 **oh**。這個字怎麼唸？"oh"。
2. （指著起點。）唸出語音！（指出每個黑點。）"ōōōh"。
3. 唸出語音時，這樣唸沒錯，但這個例外字怎麼唸？"oh"（**ō**）。要記住這個字。

噢（感嘆聲）

任務 4 唸單字

1. （指著 **loud** 的起點。）唸出語音。（指出每個黑點。）"lllowowowd"。（重複直到穩固。）這個單字怎麼唸？"loud"。
2. （重複步驟 1 唸出 **sound**、**shouted** 和 **our**。）

大聲

聲音

喊（過去式）

我們的

任務 5 唸單字——示範例外字

1. （指著 **want**。）這個字唸作 **want**（**wŏnt**）。這個字怎麼唸？"wŏnt"。
2. （指著起點。）唸出語音！（指出每個黑點。）"wwwaaannnt"。
3. 唸出語音時，這樣唸沒有錯，但這個例外字怎麼唸？"wŏnt"。要記住這個字。

想要

任務 6 快快唸單字

1. 現在你要用快快唸的方式唸所有的單字。
2. （指著本課第一個單字的起點，暫停三秒。）快快唸！（手指滑動，學生唸出單字。）對了，唸得很好。
3. （重複步驟 2 唸出本課其餘的單字。）

The Old Man Did Not Hear Well—Part 1

An old man lived with a little girl. The old man did not hear well. The little girl said to that man, "I will see you soon."

The man did not hear her. He said, "No, I do not see the moon."

The girl said, "I did not say that. I told you when we will meet."

The man said, "No, I am not on my seat."

The girl said, "If you can read, I will make a note." And she did.

Here is that note: "I will see you soon."

The old man said, "I can not see well. You will have to talk to me."

The girl said, "But he can not hear me when I talk as loud as I can." Then she shouted to the old man, "I am going in a car."

The old man said, "No, I will not go far."

"Not far," the girl shouted. "Car, car." Then the girl took the hand of the old man and went outside. She went to the car and said, "Look. Car. I will go in our car. I will not walk."

The old man said, "If you will not talk, how can I hear you?"

"Not talk," the girl said. "Walk, walk, walk."

"Oh," the old man said. "You are playing like you are a duck. And you are talking in duck talk."

This Is Not the End.

流暢性目標：188秒

長文，可視情況分成2或3段完成。

任務7 朗讀與翻譯

1. 我們要先唸這個故事的前半部，下一課我們會再唸故事的後半部。

2. 請你快快唸一次，你唸一句，我翻譯一句。（指著起點開始唸。需要時，老師給予協助。學生每唸完一句，老師逐句提供如下翻譯。老師可視情況，僅選擇部分句子給學生唸。）

聽不清楚的老人——第1集

一位老人和一個小女孩住在一起。那老人聽力不好。小女孩對老人說，"I will see you soon."（我很快會和你見面。）

老人沒有聽見她說什麼。他說，"No, I do not see the moon."（不，我沒看見月亮。）

女孩說，"我沒有那樣說。I told you when we will meet."（我只是告訴你，我們何時會見面。）

男人說，"No, I am not on my seat."（不，我沒有坐在我的座位上。）

女孩說，"如果你可以閱讀，我來寫一張紙條。"她就寫了。

紙條上這麼寫："I will see you soon."

老人說，"我看不清楚。妳必須要用說的。"

女孩說，"但是，即使我儘可能地大聲講話，他也聽不到。"然後她向老人大喊，"I am going in a car."（我要搭車走了。）

老人說，"No, I will not go far."（不，我不會走遠。）

"不是 far，"女孩大喊。"Car、car"。然後女孩拉著老人的手往外走。她走到車旁說，

"Look. Car. I will go in our car. I will not walk."（看。車子。我要搭車走了。我不是用走的。）

老人說，"If you will not talk, how can I hear you?"（如果妳不說話，我怎麼能聽到你？）

"Not talk,"女孩大喊。"walk, walk, walk."

"噢，"老人說。"妳在假裝妳是一隻duck（鴨子），妳正在學 duck（鴨子）講話。"

故事還沒結束。

3. 現在換我來唸英文，你來翻譯成國語。（老師指著起點開始唸，學生譯為國語，需要時，老師給予協助。）

4. 現在換我來唸國語，你來翻譯成英文。（老師逐句說國語，學生指著課文的開頭，逐句唸出。需要時，老師給予協助。）

任務8 圖片理解

來看下面這張圖。女孩指著的是什麼？你認為她在說什麼？老人看起來聽得清楚嗎？如果是你，你要怎麼做才能讓老人聽到你講的話？

任務9 字母書寫

1. 請你寫出我所寫的字母。這是你要寫的第一個字母，注意看。（在第一條線的開頭寫個 **a**，指著 **a**。）這個字母怎麼唸？"a"。這個字母代表什麼語音？"āāā、ăăă"。我們現在來寫頭上沒有長棒的 **a**。

2. 先照著我這樣寫 **a**，然後在這條線上多寫幾次。

3. （多次仿寫 **a** 後，學生能寫出三到五個 **a**。學生若有需要，給予協助。若學生寫對了就說：）你的 **a** 寫得真好。

4. 這是下一個你要練習寫的字母，注意看。（在第二條線的開頭寫個 **h**，指著 **h**。）這個字母怎麼唸？"h"。這個字母代表哪一個語音？"h"。

5. 先照著我這樣寫 **h**，然後在這條線上多寫幾次。

6. （多次仿寫 **h** 後，學生能寫出三到五個 **h**。學生若有需要，給予協助。若學生寫對了就說：）你的 **h** 寫得真好。

LESSON 92

任務1 長母音

1. （指著 **hid**。）準備唸這個單字。（指著起點。）唸出語音。（指出每個黑點。）"hiiid"。這個單字怎麼唸？"hid"。

2. （指著 **hide**。）這個單字看起來很像 **hid**，但它的字尾有一個 **e**。現在我們可以用字母名稱來唸出這個單字的正確發音。

3. 唸出這個字所有的字母名稱。"h-i-d-e"。注意聽，我來唸出每一個字母名稱，但不唸最後的那個 **e**。（暫停）h-īī-d。這個單字怎麼唸？"hide"。

4. （指著 **line**。）唸出這個單字的每一個字母名稱。"l-i-n-e"。注意聽，我來唸每一個字母名稱，但不唸最後的那個 **e**。（暫停）l-īī-n。這個單字怎麼唸？"line"。

隱藏（過去式）

隱藏

線

任務2   唸單字

1. 準備來快快唸這些單字。
2. （指著 **there** 的起點，暫停三秒。）快快唸！
   （手指滑動。）"there"。對了，**there**。
3. （重複步驟 2 唸出其餘的單字。）

there
那裡

gave
給（過去式）

notes
便箋；筆記

shouted
喊（過去式）

thing
物；事

something
某物；某事

任務3   唸單字──示範例外字

1. （指著 **want**。）這個字唸作 **want**（wŏnt）。
   這個字怎麼唸？"wŏnt"。
2. （指著起點。）唸出語音。（指出每個黑
   點。）"wwwaaannnt"。
3. 唸出語音時，這樣唸沒有錯，但這個例外字
   怎麼唸？"wŏnt"。要記住這個字。

want
想要

任務4   快快唸單字

1. 現在你要用快快唸的方式唸所有的單字。
2. （指著本課第一個單字的起點，暫停三
   秒。）快快唸！（手指滑動，學生唸出單
   字。）對了，唸得很好。
3. （重複步驟 2 唸出本課其餘的單字。）

The Old Man Did Not Hear Well—Part 2

A girl was talking to an old man. That man did not hear the things she said.

The girl got mad and she shouted, "I will be back soon."

The old man went fishing. He came to a lake and sat on a log. Then he started to fish. Soon he got a fish on his line. He took the fish from the lake. The fish said. "I have to swim. Can you let me go back in the lake?"

The old man said, "No, I don't have any cake."

The fish said, "If you let me go I will get big. Then I will get on your line and you will have a big fish. Let me get big."

The old man said, "No, I don't want a pig. I want a fish." Then the old man said, "If you are a pig, I will have to let you go."

So the old man let the fish go. He went back home. When he got there, the little girl had something for him. The old man liked the thing the girl gave him. Now the old man can read her notes.

This Is the End.

流暢性目標：154秒

長文，可視情況分成 2 或 3 段完成。

任務 5　朗讀與翻譯

1. 上次我們讀了這個故事的前半部，講到一位重聽的老人。你記得前一個故事的結局嗎？

2. 這一課，我們再來讀讀看這位老人後來怎麼了。

3. 請你快快唸一次，你唸一句，我翻譯一句。（指著起點開始唸。需要時，老師給予協助。學生每唸完一句，老師逐句提供如下翻譯。老師可視情況，僅選擇部分句子給學生唸。）

聽不清楚的老人──第 2 集

女孩在跟一位老人說話。老人聽不到她說的東西。

女孩生氣了，她大叫，"我很快就會回來。"

老人去釣魚。他來到一個湖，坐在一塊原木上。然後他開始釣魚。很快地他的魚線上有一條魚。他把魚從湖裡取出。魚說，"我必須游水。你能讓我 go back in the lake？"（回到湖裡。）

老人說，"不，I don't have any cake."（我沒有什麼蛋糕。）

魚說，"如果你讓我走，我會長大。然後我會再被釣起，你就會有一條大魚。Let me get big."（讓我長大。）

老人說，"不，I don't want a pig. I want a fish."（我不想要一頭豬，我要一條魚。）然後老人說，"如果你是一隻豬，我就必須讓你走。"

於是老人把魚放走。他回家了。當他到了家，小女孩給他一個東西。老人喜歡女孩給他的東西。現在老人可以讀她的便條了。

故事結束。

任務 6　圖片理解

來看下面這張圖。女孩給了老人什麼東西？老人戴了這副大眼鏡之後，他就能讀便條了嗎？那老人看起來很開心嗎？圖片裡那隻狗是哪一品種的狗？那隻狗看起來很開心嗎？不知道是不是前幾課（L87、L88）講到的 Biff。

任務 7　字母書寫

1. 請你寫出我所寫的字母。這是你要寫的第一個字母，注意看。（在第一條線的開頭寫個 **c**。指著 **c**。）這個字母怎麼唸？"c"。這個字母代表哪一個語音？"c"。

2. 先照著我這樣寫 c，然後在這條線上多寫幾次。

3. （多次仿寫 c 後，學生能寫出三到五個 c。學生若有需要，給予協助。若學生寫對了就說：）你的 **c** 寫得真好。

4. 這是下一個你要練習的字母，注意看。（在第二條線的開頭寫個 **g**，指著 **g**。）這個字母怎麼唸？"g"。這個字母代表哪一個語音？"g"。

5. 先照著我這樣寫 g，然後在這條線上多寫幾次。

6. （多次仿寫 g 後，學生能寫出三到五個 g。學生若有需要，給予協助。若學生寫對了就說：）你的 **g** 寫得真好。

LESSON 93

任務1 唸單字

1. 準備來快快唸這些單字。
2. （指著 **hid** 的起點，暫停三秒。）快快唸！（手指滑動。）"hid"。對了，**hid**。
3. （重複步驟2唸出其餘的單字。）

hid
隱藏（過去式）

hide
隱藏

hard
困難的；硬的

side
旁邊

tail
尾巴

legs
腿（複數）

任務2 快快唸單字

1. 現在請你再來一次，你要用快快唸的方式唸所有的單字。
2. （指著本課第一個單字的起點，暫停三秒。）快快唸！（手指滑動，學生唸出單字。）對了，唸得很好。
3. （重複步驟2唸出本課其餘的單字。）

任務3 朗讀與翻譯

1. 我們要先唸這個故事的前半部，下一課我們會再唸故事的後半部。
2. 請你快快唸一次，你唸一句，我翻譯一句。（指著起點開始唸。需要時，老師給予協助。學生每唸完一句，老師逐句提供如下翻譯。老師可視情況，僅選擇部分句子給學生唸。）

喜歡捉迷藏的豬——第1集
以前有一隻喜歡捉迷藏的豬。但這隻豬太大了，當她捉迷藏時，都很不好受。其他的豬要找到這隻又大又肥的豬，並不困難。當這大豬藏在樹後，其他的豬說，"我們看到你的一部分。"
當這大豬藏在車子後面，其他的豬說，"我們看到你的旁邊，"或"我們看你的背，"或"我們看到你的腳。"
當這大豬藏在穀倉後面，其他的豬說，"你在那裡。我們看到一條肥尾巴。"
其他的豬都很會捉迷藏。
這些小豬中的五隻躲在一棵樹後。大豬沒有看見他們。這些小豬中的九隻躲在一輛車後面。"我沒有看見他們，"大豬說。
十隻小豬和一匹馬躲在穀倉後面。大豬看了又看，但她沒有看見小豬和馬。
大豬說，"他們可以捉迷藏，但我躲不起來。我需要一個大的東西。"於是大豬開始找一個很大的東西。
故事還沒結束。

3. 現在換我來唸英文，你來翻譯成國語。（老師指著起點開始唸，學生譯為國語，需要時，老師給予協助。）
4. 現在換我來唸國語，你來翻譯成英文。（老師逐句說國語，學生指著起點開始唸。需要時，老師給予協助。）

The Pig That Liked to Hide—Part 1

There was a pig that liked to hide. But this pig was so big that it had a bad time when it hid. The other pigs did not have a hard time seeing that big, fat pig. When the big pig hid in back of a tree, the other pigs said, "We see part of you."

When the big pig hid in back of a car, the other pigs said, "We see your side," or "We see your back," or "We see your legs."

When the big pig hid in back of a barn, the other pigs said, "There you are. We see a fat tail."

The other pigs were good at hiding.

Five of these little pigs hid in back of a tree. The big pig did not see them. Nine of these little pigs hid in back of a car. "I do not see them," the big pig said.

Ten little pigs and a horse hid in back of the barn. The big pig looked and looked but she did not find the pigs or the horse.

The big pig said, "They can hide but I can not hide. I need something big." So the big pig looked and looked for something very big.

Not the End

流暢性目標：151秒

長文，可視情況分成 2 或 3 段完成。

任務4 圖片理解

　　來看下面這張圖。在這張圖上，那隻豬想要做什麼？她想要躲在什麼東西後面？那隻大豬藏得好嗎？其他小豬在說什麼？那隻大豬真的需要躲在某個大東西後面。

任務5 字母書寫

1. 請你寫出我所寫的字母。這是你要寫的第一個字母，注意看。（在第一條線的開頭寫個 **j**，指著 **j**。）這個字母怎麼唸？"j"。這個字母代表哪一個語音？"j"。

2. 先照著我這樣寫 **j**，然後在這條線上多寫幾次。

3. （多次仿寫 **j** 後，學生能寫出三到五個 **j**。學生若有需要，給予協助。若學生寫對了就說：）你的 **j** 寫得真好。

4. 這是下一個你要練習寫的字母，注意看。（在第二條線的開頭寫個 **y**，指著 **y**。）這個字母怎麼唸？"y"。這個字母代表哪一個語音？"yyy、ㄒㄧ"。

5. 先照著我這樣寫 **y**，然後在這條線上多寫幾次。

6. （多次仿寫 **y** 後，學生能寫出三到五個 **y**。學生若有需要，給予協助。若學生寫對了就說：）你的 **y** 寫得真好。

LESSON 94

任務1 唸單字——示範例外字

1. （指著 **don't**。）這個單字唸作 **don't**。這個單字怎麼唸？"don't"。

2. （指著起點。）唸出語音。（指出每個黑點）。"dōōōnnnt"。

3. 唸出語音時，這樣唸沒有錯，但我們怎麼唸這個字？"don't"。要記住這個字。

don't
不要

任務 2　唸單字

（指著 **green** 的起點。）唸出語音。準備了。（手指滑過 **g**，指著其他字母下的黑點。）"grrrēēēnnn"。（重複直到穩固。）這個單字怎麼唸？"green"。對了，**green**。

green
綠色

任務 3　唸單字──ai

1. （指著 **ai** 下面的黑點。）當這兩個字母在一起時，它們通常唸作 **āāā**。它們通常怎麼唸？"āāā"。

2. （指著 **pail** 裡 **ai** 下面的黑點。）怎麼唸？"āāā"。（指著 **pail** 的起點。）唸出語音。（指著黑點。）"pāāālll"。（重複直到穩固。）這個單字怎麼唸？"pail"。對了，**pail**。

3. （指著 **pain** 裡 **ai** 下面的黑點。）怎麼唸？"āāā"。（指著 **pain** 的起點。）唸出語音。（指著黑點。）"pāāānnn"。（重複直到穩固。）怎麼唸？"pain"。對了，**pain**。

4. （指著 **paint** 裡 **ai** 下面的黑點。）怎麼唸？"āāā"。（指著 **paint** 的起點。）唸出語音。（指著黑點。）"paint"。（重複直到穩固。）怎麼唸？"paint"。對了，**paint**。

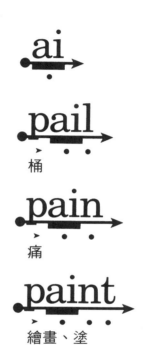

ai

pail
桶

pain
痛

paint
繪畫、塗

任務 4　快快唸單字

1. 現在請你再來一次，你要用快快唸的方式唸所有的單字。

2. （指著本課第一個單字的起點，暫停三秒。）快快唸！（手指滑動，學生唸出單字。）對了，唸得很好。

3. （重複步驟 2 唸出本課其餘的單字。）

The Pig That Liked to Hide—Part 2

There was a pig that was too big to hide. That pig was looking for something big.

The pig went to the lake. "No," the pig said. "A lake is big, but I can not hide in back of a lake."

The pig went to a park. "No," the pig said. "A park is big, but I can not hide in back of a park."

Then, that pig went to a hill. "No," the pig said. "That hill is big, but if those little pigs go to the top of the hill, they will see me on the other side."

An eagle said to the pig, "You don't need a hill. You are a hill. Get some green paint and make every part of you green. Then you will look like a hill and you can hide."

So the pig got cans and cans of green paint. The pig started painting. Soon every part of that pig was green. The pig went back to the farm and sat down near the barn.

"I am hiding," the pig shouted. "Come and get me."

The little pigs looked and looked. But they did not find the big pig. A little pig said, "I see a farm and I see a barn and I see a big green hill. But I do not see a fat pig."

The End

流暢性目標：156秒

長文，可視情況分成 2 或 3 段完成。

任務 5 朗讀與翻譯

1. 上次我們讀了這個故事的前半部，講到一隻愛捉迷藏的豬，你還記得前一課的結局嗎？

2. 這一課，我們再來讀讀看，這隻豬後來怎麼了。

3. 請你快快唸一次，你唸一句，我翻譯一句。（指著起點開始唸。需要時，老師給予協助。學生每唸完一句，老師逐句提供如下翻譯。老師可視情況，僅選擇部分句子給學生唸。）

喜歡捉迷藏的豬——第 2 集

從前有一隻豬，因為身子太大了，所以藏不起來。那隻豬在找一個大的東西。

豬去一個湖邊。"不，"豬說。"湖很大，但我不能藏在湖的後面。"

豬去一個公園。"不，"豬說。"公園很大，但我不能藏在公園的後面。"

然後，豬去一座小山。"不，"豬說。"小山很大，但如果那些小豬走到小山山頂，他們就

會看見我在另一邊。"

一隻老鷹跟豬說，"你不需要一座小山。你就是小山。找點綠漆來，把身上每一部分都塗綠。然後你會看起來像一座小山，這樣就藏好了。"

於是那豬找來一罐又一罐的綠漆，開始上漆。很快的，豬身上的每一部分都成了綠色。豬回到農場，坐在穀倉附近。

"我藏好了，"豬大喊。"來抓我啊。"

小豬們看了又看，但他們沒辦法找到大豬。

一隻小豬說，"我看見一個農場，我看見一個穀倉，我看見一座綠色的小山。但我沒有看見那隻肥豬。"

結束。

4. 現在換我來唸英文，你來翻譯成國語。（老師指著起點開始唸，學生譯為國語，需要時，老師給予協助。）

5. 現在換我來唸國語，你來翻譯成英文。（老師逐句說國語，學生指著課文的開頭，逐句唸出。需要時，老師給予協助。）

任務6　圖片理解

　　來看上面這張圖。請你指出哪一個東西,被小豬以為是一座綠色小山?大豬很開心嗎?小豬們想做什麼?小豬們在說什麼?

任務7　字母書寫

1. 請你寫出我所寫的字母。這是你要寫的第一個字母,注意看。（在第一條線的開頭寫個 **x**,指著 **x**。）這個字母怎麼唸?"**x**"。這個字母代表哪一個語音?"**ksss**"。

2. 先照著我這樣寫 **x**,然後在這條線上多寫幾次。

3. （多次仿寫 **x** 後,學生能寫出三到五個 **x**。學生若有需要,給予協助。若學生寫對了就說:）你的 **x** 寫得真好。

4. 這是接下來你要練習寫的字母,注意看。（在第二條線的開頭寫個 **qu**,指著 **qu**。）這兩個字母怎麼唸?"**q-u**"。這兩個字母代表哪一個語音?"**kwww**"。

5. 先照著我這樣寫 **qu**,然後在這條線上多寫幾次。

6. （多次仿寫 **qu** 後,學生能寫出三到五個 **qu**。學生若有需要,給予協助。若學生寫對了就說:）你的 **qu** 寫得真好。

LESSON 95

任務1 唸單字

1. （指著 **fog** 的起點。）準備了，唸出語音。
   （指著黑點。）"fffooog"。（重複直到穩
   固。）這個單字怎麼唸？"fog"。
2. （重複步驟 1 唸出 **frog**、**spots**、**blap**、
   loud、**sound**、**ruck** 和 **ding**。）

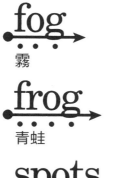
霧

frog
青蛙

spots
點（複數）

blap
（擬聲）

loud
大聲的

sound
聲音

ruck
（擬聲）；弄皺

ding
（擬聲）；響

任務2 唸單字

1. 準備來快快唸這些單字。
2. （指著 **green** 的起點，暫停三秒。）快快
   唸！（手指滑動。）"green"。對了，**green**。
3. （重複步驟 2 唸出其餘的單字。）

green
綠色

these
這些

those
那些

here
這裡

deep
深

teeth
牙齒

任務3 快快唸單字

1. 現在請你再來一次，要用快快唸的方式唸所
   有的單字。
2. （指著本課第一個單字的起點，暫停三
   秒。）快快唸！（手指滑動，學生唸出單
   字。）對了，唸得很好。

The Frog That Made Big Sounds—Part 1

There was a little frog with green spots. That frog made very big sounds. The other frogs in the lake got on the shore and made sounds. Some went "Ding, ding, ding." Some of the big frogs made deep sounds: "Ruck, ruck, ruck." But the little frog with green spots made this sound: "Blap, blap, blap." The sound was very loud. Frogs like to sing with each other. They ding and ruck and ruck and ding. But the frogs that ding and ruck did not like the sounds that the little frog made. When he went, "Blap, blap, blap," they said, "Stop that blap, blap. Those sounds are too loud. How can we sing if you make loud sounds?"

Then these frogs said, "Yes, stop blapping and start singing." Soon one of the other frogs said, "Let's dive in the lake and get out of here." And they did.

The little frog had a mother. She said, "You make sounds that are like big teeth. They bite my ears."

The little frog with green spots was sad. He said, "I do not like to make those big sounds. But I can not sing the way the other frogs sing."

More to Come

流暢性目標：154秒

長文，可視情況分成 2 或 3 段完成。

任務 4　朗讀與翻譯

1. 我們要先唸這個故事的前半部，下一課我們會再唸故事的後半部。

2. 請你快快唸一次，你唸一句，我翻譯一句。（指著起點開始唸。需要時，老師給予協助。學生每唸完一句，老師逐句提供如下翻譯。老師可視情況，僅選擇部分句子給學生唸。）

發出巨響的青蛙──第 1 集

從前有一隻身上有綠點的小蛙。那小蛙會發出非常大的聲音。湖裡其他的青蛙會上岸發出聲音。有些是"ding、ding、ding"的叫。有些大青蛙發出深沉的聲音："ruck、ruck、ruck。"但身上有綠點的小蛙這樣叫："blap、blap、blap。"這叫聲非常大聲。青蛙們喜歡合唱。他們 ding 了又 ruck，ruck 了又 ding。但這些又 ding 又 ruck 的青蛙不喜歡那隻小蛙發出的聲音。當他"blap、blap、blap"時，他

們說，"停止那 blap、blap 的聲音。那些聲音太大聲了。你發出那麼大的聲音，我們怎麼唱歌？"

然後這些青蛙說，"是的，停止 blap 然後開始唱歌。"很快地青蛙群中的一隻說，"讓我們潛到湖裡，離開這裡。"然後他們就這麼做了。

小蛙有個媽媽。她說，"你發出的聲音就好像巨齒一樣。會咬我的耳朵。"

那隻身上有綠點的小蛙很傷心。他說，"我不喜歡發出那些很大的聲音。但是我不會像其他青蛙那樣的唱歌。"

後面還有

3. 現在換我來唸英文，你來翻譯成國語。（老師指著起點開始唸，學生譯為國語，需要時，老師給予協助。）

4. 現在換我來唸國語，你來翻譯成英文。（老師逐句說國語，學生指著課文的開頭，逐句唸出。需要時，老師給予協助。）

任務5　圖片理解

　　來看下面這張圖。圖片裡的青蛙都在做什麼？大青蛙是怎麼叫的？大多數小青蛙是怎麼叫的？哪一隻青蛙是帶著綠點的小青蛙？那隻青蛙是怎麼叫的？其他的青蛙看起來都喜歡他 blap、blap 的叫聲嗎？

任務6　字母書寫

1. 請你寫出我所寫的字母。這是你要寫的第一個字母，注意看。（在第一條線的開頭寫個 **qu**，指著 **qu**。）這兩個字母怎麼唸？"q-u"。這兩個字母代表哪一個語音？"kwww"。

2. 先照著我這樣寫 **qu**，然後在這條線上多寫幾次。

3. （多次仿寫 **qu** 後，學生能寫出三到五個 **qu**。學生若有需要，給予協助。若學生寫對了就說：）你的 **qu** 寫得真好！

4. 這是下一個你要練習寫的字母，注意看。（在第二條線的開頭寫個 **g**，指著 **g**。）這個字母怎麼唸？"g"。這個字母代表哪一個語音？"g"。

5. 先照著我這樣寫 **g**，然後在這條線上多寫幾次。

6. （多次仿寫 **g** 後，學生能寫出三到五個 **g**。學生若有需要，給予協助。若學生寫對了就說：）你的 **g** 寫得真好。

LESSON **96**

任務**1** 唸單字

1. 準備來快快唸這些單字。
2. （指著 **fog** 的起點，暫停三秒。）快快唸！（手指滑動。）"fog"。對了，**fog**。
3. （重複步驟 2 唸出其餘單字。）

fog
霧

frogs
青蛙（複數）

sounds
聽起來

big
大

biggest
最大的

those
那些

loud
大聲的

kick
踢

shore
海岸

ate
吃（過去式）

任務**2** 唸單字

1. （指著 **room** 的起點。）準備了，唸出語音。（指著黑點。）"rrrooooooommm"。（重複直到穩固。）這個單字怎麼唸？"room"。
2. （重複步驟 1 唸出 **dust**、**mouse**、**house**、**proud**、**found**、**around** 和 **spring**。）

room
房間

dust
灰塵

mouse
老鼠

house
房子

proud
驕傲的

found
發現（過去式）

around
周圍

spring
春天

任務**3** 快快唸單字

1. 現在請你再來一次，要用快快唸的方式唸所有的單字。
2. （指著本課第一個單字的起點，暫停三秒。）快快唸！（手指滑動，學生唸出單字。）對了，唸得很好。
3. （重複步驟 2 唸出本課其餘的單字。）

The Frog That Made Big Sounds—Part 2

A little frog with green spots made big sounds. The other frogs in the lake did not like those sounds.

On a spring day a big fog came over the lake. The frogs said, "We can not see in this fog, but we can sit on the shore and sing." The fog was so bad that the sound of the frogs was not loud. Then a big frog said, "I hear a ship. That ship can not see where it is going. It will run up on the shore if we do not stop it." Another frog said, "We will make big sounds so the ship will hear us."

So these frogs made the biggest sounds they had ever made. "Ruck, ding, ding, ruck." But the fog ate up the sounds.

Then a big frog said to the little frog with green spots, "Can you make sounds that a ship can hear?"

The little frog shouted, "Blap, blap." These sounds were so loud that the other frogs jumped into the lake. They said, "That sound is like a kick in the ears."

But the ship did not run into the shore. A big frog said, "They can hear that loud sound."

So now the other frogs like the little frog. When there is a big fog, go to the shore of a lake. You may hear that frog going, "Blap, blap."

This Is the End.

> 流暢性目標：172秒
>
> 長文，可視情況分成2或3段完成。

任務4 朗讀與翻譯

1. 上次我們先唸了這個故事的前半部，講到一隻叫得很大聲的青蛙，你還記得前一課的結局嗎？

2. 這一課我們會再唸故事的後半部，看看那隻叫得很大聲的青蛙會怎麼樣。

3. 請你快快唸一次，你唸一句，我翻譯一句。（指著起點開始唸。需要時，老師給予協助。學生每唸完一句，老師逐句提供如下翻譯。老師可視情況，僅選擇部分句子給學生唸。）

   發出巨響的青蛙──第2集
   有一隻身上有綠點的小蛙，會發出非常大的聲音。湖裡其他的青蛙不喜歡那些聲音。
   有一個春日，一場大霧到臨了這個湖。蛙群說，"我們在這場霧裡看不見，但我們可以坐在岸邊唱歌。"霧太重了，所以蛙群的聲音不夠響亮。然後一隻大蛙說，"我聽到一艘船（的聲音）。那艘船看不到自己的方向。如果我們不阻止它，它會衝上岸來。"另一隻青蛙說，"我們來發出大的聲音，好讓那船可以聽見我們。"
   於是蛙群叫出他們曾經有過最大的聲音。"Ruck、ding、ding、ruck。"但大霧把叫聲都吞沒了。
   然後一隻大蛙跟身上有綠點的小蛙說，"你可不可以發出那船可以聽見的聲音？"
   小蛙大叫，"blap、blap。"這些聲音大到讓其他的青蛙必須跳進湖裡。他們說，"那聲音就像耳中有人踢了一腳。"

但是，那艘船沒有衝上岸來。一隻大蛙說，"他們聽到那大的聲音了。"
因此，現在其他的青蛙喜歡小蛙了。當有大霧時，去到湖岸，你可能會聽到那隻青蛙正在"blap、blap"呢。
故事結束。

4. 現在換我來唸英文，你來翻譯成國語。（老師指著起點開始唸，學生譯為國語，需要時，老師給予協助。）

5. 現在換我來唸國語，你來翻譯成英文。（老師逐句說國語，學生指著課文的開頭，逐句唸出。需要時，老師給予協助。）

任務5 圖片理解

來看下面這張圖。圖片裡小青蛙是怎麼叫的？其他的青蛙在幹什麼？為什麼他們要用手摀住耳朵？為什麼你只看到一部分的青蛙？

任務 6　字母書寫

1. 請你寫出我所寫的字母。這是你要寫的第一個字母，注意看。（在第一條線的開頭寫個 **z**，指著 **z**。）這個字母怎麼唸？"z"。這個字母代表哪一個語音？"zzz"。

2. 先照著我這樣寫 **z**，然後在這條線上多寫幾次。

3. （多次仿寫 **z** 後，學生能寫出三到五個 **z**。學生若有需要，給予協助。若學生寫對了就說：）你的 **z** 寫得真好！

4. 這是下一個你要練習寫的字母，注意看。（在第二條線的開頭寫個 **c**，指著 **c**。）這個字母怎麼唸？"c"。這個字母代表哪一個語音？"c"。

5. 先照著我這樣寫 **c**，然後在這條線上多寫幾次。

6. （多次仿寫 **c** 後，學生能寫出三到五個 **c**。學生若有需要，給予協助。若學生寫對了就說：）你的 **c** 寫得真好。

LESSON 97

任務 1　唸單字

1. 準備來快快唸這些單字。
2. （指著 **mouse** 的起點，暫停三秒。）快快唸！（手指滑動。）"mouse"。對了，**mouse**。
3. （重複步驟 2 唸出其餘單字。）

任務 2　快快唸單字

1. 現在請你再來一次，要用快快唸的方式唸所有的單字。
2. （指著本課第一個單字的起點，暫停三秒。）快快唸！（手指滑動，學生唸出單字。）對了，唸得很好。
3. （重複步驟 2 唸出本課其餘單字。）

任務 3　朗讀與翻譯

1. 我們要先唸這個故事的前半部，下一課我們會再唸故事的後半部。
2. 請你快快唸一次，你唸一句，我翻譯一句。（指著起點開始唸。需要時，老師給予協助。學生每唸完一句，老師逐句提供如下翻譯。老師可視情況，僅選擇部分句子給學生唸。）

床蟲——第 1 集

一隻老鼠有一幢閃閃發亮的房子。每一天，老鼠用一塊抹布，清掃過每個房間。老鼠會收拾每一粒灰塵。老鼠引以為榮。"這可以看出我多麼喜歡我的房子。"

但在一個天冷的日子，老鼠發現事情糟了。那時老鼠正在打掃臥房裡的灰塵。老鼠看著床說，"我看到床上有很多蟲。"有十隻紅色的蟲在床上。

mouse
老鼠

out
外面

house
房子

proud
驕傲的

found
發現（過去式）

grass
草

shine
發光

room
房間

dust
灰塵

"滾出那張床，"老鼠喊道。

"不，"一隻蟲說。"我們必須留在床上。我們是床蟲。（即台灣的臭蟲，會吸血。）"

"我的房子閃閃發亮，"老鼠說。"我不能（容忍）有蟲在這裡面。"

一隻蟲走近老鼠。那蟲說，"如果我們是床蟲，我們就必須住在床上。我們不是吃草的蟲，所以我們不能住在草裡。我們不是穀倉

的蟲，所以也不能住在穀倉裡。"

停。

3. 現在換我來唸英文，你來翻譯成國語。（老師指著起點開始唸，學生譯為國語，需要時，老師給予協助。）

4. 現在換我來唸國語，你來翻譯成英文。（老師逐句說國語，學生指著課文的開頭，逐句唸出。需要時，老師給予協助。）

The Bed Bugs—Part 1

A mouse had a house that shined. Every day, that mouse got a rag and went from room to room. The mouse picked up every bit of dust. The mouse was very proud. "This is how I like my house."

But on a cold day that mouse found something bad. The mouse was going to dust in the bed room. The mouse looked at the bed and said, "I see bugs in that bed." There were ten red bugs in the bed.

"Get out of that bed," the mouse yelled.

"No," a bug said. "We must stay in a bed. We are bed bugs."

"My house shines," the mouse said. "I can not have bugs in here."

A bug came near the mouse. That bug said, "If we are bed bugs, we must live in beds. We are not grass bugs, so we can not live in the grass. We are not barn bugs, so we can not live in a barn."

Stop.

流暢性目標：124 秒

長文，可視情況分成 2 或 3 段完成。

任務 4 圖片理解

　　來看下面這張圖。數數看床上有幾隻小蟲。他們看起來像是準備好要離開那張床嗎？那隻老鼠看起來很開心嗎？你認為那隻老鼠在說什麼？你認為這些床上的蟲在說什麼？

任務 5 字母書寫

1. 請你寫出我所寫的字母。這是你要寫的第一個字母，注意看。（在第一條線的開頭寫個 **b**，指著 **b**。）這個字母怎麼唸？"b"。這個字母代表哪一個語音？"b"。

2. 先照著我這樣寫 **b**，然後在這條線上多寫幾次。

3. （多次仿寫 **b** 後，學生能寫出三到五個 **b**。學生若有需要，給予協助。若學生寫對了就說：）你的 **b** 寫得真好！

4. 這是接下來你要練習寫的字母，注意看。（在第二條線的開頭寫下 **qu**，指著 **qu**。）這兩個字母怎麼唸？"q-u"。這兩個字母代表哪一個語音？"kwww"。

5. 先照著我這樣寫 **qu**，然後在這條線上多寫幾次。

6. （多次仿寫 **qu** 後，學生能寫出三到五個 **qu**。學生若有需要，給予協助。若學生寫對了就說：）你的 **qu** 寫得真好。

LESSON 98

任務1　唸單字

1. 準備來快快唸這些單字。
2. （指著 **other** 的起點，暫停三秒。）快快唸！
   （手指滑動。）"other"。對了，**other**。
3. （重複步驟 2 唸出其餘單字。）

任務2　快快唸單字

1. 現在請你再來一次，要用快快唸的方式唸所有的單字。
2. （指著本課第一個單字的起點，暫停三秒。）快快唸！（手指滑動，學生唸出單字。）對了，唸得很好。
3. （重複步驟 2 唸出本課其餘的單字。）

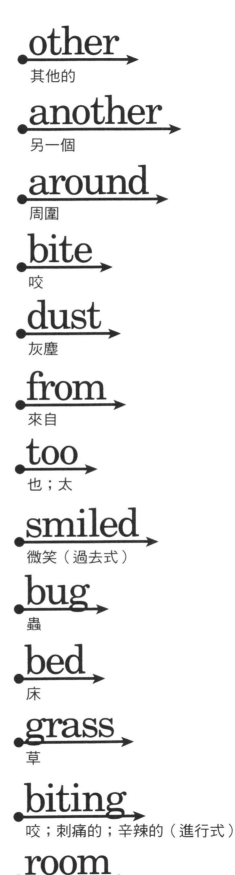

other
其他的

another
另一個

around
周圍

bite
咬

dust
灰塵

from
來自

too
也；太

smiled
微笑（過去式）

bug
蟲

bed
床

grass
草

biting
咬；刺痛的；辛辣的（進行式）

room
房間

The Bed Bugs—Part 2

A mouse found bed bugs in the bed. That mouse was very mad, but the bugs said that they had to live in beds.

The mouse said, "Get out of this room or I will hit you with a dust rag."

"We are too fast for you," a bug said. The mouse hit the bed with the rag. But the rag did not hit bugs. It hit the bed. The bugs were on another part of the bed. They said, "If you do that, we will bite. And bed bugs are good at biting."

"This is bad," the mouse said. The mouse walked from the bed room. "I must do something," the mouse said.

Soon the mouse came back into the bed room. The mouse was holding a little bed. That bed was made from a dish and a dust rag. The mouse said to the bugs, "You are bed bugs. And this is a little bed. So hop out of my bed and get into this bed."

The bugs smiled. Then, hop, jump, they got into the little bed.

They ran around on the dust rag. Then a bug looked at the mouse and said, "This is a good bed. But a bed needs a bed room and a bed room needs a house."

So the mouse had to make a house with a bed room. And now the bug bed is in the bed room and the bed bugs are in the bug bed.

The End

流暢性目標：170秒

長文，可視情況分成2或3段完成。

很快地，老鼠回到臥房。他手持一個小床。那床是由一個碟子和除塵抹布做的。老鼠跟蟲說，"你們是床蟲。而這是一張小床。所以請跳出我的床，進到這個床來。"

床蟲們笑了。然後，又蹦又跳，他們進了小床。

他們繞著除塵抹布跑。然後，一隻床蟲看著老鼠說，"這是一張好床。但一張床需要一個臥房，一個臥房需要一幢房子。"

於是老鼠必須造一個有臥房的房子。現在蟲床放在臥房裡，而床蟲都在那張蟲床上了。

結束

任務 3　朗讀與翻譯

1. 上次我們讀了這個故事的前半部，講到床上的蟲，你還記得前一課的結局嗎？

2. 這一課我們再來看看，那隻老鼠和床上的蟲後來怎麼了。

3. 請你快快唸一次，你唸一句，我翻譯一句。（指著起點開始唸。需要時，老師給予協助。學生每唸完一句，老師逐句提供如下翻譯。老師可視情況，僅選擇部分句子給學生唸。）

床蟲──第2集

一隻老鼠在床上發現許多床蟲。那隻老鼠非常生氣，但床蟲們說，他們必須住在床上。

老鼠說，"滾出這個房間，要不然我要用除塵抹布打你們。"

"對你來說，我們（動作）太快了，"一隻蟲說。老鼠用抹布打床。但抹布沒有打到蟲。它只打到床。蟲在床的另一部分。他們說，"如果你真要這麼幹，我們就開咬了。床蟲可真會咬。"

"這真糟糕，"老鼠說。一邊走出臥房。"我必須做點什麼，"老鼠說。

4. 現在換我來唸英文，你來翻譯成國語。（老師指著起點開始唸，學生譯為國語，需要時，老師給予協助。）

5. 現在換我來唸國語，你來翻譯成英文。（老師逐句說國語，學生指著課文的開頭，逐句唸出。需要時，老師給予協助。）

任務 **4** 圖片理解

來看下面這張圖。這些床蟲是在什麼地方？他們正在做什麼？他們看起來是不是正在開心取樂呢？他們全部都坐在什麼東西上面？這張蟲蟲用的床放在哪裡呢？

任務 **5** 字母書寫

1. 請你寫出我所寫的字母。這是你要寫的第一個字母，注意看。（在第一條線的開頭寫下 **er**，指著 **er**。）這兩個字母怎麼唸？"e-r"。這兩個字母代表哪一個語音？"urrr"。

2. 先照著我這樣寫 **er**，然後在這條線上多寫幾次。

3. （多次仿寫 **er** 後，學生能寫出三到五個 **er**。學生若有需要，給予協助。若學生寫對了就說：）你的 **er** 寫得真好！

4. 這是下一個你要練習寫的字母，注意看。（在第二條線的開頭寫個 **d**，指著 **d**。）這個字母怎麼唸？"d"。這個字母代表哪一個語音？"d"。

5. 先照著我這樣寫 **d**，然後在這條線上多寫幾次。

6. （多次仿寫 **d** 後，學生能寫出三到五個 **d**。學生若有需要，給予協助。若學生寫對了就說：）你的 **d** 寫得真好。

LESSON **99**

任務 **1** 唸單字

1. 準備來快快唸這些單字。

2. （指著 **hear** 的起點，暫停三秒。）快快唸！（手指滑動。）"hear"。對了，**hear**。

3. （重複步驟 2 唸出其餘單字。）

任務 **2** 快快唸單字

1. 現在請你再來一次，用快快唸的方式唸所有的單字。

2. （指著本課第一個單字的起點，暫停三秒。）快快唸！（手指滑動，學生唸出單字。）對了，唸得很好。

3. （重複步驟 2 唸出本課其餘單字。）

hear 聽

near 接近

take 拿

shot 開槍

blam（擬聲）

tiger 老虎

mouse 老鼠

stopped 停止（過去式）

picked 挑選（過去式）

Hunting for Tigers—Part 1

The old man said, "I need a tiger coat. So I will hunt for a tiger."

The girl said, "But you can not see. How can you hunt for a tiger?"

The old man said, "I can hear. Tigers make sounds. I will hear those sounds and take a shot."

The girl said, "The shot may miss."

"No," the old man said. "When I hear something I will take a good shot."

So the man went out with his gun. He did not see well. So he fell over a log. Then he fell over a rock. Then he walked up a hill. When he got to the top he stopped. "I hear something," he said. "I have found a tiger."

The man did hear the sound of a tiger. It was a big tiger. And it was very near. The old man picked up his gun. "Blam."

The shot did not hit the tiger. It hit a nut in a tree. The nut fell on a mouse.

The mouse yelled, "Stop hitting me with nuts."

This Is Not the End.

流暢性目標：144秒

長文，可視情況分成 2 或 3 段完成。

任務 3　朗讀與翻譯

1. 我們要先唸這個故事的前半部，下一課我們會再唸故事的後半部。

2. 請你快快唸一次，你唸一句，我翻譯一句。（指著起點開始唸。需要時，老師給予協助。學生每唸完一句，老師逐句提供如下翻譯。老師可視情況，僅選擇部分句子給學生唸。）

   獵老虎──第 1 集

   老人說，"我需要一件老虎皮外衣。因此我要去獵一隻老虎。"

   女孩說，"但你看不見。你怎麼去獵虎呢？"

   老人說，"我聽得見。老虎會發出聲響。我會聽見聲音，然後開槍。"

   女孩說，"那槍會失了準頭。"

   "不會，"老人說。"當我聽見什麼聲音時，我就會射得很準。"

   於是老人帶著他的槍出門。他視力不良。所以被一個原木絆倒。又被一塊石頭絆倒。然後他走上一座小山。當他走到山頂時，他停下來。"我聽到聲音，"他說。"我已經找到一隻老虎了。"

   他真的聽到一隻老虎的聲音。那是一隻大老虎。而且牠非常靠近。老人舉起他的槍。"Blam。"

   那槍沒有射中老虎，射到了一棵樹上的栗子。栗子砸在一隻老鼠身上。

   老鼠大喊，"停止用栗子打我。"

   故事還沒結束。

3. 現在換我來唸英文，你來翻譯成國語。（老師指著起點開始唸，學生譯為國語，需要時，老師給予協助。）

4. 現在換我來唸國語，你來翻譯成英文。（老師逐句說國語，學生指著課文的開頭，逐句唸出。需要時，老師給予協助。）

任務 4　圖片理解

來看下面這張圖。老人的槍有瞄準著老虎嗎？老人到底開槍打到什麼？手指順著那顆栗子掉落的方向，看看它會打到誰。老鼠被一個大栗子砸到時，他覺得怎樣？

任務 5　字母書寫

1. 請你寫出我所寫的字母。這是你要寫的第一個字母，注意看。（在第一條線的開頭寫個 **s**，指著 **s**。）這個字母怎麼唸？"s"。這個字母代表哪一個語音？"sss"。

2. 先照著我這樣寫 **s**，然後在這條線上多寫幾次。

3. （多次仿寫 **s** 後，學生能寫出三到五個 **s**。學生若有需要，給予協助。若學生寫對了就說：）你的 **s** 寫得真好！

4. 這是下一個你要練習寫的字母，注意看。（在第二條線的開頭寫個 **r**，指著 **r**。）這個字母怎麼唸？"r"。這個字母代表哪一個語音？"rrr"。

5. 先照著我這樣寫 **r**，然後在這條線上多寫幾次。

6. （多次仿寫 **r** 後，學生能寫出三到五個 **r**。學生若有需要，給予協助。若學生寫對了就說：）你的 **r** 寫得真好。

LESSON 100

任務 1　唸單字

1. 準備來快快唸這些單字。
2. （指著 **sing** 的起點，暫停三秒。）快快唸！（手指滑動。）"sing"。對了，**sing**。
3. （重複步驟 2 唸出其餘單字。）

任務 2　快快唸單字

1. 現在請你再來一次，用快快唸的方式唸所有的單字。
2. （指著本課第一個單字的起點，暫停三秒。）快快唸！（手指滑動，學生唸出單字。）對了，唸得很好。
3. （重複步驟 2 唸出本課其餘單字。）

sing
唱

back
後面；回

shouted
喊（過去式）

sand
沙

thank
謝謝

kept
保持（過去式）

licked
舔（過去式）

nose
鼻子

noses
鼻子（複數）

home
家

bite
咬

tame
馴服的；柔順的

house
房子

Hunting for Tigers—Part 2

An old man was shooting at a tiger.

The tiger sat down and started to sing. The old man shot. This shot hit a rock. A bug was in back of that rock. "Stop making this rock jump," the bug shouted.

But the old man did not stop shooting. The man shot a hole in the sand. An ant said, "Thank you. That is a good ant hole."

The tiger kept singing and the man kept shooting. Then the man stopped. He said, "I am out of shots. So I must stop hunting."

The tiger came over and licked the old man on the nose. The old man said, "You can not do that. Tigers do not lick. They bite."

The tiger said, "Not this tiger. I am a tame tiger." Then the tiger said, "I love to lick noses and I love to sing."

The old man said, "I must get out of here. But I can not see. So I can not find my house."

The tiger said, "I will take you home if you give me a good coat."

So now the tiger has a tiger coat and a coat from the old man. And the old man has no coats.

This Is the Last Ending.

流暢性目標：161 秒

長文，可視情況分成 2 或 3 段完成。

任務 3　朗讀與翻譯

1. 上次我們讀了這個故事的前半部，講到一個老人去打老虎，你還記得前一課的結局嗎？

2. 這一課我們再來看看，那個打老虎的老人後來怎麼了。

3. 請你快快唸一次，你唸一句，我翻譯一句。（指著起點開始唸。需要時，老師給予協助。學生每唸完一句，老師逐句提供如下翻譯。老師可視情況，僅選擇部分句子給學生唸。）

獵老虎——第 2 集

一個老人正在射一隻老虎。

老虎坐下來，開始唱歌。老人又開槍。這槍打中一顆石頭。一隻蟲正在石頭後面。"停止讓這個石頭跳動，"蟲大喊。

但老人並未停止射擊。老人在沙地上射了一個洞。一隻螞蟻說，"謝謝，這是很好的螞蟻洞。"

老虎繼續唱歌，老人繼繼射擊。然後老人停了。他說，"我子彈用光了。所以我必須停止打獵。"

老虎走過來，舔了老人的鼻子。老人說，"你不能這樣。老虎是不舔人的，他們咬人。"

老虎說，"我這隻老虎可不。我是一隻溫馴的老虎。"然後老虎說，"我喜歡舔人鼻子，我愛唱歌。"

老人說，"我一定要離開這裡了。但我看不見。所以我找不到我的房子。"

老虎說，"如果你給我一件好大衣的話，我會帶你回家。"

因此，現在老虎有一件老虎大衣，還有一件老人給的大衣。老人沒有大衣了。

這是最後的結局。

4. 現在換我來唸英文，你來翻譯成國語。（老師指著起點開始唸，學生譯為國語，需要時，老師給予協助。）

5. 現在換我來唸國語，你來翻譯成英文。（老師逐句說國語，學生指著課文的開頭，逐句唸出。需要時，老師給予協助。）

任務 4 圖片理解

　　來看下面這張圖。老虎身上穿了幾件大衣？請你指出哪一件是虎皮大衣，哪一件是老人給的大衣。誰看起來比較開心，老虎還是老人？

任務 5 字母書寫

1. 請你寫出我所寫的字母。這是你要寫的第一個字母，注意看。（在第一條線的開頭寫個 **a**，指著 **a**。）這個字母怎麼唸？"a"。這個字母代表什麼語音？"ăăă、āāā"。我們現在來寫頭上沒有長棒的 **a**。

2. 先照著我這樣寫 **a**，然後在這條線上多寫幾次。

3. （多次仿寫 **a** 後，學生能寫出三到五個 **a**。學生若有需要，給予協助。若學生寫對了就說：）你的 **a** 寫得真好！

4. 這是下一個你要練習寫的字母，注意看。（在第二條線的開頭寫個 **z**，指著 **z**。）這個字母怎麼唸？"z"。這個字母代表哪一個語音？"zzz"。

5. 先照著我這樣寫 **z**，然後在這條線上多寫幾次。

6. （多次仿寫 **z** 後，學生能寫出三到五個 **z**。學生若有需要，給予協助。若學生寫對了就說：）你的 **z** 寫得真好。

再來呢？[1]

你的孩子已經在閱讀學習上跨出最大的一步——他學會什麼是字詞、字詞如何運作、也知道寫出來文字其實就是口裡說出來的意見。學生具備了這些知識，閱讀理解就不會有什麼困難。如果兒童能了解某人嘴裡說出的是什麼意思，他自然能了解轉換成書寫文字後，那是什麼意思。當然，兒童對學校的教科書仍然可能會有理解上的困難，但這問題也許不在兒童，而在於教科書。

你的學生現在仍然不足以成功的解碼許多難字和例外字，再來的教學步驟應該聚焦在兒童尚未掌握的解碼技巧上。

我們的建議如下：

教導新的語音組合。教導新的語音組合 **al**（如 **also** 裡的 **al**），可採用第 49 到 51 課教語音組合 **ar** 的教學流程來教。（呈現單字；把單字中的 **al** 畫底線；告訴兒童 **al** 怎麼發音；讓兒童指認並唸出加了底線的 **al**，然後再唸出整個單字。）呈現如下的單字：**also**、**all**、**fall**、**call**、**ball**、**tall**、**always** 和 **almost**。然後把這幾個單字和其他兒童已學會的單字混在一起，尤其是有 **ar** 的單字，如：**tar**、**bar**、**car** 等等。在讀完一列單字之後，要求孩子做拼字練習——唸出每個字裡所有字母的名稱來。

另一個要教的語音組合是 **ee**，孩子已經認識一些有 **ee** 的單字（**tree**、**see**、**feel**），以教導 **al** 相同的程序來教 **ee**，介紹有 **ee** 的單字如：**wheel**、**feed**、**need**、**indeed**、**speed** 和其他的單字。

教導其他的語音組合，如 **igh**（**night**、**right**、**sight**、**fight**、**fright**、**high** 等等）。用上述的流程教導其他的語音組合。

導入新閱讀材料。如果兒童已經掌握了初階的解碼技能，看起來要去讀書店或電視介紹的那些很容易讀的初級兒童讀物，應該是輕而易舉的。問題是，假定你的學生有美國學生二年級的閱讀水準（如果精熟這 100 課的話），這些市售的書，卻經常是寫給三、四、五年級閱讀水準兒童的，許多這樣的童書都有不可思議的難字，它們也許可以作為很棒的有聲書，但對初習讀者絕非好的閱讀材料。

但是，在龐大的童書書單裡，仍然有一些合適的書，在很簡單的教學後就可以讓二年級水準的兒童閱讀。底下是二十本我們推薦的童書，每本書的書名下列出該書的單字，你在給兒童閱讀前，應該先教導這些單字。

書名，作者，（出版社）和閱讀此書前該教的單字：

1. **Have You Seen My Cat?** Eric Carle (Little Simon)

2. **Look What I Can Do**, Jose Aruego (Aladdin)
   what, too

3. **We Hide, You Seek**, Jose Aruego and Ariane Dewey (HarperFestival)
   ready, seek, turn, want, we'll

4. **I Love You, Dear Dragon**, Margaret Hillert and Carl Kock (Modern Curriculum Press)
   work, who, pretty, one, make, guess, father, dragon, dear

5. **If All the Seas Were One Sea**, Janina Domanska (Aladdin)
   ax, axes, great, sea, seas, splish, would

6. **Blue Sea**, Robert Kalan and Donald Crews (Scott Foresman)
   blue, goodbye, ouch, smaller

7. **Hop on Pop**, Dr. Seuss (Beginner Books)
   pup, tall, sad, cup, bee, Jim, Pat, Ted, wall, bat,

---

[1] 譯註：作者開了二十本在美國家喻戶曉的童書，但台灣的老師、家長未必容易取得。譯者推薦台灣閱讀協會（2014）出版的《童書久久 IV》，此書中，台灣的專家學者推薦了九十九本英文童書，每一本都可以在台灣取得，其中初階篇有三十五本，部分內容和本書的二十本重疊，是最好的英語初階教材。

dad, ball, fight

8. **Inside, Outside, Upside Down**, Stan and Jan Berenstain (Random House)

coming, mama, outside, right, track, upside

9. **Green Eggs and Ham**, Dr. Seuss (Beginner Books)

anywhere, boat, eggs, thank, train, would

10. **Go, Dog, Go**, P. D. Eastman (Beginner Books)

all, around, black, hello, party, three, two, water, work, yellow

11. **Mine's the Best**, Crosby Bonsall (Harper Trophy)

bigger, dead, does, fault, it's, mine, she's, smart, things, yours

12. **The Carrot Seed**, Ruth Krauss and Crockett Johnson (HarperFestival)

ground, carrot, pulled, nothing, afraid, water, sprinkled, weeds, around, seeds

13. **Whose Mouse Are You?** Robert Kraus and Jose Aruego (Aladdin)

inside, far, none, nobody's, whose, caught, trap, toe, new

14. **Home for a Bunny**, Margaret Wise Brown and Garth Williams (Golden)

Spring, robin, bunny, groundhog, leaves, burst, would, drown, road, until, home

15. **Who Took the Farmer's Hat?** Joan L. Nodset and Fritz Siebel (HarperTrophy)

goat, farmer, hill, flowerpot, nest, squirrel, wind, round, boat, nice, oh, new

16. **A Kiss for Little Bear**, Else Homelund Minarik and Maurice Sendak (HarperCollins)

hi, glad, decided, bear, grandmother, kiss, skunk, pond, hen, wedding

17. **Henry and Mudge**, Cynthia Rylant and Sucie Stevenson (Aladdin)

searched, straight, weighted, drooled, tornadoes, whined, worry, worried, thought, chocolate, vanilla, silent, couldn't

18. **Nate the Great**, Marjorie Weinman Sharmat and Marc Simont (Young Yearling)

Nate, Great, detective, diamonds, pearls, searched, comfortable, monster, picture, Rosamond, kitchen, bury, yesterday, passages, trails, secret, breakfast, minutes, balloons, juice

19. **Magic Tree House #1: Dinosaurs Before Dark**, Mary Pope Osborne and Sal Murdocca (Random House)

Pennsylvania, disappeared, neighbor, ancient, absolutely, volcanoes, cautiously, giant, weighed, incredibly, ignored, gigantic, enormous, miracle, engraving, tingle

20. **Look Out, Washington, D.C.!** Patricia Reilly Giff and Blanche Sims (Pearson Learning)

famous, pioneers, cafeteria, comedy, garage, diaries, prairie, escalator, nerves, scrunched, dedication, Union Station, palace, Lincoln Memorial, Washington Monument, aisle, statue, breath, couple, shoulders, museum, ceiling, ordinary, souvenir

請依照以上書單的順序呈現童書,例如,如果你選的是 3、4、9、12 和 16 號書,就要以這個順序呈現。底下是教學的步驟:

1. 至少在兒童自行閱讀的前一天,大人就要讀一次這本書給他或她聽,並解釋兒童可能不懂的插圖和用語。

2. 教導書裡特定的單字。最簡單的程序是把單字寫在一張紙上,書名寫在最上端。指著每個字,唸出來。所有的單字都唸過以後,告訴兒童:「換你唸,指著每個單字唸出來。」如果第一次唸字時,有的字唸不好,指導兒童再唸一次。

3. 告訴兒童:「你先唸一次給我聽,然後你就可以得到這本書(一會兒)。」「你想唸幾次,就可以唸幾次。」兒童閱讀時,大人要糾正錯誤,並且問一些問題,請孩子說明正在發展的情節,或插圖中的景象。

4. 三、四天後,帶著兒童回顧故事裡的單字。鼓勵兒童獨立閱讀,或讀給其他人聽(爸爸、姊妹兄弟或其他家人)。

等兒童讀完十本以上，你應該就可以介紹大部分的童書給他。呈現這些書時，可依循如下的步驟：在兒童自己閱讀的前一天，先讀一次這本書給他聽；把閱讀這本書需要用到的單字教給兒童；指導兒童唸書給你聽；然後允許兒童保留這本書自己讀。你先讀一次這本書，才能找到要先教的單字，這些「惡名昭彰」的難字，自然會浮現眼前。

你也許會想，以上的步驟實在超出負荷，或認為要像教那 100 課一樣的費心仔細，但在教童書時，大可不必這麼想。現在兒童已經有了堅實的基礎，你一定會觀察到兒童已經能運用所學技能，快速地學習你沒有教過的單字，即使是發音不規則字。

在指出一個新字之後，你也可能發現孩子已經可以唸出這個字來了。記住，兒童對閱讀知道得愈多，我們愈容易教導他新的技能。（其實，即使你不直接教，他們也會開始自學。）因此，給孩子練習的機會，確保閱讀是一項重要的日常活動，然後，開心享受吧！

國家圖書館出版品預行編目（CIP）資料

字母拼讀直接教學 100 課／ Siegfried Engelmann,
Phyllis Haddox, Elaine Bruner 著；曾世杰譯.
-- 初版.-- 臺北市：心理, 2015.06
面；　公分.--（語文教育系列；48016）
譯自：Teach your child to read in 100 easy lessons

ISBN 978-986-191-654-5（平裝）

1. 閱讀指導　2. 小學教學　3. 學前教育

523.23　　　　　　　　　　　　　　104004989

語文教育系列 48016

字母拼讀直接教學 100 課

作　　　者：Siegfried Engelmann、Phyllis Haddox、Elaine Bruner
譯　　　者：曾世杰
執 行 編 輯：李　晶
總 編 輯：林敬堯
發 行 人：洪有義
出 版 者：心理出版社股份有限公司
地　　　址：231026 新北市新店區光明街 288 號 7 樓
電　　　話：(02) 29150566
傳　　　真：(02) 29152928
郵撥帳號：19293172　心理出版社股份有限公司
網　　　址：https://www.psy.com.tw
電子信箱：psychoco@ms15.hinet.net
排 版 者：龍虎電腦排版股份有限公司
印 刷 者：龍虎電腦排版股份有限公司
初版一刷：2015 年 6 月
初版六刷：2024 年 6 月
I S B N：978-986-191-654-5
定　　　價：新台幣 600 元